JN033519

The 21st
Century
Public
Policy
Institute

須網隆夫 +21世紀政策研究所=編
Takao Suami + The 21st Century Public Policy Institute

伊藤さゆり　　中西優美子
太田瑞希子　　福田耕治
田中素香　　　渡邊啓貴
土谷岳史　　　渡邊頼純

EUと
新しい国際秩序

EU and New World Order

🐢日本評論社
Nippon Hyoron sha

■ 第2節　英国の移民政策　76

第3章　Brexit 後の EU
——EU は今後、発展できるのか

■ 第1節　EU が直面する困難

第1項　EU の域内格差の現状と新型コロナ危機　101

本書の目的と構成

21世紀政策研究所研究主幹
早稲田大学大学院法務研究科教授　**須網隆夫**

　2020年1月末の離脱、それに続く2020年12月末までの移行期間の終了により、英国は、EUから完全に離脱し、2021年1月から、EUにとって法的には日本と同様の域外第三国となっている。日本は、1970年代より、EUと密接な通商・投資関係を維持し、とくに1980年代後半の通商摩擦以後は、多くの日本企業がEUの域内に、販売だけでなく製造拠点を設置し、EU域内市場全域において、様々な事業活動を活発に展開してきた。日本は、最近でも、2018年に、EUと経済連携協定（2019年2月発効）と戦略的パートナーシップ協定（日本は批准、EU側批准手続中）を締結し、政治・経済両面にわたって、一層緊密な協力関係を構築しようとしている。そのような状況のもとで、これまで多くの日本企業にとって、EUへのゲートウェイであった、「英国のEU離脱（Brexit）」は、EUおよびその将来だけでなく、日・EU経済関係、延いてはEUとのビジネスに関わっている多くの日本企業に無視できない影響を及ぼす可能性のある出来事である。

　このような問題意識を背景に、21世紀政策研究所・「英国のEU離脱とEUの将来展望」研究会は、2017年1月より2020年1月までの3年間にわたり、夏休みの時期を除き、ほぼ毎月、のべ31回の研究会を開催し、BrexitおよびそのEU・国際経済秩序への影響について検討を進めてきた。研究会の検討結果は、21世紀政策研究所が、ほぼ定期的に開催するセミナーにおいて公表しただけでなく、2018年11月には、中間報告書をもとに、須網隆夫＋21世紀政策研究所編『英国のEU離脱とEUの未来』（日本評

論社）を公刊した。

　本書は、そのような研究会活動の集大成である。研究会の検討課題は、Brexit によって生じる日本経済・日本企業への影響であり、そのため Brexit による社会・経済・法律の各側面における変化を広く検討している。研究会は、当初、Brexit がなぜ発生したのかを、英国・EU 双方の観点から検討した。Brexit の原因如何では、離脱が他の EU 加盟国にも及び、EU の解体を引き起こすかもしれないからである。確かに、Brexit には、国際金融危機に引き続くユーロ危機後の国内格差の拡大という、他の加盟国にも共通する問題に起因する部分がある。格差の拡大は、EU 域内市場によって構造的にもたらされたものでもあるからである。しかし Brexit には、英国固有の事情も大きく作用している。そもそも英国は、経済通貨同盟（EMU）への参加も義務づけられず、独自の通貨ポンドを維持しただけでなく、域内国境管理の撤廃・共通移民難民政策という EU の重要政策にも参加しなかった EU 内の周辺国である。そして、EU 離脱の是非を問うた 2016 年の国民投票において、主要な争点となったポーランド等からの域内移民の増加は、英国が、2004 年の EU の東方拡大に際して、新規加盟国からの域内移民を制限せず、積極的に移民を受け入れた結果でもある。さらに 2016 年の国民投票は、保守党と英国独立党（UKIP）との支持者の奪い合いという英国国内政治上の事情によって実施に至ったものである。したがって、離脱ドミノが発生する可能性は少ないというのが、研究会の結論であった。これらの検討結果は、前述の『英国の EU 離脱と EU の未来』によって明らかにされている。本書に合わせて、同書もご覧いただければ幸いである。

　その後研究会は、Brexit に向かう現実の推移に合わせて、第 1 に、Brexit 後、具体的には、離脱協定が定める 2020 年末の移行期間終了後の EU・英国関係、第 2 に、Brexit 後の EU、具体的には、英国抜きの EU が、Brexit が明らかにした EU の諸問題にどのように対応し、再び求心力を高めて発展の軌道に乗ることができるのか、そして第 3 に、Brexit 後の英国・EU を包摂するグローバル秩序、とくにグローバル経済秩序が今後どのように推移していくのかに検討の対象を拡大してきた。本書に収められてい

るのは、それらの課題に対する研究の成果である。

　本書では、まず第1章で、以上の第1から第3までの諸課題の背景、論点、そして研究の結果を概括的に素描し、本書の基調を設定する。個々の論点の詳細な検討は、第2章以下の各論稿で行われるが、本書の冒頭で、各論点の意味、論点相互の関係、問題の所在、結論を簡単に明らかにしておく趣旨であり、個々の論点の検討だけからは見えてこない、Brexit後の英国・EU、さらにより広いグローバルな経済秩序に関する様々な疑問に対して、不十分ながら回答を試みている。

　第2章「Brexit後のEU・英国関係」は、2つの論稿により構成される。まず第1節の渡邊論文は、英国のEUからの離脱条件を定める離脱協定の内容を概観したうえで、2020年末の移行期間終了後のEU・英国間の通商関係を規律する、通商・協力協定の交渉経緯と合意された協定の内容を検討する。今後英国が、EU市場へのゲートウェイの役割を果たし続けられるのかは、この新協定の内容しだいである。第2節の土谷論文は、2016年の国民投票で大きな争点となった、2010年代の英国への移民流入の状況を概観したうえで、英国移民政策（Brexit後のEU市民の地位を含む）が、どのような方向に向かいつつあるのかを検討する。EU離脱後、現在とられている移民政策により、英国が、今後も引き続き、英国産業に必要な労働力を確保しながら、移民の流入に起因する社会的緊張を緩和できるのかがポイントとなる。これらの検討から、日本企業を含む外国企業にとって、英国が、引き続きEUへのゲートウェイであり得るのかが明らかになる。

　第3章「Brexit後のEU」は、英国からEUに目を移して、英国を失い、大陸諸国の比重が増し、さらに現在、新型コロナウイルス（COVID-19）の感染拡大による危機に直面しているEUの今後を検討する章である。この章は、本書の中心をなす部分であり、日本・日本企業にとって、今後のEUとの付き合い方を考える前提を提供する。第3章は、全体として二つに分かれる。前半の第1節では、EUの発展の障害になっている、以前より存在するEU内の加盟国間格差、Brexitの原因でもあった移民難民の流入など、EUが直面する様々な困難に、EUがどのように対応し、克服しようとしているかを検討し、後半の第2節では、それらの諸問題を解決で

きたと想定しても、果たして EU は、更なる成長・発展軌道に回帰できる
のか、換言すれば、様々な危機のなかで、EU がさらに発展するための条
件が整備されているのかを、経済・政治の両面から展望する。EU の発展
には、直面する諸問題を解決するだけでは不十分であり、EU が力強い経
済成長を達成できなければならないからである。具体的には、前半の第 1
節は、3 つの論稿により構成される。すなわち、第 1 項の太田論文は、す
でに常態化している EU 内の加盟国間格差（「南北問題」）が、コロナ危機
のなかでさらに拡大する危険性を指摘し、EU の財政的連帯の必要性を裏
づける。第 2 項の土谷論文は、多くの加盟国で EU 市民の反移民感情（EU
市民・第三国民双方）が、EU 懐疑的なポピュリスト政党の資源となり、
EU への求心力を損なっていることから、「EU 域外からの移民・難民への
政策」と「EU 域内における人の自由移動」の双方を検討し、引き続き移
民問題が政治化する危険を指摘する。第 3 項の須網論文は、EU が円滑に
機能するためには、加盟国による EU 法の遵守が不可欠なところ、ポーラ
ンド・ハンガリーなど中東欧の加盟国による EU の基本的価値・EU 法の
不遵守が、EU 法にとっての脅威となっていることを明らかにするととも
に、最近の EU 側の対応を検討する。EU が直面する諸問題は、いずれも
完全な解決を見たわけではないが、それぞれの論稿は、EU がそれらとど
のように向き合い、解決を試みているかを示している。後半の第 2 節は、
4 つの論稿より構成される。EU の将来を展望する場合、共通通貨ユーロ
を導入している、EU の中核であるユーロ圏（19 加盟国）の動向は決定的
である。そのため、第 1 項の太田論文、第 2 項の伊藤論文は、いずれもユー
ロ危機以降のユーロ制度改革が、ユーロ、そして経済通貨同盟をどのよう
に強化しているかを論じる。具体的には、太田論文は、EU が、2010 年代
に取り組みを開始した銀行同盟を完成させ、さらに資本市場同盟により、
単一資本市場を創設しようとしており、EU 最大の金融サービス市場を抱
えた英国の離脱により、その必要性はより高まったと分析する。これに対
し、伊藤論文は、財政同盟に焦点を当て、ユーロ危機後、加盟国の資金繰
りを支援する仕組みを組み込んだ財政同盟が、なおユーロ圏内格差への対
応を欠いたところ、コロナ危機に対応するために、新たに創設された復興

基金は、EU が調達した資金を補助金として配分することにより、財政同盟をさらに前進させることを説明する。両論文からは、経済通貨同盟が初期の不完全な状況から著しく異なるものに発展してきている様子がうかがわれる。引き続く、第3項の伊藤論文は、EU の成長戦略の検討であり、フォンデアライエン欧州委員会による、新たな成長戦略である「欧州グリーンディール」が、2000 年以降の EU の成長戦略の流れにどう位置づけられ、EU 経済を真に成長させるとともに、加盟国間格差と EU 内の貧困・社会的排除を解消できるかを検討する。過去の成長戦略の成果は芳しくないが、復興基金と結び付いた「欧州グリーンディール」に、伊藤は、これまでの戦略とは異なる要素を見出している。最後の第4項の福田論文は、Brexit とコロナ危機以降の、EU と加盟国の政治的動態の分析から、EU の将来を展望する。EU 懐疑派は、EU における民主主義の在り方を批判するところ、福田は、民主主義の観点から、Brexit に向かうなかで行われた2019 年の欧州議会議員選挙、その後の英国の国内政治動向、新たな欧州委員会委員長の選出過程、そしてコロナ危機への加盟国・EU の対応を順次検討し、欧州市民の連帯実現の可能性を見出す。EU は、これまでも多くの危機を糧にして、発展してきたが、第2節の諸論稿からは、2010 年代以降、現在のコロナ危機に至るまで、EU が、様々な危機に対応するなかで、経済通貨同盟を段階的に強化し、気候変動への対処・復興基金からの補助金と結合させた、新しい包括的な成長戦略を採用し、それが、EU における民主主義と加盟国・EU 市民間の連帯により支えられる様子がうかがえる。このような EU の戦略が成功するかは予見できないところであるが、日本で一般に流布している、EU の将来に対する悲観的な見方とは異なり、少なくとも成功の可能性を認識させるだけの道具立てが準備されていることは間違いない。

　第4章「EU から見た国際秩序」では、EU 自体に対する第3章の分析を前提に、EU を主要なアクターとし、Brexit 後の英国を独立したアクターとして包摂するという、新たなパワー・バランスのなかでのグローバル秩序の今後に、EU を軸にして、EU と域外第三国という切り口でアプローチする。第4章は、3つの論稿により構成されており、EU・中国、EU・

アメリカ、EU・日本という3つの二当事者関係をそれぞれ分析する。第1節の田中論文は、EU・中国を分析する。田中は、米中関係が、「新冷戦」とも呼ばれるように、トランプ政権以後悪化するなかで、EU も 2016 年を境に、中国を「体制上のライバル」と認識し、一定の距離を置くようになり、米国の敵視政策とはなお一線を画してはいるものの、人権・民主主義・法の支配という価値をめぐる対立は予断を許さないと論じる。第2節の渡邊論文の対象は、米 EU 関係である。米欧関係は、基本的価値観・秩序観の共有に基づく同盟関係でありながら、イラク戦争時がそうであったように、協調とともに摩擦をも内包してきたところ、渡邊は、9.11 以後、EU が「戦略的自立」を指向していること、インド・太平洋地域における米国との協調が今後の課題であることへの注目を喚起する。最後に、第3節の中西論文は、とくに日 EU 戦略的パートナーシップ協定（日 EU・SPA）に焦点を当て、これからの日 EU 関係を、「志を同じくする世界的なパートナー」と表現し、日 EU・SPA が価値の共有を規定した意義を強調する。

　そして第5章「日本が世界における役割を果たすために」では、第4章までの考察を踏まえて、グローバル化した世界における、日本が期待される役割を果たすために必要な条件を提言する。

　個々の章は、各研究委員が自己の責任において分担執筆しているが、研究会としての基本認識を調整するために、2019 年 12 月から 2020 年 1 月にかけて座談会を2回開催し、本書の各論点につき自由討議を実施し、認識の共有に努めたことを付言する。

　末筆ながら、毎回の研究会の進行を準備していただくとともに、われわれを、忌憚のない意見で叱咤激励していただいた、21 世紀政策研究所の太田誠事務局長はじめ、研究員の方々に、研究会を代表して、厚く御礼申し上げる次第である。

第1章

Brexit 後の世界経済秩序
——「2020 年代のグローバル市場」

21 世紀政策研究所研究主幹
早稲田大学大学院法務研究科教授　**須網隆夫**

はじめに——問題の所在

2020 年 1 月末、英国は EU を正式に離脱し、その後両者は、離脱協定に基づく移行期間を経て、2020 年末に「英国の EU 離脱（Brexit）」は完成した。移行期間中は、従来通り EU 法が英国に適用されていたが、移行期間の終了とともに、両者は EU 法ではなく、国際法が全面的に規律する新たな関係に入り、法的には、英国は EU にとって、日本と同様の域外第三国となり、英国・EU 関係は、両当事者間の通商・協力協定によって規律されている[1]。

今回の Brexit は、もちろんヨーロッパの政治・経済的情景を大きく塗り変えた。これまで EU の内部にあり、EU の権限に属する事項について、EU の決定に拘束されてきた英国は、主権に対する制約を逃れ、法的には自由に行動できるようになる。他方、1950 年代の欧州共同体（EC）設立以来、加盟国の増加により一貫して拡大を遂げてきた EU は、Brexit により、初めての縮小を体験した。ユーロを導入せず、国境規制を廃止するシェンゲン領域にも参加しなかったことが示すように、英国は EU の中核を構成してはいなかったが、英国が、Brexit 前の EU28 加盟国中、人口におい

1）"Trade and Cooperation Agreement between the European Union and the European Atomic Energy Community, of the one part, and the United Kingdom of Great Britain and Northern Ireland, of the other part", OJ 2021, L 149/10.

てドイツ・フランスにつぐ第3位の大国であったことを考慮すると、Brexitが、EUの政治・経済的パワーを減少させることは第一次的には間違いない。もっとも、Brexitを契機に、EU加盟国、とくにユーロ圏の凝集力が高まり、EU統合がより深化するシナリオも排除できず、BrexitによるEUの収支決算はなお確定していない。

　Brexitが、世界の主要なアクターであるEUのパワーを変化させる以上、その影響は、ヨーロッパ地域にとどまらない。2010年代の世界秩序は、米国・EUに、世界第2位の経済力を備え、政治力を拡大し続ける中国という3つのアクターを軸に展開してきた。EUを離脱した英国に他の三者ほどのパワーはなくても、Brexitは、これまでの三者のパワーバランスを変容させる要素となる。主要アクター間のパワーバランスが変化しても、アクター間の関係が制度的に確立していれば、Brexitの影響は少ないかもしれない。確かに、2010年代までの世界秩序は、冷戦終結後の1990年代に構築された法制度的枠組みによって支えられてきた。経済を中心に加速したグローバル化を安定させるには、法制度化が必要であるところ、その中心は、1995年に創設された世界貿易機関（WTO）である。WTOは、150以上の国家・地域が加盟する国際組織であり、各国の貿易制限措置を監視し、自由貿易を確保する役割を担い、多国間または二国間で締結された多くの自由貿易協定（FTA）・投資協定（BIA）がそれを補完してきた。しかし、ここにきて、そのWTOが動揺している。紛争解決を担う上級委員会の委員任命を米国がブロックしていることにより、WTOの紛争解決機関の機能停止が懸念されているからである。WTOは、「ドーハ開発ラウンド」の不成功により、その法形成機能が機能不全に陥っていたが、パネルと上級委員会による紛争解決機能は2010年代後半まで良好に機能してきた、その紛争解決機能も不全に陥りつつあるのである。

　グローバル市場をめぐる多くの問題の根幹には、市場のグローバル化に、市場を支える法制度・法執行機関のグローバル化が追い付いていない現状がある。国境を越える製品供給に基づく越境的なサプライチェーンの形成・資本移動の自由に基づく国際金融市場の一体化が示すように、グローバル市場の一体性は相当程度まで実現し、経済の越境的相互依存はかつてない

レベルにまで進んでいる。今日の国際的な企業活動が示すように、市場は、ますますグローバル化している。国内市場がそうであるように、グローバル市場も、それが安定的に機能するためには、法制度によって支えられなければならず、ジャック・アタリは、「グローバル国家なきグローバル市場は、法の支配なき市場でしかあり得ない」と指摘して、世界が混沌とした無政府状態に陥る危険に警鐘を鳴らす[2]。考えてみれば、EU 法が規律する「EU 域内市場」とは、そのような法の支配に基づく越境的市場をヨーロッパに作り出すプロジェクトであった。しかし EU 外では、グローバル市場に対する規制の主要部分は、各国ごとに分散的に行われているに過ぎない。グローバル市場に真に対応する制度的枠組みの不在とローカルな制度の間で生じる緊張が、発生する諸問題の根源にあることを指摘する論者は少なくない[3]。

　世界政府が存在し得ない以上、グローバル市場のコントロールは、国際組織の活動と国際組織外での各国間の協力に依存せざるを得ない。しかし、とくに米国・トランプ政権の国際協力に冷淡な一国主義的対応（トランプ政権は、「環太平洋パートナーシップ協定（TPP）」からの離脱、「北米自由貿易協定（NAFTA）」の見直しなど、国際経済秩序に関わる場面だけでなく、パリ協定・イラン核合意からの一方的離脱、中距離核戦力全廃条約の破棄など、およそあらゆる場面で従来の国際秩序を動揺させた）は、アジア開発投資銀行、「一帯一路」構想を推進する中国の対応と並んで、世界経済秩序の不安定要因であった。2021 年のバイデン政権の誕生により、米国の国際協力に対する態度は変化しつつあるが、越境的でグローバルな企業活動のための安定した市場をどのように再構築するかが依然として問われている。

2）ジャック・アタリ『新世界秩序——21 世紀の "帝国の攻防" と "世界統治"』（山本規雄訳、作品社、2018 年）17-18 頁、266-268 頁。アタリは、「グローバル市場は、グローバルな法の支配なくして持続的に機能し得ないし、法の支配は国家なくして適用され得ないし、国家は民主的でない限り長期的には存続し得ない」と述べている（27 頁）。
3）ダニ・ロドリック『グローバリゼーション・パラドックス——世界経済の未来を決める三つの道』（柴山桂太・大川良文訳、白水社、2014 年）40 頁；遠藤乾『統合の終焉——EU の実像と論理』（岩波書店、2013 年）284-288 頁。

　本稿では、次章以下の個々の論点の詳細な検討に先立ち、Brexit を出発点としながら、グローバル市場の今後を素描してみる。具体的には、まず Brexit を評価し、その後、Brexit 後の英国の将来、同様に Brexit 後の EU を各評価したうえで、英国・EU を含む、2020 年代のグローバル経済秩序を展望する。なお、本稿の見解は、研究委員全員の共同討議を踏まえているとはいえ、筆者の個人的見解であることを付言する。

1．偶然と必然の産物——Brexit とは何だったのか

　英国が、正式に EU を離脱した時点で、2016 年の国民投票に始まった「英国の EU 離脱（Brexit）」とは、一体どのような現象であったのかを振り返ることから検討を始める。

（1）　英国世論の分裂——Brexit は必然であったか

　英国の EU 離脱を決定した、2016 年の国民投票が、国際金融危機（2008年）とそれに続くユーロ危機（2009 年）によるヨーロッパ経済の後退、金融危機・ユーロ危機後の EU 加盟国政府（英国を含む）による緊縮財政政策の採用、そしてシリア内戦の激化を契機とする難民危機（2015 年）、さらに多発する国際テロという EU の複合危機を背景にしていたことは間違いない[4]。これら危機の連鎖を背景に生じたのが、各国における、EU に対する世論の分裂である。アンソニー・ギデンスは、2015 年の著書で、Brexit の現実的可能性を指摘していたが[5]、EU 離脱への支持は、高齢者層を中心に、以前から英国で確固たる勢力となっていた。しかし、若者を中心に EU 残留を支持する人々も決して少数ではなく、どちらも多数派をとれず拮抗していたのが、英国の状況であった。その意味で、離脱を決定した、2016 年の国民投票は、EU 離脱派に勝利のチャンスがあったことは

4）遠藤乾『欧州複合危機——苦悶する EU、揺れる世界』（中公新書、2016 年）；田中素香『ユーロ危機とギリシャ反乱』（岩波新書、2016 年）参照。
5）アンソニー・ギデンス『揺れる大欧州——未来への変革の時』（脇坂紀行訳、岩波書店、2015 年）19 頁、58-60 頁。

必然であるが、EU 離脱派が現実に勝利したことは偶然であったというべきであろう。国民投票後に開始された離脱交渉のなかでは、EU 離脱がいかに困難な作業であるか、英国がどれほど EU 統合に深く組み込まれていたかが明らかになり、EU 残留派は一定の支持を取り戻し、国民投票後の世論調査は、EU 残留派が EU 離脱派を上回る結果をも示していた。しかし、EU への態度を変えた者はなお一部にとどまり、残留派と離脱派が拮抗する構図は、離脱プロセスの最後まで変化しなかった。したがって、2019年 12 月の総選挙の場面でも、EU 残留派に勝利の可能性はあったのであり、保守党の勝利は必然ではなかった。労働党が党内対立から Brexit への態度を明確にできず、残留を明確に支持する自由民主党と連携できなかったことは、小選挙区制のみの選挙制度のなかで保守党に有利に働き、離脱をめぐる混乱のこれ以上の長期化を嫌った有権者が少なくなかったことも、保守党の勝利に貢献したと推測される。

（2） Brexit の原因——Brexit をどう理解するか

　さて英国の EU 離脱が現実化した原因には、英国特有の要素と他の EU 加盟国にも共通するより普遍的な要素の双方が混在していたことが看取できる。

　加盟国に共通する要素とは、「国内における格差の拡大」と「格差拡大の一因である EU への批判」である。上述した英国における世論の分裂には、英国国内の格差拡大が寄与している[6]。国民投票の結果が、イングランドにおいて、ロンドン周辺の残留支持とそれ以外の地域の離脱支持に明確に区分されたことが示すように、国際金融センターとして国際競争力のあるロンドンと伝統的な製造業が衰退した他地域との経済的格差は顕著である。そして、国内格差の拡大は英国特有の現象ではなかった。域内市場の統合が進められた 1980 年代には、米国中心の新自由主義的グローバル化に対抗して、充実した社会福祉制度を基礎としたヨーロッパの社会モデル（「欧州社会モデル」）を守る手段として、欧州統合が位置づけられてい

6） 太田瑞希子「（第 5 章）英国労働市場の変化と増大する中下層の固定化」須網隆夫＋ 21 世紀政策研究所編『英国の EU 離脱と EU の未来』（日本評論社、2018 年）109-129 頁。

た（「社会的ヨーロッパ」）。しかし実際には、1990年代以降、EUの社会政策は格差の拡大を防ぐために十分には機能せず、その結果、EUを、新自由主義的グローバル化の単なる地域版と認識する見解が力を得た[7]。ユーロを導入していない英国の場合、緊縮政策は主に国内政治上の理由に基づくが、ユーロ危機以降、各加盟国に要請された緊縮政策も、加盟国間・加盟国内双方の格差拡大をさらに促進した[8]。このようにEU離脱につながる要素は、各加盟国に共通して存在していたのである。

　他方、Brexitが潜在的可能性にとどまらず現実化したことには、英国固有の事情が大きく作用している。前述のように、英国は、域内市場統合を越える、EUの中核プロジェクト（経済通貨同盟による単一通貨ユーロ、人の移動に対する域内国境規制を廃止するシェンゲン領域および共通移民難民政策）に参加せず、加盟国内では、最も離脱しやすい国であった。英国が、市場統合による経済的利益の拡大のみをEUに求め、とくに政治統合の深化による国家主権の制約を警戒することは、サッチャー政権時の1980年代後半から顕著であり、国内的にも保守党内部には現在にまで続くEU懐疑主義が埋め込まれてきた[9]。また、今回のBrexitへの決断について、小選挙区制に基づく二大政党制に特徴づけられる英国の政治システムが果たした役割も大きい。Brexitほど国論が分裂し、激しく対立する政治課題については、完全な小選挙区制でなければ、離脱というドラスティックな決定を下すことは困難であったと思われるからである。

（3）　BrexitとEU──離脱ドミノは何故発生しない？

　このように検討してくると、Brexitは、英国に特有な要因とEU加盟国に普遍的な要因の双方に基づく現象であったことがわかる。換言すれば、Brexitは、加盟国に共通する要因が、EU内の弱い環であった英国で顕在

7）遠藤・前掲注3）224-225頁、282-284頁、エマニュエル・トッド『問題は英国ではない、EUなのだ──21世紀の新・国家論』（堀茂樹訳、文春新書、2016年）4-6頁；須網隆夫「（第2章）EU単一市場と英国のEU離脱──Brexitの中心にある域内市場」須網他・前掲注6）41-64頁。

8）ギデンス・前掲注5）97-114頁。

9）遠藤・前掲注3）173頁。

化した現象であるのだろう。それを示すのが、他の加盟国が英国に追従しなかった事実である。確かに、英国の国民投票直後には、「離脱ドミノ」の発生が懸念され、実際にも一部加盟国の EU 懐疑派は、ユーロ離脱・EU 離脱を主張した。しかし、現在まで他の EU 加盟国に離脱に向けた動きは見られず、EU 懐疑派の離脱主張もその後全般的に低調である[10]。このことは、以下の諸点を示唆している。

　第 1 に、通貨主権を EU に移譲して共通通貨を導入した、ユーロ圏加盟国にとって、EU 離脱は、理論的にはともかく、現実には極めて困難である。ユーロ建ての債務を負っている加盟国の場合、ユーロ圏を離脱しても、ユーロによる返済義務は残り、ユーロに代えて導入した新通貨の価値が下落すれば、従来以上の返済義務を負うリスクから逃れられない[11]。国民が、保有するユーロ建て金融資産を離脱後も保持しようとする可能性をも考慮すると、ユーロ圏離脱に伴うリスクは限りなく大きいのである。第 2 に、少なからぬ加盟国にとって、EU に加盟していることには財政的な利点がある。例えば、ポーランド・ハンガリーは、数年来、欧州委員会など EU 機関と「法の支配」、とくに「司法の独立」をめぐって対立関係にあるが、両国は決して EU 離脱を考えない。それは、両国は、EU からの資金純受取国として、EU から毎年相当額の資金移転を受けているからである[12]。両国だけでなく、2004 年以降に加盟した、中東欧の新加盟国はいずれも純受取国である。今後も、新型コロナウイルス感染拡大により損なわれた経済立て直しのために、復興基金からの資金移転が予定されている。これに対して英国は、分担金につき特別扱いを受けてはいても、フランス・ドイツとともになお EU 予算への純拠出国であったのであり、この点でも EU 離脱のハードルは低かった。第 3 に、ユーロ圏・非ユーロ圏を問わず、EU 加盟国間の経済的・社会的相互依存は、通常の自由貿易協定の場合とは比較できないほどの水準に達している。英国・EU 間の離脱協定が冒頭

10）岡部直明『分断の時代──混迷する世界の読み解き方』（日経 BP、2019 年）214-220 頁。

11）ギデンス・前掲注5）230-233 頁。

12）福田耕治「〈第 9 章〉Brexit 以後の欧州政治情勢と EU 改革の行方」須網他・前掲注6）195-199 頁。

で、英国に居住する EU 加盟国国民および EU 加盟国に居住する英国国民
の地位を規定したことが示すように、人・商品・サービス・資本という 4
つの自由移動を達成し、さらに EU 市民権に基づく EU 市民の域内自由移
動を実現したことにより、EU 内部では経済的社会的一体化が進んでいる。
換言すれば、EU からの離脱は、国際組織からの離脱よりも、国家からの
独立に類似する面があり、そのコストは決して低くないのである。そして
第 4 に、EU は、米国・中国という超大国に一国では対抗できないヨーロッ
パの中小国が、グローバルな政治空間で交渉力を確保する手段である[13]。
各加盟国は、EU 加盟国であることを通じて、他の加盟国の同意を調達で
きる限り、単独では行使不可能なレベルの政治力を国際社会で発揮できる。
中小国にとってメリットがあるのは政治の場面だけではない。2020 年春
からのコロナウイルスの感染拡大に際して、欧州委員会は、全加盟国を代
理して、製薬会社とワクチンの一括購入を交渉した。人口の少ない中小国
が個々に製薬会社と交渉するより、有利な条件で交渉を進められたことは
容易に推測できる。大英帝国の栄光の歴史と英連邦というツールを持ち、
独自のパワーに自信を持つ英国は格別、ほとんどの加盟国にとって、自己
の政治力・交渉力を増大させる手段としての EU の意義は、依然として失
われていないのである。

　あらゆる組織への加入には、メリットとデメリットが常に伴う。EU の
場合もそれは同様であり、加盟国にとっての EU による様々な利益が語ら
れる一方、EU は多くの問題の原因であるとも指摘される。どちらも、そ
の語られる場面だけに着目すれば間違いではない。要は、最終的な収支決
算が黒字になるか赤字になるかである。英国は、その離脱のコストが相対
的に低かったために離脱を選択した。これに対し、他の加盟国は、EU へ
の不満はありながらも、離脱コストの高さもあり、最終的な収支決算は黒
字と判断しているのが現状であろう。とくに中小国の場合、グローバル社
会において、自由に行動できる余地は少なく、そのため EU に主権を移譲
するコストも低くなっているのである。

13）遠藤・前掲注 3）12-13 頁。

２．Brexit 後の英国──英国の未来はバラ色か

（1） 英国の対外政策と英国経済の今後

　英国政府は、EU 離脱後の英国は、「グローバル・ブリテン」として、EU の枠に縛られず、自由に対外政策を追求し、グローバル・プレイヤーとしての地位を確保していくと宣言している。グローバル・ブリテンの内容が十分明らかになっているとはいえないが、2018 年 2 月の英国政府文書は、二国間関係としては、米国との同盟関係を最優先と位置づけたうえで、他の国連安全保障理事会常任理事国（フランス・ロシア・中国）、中東地域、そしてインド・太平洋地域、さらに英連邦諸国との関係が順に言及されている[14]。そして EU とは、それらの二国間関係とは別に、深くかつ特別なパートナーシップを新たに確立すると謳っている。全体として、米国との関係を基軸に、中国・ロシアの脅威に対抗しようとする戦略がうかがわれるが、EU 加盟国との関係では、フランス・ドイツに加えて、隣国であるアイルランドとの関係がとくに言及されている。通商政策の面では、世界中の主要貿易国と FTA を締結することが、英国の戦略の根幹で、英国の「環太平洋パートナーシップに関する包括的及び先進的な協定（CPTPP）」への加盟申請（2021 年 2 月）は、その具体化に他ならない。なお、あるシンクタンクの報告書は、オーストラリア、カナダ、ニュージーランドという英連邦諸国との関係強化を、他の主要国（韓国、ブラジル、インドネシア、チリ、インド、日本）に先立って重視し、英連邦諸国との関係強化を前提に米国との自由貿易を構想しており[15]、日本の位置づけは必ずしも明確でない部分もある。

　グローバル・ブリテンは、通商・経済関係を含む外交政策全般に関わる概念であるが、通商・経済関係に関しては、その実効性に疑問を呈する向

---

14) Foreign and Commonwealth Office（FPW0027），"February 2018 Memorandum for the Internal Relations Committee", 28 February 2018.
15) Bob Seely MP and James Rogers,"Global Britain: A Twenty-First Century Vision", Henry Jackson Society, February 2019.

きも少なくない。EU は、域外第三国との通商政策権限を独占し、個々の
加盟国は、独自の通商政策を採用できないところ、EU 離脱により、英国
が第三国との関係において独自の通商政策を実施可能になったことは確か
である[16]。しかし、Brexit 後の英国が、EU 以上の成果を単独の通商交渉
によって達成できるかは疑問である。その理由は、第 1 に、英国はすでに
それを一度試みて失敗しているからである。1958 年の「欧州経済共同体
（EEC）」創設に英国は加わらなかった。英国は、超国家的要素を含む
EEC を嫌ったからである。英国は、その後 EEC に対抗し、自ら盟主とし
て EEC に加盟しなかったヨーロッパ諸国とともに、主権への制約のより
少ない「ヨーロッパ自由貿易連合（EFTA）」を 1960 年に設立し、EEC
とは別の形で自由貿易を推進しようとした。英国が英連邦の盟主であった
ことも、EEC ではなく、EFTA を選択した理由である。しかし英国は、
自ら EFTA を主導しながら、間もなく方針を転換し、やはり EFTA に参
加していたアイルランド・デンマークとともに、1972 年に EEC に加盟す
るに至る[17]。このように、英国にとって、EU の外部で独自の通商政策を
展開することは、一度失敗したプロジェクトである。さらに移行期間の終
了までに、EU との FTA が締結されたとはいえ、通関手続が必要となる
のに加えて、規制の相違に起因する非関税障壁が生じる結果、英国製品の
EU 域内市場へのアクセスは現在より制限されざるを得ない。英国の対外
貿易額の 5 割以上が、EU 加盟国との貿易であることを考慮すると、その
否定的影響は無視できず、それゆえ、英国への投資も一般には減少せざる
を得ないと予想され[18]、英国経済の将来には悲観的見方が多い。1960 年
代に英国が放棄したプロジェクトが、もしグローバル化の進んだ 21 世紀
に成功するのであれば、何がどのように変わったからであろうか。ダニ・
ロドリックは、現在の貿易障壁（輸入関税・非関税障壁）の水準はすでに
十分低くなっており、われわれが直面する問題は、これ以上の障壁の低下

16）須網隆夫「EU 共通通商政策と WTO」福田耕治編著『EU・欧州統合研究［改訂版］──"Brexit"
　以後の欧州ガバナンス』（成文堂、2016 年）284-302 頁。
17）遠藤乾編『ヨーロッパ統合史』（名古屋大学出版会、2008 年）160-161 頁、166-168 頁。
18）岡部・前掲注 10）148 頁、150-152 頁。

を追求することではなく、すでに実現している開放的な世界を維持可能とすることであると指摘する[19]。1960年代には、関税・非関税障壁により、世界市場は国ごとに分割されていた。しかし、その後のGATT・WTOによる関税の削減・非関税障壁の除去の結果、EU域内市場とEU外部との区分の意味が著しく低下していれば、確かにグローバル・ブリテンのシナリオが成り立つかもしれない。しかし、分野ごとに状況は異なるかもしれないが、そこまでグローバル市場の一体化が実現しているかは疑問である。いずれにせよ、その答えは、英国独自の通商政策が今後どう実現されるか、そしてその経済効果によって判断されるだろう。

（2）　英国の国内問題の解決

　EU離脱後の英国は、EUを含む、各国と新たな通商関係を構築するだけでなく、離脱に至る過程で顕在化した様々な国内問題の解決にも取り組まなければならないが、それら国内問題の解決は容易ではないと思われる。

①　分断された国民の統合

　第1の問題は、EU離脱の是非を問うた2016年の国民投票によって明らかとなった、国民間の分断である。EU離脱に対する国民の態度は、若年層と老年層、イングランドと他の地域（スコットランド・北アイルランド）、イングランド内でもロンドン首都圏地域とそれ以外の地方の間で顕著に異なる。これら国民の間に存在する分断を、どのように克服するかは、ジョンソン政権の大きな課題であり、そうであるからこそ、ジョンソン首相も、2020年1月31日の離脱に先立つ演説で、「私はこの国を一つにまとめて前に進める」と残留派の国民への配慮を語らざるを得なかったのである。

②　スコットランド・北アイルランドと英国の統一

　しかし、実際には、英国の一体性維持は容易ではない。とくに、スコットランド・北アイルランドについて困難があり、英国の国家としての一体性が動揺することが懸念される。すなわち、第1に、以前より独立への志

19）ロドリック・前掲注3）288-289頁。

向が強かったスコットランドでは、2019 年 12 月の総選挙でも、独立を主張するスコットランド国民党（SNP）が躍進し、スコットランドの議席の大半を占め、その後、スコットランド自治政府のニコラ・スタージョン首相は、独立の是非を問う住民投票の実施権限を英国政府に要求している。英国政府はこの要求を拒否しているが、両者の緊張は継続している。スコットランド国民党の勝利が、二度目の住民投票の実施を経て、最終的な独立に結び付くのか、それとも英国との一体感が強まるのか、今後の推移が注目される。第 2 に、2019 年 10 月に EU と合意した新離脱協定には、北アイルランドとそれ以外の地域の間に緊張を作り出す内容が規定されている。北アイルランド紛争を解決した、1998 年の「ベルファスト合意」は、アイルランド・北アイルランド間の国境に、物理的施設を設置しないように運用されてきた[20]。両国は、加盟国間の国境規制を廃止するシェンゲン領域に加わっていないので、国境規制のための物理的施設の廃止が EU 法上当然に必要であったわけではないが[21]、シェンゲン領域の EU 加盟国間で人に対する国境規制が廃止されるなかで（EU 運営条約 77 条 1 項）、ベルファスト合意に基づく国境通過の自由は、アイルランド・北アイルランド間の国境が、他の域内国境と同様の状態となることであり、EU 法の観点からは問題はなかった。しかし離脱が完成した後は、アイルランド・北アイルランド間の国境はもはや域内国境ではなく、EU と第三国との域外国境である。そのため、そこに人・商品の移動をチェックする施設を設置することは本来不可避である。しかし、それではベルファスト合意と矛盾しかねない。そこで、旧離脱協定（2008 年 11 月合意）は、アイルランド・北アイルランド間の国境規制を不要にするために、英国全体が暫定的に EU 関税同盟にとどまることを規定した。しかし、それが英国議会の承認を得られなかったため、新離脱協定（2019 年 10 月合意）は、北アイルランドを含め、英国全体を EU 関税同盟より法的に離脱させたうえで、北ア

---

20) The Northern Ireland Peace Agreement, "The Agreement reached in the multi-party negotiations", 10 April 1998.

21) Treaty of Lisbon, "Protocol (No. 19) on the Schengen Acquis integrated into the Framework of the European Union", Articles 1 and 4.

イルランドだけには EU 法が適用され、同地域が、事実上 EU 関税同盟にとどまるという解決方法を編み出した[22]。しかし、この解決方法では、関税上の国境を、英国国内、すなわち英国本土と北アイルランドの間に引くことになる[23]。換言すれば、この方法は、北アイルランドの英国国内の他地域からの切り離しであり、そうであるからこそ、英国政府は、2018年の旧離脱協定でこの方法を選択しなかったのである。新離脱協定は、北アイルランドのアイルランドへの統合運動を再燃させかねない内容を内包しているのである。

（3）　非 EU 企業にとっての英国

　英国はこれまで、EU 域内市場へのゲートウェイとして、日本を含む域外第三国から、多くの直接投資を引き付けてきた。しかし、英国が EU 加盟国でなくなった以上、ゲートウェイとしての機能を従来と同様に果たすことは難しくなる。

　1980 年代以降、日本企業は、EU 加盟国である英国を EU 市場全体へのゲートウェイと位置づけて進出し、現在でも、多くの日本企業がイギリスにヨーロッパ本社を置き、また英国での生産を継続している。英国の国内市場は、EU 内で相対的には大きな市場であるが、その規模は限定されており、英国市場自体が、非 EU 企業にとって、それほど魅力があるわけではない。しかし、英国が EU 加盟国であり、域内市場の一部を構成する限りは事情が異なる。例えば、製造業の場合、英国の生産拠点からは、EU 内のどこへでも自由に製品を輸出できる。すなわち、EU 域内市場では、EU 司法裁判所の判例法により、輸出国で適法に生産された製品は、それが輸入国の製品規制に合致していなくても、輸入国内での流通が認められることが原則である。要するに、輸出国の製造者は、輸出国の規制・基準に合わせて製品を生産してさえいれば、その製品を全加盟国で販売できる。この利点が、英語国であり、様々な生活インフラが整っていること等、そ

---

22) "The Protocol on Ireland/Northern Ireland", 17 October 2019.

23) 鶴岡路人『EU 離脱――イギリスとヨーロッパの地殻変動』（ちくま新書、2020 年）136-156頁。

の他の有利な諸条件と相俟って、英国が、多くの直接投資を EU 外から引き付けることを可能にしたのであり、その結果、英国経済は構造的に外資に依存してきた[24]。しかし、Brexit の結果、非 EU 企業にとっての英国の位置づけは変わらざるを得ない。もちろん、EU 離脱後も英国と欧州大陸の地理的距離は変わらないが、英国が、離脱後、これまでと全く同じ条件で、EU 市場へのゲートウェイの役割を果たし続けることは不可能であるからである。そのため、EU 域外国から英国への直接投資は減少し、英国の経済成長が中期的に低下することは避けられないと観測されている。もしそうなれば、Brexit は英国にとって「試練の始まり」であり、英国が経済成長を継続しようとすれば、EU 市場へのゲートウェイとは別の戦略が必要である。それが、グローバル・ブリテンであるのだろうが、その効果に疑問もあることは前述の通りである。

3. Brexit 後の EU
──EU はどう変化するのか、そもそも EU は発展していけるのか

(1) EU をめぐる現状認識

　それでは、英国が去った後の EU はどうなるのであろうか。EU は、これからどのように変化するのだろうか、また EU は、そもそも持続可能であり、非 EU 企業にとって安定したビジネスの場を今後も提供し続けられるのだろうか。以下には、Brexit 後の EU の諸側面を検討し、それらの問いに答えていきたい。まずは出発点として、EU の現状認識から始める。

　EU は、加盟国間（具体的には、ギリシャに象徴される南欧各国・中東欧の新規加盟国とドイツを中心とした北部の西欧諸国）格差および各加盟国の国内格差の双方を抱え込み、EU が掲げる「連帯（solidarity）」（EU 条約 3 条 3 項）の理念は十分に実現していない。国内格差の存在とそれによる市民社会の分裂は EU の中核国でも顕著であり、EU によって豊かになることができない人々が増加していることは、英国の場合と異ならな

24）岡部・前掲注10）148 頁、150-152 頁。

い[25]。EU は、EU 理事会における加盟国政府代表の特定多数決による決定と、欧州議会の権限の不足・同議会議員選挙の投票率低下などのため、もともとその意思決定・立法過程における民主的要素の「入力」に問題があると批判されてきた[26]。そのような EU の民主的正統性の不足（「民主主義の赤字」と呼ばれる）を補ってきたのが、EU が達成する成果（平和の維持、経済的繁栄、生活条件の向上等）による「出力」志向の正統性である[27]。しかし、ユーロ危機後の EU による緊縮財政政策の強要は、少なからぬ加盟国において、EU の「結果による正統性」を喪失させた。そもそも、1990 年代初頭まで、EU による利益を個々の市民は比較的容易に感じることができた。EU 運営条約が規定する「性差別の禁止（EU 運営条約 157 条 1 項）」が象徴するように、EU は、1960 年代前半から、加盟国法によっては与えられない様々な権利を、一人ひとりの EU 市民に付与してきた。そのような市民にとっての EU のメリットは、現在も失われたわけではない。しかし、EU 法による権利は既得権として次第に当たり前になり、1990 年代以降も、EU 市民権の導入・拡大など個人の権利には引き続き拡大している部分もあるが、それ以前の時期に比べれば、追加的な権利付与に、多くの市民が新たな利益を感じる内容は少なくなっていると思われる[28]。

　このように EU による利益を実感できる場面が減少したのに反し、EU による不利益を感じる場面が、とくに 2010 年代に増加してきた。加盟国による財政出動、域内移民の増加、第三国からの移民・難民の流入、国際

25）尾上修吾『社会分裂に向かうフランス──政権交代と階層対立』（明石書店、2018 年）；尾上修吾『BREXIT「民衆の反逆」から見る英国の EU 戦略──緊縮政策・移民問題・欧州危機』（明石書店、2018 年）；尾上修吾『「黄色いベスト」と底辺からの社会運動──フランス庶民の怒りはどこに向かっているのか』（明石書店、2019 年）；熊谷徹『欧州分裂クライシス──ポピュリズム革命はどこへ向かうか』（NHK 出版新書、2020 年）参照。

26）ただし、EU の「民主主義の不足」は存在しないと、現行制度を弁護する見解が根強いことも認識しておく必要がある（福田耕治「EU・欧州ガバナンスと政策過程の民主化──リスボン条約の下でのデモクラシーのジレンマ」福田・前掲注 16）106-136 頁）。

27）遠藤・前掲注 3）250-263 頁。

28）状況は複雑であり、単線的な経過をたどっているわけではないが、例えば、いったん拡大した EU 市民権の内容も、2010 年代に入り、むしろ縮減する傾向にある（Julio Banquero Cruz, *What's Left of the Law of Integration?: Decay and Resistance in European Union Law*, Oxford University Press, 2018, pp.87-128）。

テロの多発等、加盟国国民の重大な関心事に対して、加盟国から EU に権限が移譲されているために、加盟国が自律的に対応できない場面が目立つ。それらの問題が、EU によって十分に解決されていれば問題はないが、そこが十分ではない。そのため、EU 市民である加盟国国民の批判の矛先が EU に向くのである。欧州委員会が 2017 年に公表した「ヨーロッパの将来に関する白書」も、多くのヨーロッパ市民にとって、第二次世界大戦後最悪の金融・経済・社会的危機のなかで、EU が、彼らの期待に応えておらず、その後も状況が改善されていないとの認識を示している[29]。

　そこに付け込んだのが、排外主義的な各加盟国のポピュリズム政党である。とくに、2015 年の難民危機への対応は、ドイツ、イタリア、オーストリアなどの各国で、EU 懐疑派のポピュリズム政党が支持を拡大する要因となった[30]。彼らは、それまでの主要政党に対するアンチ・テーゼと自己を規定し、主要政党に対する批判票の取込みを目指し、そのため主要政党が一般に支持してきた欧州統合を支持できない。したがって、各国の選挙におけるポピュリズム政党の伸長には、各国固有の事情があるとはいえ、各政党がいずれも EU 批判を展開し、さらに誕生した権威主義的政権が、やはり EU 懐疑的な立場を採ることは当然であり、実際にも、EU 内のポピュリズム政党で親 EU 的立場を採るものは存在しない[31]。

　もっとも、EU 懐疑派の勢力が無視し得ないほどに成長し、一部の加盟国では政権入りしているとはいえ、域内市場による規模の経済、域内移動の自由など、人々が EU から享受している利益も多く、各加盟国の国民は、概して EU を支持していることには注意しなければならない。欧州委員会は、毎年 2 回、EU 内で世論調査を行い、その結果を公表しているが、それによれば、EU への市民の支持はかなり高く、EU の活動は積極的に評

---

29) European Commission, "White Paper on the Future of Europe, Reflections and scenarios for the EU27 by 2025", 1 March 2017.

30) 水島治郎編『ポピュリズムという挑戦——岐路に立つ現代デモクラシー』（岩波書店、2020 年）；庄司克宏『欧州ポピュリズム——EU 分断は避けられるか』（ちくま新書、2018 年）；イワン・クラステフ『アフター・ヨーロッパ——ポピュリズムという妖怪にどう向きあうか』（庄司克宏監訳、岩波書店、2018 年）参照。

31) 古賀光生「『主流化』するポピュリズム——西欧の右翼ポピュリズムを中心に」水島治郎編『ポピュリズムという挑戦——岐路に立つ現代デモクラシー』（岩波書店、2020 年）18-22 頁。

価されている。例えば、2019 年 11 月実施の調査によれば、加盟国政府・
議会と EU への信頼を尋ねる質問に対し、EU への信頼（43％）は、加盟
国政府（34％）・加盟国議会（34％）への信頼を相当程度上回っている。
経年変化を見ると、ユーロ危機前の 2009 年に高かった EU への信頼（48％）
は、危機後顕著に低下し、2012 年前半の調査では 31％にまで落ち込むが、
その後 Brexit にもかかわらず、2016 年から回復基調に入り、その傾向が
続いている[32]。ポーランド・ハンガリーなど中東欧の加盟国は、EU の難
民政策に異議を唱え、法の支配に関して EU 諸機関・他の加盟国と緊張関
係にあるが[33]、国民の EU への信頼度は低くなく、調査結果では、EU へ
の「信頼」が「信頼しない」との回答をかなり上回っている[34]。したがっ
て、EU と対立する事項があっても脱退にはつながらないのである。なお
ユーロに対する加盟国国民の支持も高く、ユーロ支持は、ユーロ圏では
76％の高率であり、EU 全体でも 63％に達している[35]。

　ただし、加盟国国民の EU 支持率が比較的高いことは、EU の将来に不
安がないことを必ずしも意味しない。第 1 に、加盟国国民の過半数が EU
による欧州統合を支持しているとはいえ、EU に向けられる視線は、以前
よりも厳しくなっている。欧州委員会も、域内市場・ユーロへの EU 市民
の高い支持を指摘しながらも、他方で、10 年前と比べて、市民の EU へ
の信頼は低下しており、EU への支持はもはや無条件ではないと認識して
いる[36]。第 2 に、Brexit が示唆するように、EU の求心力が低下している
部分もあり、加盟国の EU への依存も絶対的ではない。そのため、もし
EU より大きなメリットを与えてくれるものがいれば、それに影響されざ
るを得ない。例えば、中国の「一帯一路」構想に一部の加盟国が参加した

---

32) European Commission, "Standard Eurobarometer 92, Autumn 2019, Public Opinion in the
　European Union, First Results", November 2019.

33) 須網隆夫「危機の中の EU 法──EU 法秩序変容の可能性」日本 EU 学会年報 38 号（2018 年）
　59-89 頁。

34) 2019 年秋の調査で、ハンガリーでは、EU を「信頼」が 52％に対し、「信頼しない」は
　39％、ポーランドでも、EU を「信頼」が 49％に対し、「信頼しない」は 37％であった（European
　Commission, *supra* note 32）。ただし、2019 年春の調査に比べると、信頼の割合は、前者で 3％、
　後者で 5％低下している（*Id.*）。

35) *Id.*.

36) European Commission, *supra* note 29, p.12.

ことは、そのことを示唆している。それは、加盟国にとって、EU が唯一絶対の存在ではなく、他の存在によって代替され得る可能性を証明しており、とくに非ユーロ圏加盟国は、EU を相対的に考える傾向がより強い。第 3 に、これまでの EU は、超国家法である実効性の高い EU 法によって規律されてきた。EU 法は、国際法的要素がなお多く、国内法とは実効性の点で差があるが、他方で、通常の国際法に比べると、格段に実効性が高い法秩序である。その実効性は、EU 司法裁判所と加盟国国内裁判所の協力によって支えられているが、一部の加盟国（ポーランドなど）における「司法の独立」の侵害は、そのような EU 法の基礎を掘り崩し、EU 法自体が変質する危険を内包している[37]。要するに、外見は変わらなくても中身が変わってしまうのであり、そのような事態が現実化すれば、域内市場の一体性も低下せざるを得ない。しかし、それらの加盟国政府は、国内では依然として国民によって支持されているのである。

　以上を考慮すると、加盟国国民の EU への支持は依然として比較的高いものの、その支持は、必ずしも強い支持とはいえないように思われる。

（2）　EU が取り組む課題

　したがって、そのような現状を改善するために、EU は、明らかとなった諸課題への取組みを開始しなければならない。それでは、EU 市民は EU に何を望み、それに対して、EU はいかに応えようとしているのであろうか。

①　EU 市民が認識する EU の課題

　EU 市民に対する世論調査の結果は、EU 市民が、何を問題と考え、何を EU に期待しているかを示している。コロナウイルスの感染拡大以前の調査であるが、欧州委員会が 2019 年春に実施した調査によれば[38]、「EU にとって最も重要な問題は何か」という質問への EU 市民の回答のトップは、「移民問題」（34%）であり、ついで「気候変動」（22%）、「経済」・「テ

37）須網・前掲注 33）。

38）European Commission, "Standard Eurobarometer 91, Spring 2019, Public Opinion in the European Union, First Results", June 2019.

ロ」・「加盟国の財政状況」（いずれも 18%）、そして「環境」（13%）、「失業」
（12%）と続いている。他方、加盟国レベルでの最重要問題を尋ねる問い
への回答では、「失業」、「物価・生活費の上昇」、「医療・社会保障」がい
ずれも 21% でトップであり、これに「環境」・「気候変動」・「エネルギー」
が 20% で続き、「移民問題」は 17% にとどまる。とくに「失業」との回答
は、2014 年春の調査では 48% で群を抜いていたので、依然としてトップ
ではあるが、21% という数字からは、パンデミック前までの雇用状況の顕
著な改善がうかがわれる。

② 欧州委員会の方針

　それでは、EU の行政執行機関である欧州委員会は、このような EU 市
民の期待にどのように応えようとしているのだろうか。2019 年 12 月に発
足した、新しい欧州委員会（フォンデアライエン委員長）の方針から検討
する。新欧州委員会は、5 年間の任期内に、何をどう実現しようとするの
であろうか。

　フォンデアライエン委員長が、任命前に所信を表明した文書によると、
新欧州委員会は、ヨーロッパの統一と強さを再構築するために、以下の 6
つの政策を柱とする[39]。それらは、①気候変動を含む環境政策、②社会
市場経済(social market economy)による経済成長と経済通貨同盟の深化、
③人工知能の導入が進むデジタル時代への適合、④ヨーロッパ的生活様式
の保護（法の支配を含む中核的価値の維持と域外国境規制の強化に基づく
新たな移民・難民政策）、⑤ルールに基づくグローバル秩序におけるリー
ダーシップの強化（自由貿易・環境・労働各分野でのより積極的な役割）、
⑥ヨーロッパ民主主義の強化（欧州議会の立法発議権の支持、欧州委員会
委員長選出方法の改善）である。日本にとって重要な対外通商政策につい
ては、同委員長が、⑤の部分で、多国間主義と自由貿易の堅持とともに、ヨー
ロッパが基準の設定者であることを主張していることが興味深い。

　欧州委員会が取り組む諸課題のなかで、格差拡大によるヨーロッパ社会
の分裂への対処は、やはり緊急の課題である。充実した社会福祉制度に支

---

39) Ursula von der Leyen, "A Union that strives for more, My agenda for Europe, Political
Guidelines for the Next European Commission 2019-2024", 16 July 2019.

えられた「欧州社会モデル」が危機に瀕していることは多くの論者が共通して認識している。一面では、新自由主義的なグローバル化に対する防壁であったはずの EU の社会政策が弱体であり、むしろ「グローバル化のヨーロッパ版」または「グローバル化の最先端の実践」と認識されてしまう状況を惹起したところに EU の危機の一因があり、加盟国間の格差が広がれば、通貨同盟の持続可能性にも懸念が生じる[40]。そのため、欧州議会・EU 理事会・欧州委員会は、2017 年に「社会権の欧州的柱」を厳粛に宣言した[41]。この EU 主要三機関の宣言は、EU を強化し、経済通貨同盟を深化させるためには、EU は、人々が必要とする有効な雇用と社会政策面で、成果を上げることが重要との認識に基づき、労働市場・福祉制度の公正かつ良好な機能に不可欠な 20 の原則と権利を 3 種類（第 1 に「労働市場への平等な機会とアクセス」、第 2 に「公正な労働条件」、第 3 に「社会的保護と包摂」）に区分して明示している。

　そうであれば、フォンデアライエン欧州委員会は、これらの課題に正面から対応しなければならないはずである。その観点から見ると、フォンデアライエン委員長の所信表明には、いくつか注目される部分がある。第 1 は、経済通貨同盟の文脈で、安定成長協定の許容する範囲内という条件つきではあるが、経済成長を優先させる柔軟な財政政策への積極的姿勢を明示したことである。ここには、ユーロ危機後、債務危機に陥った加盟国への緊縮一点張りの政策からの変化が読み取れる。もっとも、安定成長協定への言及が示すように、その姿勢はなお慎重であり、反緊縮政策とユーロ圏加盟国の財政規律のバランス維持を引き続き重視している。第 2 は、経済モデルとして、欧州社会市場経済を強調し、グローバル化した経済のなかでも、ヨーロッパにおける社会と市場の調和を主張していることである。委員長の所信表明は、上述の宣言による社会権実現のための行動計画の完全実施を謳い、具体的には、すべての人に正当な最低賃金、デジタル産業

40）ギデンス・前掲注 5）97 頁；遠藤・前掲注 3）224-225 頁；J. ハーバーマス『デモクラシーか資本主義か——危機のなかのヨーロッパ』（三島憲一編訳、岩波現代文庫、2019 年）105-106 頁、295 頁。
41）The European Parliament, the Council and the Commission, "European Pillar of Social Rights", 2017.

労働者の労働条件改善、失業給付のための欧州レベルの再保険制度、貧困（とくに多くの子どもの貧困）の克服、子どもの医療・教育の充実を掲げており、そこには、傷んだ欧州社会モデルの再建への指向が読み取れる。そして第3に、やはり経済の文脈で、公正な税制として、誰もが公正な割合で税を負担しなければならないとの立場から、デジタルビジネスへの課税と法人税の共通課税標準に言及している。これらも、加盟国間または加盟国内の格差是正に関係する。

EUの社会政策権限は、それほど強力ではなく、権限が加盟国にある事項も多く、そもそも市民の期待に100％応える能力はEUにはないが、そのような制約のなかで、これらの政策が欧州社会モデルの維持にどれほど実効的であるかを注視していく必要がある。紙幅の制約により詳細を述べることはできないが、2020年春以降の新型コロナウイルス感染拡大への対応も、このような委員会の方針と整合的に進められている[42]。

（3） EUの将来展望——欧州委員会の整理

それでは、EUの将来は、長期的にはどう展望できるであろうか。EUが、現在の枠組みを維持するのか、それともEUは、現在とは異なる形態の統治体に発展していくのかという問いである。この問いについても、欧州委員会による整理から考察を始めることが適当であろう。

欧州委員会は、英国における国民投票後の2017年3月、「EUの将来に関する白書」により、EUの今後10年間を展望し、2025年までのEUの発展方向に関する議論を喚起するために、5つのあり得るシナリオを公表した[43]。第1のシナリオは「継続」であり、EUが、直面する改革課題の実施と改良を現在の延長線上に継続することである。したがってEUは引き続き、雇用・成長・投資を重視し、単一市場を強化するとともに、デジタル・輸送・エネルギーの各インフラへの投資を拡大する。国際テロとの

---

42) 例えば、2020年3月23日、EU理事会は、新型コロナウイルスによるパンデミックのために生じた各国経済へのダメージに対応するために、EU基本条約が各国に課している厳しい財政規律を一時的に緩和することを認めた。ユーロ危機後と異なり、加盟国に財政緊縮を要求してはいないのである。

43) European Commission, *supra* note 29.

闘い、防衛協力の深化、域外国境の強化なども合わせて追求される。第2のシナリオは、「単一市場への集中」である。EU は単一市場（域内市場）中心に徐々に再構成され、他方、移民・安全保障・防衛など、単一市場以外の諸分野における協力は縮小される。その結果、それらの問題（移民・外交政策を含む）は、EU ではなく、加盟国間の二国間協力によって解決されることになる。第3のシナリオは、「マルチスピード」であり、一部の加盟国が、特定の政策領域（例えば、防衛、国際犯罪、税制調和、社会政策などが想定される）における統合をより深化させたいと考える場合は、全加盟国は同一歩調では進まず、それら一部の加盟国だけで先行する。第4のシナリオは、「分野限定と効率性の向上」である。現在の広範な EU の政策分野を見直し、一部の優先分野に資源を集中的に投入して、より迅速かつ効果的に成果を達成しようとするシナリオである。技術革新、通商、安全保障、移民、国境管理、防衛などが優先分野として考えられるが、他方、効果が期待できない分野（地域開発、公衆衛生、雇用・社会政策）における EU の活動は停止または縮小する。第5のシナリオは「積極的拡大」であり、EU は、全政策領域において全加盟国が参加する諸活動を強化する。ある領域につき、現在の EU も加盟国もともに十分な対処能力を持たないとの合意が得られるなら、加盟国は、より多くの権限を EU に移譲し、EU がより積極的に対応することになり、そのような領域には、防衛・安全保障のための欧州防衛同盟の創設も含まれる。

　その後 2017 年9月、当時のユンケル欧州委員会委員長は、欧州議会における一般教書演説で、さらに第6のシナリオを付け加えた。そこでは、単一市場(特定多数決による決定事項の税制への拡大など)、経済通貨同盟、テロ対策、安全保障の各側面が強化された EU が、EU レベルの一層の民主化と加盟国議会・市民社会の参加によって支えられることが提案されている [44]。白書が示した5つのシナリオと第6のシナリオとの関係は必ずしも明確ではない。第6のシナリオに、第2・第4のシナリオのような分野限定的発想はないが、ユンケル委員長は、EU 権限の拡大を追求せず、

---

44) European Commission, "President Jean-Claude Juncker's State of the Union Address 2017", 13 September 2017.

合理的な場合は、加盟国に権限を返還すべきであるとも述べており、分野が限定される可能性は排除されていない。補強化協力には言及していないので、第3のシナリオの色彩は見られないが、ユンケル委員長が、EUはより迅速、かつ、より断固として行動できなければならないと述べていることを考慮すると、第6のシナリオは、第5のシナリオに近いのではないかと思われる。

（4） EU の連邦化──EU のさらなる統合

　EU は連邦国家ではない。それだけでなく、現在の EU 加盟国には、EU を連邦国家に発展させる政治的意思もない。しかし EU と加盟国は、主権国家が通常有する権限を分有するので、現在でも、EU はある種の連邦制度である。EU は、連邦国家ではないが、連邦制度である。そのような EU の将来像としては、以下の3つの選択肢しか考えられない。ロドリックは、「経済統合を深化させるには、それを支える超国家的な統治構造が必要となる。究極的には、EU は政治統合に進むか、もっと低い水準の経済統合に後退するかのどちらかになるだろう。」と2つの選択肢を提示する[45]。しかし、現状が維持される可能性を排除することもできない。したがって、考えられる選択肢は、第1に、EU により多くの権限が与えられ、より強化された、連邦国家に近い連邦制度に発展するか、第2に、現状の EU・加盟国間関係をそのまま維持するか、第3に、加盟国に権限を返還して、統合の程度を現状より弱め、通常の国際組織に接近するかの3つである。

　ヨーロッパの議論を見ると、Brexit を受けて、「EU 統合は進み過ぎた」と考え、最近は、第3の選択肢を主張する者が現れている[46]。しかし、第1の選択肢もなお有力である。例えば、ギデンスは、EU が抱える諸問題の解決には、統合を推進することが唯一の道であり、ユーロを救うため

45) ロドリック・前掲注3) 252 頁。
46) ジャック・サピール『EU 崩壊──秩序ある脱＝世界化への道』（坂口明義訳、藤原書店、2017 年）；G．マヨーネ『欧州統合は行きすぎたのか（上・下）』（庄司克宏監訳、岩波書店、2017 年）。

には、ユーロ圏の経済的一体化を一層進めることが必要であると説く[47]。そして、統合の推進には、民主主義的な政策決定システムとして EU が持続可能でなければならず、EU における民主主義の強化が必要であることを理由に、広範な民主的参加を実現するため、EU 常任議長の直接選挙制、欧州議会への広範な権力の付与を提案する[48]。欧州議会が中心的な立法機関となり、EU 内における富の再配分を決定すべきであるという見解はあちこちに見られ[49]、フォンデアライエン欧州委員会委員長も、欧州議会への法案発議権付与に賛成する[50]。EU はこれまで、危機に陥るたびに、それを統合推進のきっかけとして逆に利用し、統合を進めてきた。第 1 の選択肢は、そのような経緯と符合するものでもある。

　EU が多くの困難と課題に直面しているにもかかわらず、欧州統合の意義と必要性は減じてはいない。加盟国が一体として行動してこそ、国際社会において存在感を発揮でき、また様々な問題を解決できる資源と力を持ち得ることは、依然として事実である[51]。新型コロナウイルス感染対策のなかでも、それは明らかになっている。しかし他方、統合の深化が直線的に実現可能であるとは思えない。統合の深化のためには、EU 加盟国の合意が必要とされる場面が多いところ、そのような加盟国の合意調達は直ちには困難であるからである。EU 法秩序の高い実効性をこれまで支えてきた、加盟国法に対する「EU 法優位の原則」についても、加盟国裁判所がそれに反抗する事例が最近現れている[52]。ポール・クレイグは、EU は民主主義の観点から批判されるが、現在の EU の在り方は、度重なる基本

---

47)　ギデンス・前掲注 5 ）23 頁。

48)　同上 36-38 頁。

49)　Jürgen Neyer, "Saving Liberal Europe, Lessons from History", in Antonina Bakardjieva Engelbrekt and Xavier Groussot eds., *The Future of Europe, Political and Legal Integration Beyond Brexit*, Hart Publishing, 2019, p.19 and pp.31-33.

50)　Ursula von der Leyen, *supra* note 39.

51)　European Commission, *supra* note 29 ; "The Rome Declaration of the leaders of 27 member states and of the European Council, the European Parliament and the European Commission", 25 March 2017.

52)　例えば、2016 年のデンマーク最高裁判決は、EU 司法裁判所の先決裁定に反抗している（須網隆夫「リスボン条約後の『EU 法の優位』——加盟国憲法と国際協定との関係において」EU 法研究 6 号（2019 年）61-62 頁）。

条約の改正の際に加盟国が選択してきた結果であり、その批判は EU より、加盟国に向けられるべきであると指摘する[53]。しかし、EU 加盟国の欧州統合に対する立場は様々であり、とくに、東欧の非リベラル民主主義国家と他の加盟国の間には、EU の基本的価値の理解において大きな隔たりがあり、ボールを加盟国に投げ返しても、問題は解決しない[54]。グローバルな諸問題にヨーロッパ各国が影響力を持とうとすれば、ヨーロッパ統合は不可避であるとして、一貫して、経済統合とともに政治統合の推進を訴えてきたハーバーマスも、政治統合の実現性につき、2018 年に初めて悲観的な見解を明らかにした[55]。危機に直面して、EU 内の知識人の見方にも揺れが感じられるのである。

　ただし、ユーロ圏に限っては、統合が一層進む可能性は小さくない。前述のように、いったんユーロを導入した加盟国が、ユーロ圏を離脱することは、理論的にはともかく事実上ほぼ不可能に近い。したがって、ユーロ圏加盟国が共通の政治的意思を形成し、ユーロ共同体を政治同盟に深化させ、EU の中核としてさらなる統合に向かうことには現実的必要性がある[56]。その場合、EU は、欧州委員会の第3のシナリオである「マルチスピード」を選択したことになり、ユーロ圏と非ユーロ圏の乖離は拡大することになろう。

（5）　EU の求心力の確保

　最終的に、Brexit 後の EU は、統合の進展に向けた求心力を取り戻せるのであろうか。多くの不確定要素が存在するが、EU の将来を悲観的に予測する必要は必ずしもない。第1に、英国を除く27加盟国、欧州理事会、欧州議会及び欧州委員会は、2017 年3月に「ローマ宣言」に合意した。ローマ宣言は、EU が直面する困難として、地域紛争・テロリズム・移民・保護主義とともに社会・経済的不平等をあげ、これらの困難に共同で立ち向

53）Paul Craig, "The EU, Democracy and Institutional Structure, Past, Present and Future", in *The Future of Europe, supra* note 49, pp.37-61.

54）須網・前掲注 33）。

55）ハーバーマス・前掲注 40）73 頁、288-302 頁。

56）同上 67-69 頁、276-277 頁。

かうことにより、ヨーロッパ諸国は初めてグローバルな影響力を保持し、共通する利益と価値を守れると述べ、「安全で守られたヨーロッパ」、「豊かで持続可能なヨーロッパ」、「グローバルでより強力なヨーロッパ」とともに「社会的ヨーロッパ」を EU の目標に掲げた[57]。日本では、EU 加盟国間の不協和音のみが報道されがちであるが、EU 加盟国間に一致点が存在することもまた事実である。そして第 2 に、前述の世論調査結果が示すように、EU 市民の EU への支持は、一時より回復しており、それがどこまで固い支持であるかには疑問が残るが、最近は決して低くない[58]。同時に注目すべきは、欧州議会選挙の投票率である。欧州議会選挙の投票率は、1980 年代後半から欧州議会の権限強化にもかかわらず、一貫して低下し、ヨーロッパレベルでのデモス不在の証拠と理解されてきた。しかし、直近の 2019 年 5 月の欧州議会選挙の投票率は、前回の選挙（2014 年）より 8.01％も上昇し、過半数を越える 50.62％にまで達した。そこには、EU 懐疑派の活動が EU を強化するという逆説が存在する。同選挙では、EU 懐疑派がどこまで EU 市民の支持を伸ばすかが注目された。EU 懐疑派は EU を攻撃するところ、EU 懐疑派の主張が説得力を持つためには、まず EU が批判の対象たり得る統治能力を備えていることが前提となる。換言すれば、EU 懐疑派の EU 批判は、EU レベルの権力行使の実効性を主張せざるを得ず、その結果、EU 懐疑派の主張の聞き手は EU への関心を増大させることになる。いずれにせよ、2019 年の欧州議会議員選挙は、政治空間は加盟国レベルにしか存在し得ないという、これまでの支配的言説に見直しを迫る契機となるかもしれない。

4．グローバル経済秩序の将来

（1）　国際経済秩序の現状

　それでは、1990 年代後半以降、WTO を中核に、FTA・BIA によって補完され、ほぼ安定的に推移してきた、現行の国際経済秩序は、Brexit

---

57）The Rome Declaration, *supra* note 51.

58）European Commission, *supra* note 32.

によりどのような影響を被るのであろうか。今後の国際経済秩序の推移が、本稿の最後の検討課題である。

① WTO 体制の動揺

　第1に留意しなければならないことは、Brexit と並行して、WTO 体制が動揺していることである。一方で、2001 年に開始した WTO 初めてのラウンド交渉である「ドーハ開発アジェンダ」は、一部で成果を上げたものの、当初の目的を達成することなく事実上停止し、新たな貿易ルール形成の場としての WTO の役割は低下してしまっている[59]。他方、これまで順調に機能してきた WTO の紛争解決制度も、米国が退任する上級委員会委員の後任選任を阻止してきたため、2019 年 12 月、事件の審理を行うために必要な 3 人の委員が確保できなくなり、申立て事案の審理が停止し、機能不全に陥っている[60]。紛争解決制度の機能不全が、今後、各国の WTO 協定違反を誘発することになれば、既存の貿易ルールの実効性は低下せざるを得ない。

　ラウンド交渉の停滞を受けて、各国は、ルール形成の活路を地域統合に求め、2000 年代以降、多くの二国間または多国間の FTA が締結されてきた。日本もその例外ではなく、2001 年の「日・シンガポール経済連携協定（EPA）」の締結以来、多くの協定を締結してきた。そのような自由貿易協定の活発な利用を背景に、2010 年代には、米・EU（大西洋横断貿易投資パートナーシップ協定、TTIP）、日本を含む環太平洋諸国・米（環太平洋パートナーシップ協定、TPP）、日・EU（日 EU 経済連携協定）という大市場国間の自由貿易協定（メガ FTA）によって新たなルールが形成され、それが WTO に取り込まれ、グローバル・スタンダードを形成していくというシナリオが構想され、実際にも大市場国・地域間の FTA 締結交渉が進んだ[61]。しかし、TTIP と TPP は、いずれもトランプ政権の保

---

59) 中川淳司『WTO——貿易自由化を超えて』（岩波新書、2013 年）参照。

60) 川瀬剛志「岐路に立つ WTO 上級委員会と国際通商関係における『法の支配』」法律時報 92 巻 3 号（2020 年）1-3 頁；川瀬剛志「WTO 上級委員会危機と紛争手続改革——多国間通商システムにおける『法の支配』の弱体化と今後」法律時報 91 巻 10 号（2019 年）14-20 頁；川瀬剛志「WTO 上級委員会危機と求められる日本の役割」経済産業研究所（RIETI）ウェブサイト、Special Report（2019 年）（https://www.rieti.go.jp/jp/special/special_report/109.html）。

護主義的な一国主義的対応により葬り去られた。TPP は、その後、米国を除いて CPTPP として生き延び（2018 年 11 月発効）、日米間にも日米貿易協定が調印されたが（2020 年 1 月発効）、自由化の程度は低く、さらなる自由化の日程・計画が明示されていないので、WTO 協定との適合性が疑問視される[62]。メガ FTA 構想が挫折した今後、これまで、多国間主義によって支えられてきた、自由貿易を目指すオープンな国際経済秩序は、再び保護主義的な二国間関係に分解してしまうのであろうか。この問いに対する答えは、現在進行しているグローバル化が不可避で非可逆的な過程であるのか否かにも関わる[63]。

②　グローバル市場の功罪

　1990 年代の社会主義国の体制転換以降、国際経済秩序は、大きく変貌を遂げてきた。第 1 に、通商障壁の低減による「商品貿易・サービス貿易の自由化」に加えて、「資本移動の自由化」による国際金融市場の一体化と外国直接投資の自由化が進んだ。それらを基礎に多国籍企業は、越境的なサプライチェーンを形成し、今日多くの企業は、生産拠点を世界レベルで最も効率的に配置するなど、国内・国外双方の市場を視野に入れた事業活動を展開している。そして第 2 に、そのようなグローバルに展開される企業活動は、「インターネットなど情報技術の革新」と「航空運賃の低廉化」による越境的コミュニケーションの容易化によって支えられているところ、情報技術は、越境的に膨大な情報を収集するデジタルプラットフォーマーを発展させ、新しい形態のビジネスが様々な分野で急速に成長しはじめている。

　これらの変化の結果、ビジネスの観点からは、国境の持つ意味は低下し、グローバル市場とも呼ぶべき世界規模の市場が出現して、各国の経済的相

61）中川淳司「TPP の背景と意義」日本国際経済法学会年報 23 号（2014 年）4-25 頁；須網隆夫「WTO と日・EU 経済連携協定」長部重康編著『日・EU 経済連携協定が意味するものは何か——新たなメガ FTA への挑戦と課題』（ミネルヴァ書房、2016 年）39-55 頁。

62）川瀬剛志「日米貿易協定は WTO 協定違反か？」RIETI ウェブサイト、Special Report（2019 年）（https://www.rieti.go.jp/jp/special/special_report/108.html）。

63）マンフレッド・B・スティーガー『新版グローバリゼーション』（櫻井公人、櫻井純理、高嶋正晴訳、岩波書店、2010 年）160-161 頁。

互依存はかつてないレベルにまで高まっている。欧州統合、とくに EU の
域内市場創設は、冷戦時代に開始されたプロジェクトであるが、それが実
現した人・商品・サービス・資本の自由移動は、グローバル化を先取りし、
そのヨーロッパ版とみなすことができる。もっとも、国際経済秩序の発展
はプラスの効果ばかりではない。国際経済秩序のもとでもたらされた世界
経済のかつてない発展は、他方で、人類の産業活動に起因する地球環境の
悪化（とくに気候変動）、大量の人の越境移動による伝染病の世界的流行
等の原因ともなり、もはや経済成長だけを単純に追求できる時代ではなく
なっている。

③　グローバル化への対立する評価

　これら複雑な諸要素を内包するグローバル化は、それを可能にする技術
革新を必要としたが、純粋に科学技術の発展だけに依拠した、技術革新の
必然的結果というわけではない。WTO がそうであるように、グローバル
化には、自由貿易推進という政策判断に基づく法制度の構築によって進め
られた側面がある。換言すれば、グローバル化は、それを推進または受容
する政府・市民の意思に依拠した社会現象である。そうであるからこそ、
同じ科学技術の発展を前提としながらも、グローバル化の評価・対応は様々
な立場に分かれるのである。

　一方には、いうまでもなく、欧州における EU 懐疑派のポピュリスト政
党のように、国家主権を弱めるものとして、グローバル化に反対する保護
主義的な反グローバリストが存在する[64]。他方には、現実にグローバル
化は進んでおり、その流れを押しとどめることは、ほとんど不可能である
だけでなく、妥当でもないと理解する者がいる[65]。そして、両者の中間に、
保護主義には賛成しないが、「人々の幅広い支持を受けた国内の慣行が貿
易によって脅かされる場合には、必要に応じて国境の壁を厚くすることも
認められる」と論じて、グローバル化を無条件の不可逆的過程とは理解せ

64）同上 115-116 頁。
65）遠藤・前掲注３）9-10 頁。センも、グローバル化自体を肯定的に受け入れながら、格差へ
　　の取り組みを訴える（アマルティア・セン『アマルティア・セン講義、グローバリゼーション
　　と人間の安全保障』（加藤幹雄訳、ちくま学芸文庫、2017 年）14-42 頁）。

ず、各国の多様な規制・価値を尊重し得る、いわば、ほどほどのグローバル化を支持する者がいる[66]。このように動揺し、新たな方向性を定めようとしている国際経済秩序に、Brexit により独立した主体となった英国が、EU と並ぶアクターとして参加していくのである。

　過去の歴史を振り返れば、グローバル化が逆転する可能性を一概に否定することはできないが、問題は、相互依存が進み、主権国家の自己決定権が空洞化しているといわれる、現在の国際社会において、グローバル化の方向性に反する行動が持続可能であるかどうかである。その意味で、EU 離脱後の英国・EU 関係の推移は注目される。前述のように、英国が EU 加盟国であったために、英国と EU の社会的・経済的関係は極めて密接である。英国も、他の EU 加盟国との密接な社会的・経済的関係から、域内移民問題など一部を除けば、EU 加盟により、様々な利益を得てきた。そのことを考慮すると、英国が、EU と経済的に距離を置くことは、短期的には可能であっても、果たして持続可能であろうか。グローバル・ブリテン構想にしても、例えば、米英の通商交渉において、米国が国民健康サービス（NHS）の改革など、英国にとって受け入れが難しい要求を持ち出す可能性もあり、その妥結はそれほど簡単ではないかもしれない。したがって、数年後、英国が、実質的に、現在とそれほど変わらない EU 関係に絡めとられている可能性も残っている[67]。もしそうなれば、欧州統合とともにグローバル化が不可避で非可逆的なプロセスであることの証明であると評価されるだろう。

　以下には、まず Brexit 後の EU・英国関係の今後を検討し、ついで EU・英国を含む、国際経済秩序の将来を展望する。

---

66) ロドリック・前掲注3) 277-280 頁。ただしロドリックは、保護主義に賛成しているわけではない。2つの選択肢である、一方的な保護主義と深化した統合のどちらも健全なグローバル化にとってのリスクであるとして、セーフガードの拡大を提案している（同 289-296 頁）。

67) 伊藤さゆり『EU 分裂と世界経済危機——イギリス離脱は何をもたらすのか』（NHK 出版新書、2016 年）17 頁、58-65 頁。

（2）　Brexit 後の EU・英国関係

①　移行期間終了後の EU・英国経済関係

　2020 年末までの移行期間中の英国・EU 関係は、英国が EU 加盟国であった時期とほとんど変わらない。EU 法も、期間中は、これまでと同様に英国に適用されていたからである。当然、両者の相互依存の程度は高く、英国の貿易に占める EU 加盟国との貿易の割合は大きい。したがって、現在の貿易関係を Brexit 後も維持していくべきことは、経済合理性の観点からは両者にとって当然である。しかし、それが現実に維持できるかは明確ではない。

　英国・EU 通商関係の詳細は、本書の別稿により検討されるので、検討の視点のみ提示しておく。EU・英国間の通商関係は、移行期間終了の直前に合意された、通商・協力協定によって規律されている。通商・協力協定により、EU の対外共通関税は英国からの輸出には課されない（同協定22 条）。問題は、関税障壁ではなく、英国・EU 間に、今まで存在しなかった非関税障壁が新たに発生することである。例えば、製品規制による貿易障壁について、通商・協力協定は、基本的に、WTO の「貿易の技術的障害に関する協定（TBT 協定）」の内容を取り込んでおり（同 90、91 条）、域内市場のように、輸出国と輸入国の製品規制・基準が相違することから生じる非関税障壁を除去するまでには至っていない。そうであれば、EU・英国間に新たに発生する非関税障壁が、企業活動に影響を与える可能性を否定できない。EU 内の商品の自由移動に関する相互承認原則は、移行期間終了後は、英国には適用されないからである。ただし、この種の非関税障壁の有無・その程度は、一様ではなく、製品の種類ごとに影響は異なるだろう。

②　移行期間終了後のロンドン金融市場

　EU 内において、ロンドンの国際金融市場としての地位は群を抜いていた。英国の EU 離脱が、世界の国際金融市場としてのロンドン市場の地位に影響し得るかは、EU だけでなく、日本の金融機関にとっても重大な関心事である。

　一方には、国際金融のインフラが格段に整備されているロンドン市場の

地位は、Brexit によっても揺るがないとの見方がある。英語が公用語であり、国際金融取引に関する判例法の蓄積が分厚く、国際金融取引に精通した法律事務所・会計事務所が多数存在することに加えて、市場重視の英国法が規律するロンドン市場には、大陸諸国の金融市場にはない優位性があるからである。しかし他方では、短期的にはともかく、長期的にはロンドン市場の地位は低下する可能性があるとの見方がある。それは、EU の国際金融政策を考慮するからである。EU は、Brexit 後は第三国市場であり、EU 規制の適用外にあるロンドン市場への過度の依存を懸念し、少なくとも EU に関係する金融取引、とくにユーロ取引の根幹をなす清算・決済業務を大陸市場に移転させようとすると予想される。そのため、ロンドン市場の業務の一部は、徐々に大陸の金融市場に移る可能性がある。

　EU の金融市場規制の方向性が明確ではない現時点で結論を下すことはできない。確かに、英国が脱退した EU において、EU による規制が伝統的な大陸型の内容に傾斜すれば、世界の金融機関は、よりオープンなロンドン市場にとどまり続けるであろう。しかし、EU が、アングロサクソン的ではないにせよ、より柔軟な規制を導入すれば、ロンドン市場の優位が脅かされる可能性も残ると思われる。なお、ロンドンと英国内の他の地域との格差にも留意しておく必要がある。ロンドン市場の成功は、ロンドンと他の地域の格差拡大という英国が国内的に直面する困難を深刻化させかねないからである。

③　移行期間終了後の EU・英国政治関係

　政治・安全保障面でも、移行期間終了後、EU・英国の政治協力がどう機能するかが課題となる。EU の共通外交・安全保障政策から離れる英国ではあるが、2019 年 10 月の新離脱協定と同時に合意された、「将来関係に関する政治宣言」は、EU・英国間に、包括的な自由貿易協定を中核とする通商・経済協力関係だけでなく、刑事法執行、外交・安全保障・防衛、その他様々な非経済領域で協力し合うパートナーシップ関係を確立すると宣言し、例えば、英国が、EU 共通安全防衛政策の個々のミッションに、場合に応じて参加できるようにするとしている[68]。EU は、2020 年 3 月に開始された通商協定の交渉に際しても、政治宣言に従い、英国と政治面

での密接な連携を確立する意向を明示している[69]。高い情報収集・分析能力を有する英国抜きでは、EU の外交・安全保障政策の実効性は低下してしまうからである。他方、EU 離脱後も、EU 加盟国も英国も共に NATO の構成国であるので、英国も EU との協力に消極的ではない。もっとも、EU を離脱した以上、英国の外交政策が EU の枠内にある必要はなく、英国が EU と異なる独自の政策をとる場面も多く生じると思われる。とくに、EU と米国の政策が対立する場合、英国がどちらの立場をとるのかは、これまで以上に微妙となろう。

（3）　グローバル経済秩序の今後
——EU・英国を包み込む、グローバル秩序はどう変化するのか
①　現行グローバル秩序の全体像
——矛盾した動きが同時併行的に進行する現状

　冷戦終結後の 1990 年代以降、世界全体に広がっていくグローバルな国際経済秩序は、多国間主義に基づく国際機関が形成するルールと、それを補完する二国間または地域統合によるルールによって規律されてきた。多くの国家は、国家間の勢力均衡（バランスオブパワー）ではなく、ルールに基づく国際関係の規律を、国際経済関係だけでなく、安全保障、基本的人権、気候変動等、様々な場面で推進してきた。そこでは国家は、国際ルールに基づく国際協力に前向きであり、自由な主権行使に対する制約を受け入れることに、それほど消極的ではなかった。各国は、全体として、ルールに基づく安定した国際秩序から利益を得られると考えたからである。

　しかし、2008 年の国際金融危機後、とくに 2010 年代に入ると、そのような状況に変化が現れる。中国の海洋進出、ロシアのクリミア併合は、その証左である[70]。中国・ロシアは、様々な場面で国家主権の尊重を強く主張したが、そのような傾向を決定づけたのが 2016 年に誕生した米国・

68）"Political Declaration setting out the Framework for the Future Relationship between the European Union and the United Kingdom", 17 October 2019.

69）Council of the European Union, "Directives for the Negotiation of a New Partnership with the United Kingdom of Great Britain and the Northern Ireland", 25 February 2020.

トランプ政権の対外政策であった。超大国である米国の一国主義的な外交
政策への転換を決定的契機として、現在のグローバル秩序は進むべき方向
感覚を失い、混沌とした状況にある。一方には、多国間主義から一国主義
への回帰が随所に見られる。最近まで、少なからぬ論者が、国家主権の空
洞化を指摘し、国際ルールに基づく国際協力の必要性を主張してきた[71]。
しかし、国際通商の場面で、保護主義に基づく貿易制限措置によりグロー
バル市場が分断されるだけでなく、各国が、直面する様々な問題に一国的
に対応しようとする場面が増加している。EU は、地域的にではあるが、
加盟国間の相互依存を推し進めてきた、グローバル化の将来を示唆する存
在であるが、そこでも、難民問題では一部の加盟国による一国主義的対応
が見られる。2021 年のバイデン政権の誕生により、米国の外交政策は国
際協調に回帰しているが、それが、全体的な状況にどこまで影響力を持ち
得るのかは、なお判然としない。なぜここにきて国家の単独行動が復権し
てきたのであろうか。

　これまで、国際協力を欠いた一国での対応によっては解決できないと考
えられてきた諸問題は、依然として未解決のままである。気候変動をはじ
め、深刻化する地球環境問題[72]、一体化した国際金融市場において繰り
返されるバブルの発生とその崩壊[73]、タックス・ヘイブンを利用した国
際租税回避[74]、新型コロナウイルスのような新たな伝染病の発生と世界
的流行、経済的破綻・内戦等に起因する大量の移民・難民の発生と先進国
への移動[75]、サイバー空間で活動する越境的なデジタルプラットフォー

70)　佐藤親賢『プーチンと G8 の終焉』（岩波新書、2016 年）；白石隆、ハウ・カロライン『中国
　　は東アジアをどう変えるか』（中公新書、2012 年）；読売新聞中国取材団『膨張中国——新ナショ
　　ナリズムと歪んだ成長』（中公新書、2006 年）参照。
71)　例えば、ハーバーマスは、主権の空洞化を前提に、ポストナショナルな状況のなかで、国家
　　が「国民国家として自律的に行動できる権能が、大幅に失われた」、「もはや国際的な協力なし
　　には、個々の国民国家内での身体的な安寧も保つことはできない」と指摘していた（ハーバー
　　マス・前掲注 40）202-203 頁）。
72)　大河内直彦『チェンジング・ブルー——気候変動の謎に迫る』（岩波現代文庫、2015 年）
　　参照。
73)　浜矩子『グローバル恐慌——金融暴走時代の果てに』（岩波新書、2009 年）参照。
74)　上村雄彦『不平等をめぐる戦争——グローバル税制は可能か？』（集英社新書、2016 年）；
　　志賀櫻『タックス・ヘイブン——逃げていく税金』（岩波新書、2013 年）参照。

マーの規制[76] など、グローバル化に伴って深刻化し、解決を必要としている多くの問題は、グローバルな解決を必要とし、どの国も一国家単独では解決できない。そもそも、グローバル化を背景に、国家の規制力は一般的に低下しており、国際金融・デジタル経済・国際標準化など、非国家主体による規制が、実質的に国家を拘束している場面が少なくない。例えば、サイバー空間は、国家、デジタルプラットフォーマーを含む様々な組織、個人が共存し、相互に影響し合って支える空間であり、そもそも国家による規制には限界がある。もちろん、国家が規制力を発揮できる分野はなお多い。しかし、例えば、経済規制を念頭に置くと、各国が競争関係にある場合または各国の利害が対立する場合、一国が国内に規制を導入しても、他の国家が規制しなければ、企業は規制のゆるい国に移動するだけであり、企業の移動により経済に損害を被る国は、規制の導入・強化を躊躇せざるを得ない。とくに資本の移動が自由化されてしまうと、国家、とくに小国の政策決定の自由度は現実には小さくなり、多くの国家が領域内を意のままにコントロールできるわけではない。そうであるからこそ、中小規模のヨーロッパ国家は EU に結集したのであり、その EU はまた、国家だけに注目せず、国際組織、地方政府、個人を含む非国家主体等、様々なステークホルダーを包み込んだ多層的なガバナンスを指向するのである。グローバル社会で、広い政策決定権限を実際に行使できるのは、米国・中国など、他国の動向に配慮する必要の少ない、一握りの覇権国（ヘゲモン）と EU に限られざるを得ず、彼らにも完全なフリーハンドを与えられているわけではない。

　そうであれば、「グローバルな問題は、グローバルにしか解決できない」、「グローバルな問題には、国際協力に基づくグローバルな対応が必要である」という原則はいまだ有効なはずである。それにもかかわらず、なぜ各国は、一国主義的な対応に走るのであろうか。

75）幕田桂『難民問題——イスラム圏の動揺、EU の苦悩、日本の課題』（中公新書、2016 年）；
　坂口裕彦『ルポ難民追跡——バルカンルートを行く』（岩波新書、2016 年）参照。
76）持永大、村野正泰、土屋大洋『サイバー空間を支配する者——21 世紀の国家、組織、個人の戦略』（日本経済新聞出版社、2018 年）参照。

②　一国主義への回帰の理由

　結論から述べると、一国主義への回帰は、一般に、これまでの多国間主義に基づく既存の国際組織・国際協力によるグローバル・ガバナンスが十分に成果を上げ得なかったことへの反動であると考えられる。国際経済秩序の場面でも、格差拡大の結果から見て、グローバル市場に対する既存の制度によるコントロールに不十分な部分があったことは否めない。そうであるからこそ、WTO 改革の議論も生じる。

　国際経済秩序について見ると、WTO は、その前文が示すように、完全雇用を実現し、人々の所得を増加させ、生活水準を向上させようとする国際組織である。しかし、前述の EU 内の格差（加盟国間格差と加盟国内格差）と同様、1990 年代以降のグローバル化のなかで、国家間・地域間（先進国と途上国間）の格差と各国における国内（富裕層と貧困層間）の格差は拡大し続けている。前者の場面では、確かに途上国のなかに、グローバル市場への参加によって急速な経済成長を実現した国があることは事実である。グローバル市場に参加するとともに、先進国からの投資を受け入れることは、途上国が経済成長を実現できる必要条件である。しかし、少なからぬ途上国は、WTO のもとで拡大した通商機会を生かすことができず、依然として経済発展から取り残されている[77]。この事実は、域内市場の完成・単一通貨の導入が、必ずしも EU 内の均衡のとれた発展に結び付かず、EU 内の加盟国間格差（西・北欧諸国、南欧諸国、中・東欧諸国の 3 グループ間の格差）がほぼ固定化してしまっていることを想起させる。そして先進国もまた、国内格差の拡大に悩むことになる。先進国でも、1980 年代から拡大しはじめた国内格差は、先進国の衰退産業が途上国産業によって代替され、先進国の中間層が没落するなかでさらに深刻となり、政治が不安定化する背景を構成している[78]。このような現状は、WTO を中心とする既存の国際経済システムの機能不全から生じている。

　国連など既存の国際組織が、グローバルな諸問題への対応において、すべての場面で機能不全に陥っているわけではないが、効果的に対応できて

77）中川・前掲注 59）170-191 頁。
78）サミュエル・ハンチントン『分断されるアメリカ』（鈴木主税訳、集英社文庫、2017 年）参照。

いない場面も多い[79]。新型コロナウイルスによるパンデミックに対する「世界保健機関（WHO）」の対応が露呈したように、多くの国際組織には不十分な権限しかなく、そもそも当該分野につき国際組織が組織されていない場合もある。そうであれば、各国は、国際組織による対応の限界を見込んで、そのギャップを埋めるべく、当該国際組織の枠外で、単独または利益を共有する他の国家とともに、現実的対応を模索せざるを得ない。そのことは、国際通商・投資の場面でも同じである。

③　あるべきグローバル市場のための課題

　グローバル市場は、本来、資源の効率的配分を通じて、全体厚生を増大させるはずである。現状は、一面では、残存する保護主義によって市場の適正な機能が歪曲されている結果でもあろう。その場合は、自由貿易のさらなる徹底こそが現状を改善し、格差の是正につながる。しかし、途上国が実際にグローバル市場に参加し、そこから利益を得るためには一定の能力が必要であり、先進国からの開発援助があっても、そのような能力を途上国が備えることは簡単ではない[80]。加えて、仮にグローバル市場が歪曲されなくても、その効果が世界の隅々に行き渡るには一定の時間を必要とする。これに対し、一人ひとりの人々は、日々の生活を生きてゆかねばならず、今日生きられなければ明日がない。このことを考えれば、人々に、グローバル市場の効果が自己に及ぶことをのんびりと待つ余裕はない。そのことは、ギリシャに課された緊縮政策に対して、ギリシャ国民がどのように反応したかを想起すれば十分である。ギリシャでは、労働組合をはじめ国民が激しく反発し、デモ・ストが頻発し、失業率の急上昇・生活水準の低下を背景に、急進左派連合政権を誕生させるに至ったのであり、緊縮政策の押付けへの批判は根強い[81]。

　およそあらゆる国内市場は、市場のプレイヤーに法的権利を保障するとともに、プレイヤーの行動を規律する、様々な公的規制の網の目のなかで

79）アタリ・前掲注2）232-238頁。
80）ダロン・アセモグル＆ジェイムズ・A・ロビンソン『国家はなぜ衰退するのか——権力・繁栄・貧困の起源（上・下）』（鬼澤忍訳、ハヤカワノンフィクション文庫、2016年）参照。
81）田中・前掲注4）173-203頁。

43

のみ存在する。公的規制には、ステークホルダーの利益が民主的な立法過程を通じて組み込まれざるを得ず、その意味で、経済活動にとって理想的な完全市場は存在し得ない。同様のメカニズムは、グローバル市場に対しても働く。グローバル市場も、それを支える法的枠組みが必要であり、そこには、自由貿易以外の公的価値が組み込まれざるを得ない。商品・サービス・人・資本という 4 つの自由移動を内部で実現することを目的として出発した EU が、前述のように社会政策を重視しようとしていることは、それを示している。グローバル化の影響は、各国の国内条件が多様である以上、一律に生じるわけではなく、短期的には不均衡が生じざるを得ない。そうであれば、グローバル市場を支えるシステムは、異なる影響に対する各国ごとの対応を包摂する柔軟性を持ったものでもなければならない。

　もっとも現在の WTO が、自由化を一面的に追求する組織ではないことにも留意する必要がある。WTO 協定には、「ダンピング輸出に対するアンチダンピング税の課税」と「輸出補助金に対する相殺関税の賦課」（GATT 6 条）という貿易救済措置とともに、「輸入の急増に対する輸入国のセーフガードの発動」（GATT 19 条）、「輸入国の公益上の理由に基づく一般例外」（GATT 20 条）および「安全保障上の利益を理由とする例外」（GATT 20 条）がそれぞれ規定されている。これらの貿易制限措置の肯定は、WTO 自体、様々な理由により、一定の貿易歪曲が生じざるを得ないことを予め想定していることを意味する。WTO 上級委員会の判断も、構成国の環境保護のための措置による貿易制限が、一定の条件を満たす場合には肯定されることを認めている[82]。このように WTO 協定は、加盟国の様々な公益的価値（「非貿易的関心事項」と呼ばれる）にも配慮し、自由貿易を一面的に優先させているわけではない[83]。多くの自由貿易協定の場合も同様である。しかし問題は、WTO 創設時よりも、格段にグローバル化した市場のもとで、現行制度が、自由貿易と各国の様々な利益を十分に調整できているかである。現在のグローバル秩序では、貿易自由化のための制度と他の公益的価値のための制度の実効性が必ずしも均衡してい

82）中川・前掲注59）146-148 頁。
83）小寺彰編著『転換期の WTO——非貿易的関心事項の分析』（東洋経済新報社、2003 年）参照。

ない。そのため EU 域内市場の場合と同様に[84]、WTO 体制のなかでは、他の公益的価値は、国内におけるより不利に扱われざるを得ない[85]。そのような不均衡の回復策の一つが、多国間主義に背を向ける一国主義的な対応となるのである。

そもそも政府主導型の国内政策の実効性は、グローバル化が進むなかで、分野によっては低下している。1980 年代以降、ほとんどの先進国で規制緩和による小さな政府と多国間主義に基づく国際協力が指向されたことは、そのような変化の反映でもある。しかし、既存のグローバル・システムが、領土紛争を含む地域紛争、イラン・北朝鮮の核開発などの諸問題を適切に統制できず、各国家にとって安全保障上の考慮の重要性が高まっていることは、通商・投資などそれ以外の場面での一国主義的対応を支えてもいる。要するに、グローバル化のなかで、「国家への回帰」と「国家の揺らぎ」が、同時に進行することは、実は同じ事象の両面である。グローバル化のなかで伝統的な国家による規制が不安定化しているため、両極端な現象が顕在化するのである。

そうであれば、グローバル社会全体に目を向けなければならない。世界に広がるグローバル市場を中心に、相互依存が進む世界において、根本的なシステムリスクが存在していることは広く認識されている[86]。国際経済秩序の場面でも、グローバルな法の統治を担ってきた WTO 紛争解決手続の機能が停止すれば、保護主義のリスクはより大きくなる。

④　グローバル秩序の方向性──自由貿易を支える新たな枠組み

これまでの検討を要約すると、多国間システムが十分に対応できないときに、対応能力に限界があるとはいえ、国家への期待が高まることは当然の流れであるが、覇権国である米国にも、また中国にも、仮にその意思があっても、実際に世界を統治する能力は十分ではない。トランプ政権の米国第一主義は、他国に対して相当程度の影響力を行使できたが、その政策は他方で、グローバル秩序自体を意のままには形成できない米国の限界を

---

84) 須網・前掲注7) 41-64 頁。

85) 須網隆夫「貿易と文化」小寺・前掲注83) 229-259 頁。

86) ギデンス・前掲注5) 15 頁。

反映してもいる。中国の「一帯一路」構想も、中国の対外政策ではあるが、その対象は世界の一部にとどまり、グローバルな秩序形成には至っていない。むしろ、日 EU・EPA、日米貿易協定に加えて、CPTPP でオーストラリア、ニュージーランド、カナダを FTA ネットワークに取り込み、さらに「東アジア包括的地域連携（RCEP）」により中国・韓国・インドとの関係を構築しつつある日本の通商政策こそ、グローバルなガバナンスを指向している。

　国家は、グローバル化のために、国内でも、以前のような唯一の規制者としての役割を果たせず、単独で世界に立ち向かう能力を低下させている。例えば、国内格差に対応する一つの方法は、所得税と相続税の累進性を高め、それによって得られる税収を再分配に使い、格差を縮小させることである[87]。しかし、問題はそれが、現在のグローバル市場のもとで、実施可能であるかである。法人の税（社会保険料を含む）負担の増加に対し、多国籍企業は、本拠地の移転で対応するかもしれない。1990 年代以降、EU 内で法人税率の引下げ競争が起きた[88]。これに対し EU は、一部の加盟国の低すぎる法人税率を、域内市場における公正な競争を損なう有害税制として規制した。EU 全体として企業の競争条件を調和することによって、初めて加盟国内における増税と財政移転が可能となったのである。EU が、英国との通商協定交渉に際して、両者間において、開放的で公正な競争のための同様の競争条件の保障を強調するのも[89]、その文脈で理解することができる。その延長線上に、2021 年 7 月に、米国・中国を含む 130 の国・地域が参加した、最低法人税率を 15％とする法人税制に関する大枠合意が成立したのである[90]。

　国連を含め、既存の国際組織は、いずれもグローバル・ガバナンスにい

---

87) トマ・ピケティ『不平等と再分配の経済学——格差縮小に向けた財政政策』（尾上修吾訳、明石書店、2020 年）参照。

88) 同上 60 頁。

89) Council of the European Union, *supra* note 68.

90) OECD/G20 Base Erosion and Profit Shifting Project, "Statement on a Two-Pillar Solution to Address the Tax Challenges Arising From the Digitalisation of the Economy", 1 July 2021.

まだ十分な機能を果たしていない。他方、どの国家にも単独で世界をコントロールする能力はないという状況のもとで、どのように安定したグローバル秩序を構想できるであろうか。グローバル・ガバナンスの必要性が明らかであれば、一国主義的対応に未来はない。残された選択肢は、機能が不十分な現在のグローバル・ガバナンスの枠組みを、現状に合わせて改革・改善し、統制機能を取り戻すしかない。そのことにより、経済・通商の面では、保護主義に陥らず、自由貿易の原則を守り、世界貿易を縮小させることなく、国内での不均等な富の配分を是正することが可能となる。

　それでは、方向性は、国際協力・国際組織による、グローバル・ガバナンスの再建・再構築しかないとして、どのようなグローバル秩序が目指されるべきであろうか。アタリは、2030 年には、世界は多極化し、米国がなお世界一の強国でありながらも中国・EU・インド・日本などがそれに続く一方、市場はますますグローバル化すると予測し、グローバル市場が誰にも統制されない「法の支配なき市場」となるグローバル・システミック・リスクを懸念する[91]。そのうえでアタリは、既存の国家と地球全体の利益を図る世界統治機関の双方により統治される新たな世界秩序は、連邦制に近い形態を持ち、分権的で透明性が高く、民主主義的なものになると予測する[92]。もちろんアタリは、そのようなシステムがいきなり実現できるとは考えていない。既存の国際法の遵守、一部の国による地域統合、既存の多国間国際組織の改革などの具体的な課題に取り組むなかで、既存の組織を徐々に変更して理想のモデルに近づけることを構想するのである[93]。

　ヨーロッパ人として、EU による欧州統合のプロセスを理解し、それに共感するアタリは、EU をグローバル・ガバナンスの実験と位置づける。EU をベースにしたグローバル・ガバナンスの発想は魅力的であり、将来的な可能性として排除はできない。しかし、アジアを含む世界全体にとっては、より分権的なモデルが現実的である。確かに、国家の規制力は、あ

91) アタリ・前掲注2) 257-268 頁；ハーバーマス・前掲注40) 233 頁。
92) アタリ・前掲注2) 18 頁、28-29 頁、295-297 頁、305-306 頁。
93) 同上 28-29 頁、320-340 頁。

る面では低下している。しかし、EU 域内を除くと、規制力低下の有無、
その程度は、分野ごとに一様ではないからである。例えば、問題の規模か
ら、国際金融危機・気候変動に対する国家の力は著しく制限されている。
しかし難民問題であれば、各国は、短期的には国境を閉鎖し、国内に立て
籠もることによって解決可能である。他方、国際経済秩序の場合は、一国
に閉じ籠ることは現実的ではない以上、既存のシステム、とくに WTO の
改革を検討しなければならない。

⑤　WTO 改革の方向性

　貿易ルールの形成、紛争解決の両面で、十分な機能を果たせなくなって
いる WTO を再度活性化させるためには、当面、以下の諸点に留意する必
要があろう。

　第 1 は、WTO と他の国際協定との関係である。WTO 改革は、これま
で積み上げられてきた二国間・多国間の自由貿易協定・経済連携協定・投
資協定等の成果を基礎に、それらを発展させるものでなければならない。
それらが、WTO 協定の例外として、または WTO 協定の枠外で規定され
ねばならなかったことは、WTO 協定の内容に満足できない部分があった
ことを示すとともに、それらの内容は、WTO 協定の不備に対する解決方
法を示唆している可能性があるからである。ボトムアップによる普遍的な
ルール形成であり、とくに大市場国間の協定の内容は多くの示唆を含んで
いる。もっとも、それら既存の協定の内容を無批判に受け入れることもで
きない。それらもまた、様々な課題に対応できていない現行グローバルシ
ステムの一部であるからである。前述のようにグローバル・ガバナンスの
システムが、分野ごとに不均衡に発展し、とくに国際経済分野が、WTO
により他分野よりも実効的に規律されていることを考慮すれば、WTO は、
これまで通商・経済分野以外の分野で蓄積されてきた成果をも尊重しなけ
ればならない。そこには、日 EU 戦略的パートナーシップ協定（日 EU・
SPA）が確認した、日 EU が共有する立憲的価値も含まれるだろう。

　第 2 に、WTO の規律と各国の国内規律との関係である。WTO が形成
する国際経済秩序のなかで、WTO システムの統一性と各構成国の多様性
をどのように調和させるかは重要な課題である。「多様性のなかの統一

（unity in diversity）」は、EUの在り方を示す概念であるが、EU以上に構成国が多様であるWTOにおいて、両者のバランスは、EUより多様性に力点が置かれざるを得ない。WTOルールは、多様性を無理に収斂させることなく、多様性に見合ったものである必要がある[94]。そしてWTOは、セーフガード、一般例外などの適用を通じて、前述のように、自由貿易と非貿易的関心事項を調整しようとしているところ、自由貿易に重きを置いた調整を前提にしながらも、環境など他の国際レジームおよび各国の国内規律の中心部分を侵害しないバランスが求められる。なお貿易と安全保障の調整は政治的に極めて微妙なテーマであり、引き続き慎重な検討が求められよう[95]。

　もちろん各国が例外条項を自由に解釈できるのでは、例外条項は濫用され、自由貿易が阻害されてしまう。したがって、構成国による例外条項の恣意的な解釈を制限する仕組みも必要である。第3は、そのようなWTO協定の解釈を担当する紛争解決機関をどのように改革するかである。司法化された紛争解決機関は、政治紛争化しやすい通商紛争を非政治化するために重要な役割を果たしてきた。現在は、上級委員会の改革が焦眉の課題であるが、そこでは、国際経済秩序における「法の支配」の在り方が問われている。WTOにおいて、EUは、EU司法裁判所の経験を背景に、WTOルール解釈の一貫性を重視し、一層の司法化を常に志向する。投資紛争解決について、EUが、アドホックな投資仲裁ではなく常設投資裁判所の創設を提案することも同じ発想であるが、EUの経験を、そのままグローバルな平面に拡大することには無理がある[96]。これに対し、米国は過度の司法化には否定的であり、常設裁判所の設置も必ずしも支持しない。むしろ主権を尊重した、より柔軟な紛争解決を求めるが、そこには紛争解

94）ロドリックは、「国による制度の多様性の余地を残したまま、グローバリゼーションを最大化するよう努力」すべきと指摘している（ロドリック・前掲注3）279-280頁）。
95）川瀬剛志「サウジアラビア・知的財産権保護措置事件パネル報告――カタール危機とWTOの安全保障条項」RIETIウェブサイト、Special Report（2020年）（https://www.rieti.go.jp/jp/special/special_report/120.html）。
96）須網隆夫「投資仲裁と常設投資裁判所――投資紛争解決制度をめぐる分裂と統合」法律時報91巻10号（2019年）63-69頁。

決が政治化する危険もある。最終的には、通商・投資紛争を解決する裁判所が必要となるにせよ、当面は、現行の紛争解決手続をより司法化する方向性が現実的であろう。

最後に──日・EU 協力の可能性

グローバル化が進んだ今日、そして新型コロナウイルスの世界的大流行のなか、われわれは、自分たちが、国家により明確に区分された領域にいながら、地球という一つの密室のなかで暮らしているという二面性を否応なく意識させられている。多くの企業が、日々の事業活動を推進するためにそうしているように、「世界全体の枠組みでとらえてこそ歴史がある」時代も始まっている[97]。

グローバルな国際経済秩序を発展させなければならない世界にとって、すでに日 EU・EPA と日 EU・SPA を締結して、経済分野だけでなく、グローバル秩序の全体像につき一定の一致点を形成している日 EU 協力の可能性は重要である。もちろん、両者が共有する立憲的価値の具体的内容が一致しているわけでは必ずしもないが、それらの具体的内容は、双方の内部でも完全に一致しているわけではない。他方両者は、ルールに基づいた国際秩序、法の支配・人権・民主主義の尊重という共通の出発点から、国際秩序を構想できる貴重なパートナーである。WTO の上級委員会問題についても、日本の立場は、本質的には EU に近いと考えられ[98]、投資紛争解決手段についても解決策が見出せないわけではないはずである。もちろん、日本にとって米国との安全保障上の関係は重要であるが、グローバル秩序を形成するためには、米国との協力だけでは十分ではない。そのため、EU および英国との関係をより重視することが適当であり、日本との協力強化は、英国を失った EU、EU を失った英国の双方にとってもメリットがあるはずである。

（2021 年 7 月脱稿）

97）入江昭『歴史家が見る現代世界』（講談社現代新書、2014 年）19 頁。
98）川瀬「WTO 上級委員会危機と求められる日本の役割」前掲注 60）。

第1節

Brexit 後の英国・EU 関係
──自由貿易協定（FTA）交渉の展望

関西国際大学国際コミュニケーション学部教授
慶應義塾大学名誉教授 **渡邊頼純**

はじめに

2016 年 6 月 23 日の国民投票で英国が僅差で欧州連合（EU）からの離脱を選択してから実に 3 年半、2020 年 1 月 31 日英国時間の午後 11 時（ブリュッセル時間では同日深夜 0 時）をもって英国はついに EU と決別した。2017 年 3 月 29 日に EU 条約 50 条（脱退条項）に則って EU からの離脱を通告してから 2 年 10 カ月の年月が流れ、数度にわたる脱退期限の延期と脱退協定の合意までの紆余曲折があったが、ついに英国は EU 加盟国としての 47 年間の歴史に終止符を打った。かくして英国は EU にとって「域外国」ないしは「第三国」の一つに過ぎない存在となった[1]。

英国のボリス・ジョンソン首相は EU 離脱に当たりヴィデオ・メッセージを出し、離脱を「国家として真の再生と変革の瞬間」と位置づけ、「最も重要なのは終わりではなく、始まりだということである」と強調し、離脱と残留に国論を二分した対立と分断を乗り越えて新たな「挙国一致」と団結を英国国民に訴えた[2]。ジョンソン首相は同メッセージのなかで、「EU は 50 年余りにわたる進化の過程で、英国にそぐわない方向に発展してき

1）"Britain finally breaks away from EU after 47 years of partnership", *Financial Times*, February 1-2 2020,「英離脱　戦後秩序に幕、拡大・価値観 2 つの挫折」日本経済新聞 2020 年 2 月 1 日など参照。

2）「英、EU 離脱『新時代へ』、ジョンソン首相表明」日本経済新聞 2020 年 1 月 31 日。

た。英国民が投票を通じて示した判断である」と離脱を正当化する一方で、
「（離脱を）EU と英国との間の友好的な協力関係の新時代の始まりにした
い」とも述べて、EU との新たな関係構築に期待を表明した[3]。

　英国の EU 離脱で、1952 年の欧州石炭鉄鋼共同体（ECSC）に始まった
欧州統合の歴史において初めて加盟国が減少するという局面を迎えること
になった。しかも離脱したのが先進国首脳会議（G 7）のメンバーであり、
国際連合の安全保障理事会の常任理事国でもある英国ということになれ
ば、そのマイナス効果は EU にとっても小さくない。

　英国の EU 離脱に際し、EU 側は残された加盟国 27 カ国の結束を強く
訴えた。折しも EU 側は新しい体制になってまだ日が浅い。欧州委員会の
フォン・デアライエン委員長、閣僚理事会常任議長（報道ではしばしば「EU
大統領」と呼ばれている）のミッシェル議長、そして欧州議会のサッソリ
議長はいずれも新任でその政治的手腕は未知数といわざるを得ない。

　そのようななか、フォン・デアライエン欧州委員長は「（英国とは）可
能な限り良好な関係を作りたいが、（英国が EU の）加盟国当時のように
はいかない」と述べ、対英交渉では EU の利益を優先し、英国だけが有利
になる合意は認めないとの立場を鮮明にした。また、欧州議会のサッソリ
議長は「（英国が離脱した）今日という日は我々全員にとって傷となって
残るだろう」と英国の EU 離脱を悔やんだ。ミッシェル閣僚理事会常任議
長は「強く野心的な EU をつくるために、我々のすべての力を使いたい」
として、残された 27 カ国の結束を訴えた[4]。

　EU 加盟国の首脳も英国との別離を悔やむ一方で、離脱直後に始まる対
英交渉では厳しい姿勢で臨む姿勢を明らかにしている。メルケル独首相は
声明で、「英国が EU とどのような関係を構築したいのかを示す必要があ
る」と述べ、EU とのあいだで関税をゼロにしたいのであれば、英国は安
全基準や環境基準などの規制も EU に合わせるべきとの考えを示してい
る。また、メルケル首相は「英国が EU の単一市場の条件から離れれば離
れるほど、我々の関係は大きく変わるだろう」と警告している。フランス

3）「英首相声明要旨」日本経済新聞 2020 年 2 月 1 日。
4）「対英交渉『強い姿勢で』　欧州首脳、EU 結束訴え」日本経済新聞 2020 年 2 月 1 日。

のマクロン大統領も「（英国の離脱は）我々にとっての警告だ」とし、離脱の背景でもあるポピュリズム（大衆迎合主義）に打ち勝つ強固な意思を強調した[5]。

　早速 EU の諸機関では加盟国ではなくなり、域外の「第三国」となった英国に対して業務上のつながりを断つ動きも見られる。一例をあげると、加盟国の国益や政策を調整する組織である閣僚理事会（the Council of Ministers）の事務局では英国の外交官たちにメールが流れないよう彼らのアドレスをリストから外すよう指示が幹部から発出されたとの報道がある。その指示のなかには「英国の代表を閣僚理事会の建物に招く必要が生じた場合には第三国のビジターとして扱うべし」とされている旨報じられている[6]。

　まさにジョンソン首相が言ったように「終わりではなく、始まり」であるが、これからいよいよ EU と英国の将来の関係を規定する枠組みについての交渉が始まることになる。その結果は EU と英国にとってだけではなく、日本や世界にとっても重大な含蓄を持っている。本稿では離脱協定の内容を概観したうえで、EU・英国の FTA（自由貿易協定）をめぐる交渉を中心にその行方を展望することにする。

1．EU 離脱協定の概要

（1）　EU 離脱協定承認までの経緯

　2016 年 6 月 23 日に英国が EU に残留するか、あるいは離脱するのかを決める国民投票が行われ、残留賛成約 48％、離脱賛成約が 51％となり、英国の EU 離脱が決定された。その後テレーザ・メイ首相のもと 2017 年 3 月 29 日に英国が正式に離脱の意向を欧州理事会に伝達し、リスボン条約 50 条に基づく離脱プロセスがスタートした。

　リスボン条約によれば、離脱しようとする加盟国がその意思を正式に EU 側に通達してから 2 年間の交渉期間が設定されており、本来であれば

5）前掲注 4）『日本経済新聞』。

6）"Door shuts quietly on half a century of membership", *Financial Times*, February 1-2 2020.

2019 年 3 月 29 日までに離脱協定で合意する必要があった。しかし英国内で離脱の形態をめぐり、与党保守党内で穏健派と強硬派との対立が先鋭化し、リスボン条約に規定されていた 2 年間では離脱協定について合意できなかった。その後、様々な紆余曲折を経て、2019 年 10 月 17 日にようやく英国政府と欧州委員会のあいだで新たな離脱協定案と政治宣言案について合意が成立した。

　2019 年 12 月 12 日に行われた英国下院の総選挙で、強硬派のジョンソン首相が率いる保守党が全議席 650 中 365 席を確保、過半数（326 議席）を上回る安定多数を得た。2020 年 1 月 9 日に英国下院で行われた EU 離脱協定法案の採決では 330 票対 231 票の大差で同法案を可決し、ついで 1 月 23 日には英国議会で離脱協定法が成立した。翌 1 月 24 日には英国・EU 両首脳のあいだで署名が行われ、これを受けて離脱協定ならびに政治宣言は 1 月 29 日に欧州議会で、1 月 30 日には欧州理事会で承認された。

（2）　EU 離脱協定の構成

　離脱協定は下記の 6 セクションと議定書（プロトコル）から成り立っている。1.「共通規定」、2.「市民の権利」、3.「離脱規定」、4.「移行期間」、5.「財政規定」、6.「制度規定・最終規定」となっている。

　2.「市民の権利」では、移行期間終了までに合法的に英国内に居住している EU 市民、ならびに EU に居住している英国市民はその後も滞在が可能であること、また、5 年間居住すると永住権を得られることが規定されており、その家族も同様に保護されることになっている。

　4.「移行期間」のところでは、移行期間は 2020 年 12 月までとし、延長は一度のみで最大 1 年もしくは 2 年の延長が可能と規定されている。英国はこの移行期間中、第三国との自由貿易協定（FTA）等の交渉、署名、批准は可能であるが、EU の承認がない限りは当該協定の発効もしくは暫定適用は移行期間終了後となる。また、水域へのアクセスや漁獲割当ては 2020 年まで現行通りで、英国は独立海洋国家として 2020 年に 2021 年の、それ以降は毎年翌年の漁業協定について交渉する旨規定されている。

　5.「財政規定」については、英国が EU に支払うべき清算金は 350 億

から 390 億ポンドと試算し、確定金額は今後の状況変化に影響を受けることになるとし、英国は 2019 年および 2020 年は従来通り拠出金を支払い、割戻し金を受領する旨規定している。

「議定書」でとくに重要なのは、アイルランド・北アイルランドに関する取決めである。

2018 年 11 月、テレーザ・メイ前首相と欧州委員会のあいだで合意された離脱協定案では「バックストップ」と呼ばれる特別な仕掛けが盛り込まれていた。これは、移行期間終了後までに税関や国境審査などを含むいわゆる「ハードボーダー」の回避策が導入できない場合に発動される一時的な措置で、ハードボーダー回避策が導入されるまでの期間は EU と英国全土を単一の関税領域に置くとの提案である。

しかし、この「バックストップ案」では EU から離脱しても結局 EU のルールに縛られることになり、それでは離脱した意味がないということで、強硬離脱派から強い反発があり、結局英国議会では承認されなかった。そのため交渉官レベルで引き続き協議した結果、2019 年 10 月 17 日にようやく議定書の修正で合意ができた。

この修正合意は恒久的に適用されるハードボーダー回避策の主要ポイントは以下の通りである。

①英国と EU は別々の関税地域とし、北アイルランドは英国の関税地域とする。

②北アイルランドには EU のルールを適用する。

③通関手続については、北アイルランド・グレートブリテン島間については英当局が実施し、アイルランド・北アイルランド間では通関手続は発生しない。

④北アイルランド議会[7]の支持が続く限りこの合意を恒久的に適用する。

この合意によれば、例えば英国から北アイルランドにモノが輸送される場合、そのモノが EU に輸出される可能性がない場合には無関税扱いとな

7）英国議会から権限移譲を受けた北アイルランドの議会であり、現行の議会は Northern Ireland Assembly と呼ばれ、1998 年のベルファスト合意によって設立された。

り、EU に輸出される可能性がある場合には EU の関税が賦課されること
になる。また、EU から北アイルランドにモノが輸送される場合にはやは
り無関税扱いとなる。他方、アイルランド島内でのモノの輸送（アイルラ
ンド⇔北アイルランド）については通関手続がないという状況が維持され
る。

　このように英国の一部である北アイルランドでは関税に関するルールを
EU に合わせ、同じ英国内のグレートブリテン島とのあいだに関税手続上
の境界ができる仕掛けを受け入れた英国であったが、その背景には北アイ
ルランド紛争[8]を終結させた 1998 年の「ベルファスト合意」（「聖金曜日
の合意」とも呼ばれる）への配慮がある。同合意では北アイルランドとア
イルランドとのあいだでは人の自由な出入りが認められており、EU 域内
でのモノ・サービス・資本・人の「四つの自由」とも相俟って「ハードボー
ダー」のない国境ができていた。英国が EU を離脱して「四つの自由」が
失われると「ベルファスト合意」で実現された北アイルランドとアイルラ
ンドとのあいだの自由往来もできなくなる。そうなるとせっかく実現した
北アイルランドの和平も崩れる危険性がある。2019 年 10 月 17 日の合意
は北アイルランド問題に極めて深刻な政治的含蓄を持っている。

　ところが 2020 年 9 月、ジョンソン英首相は既に EU とのあいだで発効
している離脱協定の一部を修正する国内法案を英国議会に提出した。この
法案は英・EU 間の FTA 交渉が不調に終わった場合、北アイルランドに
出入りする物品について、EU ルールや通関上の取決めの省略や撤回が英
国の判断で可能になるとする条項が入っている。これではいったん合意し
た離脱協定の北アイルランド・アイルランド問題に関する議定書の内容を
実質的に反故にする可能性があり、EU 側は強く反発している。

8）北アイルランドでは 1960 年以降、プロテスタント系住民とカトリック系住民のあいだで武
　力紛争が頻発し、3000 人以上の犠牲者が出た。1998 年のベルファスト合意で和平が成ったが、
　2017 年にはエネルギー政策をめぐり再び対立、和平を支えてきた自治政府が崩壊した。2019
　年 5 月から英国・アイルランド両政府が自治政府復活のための協議を重ねてきた結果、英本土
　との一体性を主張する北アイルランド民主統一党（DUP）とカトリック系のシン・フェイン
　党とのあいだで合意が成立、北アイルランド議会も再開され、2020 年 1 月 11 日に自治政府が
　3 年ぶりに復活した。

　EU 側は 9 月 10 日に急遽、欧州委員会のシェフチョビッチ副委員長を
ロンドンに派遣、ゴーブ離脱問題担当相に説明を求めた。欧州委員会は会
談後に声明を発表、「この法案が提案通り成立すると離脱協定に明確に違
反する」と指摘したが、英政府は「英国議会には主権があり、国際条約に
抵触する法律も可決できる」と反論し、英・EU FTA 交渉が停滞するな
か、新たな難問が英 EU 間に降って湧いた感がある[9]。

2．EU の対英国交渉「対処方針」の概要

　英国の EU 離脱通知を受けて 2020 年 2 月 25 日、EU 理事会（the
Council of European Union）は「グレートブリテンおよび北アイルランド
連合王国（以下、「英国」という）」との新たな連携協定に向けた交渉開始
を許可する理事会決定」の付属書（Annex）を発表し、そのなかで右交渉
のための「指令（Directives）」を詳細に規定している[10]。

　この指令は全体で 6 部構成になっており、Ⅰ．一般的文脈、Ⅱ．想定さ
れている連携の目的と範囲、Ⅲ．想定されている連携の内容、Ⅳ．領土
的範囲、Ⅴ．正文、Ⅵ. 交渉実行のための手続的アレンジメントとなって
いる。

第Ⅰ部　一般的文脈（GENERAL CONTEXT）

　第Ⅰ部ではこれまでの経緯が整理されており、欧州連合条約（TEU）
50 条のもとで行われた交渉を通じて EU と英国とのあいだの連携の枠組
みを規定する「政治宣言」が欧州理事会により 2019 年 10 月 17 日に承認
され、EU と英国のあいだで合意された離脱協定（the Withdrawal
Agreement）を伴うこととなった旨記述されている。

9）「離脱修正案月内撤回を」日本経済新聞 2020 年 9 月 11 日、「英欧 FTA 再び危機に」同紙
　 2020 年 9 月 12 日、"Johnson was warned on Irish protocol before EU withdrawal deal became
　 law", *Financial Times*, 12–13 September 2020, page 1, bottom.
10）ANNEX to COUNCIL DECISION authorizing the opening of negotiations with the United
　 Kingdom of Great Britain and Northern Ireland for a new partnership agreement, 5870/20
　 ADD 1 REV 3, Brussels, 25 February 2020, Council of the European Union.

　また、離脱協定は 2020 年 12 月 31 日までを「移行期間」(the transition period) とすることを決めており、2020 年 7 月 1 日までに離脱協定によって設置される「合同委員会」(後述) が 1 年ないし 2 年間この移行期間を延長することについて「単一の決定」(a single decision) をしない限りはこの移行期間が 2020 年末で終了する旨定めている。

　さらに北アイルランド問題を重要視することを謳っており、EU と英国との将来の連携が 1998 年 4 月 10 日に英国政府とアイルランド政府、その他の参加者のあいだで合意に達した「ベルファスト合意」を引き続き遵守するものであるべきとしている。

第 II 部　想定されている連携の目的と範囲 (PURPOSE AND SCOPE OF THE ENVISAGED PARTNERSHIP)

　第 II 部では「政治宣言」にそって英国とのあいだで可能な限り近接した連携を模索するという EU の決意を確認したうえで、英国との交渉の目的が「政治宣言」に概観されているように、貿易、経済協力、法の執行、刑事事案における司法的協力、外交政策、安全保障と防衛、様々な協力分野を含む包括的な新しい連携を樹立することにあると述べている。

第 III 部　想定されている連携の内容 (CONTEXT OF THE ENVISAGED PARTNERSHIP)

　第 III 部は全体で 46 頁の本文書のうち 40 頁超を占めており、まさに EU と英国の将来の連携の中身を詳述している。以下はその概要である。

　まず「一般諸原則」(GENERAL PRINCIPLES) として、「繁栄と安全保障がルールに基づく国際秩序、個人の権利と法の支配、労働者と消費者の権利および環境の高いレベルでの保護、気候変動に対する闘い、そして自由で公正な貿易を擁護することにより実現される」ことを確認している。また、「これらの諸原則を守り、締約国の価値観と利益に対する内外の脅威に対して協力することにコミットする」旨謳っている。

　さらに「権利と義務の均衡、ならびに対等の競争条件を保証し、とりわけ単一市場と関税同盟の一体性 (integrity) および四つの自由 (the four freedoms）と整合的であることが保証されなければならない」としている。また、自然人の移動については、加盟国間で完全な互恵性（full reciprocity）と無差別が保証されるべしと規定している。

　加えて英国がシェンゲン協定非加盟の第三国であり、かつ EU のメンバー国ではないことから、加盟国としての同じ義務を負うものではなく、したがって加盟国としての同じ権利や同じ便益を有するものではないことを念押ししている。

　最後に、交渉が様々なセクターごとの交渉との並行性（parallelism）を保証するような仕方で行われることを確認している。

PART Ⅰ

　以上の「一般的諸原則」に続いて、PART Ⅰには冒頭規定（INITIAL PROVISIONS）が置かれており、「協力の基盤」（BASIS FOR COOPERATION）として EU と英国とのあいだの連携が共有される価値とコミットメントをベースとすることを謳っている。共有される価値については、人権、民主主義と法の支配、大量破壊兵器の不拡散、テロリズムとの闘い、国際共同体に対する最も深刻な犯罪について告発された者の訴追、実効的かつルールに基づいた多国間主義などが中核的価値（Core values）として挙げられている。

　「共有される利益の分野」（AREAS OF SHARED INTEREST）としては、一定の条件のもとに英国が EU ならびに EURATOM のプログラムに参加することを認めており、具体的には、科学と技術革新、若者、文化と教育、開発と国際協力、防衛能力、市民の保護、宇宙などが例示されている。

PART Ⅱ

　PART Ⅱは経済分野における交渉について具体的な記述が見られる。

　１．目標と原則（OBJECTIVES AND PRINCIPLES）

　EU と英国との連携が WTO のルール、とりわけ「関税貿易一般協定」（GATT）の第 XXIV 条、ならびに「サービス貿易一般協定」（GATS）の第Ⅴ条と整合的でなくてはならないと規定している。

　２．財（GOODS）

　想定されている連携が FTA（自由貿易地域）設立を目的としているこ

とを明確に謳っている。その FTA とは、対等の競争条件（a level playing field）が保証される限りにおいてすべてのセクターについて関税（tariffs）や手数料（fees）、課税金（charges）、数量規制などが一切課せられない領域を指すことを明確にしている。また、EU の標準的な特恵的原産地規則に則った適切な原産地規則を含むべきとしている。

このセクションでは税関協力と貿易円滑化にも言及しており、WTO の「貿易円滑化協定」を超える包括的な税関関連の条項を置くことを目指すとしている。また、「規制の側面」（Regulatory aspects）については、貿易に対する技術的な障壁（TBT）ならびに衛生検疫措置（SPS）に関する原則は WTO の各協定に基づくものであり、かつそれを超えるものとなるべきとしており、TBT、SPS それぞれについて詳述している。

　3．サービスと投資（SERVICES AND INVESTMENT）

WTO におけるコミットメントを超える自由化の水準を達成すること、また、EU が締結している自由貿易協定を勘案すべき旨規定されている。

　4．金融サービスに関する協力（COOPERATION ON FINANCIAL SERVICES）

「同等性メカニズム」（equivalence mechanism）と決定については、EU による一方的な基礎（a unilateral basis by the European Union）のうえに定義され実施されるとしている。

　5．デジタル貿易（DIGITAL TRADE）

デジタル貿易の推進、電子的手段による貿易に対する正当化されない障壁の問題を取り上げることとされており、合わせて消費者保護についても規定を置くべきとしている。

　6．資本移動と支払い（CAPITAL MOVEMENTS AND PAYMENTS）

EU の経済通貨同盟（EMU）との関係で一定のセーフガードやカーブ・アウト条項を伴うものであるべきとしている。

　7．知的財産（INTELLECTUAL PROPERTY）

技術革新や創造性、ならびに経済活動を刺激するという観点から知的財産権の保護と執行を WTO の TRIPS 協定や WIPO 議定書の標準を超えて規定すべきとしている。

8．公共調達（PUBLIC PROCUREMENT）

英国が WTO の政府調達協定（GPA）に加入することを想定し、その
なかで英国が約束する市場アクセスに基づいて相互に機会を提供すること
を規定するとともに、GPA のもとでのコミットメントを超えるあらゆる
レベルの政府（all levels of government including sub-central level）にお
ける特定の分野の公共調達も含むとしている。

9．移動（MOBILITY）

短期滞在のための査証なしの旅行を含む移動に関するアレンジメントは
EU の加盟国のあいだでは無差別かつ完全な相互主義（full reciprocity）
の原則に基づくべきと規定している。また、研究、留学、トレーニング、
若者の交流のような目的での入国や滞在についての諸条件を設定するべき
としている。

10．運輸（TRANSPORT）

航空輸送、航空安全、陸上輸送、鉄道輸送、海上輸送について交渉目的
と範囲を設定している。

11．エネルギーおよび原材料（ENERGY AND RAW MATERIALS）

エネルギーおよび原材料については貿易と投資関連の諸側面を取り扱う
水平的規定（horizontal provisions）を置くべきであるとしている。また、
透明性があり、無差別な探査と生産に関するルール、この分野に特定的な
市場アクセスのルールなどを規定するような可能性を探るべきとしてい
る。

12．漁業（FISHERIES）

漁業資源管理のための枠組み、領海ならびに資源へのアクセスに関する
条件などについて規定するとしている一方で、EU の漁業活動を支えるこ
とに漁業関連の規定の目的がある事も明示している。とりわけこれまで英
国の領海で漁業に従事していた EU 漁民が経済的混乱（economic
dislocation）に陥ることを回避することを目的とすべきとしている。

13．中小企業（SMALL AND MEDIUM-SIZED ENTERPRISES）

EU と英国とのあいだの想定されている連携のなかに中小企業に関する
章が含まれるべきで、公共調達を含むビジネスをするうえでのルールや規

制、手続についての情報へのアクセスを改善するなど中小企業を支援するべきであると規定している。

14．グローバル協力（GLOBAL COOPERATION）

気候変動、持続的成長、国境を越える公害、環境保護、公共の保健、消費者保護、金融の安定性、保護主義との闘いの分野で国際的協力を促進し、G 7 や G 20 等の国際的フォーラムにおける協力を推し進める。

15．対等の競争条件と持続可能性（LEVEL PLAYING FIELD AND SUSTAINABILITY）

EU と英国の地理的近接性や経済的相互依存に鑑み、本件連携は対等の競争条件を確保する開放的で公正な競争を保証するものでなければならないとしている。両締約国の持続可能で永続的な関係を保証するために貿易の歪曲や不公正な競争上の優位性を防止するものでなければならない。かかる目的のために、国家補助、競争、国営企業、社会的および雇用上の基準、環境基準、気候変動、関連の税制、その他の規制措置等について共通の高い標準を支持する旨規定している。

16．一般的例外（GENERAL EXCEPTIONS）

本件連携は、WTO の関連条文に基づき安全保障、国際収支、慎重な考慮を要する監督（prudential supervision）について一般的例外を含むべきとしている。

PART Ⅲ．安全保障分野（SECURITY PART）

安全保障については以下の項目をカバーしている。

1．目的と原則

2．刑事問題における法の執行と司法協力

3．外交政策、安全保障、防衛

4．主題的協力（THEMATIC COOPERATION）、サイバーセキュリティ、不規則移民（Irregular migration）、健康セキュリティ（Health security）

PART Ⅳ．制度的・分野横断的取決め（INSTITUTIONAL AND OTHER HORIZONTAL ARRANGEMENTS）

1．構造（STRUCTURE）：全般的ガバナンスのための枠組みを置き、

定期的なレビューを行うべしと規定している。

2．ガバナンス（GOVERNANCE）：本件連携が適切に機能するため、定期的な対話を行うことによって本件連携の管理、監督、実施、レビュー、紛争処理のための確固たる、かつ効率的で実効性のあるコミットメントを再確認するべしとしている。

3．秘密情報およびセンシティブな非秘密情報（CLASSIFIED AND SENSITIVE NON-CLASSIFIED INFORMATION）：秘密情報および秘密扱いではないがセンシティブな情報の取り扱いに関する相互の保証を提供するべき旨規定している。

4．例外およびセーフガード：締約国の安全保障上の利益に関連する情報の開示を含む適切な例外を規定すべしとしている。

以上が「第Ⅲ部　想定されている連携の内容」の概要である。

第Ⅳ部　領土的範囲（TERRITORIAL SCOPE）

この指令（directives）に基づいて交渉される EU と英国とのあいだのいかなる合意もアイルランド／北アイルランドに関する議定書ならびにキプロスにおける英国の主権的基地領域に関する議定書を予断するものではないとしている。またこの指令に基づいて交渉される EU と英国とのあいだのいかなる合意もジブラルタルを含むものではないことを明記している。

第Ⅴ部　正文（AUTHENTIC LANGUAGES）

本件連携は言語に関する条項を含むものであり、EU のすべての公式言語において等しく正規のものであることを明記している。

第Ⅵ部　交渉のための手続上の取決め（PROCEDURAL ARRANGE-MENTS FOR THE CONDUCT OF THE NEGOTIATIONS）

委員会（the Commission）が理事会（the Council）との継続的協調と恒久的対話を通じて本件交渉を行うと規定している。この点に関し、理事

会と Coreper は英国に関する作業部会からの支援を受けつつ、委員会に
対しガイダンスを提供するとしている。また、委員会は TFEU の 218 条(10)
項に従って欧州議会に情報を提供するとされている。また、委員会は EU
の上級外交安全保障代表との協力のうちに交渉を行い、共通外交安全保障
政策（CFSP）事項については同上級代表との合意のもとに交渉を進める
旨規定している。

3．英国の対 EU 交渉方針の概要

　英国政府は 2020 年 2 月 3 日に EU との交渉方針を発表しており、その
概要は以下の通りである。

（1）　自由貿易協定（FTA）について
①　物品貿易
　英国と EU とのあいだでは関税、課徴金、数量制限を導入しない。両領
域間で貿易を最大化するために適切で先進的な原産地規則を設定するとし
ている。
　その後、英国政府は 5 月 19 日に移行期間終了後の 2021 年からの英国独
自の関税率「UK グローバル・タリフ」を発表した。それによれば、英国
は現行税率で 2 ％未満の品目については関税を撤廃し 0（ゼロ）％にする。
また、2 ％以上 20％未満の品目については 2 ％刻みで端数を切り捨て税
率を下げる。例えば、19.2％の関税は 18.0％となる。さらに、20％以上
50％未満の品目の関税は 5 ％刻みで削減する。例えば、48％の関税は
45％に削減される。そして 50％を超えるものは 10％刻みで削減され、例
えば 68％の関税は 60％に引き下げられる[11]。
②　貿易救済措置（Trade remedies）
　透明性のある適切な措置により、輸入急増や不公正な貿易慣行による損
害から英国産業を保護するとしている。

11）日本貿易振興機構（ジェトロ、JETRO）海外調査部欧州ロシア CIS 課「英国の移行期間後
　　の方針」（JETRO 資料、2020 年 5 月 22 日）。

③　貿易に対する技術的障壁（TBT）

WTOのTBT協定をベースに、技術規制、規格。適合性評価手続、市場検査に関する取決めを導入する意向である。

④　衛生検疫措置

英国は現行の独自の衛生植物検疫措置を高水準で維持する意向であることを明示している。

⑤　税関・貿易円滑化

英EU間の取引を円滑化し、双方の関税当局がそれぞれの規制、安全保障、財政に関する利益を保全し得る、全物品を対象とする通関手続に関する取決めを導入するとしている。

⑥　越境サービス貿易と投資

既存のFTAを基盤として、越境サービスの提供と投資に関する障壁を最小化する措置を導入し、専門職や事業サービス等の主要関心分野では既存のFTAを超える取決めを結ぶことも可能としている。デジタル貿易についても前向きの姿勢を示している。

⑦　一時滞在

サービス提供のために英国民がEUに入域し、また、EU市民が英国に入国し短期滞在ができるよう個人の一時入国・滞在に関する取決めを導入するが、ただし、かかる取決めは英国が将来導入する予定の「ポイント制移民管理制度」を予断するものではない、としている。

⑧　規制上の枠組み

サービス貿易における不要な障壁の削減、実務手続の簡素化、制度面での協力に関する取決めの導入を謳っている。

⑨　専門資格の相互承認

規制面での協力を基礎として、英EU間の資格に関する相互承認のための取決めを設けることとしていう。

⑩　金融サービス

金融の安定性を保証し、事業者と当局の双方に確実性を提供、市場アクセスと公正な競争に関する義務を履行することで、金融事業者に予見可能で透明性のある良好な事業環境を提供することを目指すとしている。さら

に金融分野における英国と EU の深い関係を踏まえ、EU とのあいだで規制・監督に関する協力の実施と同等性評価の計画的な撤回に関する取決めを導入する意向に言及している。

⑪　道路交通

英国と EU 双方の道路陸運事業者の越境的なサービスのため国際協定等に基づく取決めを導入する意向を表明している。

⑫　競争政策、補助金、環境、気候、労働、税制

包括的な FTA に慣例的に含まれる内容を超える取決めには合意しない旨明記している。これはとくに EU が主張している "level playing field" の考え方に反対するステートメントと考えられる。他方、環境や気候変動については、双方が高い水準の規制を維持し、国際的義務を履行し、貿易を歪曲するためにこれらの分野の規制を悪用しないことに同意する旨規定している。

以上が FTA に関する主要規定であるが、これに加えて「漁業」と「治安協力」に関する項目が上がっている。

「漁業協定」については、英国は 2020 年末をもって独立した沿岸国になるので、漁業に関するあらゆる協定はこの現実に即したものであるべきと主張している。また、ノルウェー、アイスランド等と同様、EU と英国の漁業水域と漁業機会へのアクセスに関する交渉を毎年実施することになるとしている。

「治安協力に関する協定」については、刑事事案に関する法執行と司法協力の枠組みを規定するプラグマティックな協定を締結することを目指する一方で、合意の詳細については、EU 司法裁判所と EU 法体系（acquis communautaires）が英国の法的主権を制約するものであってはならないと述べている。

4．EU・英国間の交渉の展開

2020 年 1 月 31 日をもって英国は EU から正式に離脱したが、同時に

2020 年末まで「移行期間（the transition period）」に入った。そのあいだにFTAを含む連携（Partnership）に合意するべく 3 月 2 日から交渉が始まったが、その交渉は難航を極めた。

　難航の最大の理由は「北アイルランド問題」であった。これは北アイルランドをめぐる英国とアイルランドの領有権問題であるが、背景には宗派をめぐる対立があって歴史的にその根は深い。

　1960 年代後半以降、北アイルランドでは少数派であるカトリック教徒が自らの市民権が損なわれたと考え、多数派であったプロテスタント系のロイヤリストや連合主義者と対立、紛争が表面化する。前者はアイルランド共和国への併合を目指す IRA（アイルランド共和軍）暫定派を中心に武装化し、また後者はアルスター義勇軍のようなロイヤリストによる武装グループが形成され、両者は民衆暴動を誘発する形で激しく武力抗争を繰り返した。1969 年から 2003 年までの期間に犠牲となった人の数は約 3500 人超に上るといわれている。故マーガレット・サッチャー元首相も保守党大会中に滞在していたホテルで IRA の爆弾攻撃の対象となり、辛くもこれを逃れたことがある。

　このまさに「血を血で洗う」がごとき紛争に終止符を打ったのが、1998 年の「ベルファスト合意」であった。この合意で初めて、いわゆる「アイリッシュ・ディメンション（Irish Dimension）」という原則が紛争当事者間で認められた。この原則は「アイルランド島全体の人々が、外部からの介入なしに双方の合意によって問題を解決することができる」というもので、具体的には北アイルランドとアイルランド共和国とのあいだに自由なモノや人などの移動を認めるものであった。

　このような自由な流通や移動は英国がアイルランドとともに EU の加盟国であったからこそ可能であったわけで、EU を離脱した英国の領土である北アイルランドとアイルランドとのあいだに「物理的な国境」ができて、税関での手続や課税、さらには入国審査などが行われるようになると、この聖金曜日合意が有名無実化してしまう可能性があった。

　他方、「離脱協定」のところで見たように、北アイルランドには EU の規制が適用され、北アイルランドとアイルランドの国境では通関手続もな

いということになると、英国の関税主権がブリテン島とアイルランド島の
あいだで分断されることになり、これは Brexit を推進してきた強硬派の
離脱論者には耐えがたい屈辱と映る。ここに大きな政治的ハードルが存在
したわけだ。

　以下では、この政治的な問題以外で交渉が難しかった問題点を整理する。

（1）　交渉難航の要因その 1：「対等の競争条件」（"level playing field"）

　そもそも英国のジョンソン首相は離脱直後から EU ルールからの決別を
前面に出し、「英国と EU との新たな FTA に EU ルールの受入れを盛り
込む必要はない」と強気の姿勢を見せた。製品や環境の基準、政府補助金
など産業政策の面で EU のルールに従わない方針を明確にした形だ。

　これに対し、EU 側のミシェル・バルニェ首席交渉官は「公正な競争環境」
の確保を最重要視する姿勢を明らかにした。英国による一方的な規制緩和
などで英国の競争力が不当に高められ、結果的に EU にとって競争上不利
な状況が生じないよう英国には EU のルールを順守してもらうという立場
である。英国が EU のルールに従わないのであれば英国が望む EU の関税
撤廃も完全な形では英国にオファーできないというのが EU 側の交渉ポジ
ションである。バルニェ首席交渉官が繰り返した決め台詞は「対等の競争
条件（level playing field）」であった。そこには環境基準や国家補助、労
働者の保護など EU がこれまで厳しい基準を設けてきた分野で、英国が一
気に基準を緩めて不当に競争力を高めることに対する警戒感がにじんでい
る。

　この「公正な競争」をめぐる両者の対立は FTA の中身そのものにも影
響してくる。EU 側がこれまで日本やカナダ等と締結してきた FTA とは
異なる、より EU のルールを反映した FTA を英国とのあいだで交渉する
意向だ。これに対し、英国側は通常の FTA で何が悪いという立場である。
ジョンソン首相は、従来はカナダ型の FTA に言及することが多かったが、
離脱直後の記者会見では、「今回の交渉は EU との合意の有無の選択では
ない。合意がカナダ型 FTA になるのか、オーストラリアに似るのかの選
択だ」と述べている。オーストラリアと EU とのあいだにはまだ FTA は

発効していないが、ここでジョンソン首相が言わんとしているのは「EU のルールを排除した、最小限の貿易自由化パッケージ」ということだろう[12]。

　ジョンソン首相の報道官は「英国の交渉における第 1 の目標は、英国の経済的・政治的独立を 2021 年 1 月 1 日に取り戻すことにある」と述べて、英国が主権問題を英国の産業界の要求よりも優先したことを明らかにしている。英国としては FTA で EU と合意できなくても、そしてたとえ英国産業界の利益を犠牲にする結果になっても、英国は自らのルールは自ら決めるという姿勢を貫くという姿勢である[13]。

　このような英国の強硬姿勢に対し、フランスのマクロン大統領は EU との貿易合意には英国の抜駆けを止めるための「対等の競争条件」に関する厳格な規定が含まれるべきであると主張している。また、漁業問題については英国の漁業水域への EU のアクセスを維持したいとし、フランスの EU 担当大臣も France2 とのインタビューで「フランスの漁民、農民、会社を犠牲にすることはしない」と述べている[14]。

（2）　交渉難航の要因その 2 ：漁業問題

　漁業は EU 拡大の際にもこれまで難問になったことがある。例えばスペインとポルトガルは 1986 年に当時の EC（欧州共同体）に加盟したが、英国とフランスの漁民と新規加盟国の漁民とのあいだで漁場へのアクセスや漁獲量をめぐって利害調整に手こずったことがある。今回は加盟の反対の離脱であるが、英国が主権国家として領海や漁場をどこまで開放するかが大きな争点になっている。

　2021 年 5 月に行われた交渉の第 3 ラウンドまでは解決しておらず、英国側は EU が主張する英国の漁業水域へのアクセスは、英国の独立した沿岸国としての地位と相容れないとして議論は平行線のままである。しかし、

12）「英首相、FTA なしも辞さず」日本経済新聞 2020 年 2 月 4 日。

13）"UK lays down red line for Brexit trade talks", *Financial Times*, February 25 2020 ; "Barnier irked by UK stance on trade talks", *Financial Times*, February 26 2020 ; "UK threatens to walk away from EU talks", *Financial Times*, February 28 2020.

14）*Financial Times*, February 25 2020, *id.*

前述のフランスの立場表明もあり、漁業問題は最後まで難問として残る可能性が高い。

（3）　交渉難航の要因その 3 ：移行期間の延長問題

　EU 側が移行期間の延長なしには FTA 交渉を終えることは不可能としたのに対し、英国側は国内法で移行期間を延長することを禁止しており、ある意味で「退路を断った」形になっている。移行期間の延長なしとすることで英国側は EU 側に交渉上の圧力をかけているつもりかもしれないが、英国のビジネス界は時間切れで 2021 年 1 月 1 日から「合意なしの離脱（no deal Brexit）」と同じ状況になるのではないかと懸念している。その場合、FTA を含む将来の協定がないまま、離脱協定案の合意内容は維持されるが、英国・EU 間で関税が賦課されるなど相当の混乱が生じることになる[15]。

　第 3 ラウンド（2021 年 5 月 11 ～ 15 日）では EU から移行期間を延長しない場合について提案がなされた。EU としては年末までという短期間で成果を出すために中核となる 3 要素を提示し、そこに集中すべきと主張した。その 3 要素とは、

　①例外品目のない完全な関税なし、数量割当てなしの自由貿易の達成

　②持続可能な発展の実現に向けた公正な競争条件の確保

　③モノ・サービスの貿易を超えた個人データ保護などを含む幅広いパートナーシップの実現

である。

　①については、EU 側はこれまでどの FTA でも実現したことがなく、特別な関係にある英国との FTA では完全な FTA を目指すべきで、域外国である日本やカナダ、韓国等との FTA を「コピー＆ペースト」したものであってはならない、としている。また、完全な FTA でない場合には、域外国との交渉がそうであったように例外についての交渉が長引き、時間がさらにかかるという点も指摘している。

15）"The UK must extend its EU transition period"（Editorial）, *Financial Times*, 21 May 2020.

②と③については、「公正な競争条件の確保」、データ保護の基準の統一等の問題が絡んでくるので結局合意が難しいということになっている。とくに国家補助金の交付については、EU 側は EU の補助金ルールを英国に適用し、かつ当該ルールをめぐって生じる法律問題や紛争解決は EU 司法裁判所に付託するよう求めており、これは英国が国家主権を盾に頑として譲れない争点となっている。

そのようなさなか、報道によれば、英国政府は新型コロナウイルス災禍のため大きな痛手を被った英国経済に配慮して 2021 年 1 月から完全な国境管理（full border check）を行うという計画を放棄する決定をしたとのことである。これは英国の産業界からのコロナ対策と移行期間終了後の国境での混乱に同時に対応できないという要望に応えたものである。英国政府は完全な国境管理の代わりにドーバーのような港で EU からの物品について一時的かつ簡便な制度（light-touch regime）を導入する予定との事である。今後このような類のアドホック（ad hoc）的な措置が導入される可能性がある[16]。

（4）　合意までの展開

2020 年 6 月初旬の第 4 ラウンドの交渉も歩み寄りはなかった。6 月 12 日、英国内閣府のマイケル・ゴーブ大臣は、EU との交渉のなかで移行期間の延長はしないことを「正式に確認した」と述べ、またツイッターで「2021 年 1 月 1 日にわれわれはコントロールを取り戻し、政治的および経済的独立を再び手にする」と発表した。

6 月末が移行期間を最長で 2 年間延長する要望を出す期限となるが、EU 側は今回の英国の決定を最終決定ととらえ、2019 年 10 月の離脱協定案の実施と英国との将来の関係に関する話合いを前進させることが優先事項となるとした[17]。

このままときが流れ、大きな転換がない場合には、英国と EU は 2021

16）"Coronavirus forces Britain to perform U-turn on post-Brexit border controls", *Financial Times*, 12 June 2020.

17）"UK rejects Brexit transition extension", *Financial Times*, 13-14 June 2020.

年の年頭からこれまでとは大幅に異なる貿易環境に身を置くことになることが危惧された。このままでは EU がたびたび警告してきたように、正式の税関手続、規制上のチェック、動物検疫検査が EU の単一市場に入ってくる英国産品に対して行われることになり、1973 年に英国が EEC（欧州経済共同体）に加盟して以来、初めて厳しい貿易上の国境（hard trade border）が英国と EU とのあいだに立ちはだかることを意味する。

　英国側は 2020 年の英国下院の選挙で与党が 365 議席（過半数は 326 議席）を獲得したことを背景に強気の姿勢を崩さなかったが、英国の産業界やスコットランド第一首相のスタージョン氏らは 2020 年末に移行期間を終えるのは甚だしく無謀であり、コロナ禍のさなか経済的・社会的なショックをさらに積み上げることになるとして警鐘を鳴らしている。

　EU 側は移行期間の延長については依然として「オープンである」（マロス・セフコビッチ副委員長）としており、まだ合意が達成される可能性が完全に消えたわけではない。2020 年後半にドラスティックな展開があるかどうかにかかっていた。

（5）　合意達成とその概要

　2020 年 12 月 24 日、EU と英国は新たな FTA を含む将来の関係に関する交渉でようやく合意に至った。これにより、2016 年 6 月の英国における国民投票で離脱派が勝利して以来続いてきた一連の交渉は、2020 年末の移行期間終了直前にからくも決着したことになる。今回の合意で、モノの貿易に EU・英国の双方で 1 月 1 日から一斉に関税が賦課されるといった最悪の状況は回避されたものの、個人情報がからむデータ・サービスの態様や製品の規制に関する調和等の論点についてはまだ結論が出ていない。また、金融サービスについても、EU は英国に拠点を置く金融機関に EU における業務をどの程度認めるかについて詳細を詳らかにしていない。

　このように決着まで 4 年半を要した Brexit をめぐる交渉は新型コロナウイルス（Covid-19）の状況悪化という背景もあって、まさに土壇場での妥協という印象を否めない。また、長期化した Brexit 交渉の混乱が EU

ならびに英国の双方にもたらした「内なる分断」もまた深刻であり、EU における統合の深化と拡大ならびに英国内におけるスコットランドの独立などの動きも注目されるところである。

　この一連の協定案について EU 側 27 カ国は 12 月 25 日にブリュッセルで開催された大使級会合で、欧州議会の同意なしに暫定発効させる方針で一致し、英国議会は 12 月 30 日に協定案を可決した。これにより今回の合意は 2021 年 1 月 1 日をもって暫定発効することになる。欧州議会が 1 月から 2 月にあいだに協定案を審議し、同意すれば正式発効となる。

　なお、今回の合意の主要点は以下の通りである。

・モノの貿易：原則的に関税をゼロとする FTA を締結する。

・通関手続：FTA による無関税措置を受けるため原産地規則が規定されており、そのチェックのための申告や審査、動植物検疫の検査などが必要となる。

・金融サービス：英国は EU の「単一パスポート」から離脱、越境サービスに一定の制限がかかることになる。

・人の移動：英国・EU をまたぐ長期渡航には査証（ヴィザ）が必要となる。英国側では資格や専門性、語学力などを勘案した「ポイント制」が導入される。

・製品基準：安全基準や規制について新たな登録、認可が必要になるケースも想定されるが、詳細は引き続き協議される模様である。

・漁業：EU の漁獲量を金額ベースで 25％削減、英国側に譲渡する。さらに 5 年半にわたり双方の漁船が互いの海域で操業することを認め、徐々に EU の漁獲割当てを減らす。

・補助金政策：英国側が強制的に EU のルールに合わせる枠組みの導入は見送りになり、紛争解決における欧州司法裁判所の関与も見送られた。ただし、相手側の補助金で大きな損害を被った際には相殺関税で報復できる仕組みを導入する。ルールの乖離については専門家委員会で協議して解決することになる。

5．Brexit 後の英国・EU 関係の展望

　ついに英国が EU と決別した。「合意なき離脱（No-deal Brexit）」が回避されたことは英国・EU 双方にとってもちろんよかったが、ビジネスに一定の予見可能性を維持できたことで日本やアメリカなどの第三国にとっても幸いであった。他方、英国・EU 間で FTA が形成されるとはいえ、通関手続や原産地規則の適用審査などいわゆる「国境措置」が必要となり、同じ関税同盟に属していたときとはやはり大きな違いがあり、それなりの時間とコストがかかるようになる。

　EU から出た英国は「グローバル・ブリテン」というヴィジョンを掲げて、アジアやアメリカとの連携強化を目指している。すでに日本との EPA を2021 年 1 月 1 日に発効させている。また、アジア太平洋地域の大型経済連携を目指す「環太平洋パートナーシップに関する包括的及び先進的な協定」（CPTPP、いわゆる TPP11）への参加を正式に申請し、CPTPP の合同委員会は 2021 年 6 月、英国の加盟申請を正式に認めた。

　Brexit を経て英国はまずはアジアへのシフトを着々と進めている感があるが、英国の貿易全体に占める TPP 加盟国との貿易は全体の 1 割に満たない。「離脱の成果」として EU 域外国との貿易協定締結の成果を英国民にアピールしたいジョンソン首相の思惑とは裏腹に最大の貿易相手であった EU を去ったことのコストは今後ずっしりと重く離脱派政治家と英国経済のうえにのしかかってこよう。EU という巨大なプラットホームから抜け出た英国に、市場としてのまた投資対象としての魅力がどこまで発揮できるのかに英国の将来がかかっているといっても決して過言ではない。

（2021 年 7 月脱稿）

参考文献
・臼井陽一郎編著『変わりゆく EU——永遠平和のプロジェクトの行方』（明石書房、2020 年）。

・吉田健一郎「（第3章）揺れる EU：ブレグジットの結末」馬田啓一、浦田秀次郎、木村福成、渡邊頼純編著『揺らぐ世界経済秩序と日本——反グローバリズムと保護主義の深層』（文眞堂、2019年）。

・渡邊頼純「（序章）Brexit 交渉の経緯と論点——経緯の整理と本書の論点」、「（第7章）Brexit 後の英国・EU 関係」須網隆夫＋21世紀政策研究所編『英国の EU 離脱と EU の未来』（日本評論社、2018年）。

・Rudolf G. Adam, *Brexit: Causes and Consequences,* Springer, 2020.

・Leavis Carroll, *Alice in Brexitland: You don't have to be mad to live here, but it helps,* Ebury Press, 2017.

・Gavin Esler, *Brexit Without The Bullshit: The Facts on Food, Jobs, Schools and the NHS,* Canbury Press, 2019.

第2節
英国の移民政策

高崎経済大学経済学部准教授　**土谷岳史**

はじめに

　2019 年 12 月の英国総選挙で保守党が単独過半数を獲得し、2020 年 1 月末に EU 離脱を実現して 1 年以上が経ち、ジョンソン政権のもとでの移民政策が少しずつ見えてきた。そこで本稿では、移行期間の間の EU 市民の地位について確認したうえで、前政権下で提示された移民政策白書と先の総選挙で提示された保守党のマニフェスト、そして最新の政策文書等を中心に今後の英国の移民政策を考察したい。そのうえで最後に、移民の管理に関連して EU のポリシングと英国の今後の関係についてデータベースに焦点を当てて論じたい。

1．Brexit と英国の移民・難民政策

　周知のように EU 離脱を問う国民投票の争点の一つは移民問題であった[1]。2015 年の難民危機と EU における人の自由移動が、英国メディアによるフェイクニュースもあり、関連して混乱したまま論じられてきた。確かに EU では人の自由移動が保障されており、EU 加盟国国民は EU 市

1）土谷岳史「移民問題とメディア政治」須網隆夫 + 21 世紀政策研究所編『英国の EU 離脱と EU の未来』（日本評論社、2018 年）。

図表 1　英国における長期の国際移民（2010 年 3 月〜 2019 年 12 月）

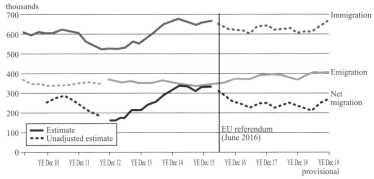

出所：Office for National Statistics, "Migration Statistics Quarterly Report: May 2020" (https://www.osn.gov.uk/peoplepopulationandcommunity/populationandmigration/internationalmigration/bulletins/migrationstatisticsquarterlyreport/may2020).

民として他の EU 加盟国への自由な移動と居住が認められる[2]。一方で英国は EU の共通難民政策には主に取り締まりの部分でのみ参加するにとどまり、またシェンゲン協定にも参加していないため国境管理も自国で行ってきた。ダブリン規則には参加していたものの EU のせいで英国が自国での庇護希望者のコントロールができなくなっているという事実は存在しない。実際、2015 年の難民危機においても英国が大きな影響を受けたとは言い難い。そのため現実に EU 離脱と関連して変化するのは主に移民政策である。

　保守党は純移民の数を 10 万人以下に抑えると公約してきたが、政権獲得後、国民投票以前もその数は増加し続けていた。国民投票で EU 離脱が決定すると今後の地位に不安を覚えた EU 市民の流入の減少により純移民の数も減少してきたが、2019 年後半の非 EU 市民の流入増により純移民の減少も持ち直したように見える（**図表 1、2**）。

　EU 全体から英国への純移民は落ち込んでいるが、とくに 2004 年に EU 加盟をした中東欧 8 カ国は流出超過となっている（**図表 3**）。英国以外の

2）EU の人の自由移動には EEA 諸国およびスイスが含まれるが、煩雑さを避けるため「EU 市民」で記述を統一する。また「EU 市民」の第三国国民の家族も移動する EU 市民の派生的権利として人の自由移動の対象であるが、この点についても記述を省略する。

図表2　英国における国籍別純移民数（2010 年 3 月〜 2019 年 12 月）

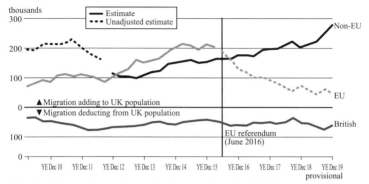

出所：Office for National Statistics, "Migration Statistics Quarterly Report: May 2020" (https://www.osn.gov.uk/
peoplepopulationandcommunity/populationandmigration/internationalmigration/bulletins/migrationstatistics
quarterlyreport/may2020).

図表3　英国における EU グループごとの純移民数（2010 年 3 月〜 2019 年 12 月）

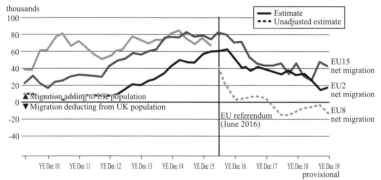

出所：Office for National Statistics, "Migration Statistics Quarterly Report: May 2020" (https://www.osn.gov.uk/
peoplepopulationandcommunity/populationandmigration/internationalmigration/bulletins/migrationstatistics
quarterlyreport/may2020).

国籍者の人口はおよそ 620 万人となっており、そのうち 370 万人ほどが
EU 市民である[3]。

---

[3] Office for National Statistics, "Population of the UK by country of birth and nationality:
2019" (https://www.ons.gov.uk/peoplepopulationandcommunity/populationandmigration/
internationalmigration/bulletins/ukpopulationbycountryofbirthandnationality/2019).

2．Brexit 後の EU 市民

　さて、上述のように EU 市民は EU 域内の自由な移動および居住の権利を持っており、一定の社会保障においても国籍によって差別されない権利を享受してきた。英国の EU 離脱をめぐる議論においてこの EU 市民の権利は争点となってきた。いわゆる福祉ツーリズムの問題である。しかし、すでに英国に定住している EU 市民の地位と権利を英国が一方的に剥奪したり切り下げたりすることは大きな問題がある。英国の EU 離脱協定では早くからこの英国に定住する EU 市民の地位と権利が問題となり、対策が講じられた。

　また、英国の EU 離脱後に移動してきた EU 市民の地位と権利はその他の外国籍の移民と同様に扱われることが予定されていたが、ここで問題となったのは移行期間である。2020 年 1 月末に英国は EU を離脱したが、離脱後の EU との関係を決めるために 2020 年末まで移行期間が設けられていた。ここではまず移行期間終了までの EU 市民の地位と権利について確認しておきたい[4]。

　まず EU 市民の自由移動の権利には経済活動に従事しているか社会扶助の対象にならないだけの経済力があること、そして包括的な健康保険に加入していることといった条件が存在する[5]。英国の場合、NHS（国民保健サービス）は健康保険ではないため、厳密にいえば後者の条件を満たしておらず EU 市民として合法的に居住しているかが問われる事例が存在していた。これに対して英国政府は厳密には問わないとした。継続的な居住の事実が確認できれば以下のような地位が認められる。

　在英 5 年以上の EU 市民は「居住者の地位（settled status）」という在留資格により現在の地位と権利を保障するとされる[6]。現在、永住許可証

4）以下の内容は主に英国政府のホームページ（https://www.gov.uk/entering-staying-uk/rights-eu-eea-citizens）と英国の EU 離脱協定を参照してまとめている。
5）土谷岳史「EU シティズンシップとネイション - ステート：セキュリティ、平等、社会的連帯」慶應法学 4 号（2006 年）。

(permanent residence document)[7] を持っていたとしてもそれは 2020 年末に失効し、2021 年 6 月末までの滞在しか認められない。このため、永住許可証の有無にかかわらず EU 市民は新たな在留資格を取得しなければならなかった。

在英 5 年未満の EU 市民は「準居住者の地位（pre settled status）」を申請できる。この地位によって認められる滞在期間は 5 年間である。地位取得前の期間と合わせて 5 年の在英期間を満たすと居住者の地位を申請できるようになる。

居住者の地位および準居住者の地位は基本的にウェブで申請するが、その対象者は EU 離脱時ではなく、移行期間終了時までに英国に入国した EU 市民である。これは移行期間中も EU 市民の自由移動は事実上継続し、EU 離脱前と移行期間中の入国を区別することができないためである。申請期限は移行期間終了後半年が経つ 2021 年 6 月末であった。この期限までに約 600 万件の申請があり、約 545 万件が処理された[8]。このうち 52％が居住者の地位を、43％が準居住者の地位を認められた。拒否されたのは 10 万 9400 件である。社会的弱者への配慮を欠いているのではないかとの批判があることからも検証が待たれるであろう[9]。

また現在のコロナ危機のなかで居住者の地位取得のための 5 年間という居住期間の要件などが満たせなくなる EU 市民が出てくるのではないかとの懸念も示されている。準居住者の地位を得た者は、居住者の地位取得のために 5 年間の在英期間を満たさなければならないが、雇用状況の悪化や社会保障アクセスの制限、英国外での一時滞在中の国際移動の制限の発生

---

6) 当然ながら EU 離脱前と後では保障される権利には違いがある。代表的なものとして地方参政権が挙げられる。移行期間終了までに入国した EU 市民の地方参政権は維持される一方で、2021 年以降に入国した EU 市民は英国と国籍国との二国間関係によって地方参政権が保障される EU 市民とされない EU 市民に分かれる。Home Office, "Policy paper, Local Voting Rights for EU Citizens Living in the UK", 17.6.2021（https://www.gov.uk/government/publications/local-voting-rights-for-eu-citizens-living-in-the-uk/local-voting-rights-for-eu-citizens-living-in-the-uk）.

7) これはいわゆる永住権（"indefinite leave to remain" or "indefinite leave to enter" status）とは異なるものである。こちらの権利を持つ者は新たな地位の申請をする必要はない。

8) Home Office, "EU Settlement Scheme statistics", Last update 12.8.2021（https://www.gov.uk/government/collections/eu-settlement-scheme-statistics）.

などによって要件を満たせない可能性が指摘されている[10]。

　最後に越境労働者である。英国は北アイルランドのアイルランドとの国境管理をしておらず、アイルランドと北アイルランドを日常的に移動する市民が存在する[11]。結局、北アイルランド国境は現状のまま国境開放を続けることになり、離脱協定 24 条や 26 条等に基づき越境労働者には電子証明書を付与し、その地位が保障される。証明の期限は 5 年であり更新可能である。2020 年 12 月 31 日以前に越境労働者として働いていたがコロナ等の影響で英国内で労働できなくなっていたり、失業中であったりする場合には期限 2 年の「留保」越境労働者の地位（'retained' frontier worker status）を申請可能である。ただしアイルランド国民は新たに越境労働者の地位を申請する必要はない。本制度は開始が遅れていたが、2020 年 12 月 10 日から運用が開始された。申請期限は 2021 年 6 月末である。

　このように在英 EU 市民については地位の保障が進められているといえるだろう。英国の EU 離脱に伴う EU 市民の権利擁護を目的とする NGO の the3million が関わって行われた調査でもほとんどの申請者は大きな問題なく新たな在留資格を得られたことがわかっている[12]。しかし、同調査によれば疎外感や怒りを感じた EU 市民も多く、また、居住者の地位等

9）ウェブ申請ができなかったり長期間居住していることなどにより申請の必要性に気づいていないために数万人単位で申請漏れが存在する可能性も指摘されている。またコロナの影響で申請に必要なパスポート等の更新がやりづらくなっていることも指摘されている。House of Lords European Affairs Committee, Formal meeting（oral evidence session）: Citizens' Rights, 25.5.2021（https://committees.parliament.uk/event/4647/formal-meeting-oral-evidence-session/）. 各種給付申請から試算すると未申請者は最低でも 10 万人はいるとの見解もある。Tims, Anna & Lisa O'Carroll, "130,000 EU citizens on UK benefits yet to apply for settled status, leak suggests", *The Guardian*, 21.6.2021（https://www.theguardian.com/uk-news/2021/jun/21/130000-eu-citizens-on-uk-benefits-yet-to-apply-for-settled-status-leak-suggests）.

10）2020 年 6 月 30 日に約 30 の団体による共同書簡が内務大臣へ送られた（https://www.jcwi.org.uk/protecting-eu-citizens-from-covid-19-joint-letter-to-the-home-secretary）。在英 EU 市民の権利擁護 NGO である the3million も 6 月 16 日に内務大臣への書簡を送っている（http://0d385427-9722-4ee6-86fe-3905bdbf5e6e.usrfiles.com/ugd/0d3854_62bce64e337f4c2dbf9148abf20907e7.pdf）。

11）越境労働者はアイルランドと北アイルランド間だけでなく、フランスに居住し英国で働く労働者など他の EU 加盟国との間にも存在する。European Commission, *2019 Annual Report on Intra-EU Labour Mobility*, Final Report January 2020, pp. 143-144.

を得た後も不安を抱えている人も多いようである。

　懸念の一つが EU 市民の地位を物理的に証明するものが存在しないことである[13]。居住者の地位および準居住者の地位、越境労働者の地位はウェブ上で証明されるのみであり、家主や雇用主が EU 市民の地位を確認するには電子データにアクセスするしかない。このため、EU 市民への賃貸や雇用を忌避するといった差別につながるのではないかと指摘されている[14]。英国議会上院では物理的な証明書を発行するように法案の修正がされたが、下院では認められなかった[15]。

　移行期間終了後 8 年間は離脱協定で規定された EU 市民の権利保護に欧州委員会が関与することになっており、EU 司法裁判所の管轄権も継続する。英国側も独立機関を設けて EU 市民の権利保護を監督し、本独立機関と欧州委員会は離脱協定によって設立される共同委員会を通じて情報交換をすることになる。移行期間終了後、EU 市民に対する差別が行われないかどうかを注視すべきであろう。

3．現在の英国移民政策

　2020 年末で移行期間は終了し、2021 年から EU 市民はその他の外国人と同様に英国の新たな移民政策の対象となった。今後の英国の移民政策を

---

12)　Bueltman, Tanja, "EXPERIENCES AND IMPACT OF THE EU SETTLEMENT SCHEME, Report on the3million Settled Status Survey", 2020（https://drive.google.com/file/d/1gYRRE yjC1LW9Mk4fReeS848kHbtPK2ao/view）

13)　離脱協定 18 条では新たな EU 市民の地位を証明するドキュメントは電子上のものでもよいと規定されている。物理的な証明の発行は the3million の三つの目標の一つとなっている（https://www.the3million.org.uk/physical-proof）。他の二つは、地位の申請制度の登録制度への変更と、参政権の保障である。

14)　ウェブページを印刷したものは法的な証明にはならない。

15)　Merrick, Rob, "Boris Johnson defeated in House of Lords as peers vote for EU citizens to be given physical proof of right to stay in UK after Brexit", *The Independent*, 20.1.2020 （https://www.independent.co.uk/news/uk/politics/boris-johnson-brexit-lords-eu-citizens-right-to-stay-uk-id-check-a9292966.html）; Fox, Benjamin, "Give EU nationals physical proof of UK status, landlords urge Johnson", *EURACTIV*, 22.1.2020 （https://www.euractiv. com/section/uk-europe/news/give-eu-nationals-physical-proof-of-uk-status-landlords-urge-johnson/）.

図表4　2020年までの英国移民制度の概要

階層	対象	カテゴリー
第1階層	高度技術者：経済発展に貢献する高度なスキルを持つ者(科学者、企業家など)	・例外的才能 ・企業家 ・学卒企業家　・投資家
第2階層	専門技術者：国内で不足している技能を持つ者(看護師、教員、エンジニアなど)	・一般　　　　・運動選手 ・企業内異動　・宗教家
第3階層	単純労働者：技能職種の不足に応じて人数を制限して入国する者(建設労働者など)	(停止中)
第4階層	学生	・一般学生　　・児童学生
第5階層	他の短期労働者、若者交流プログラム等	・短期労働者 クリエイティブ・スポーツ、非営利、宗教活動、政府の交換制度、国際協定、若者交流プログラム、季節労働

企業家と学卒企業家はイノベーターとスタートアップへ

「一般」は数量制限有(現在20,700)英国内労働市場優先(4週間)

中東欧諸国のEU市民の労働力が代替。実施されることなく廃止

出所：JILPT『諸外国における高度人材を中心とした外国人労働者受入れ政策——デンマーク、フランス、ドイツ、イギリス、EU、アメリカ、韓国、シンガポール比較調査』資料シリーズNo.114（2013年）p.140を一部修正。

　検討していく前提として、ここでは2020年までの移民制度の状況を確認しておこう[16]。この制度では技能レベルで移民を5つに分け、受け入れている（**図表4**）。

　第1階層は高度技能移民である。労働党政権下で存在していた「一般」カテゴリーは移民数削減を目指す保守党政権によって2010年に廃止されており、対象が限定されている。芸術家や科学者などが対象である例外的才能カテゴリーは1年間で最大2000人の受入れとなっている。投資家カテゴリーは200万ポンド以上の自由に使える資金を持っていることが条件である。起業家および学卒起業家カテゴリーの新規申請は2019年3月に終了している。代わりにイノベーターとスタートアップという新たなカテゴリーが設けられているが、この二つは、英国政府の表記上、第1階層含めいずれの階層にも割り振られてはいない。両カテゴリーともに受入上限はない。

　第2階層は専門技術者である。職種等で最低年収の条件があり、雇用主

16）英国政府のホームページを主に参照している（https://www.gov.uk/browse/visas-immigration/work-visas）。

は身元引受人ライセンスを取得している必要がある。この「一般」カテゴリーで労働者を募集する場合には、事前に 4 週間、英国内で労働者を募集したうえでないとできない（Resident Labour Market Test：RLMT）。また、このカテゴリーには 2011 年から 2 万 700 人という受入人数の上限が設けられている。人材不足職業リスト（Shortage Occupation List：SOL）に掲載された職は、最低年収条件や RLMT が免除され、労働ヴィザが優先的に割り当てられるなどの優遇がされる。さらに職種等で例外があり、EU 離脱決定後の EU 市民の労働者の減少とそれに伴う第 3 国国民の募集増加により月別の上限に達するようになったため、2018 年 6 月からは医師と看護師はこの人数制限から除外されている[17]。

　第 3 階層は単純労働者であるが、これは EU の中東欧諸国への拡大によって需要が満たされるということで実施されることはなかった。

　第 4 階層は学生である。これは 2 種類に分かれており、16 歳以上の一般学生と 4 歳から 17 歳までの児童のカテゴリーがある。

　第 5 階層は短期労働者や若者の交流プログラムである。EU 離脱によって影響が心配されているのが季節労働者である。このためこの第 5 階層に新規に季節労働者のカテゴリーが作られた。農業部門（horticulture sector）が対象であり、年間 2500 人を上限として試験的に受け入れるものである[18]。2019 年 3 月から 2020 年 12 月まで実施された。

　各階層別の移民数の推移を確認しておくと第 2 階層が一番多く、2018 年は 10 万 3000 人となっている。次に多いのが第 5 階層であり、4 万 2000 人である。第 1 階層は 6000 人前後である（**図表 5**）。

　最も多い第 2 階層の移民内訳をみてみよう。**図表 6** は前年 7 月から翌年 6 月までの 1 年間で各年の内訳を計算したものである。近年は企業内異動が最も多く、その数は 3 万人を超え、それに伴う彼らの家族が 2 万 5000

---

17) Travis, Alan, "UK hits visa cap on skilled workers for third month in row", *The Guardian*, 18.2.2018 (https://www.theguardian.com/uk-news/2018/feb/18/uk-hits-skilled-worker-visa-cap-third-month-home-office-refuses-applications)；The Migration Observatory, "Work visas and migrant workers in the UK", 18.6.2019 (https://migrationobservatory.ox.ac.uk/resources/briefings/work-visas-and-migrant-workers-in-the-uk/).

18) Home Office, *Tier 5 Temporary Worker of the Points Based System*, Version 04/2019, p. 25.

図表 5　階層別労働ヴィザ発行数

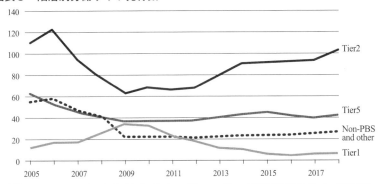

出所：Georgina Sturge, "Migration Statistics", *The House of Commons Library BRIEFING PAPER*, Number CBP06077, 22 October 2019, P.6.

図表 6　第 2 階層の移民内訳（2010 ～ 2019 年）

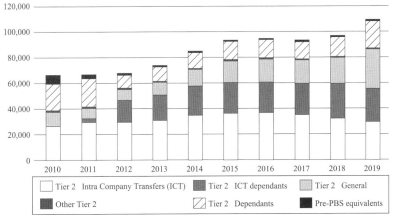

注 1：各年のデータは前年 7 月から翌月 6 月までの 1 年間のデータである。
注 2：Tier 2 ICT dependants の 2010 年データはなく、Tier 2 Dependants に含まれている。
出所：Home Office, National Statistics, Why do people come to the UK? (2) To work, Published 23 August 2018
（https://www.gov.uk/goverment/publications/immigration-statistics-year-ending-june-2018/why-do-peple-come-to-the-uk-2-to-work)、および、Home Office, Immigration Statistics. Entry clearance visa tables - vi_06_q to vi_06_9_w, 22 August 2019 をもとに筆者作成。

人前後となっている。この家族カテゴリーで入国した者が英国内の単純労働を担っていると指摘されている。ただし、2019 年は企業内異動数が減少し 3 万人を切ったのに対して、上述した一般カテゴリーの 2 万 700 人という受入数の上限から医師や看護師が除外されたことがあり[19]、一般カテゴリーが 3 万 899 人と最も多くなっている。

　保守党は長らく純移民数を 10 万人以下に抑えると公約してきた。ここで見たデータは入移民のデータであり出移民のデータは示していないが、それでも EU 市民が含まれていない第三国国民だけの労働ヴィザの発行数は第 2 階層だけで 10 万件を超えている。EU 市民の移民減少を受けて、上限を設定している第 2 階層の一般カテゴリーは一部の職種を上限から除外したことでその数は 3 万件を超えた。EU を離脱して EU 移民に関するコントロールを取り戻したとしても保守党の公約は実現不可能であると指摘されてきたが、EU 離脱後も移民の数を大幅に減らすことの困難さを予見させる状況が起こっていた。

4．新たな英国移民政策

　実はすでに保守党政権は純移民 10 万人という公約を反故にしている。『移民白書』では第 2 階層の一般カテゴリーの数量制限と RLMT を撤廃するとしており、純移民 10 万人の公約も取り下げられることが予想されていた。2019 年 7 月、ボリス・ジョンソン首相の報道官は数値目標を取らないとの首相の意向を明らかにした[20]。ジョンソンは移民がもたらす利益を強調するようになり、2019 年 12 月総選挙の公約でも数値目標は記されなかった。逆に、公約では NHS ヴィザを新設し、医師や看護師等を受

---

19) Home Office, *National Statistics, Why do people come to the UK? To work*, 28.11.2019 (https://www.gov.uk/government/publications/immigration-statistics-year-ending-september-2019/why-do-people-come-to-the-uk-to-work).

20) Honeycombe-Foster, Matt, "Boris Johnson axes Theresa May's vow to lower immigration to the 'tens of thousands'", *PoliticsHome*, 25.7.2019 (https://www.politicshome.com/news/uk/home-affairs/immigration/news/105564/boris-johnson-axes-theresa-mays-vow-lower-immigration).

け入れるとした。

　EU 離脱により移行期間終了後は EU 市民も第三国国民と同じように移民政策の対象となる。これを機にオーストラリア型のポイント制を導入するとしてきたジョンソン政権は、移民助言委員会（Migration Advisory Committee：MAC）に本制度の妥当性について諮問した。EU 離脱派の主張するポイント制やオーストラリア型のポイント制とは何かは長らく不明確であったが、MAC はオーストラリア型と現行の英国のポイント制の違いを主に雇用の約束の有無で説明している[21]。すなわち、現行英国移民制度の第 2 階層では雇用主が必ず存在し、当該雇用主が身元引受人ライセンスを取得して移民を受け入れるのに対し、オーストラリア型では雇用とは無関係に英国で働きたい本人がヴィザを申請し、申請者の学歴などがポイントとして計算され、ポイント上位の者から移民としての労働を許可されるのである。

　しかし、2020 年 1 月 28 日に発表された MAC の報告書ではオーストラリア型のポイント制導入は否定され、現行制度の継続が主張された[22]。ジョンソン政権はこの報告書はあくまで「助言的な」ものといい、オーストラリア型のポイント制導入を目指すとしたが、2020 年 2 月 19 日に発表された政策文書では、雇用の保証なしのオーストラリア型ポイント制への全面的移行は提示されなかった[23]。本文書は 2021 年からの改革の第 1 段階を示すものであった。そして 2020 年 7 月 13 日の政策文書[24]により新たな移民制度の詳細が明らかになったが、2021 年になっても改革は続いてい

21）2019 年 12 月総選挙での保守党のマニフェストでは「私たちのオーストラリア型のポイント制」という表題のもとで「この国に来るほとんどの人は明確な求人（job offer）が必要となる」と記されている（p.21）。オーストラリア型のポイント制という名称とこの記述を整合的に考えると、ジョンソン政権はポイントとして考慮される事項として求人を入れ、それに大きな重みを与えようとしていたということであろう。

22）Migration Advisory Committee, *A Points-Based System and Salary Thresholds for Immigration*, January 2020.

23）HM Government, *The UK's Points-Based Immigration System, Policy Statement*, February 2020（https://www.gov.uk/government/publications/the-uks-points-based-immigration-system-policy-statement）.

24）HM Government, *The UK's point-based immigration system: Further Details*, CP 258, July 2020　（https://www.gov.uk/government/publications/uk-points-based-immigration-system-further-details-statement）.

図表 7　新たな英国移民制度の概要

	階層制度内での継続	新規の別カテゴリー (階層外)	備　考
第 1 階層	アントレプレナー、投資家	イノベーター、スタートアップ、グローバル才能 ※2022 年夏身元引受人制度なしのポイント制の新ルート (very higt skilled and academically elite に焦点)	例外的才能とは異なりグローバル才能は上限なし
第 2 階層	宗教家、スポーツ選手・コーチ	技能労働者(旧一般)、医療・ケア労働者、企業内異動 ※2021 年中にスポーツ関係者(第 2 と第 5 階層のものを　統合) ※2022 年春 グローバル・ビジネス移動(企業内異動などを統一)	技能労働者は上限数なし、英国内労働者優先廃止、最低年収要件引下げ
第 3 階層			
第 4 階層		学生、児童、新卒者(2021 年夏から)	新卒者は学部以上の新規卒業者の在留と英国労働市場へのアクセスを認める
第 5 階層	一時労働者(非営利、クリエイティブ・スポーツ、政府交換、国際協定、宗教活動、季節労働者)若者交流プログラム	短期英語学習	季節労働者は現在 3 万上限
その他		香港市民	

出所：HN Government, *New plan for immigration: legal migration and border control, Strategy Statemennt,* May 2021
(https://www.gov.uk/government/publications/new-plan-for-immigration-legal-migration-and-border-control)、
および、Home Office のホームページを参照して筆者作成。

る。ここでは 2020 年 7 月の政策文書および最新の 2021 年 5 月の政策文書[25]を中心に、2018 年 12 月に発表された『移民白書』や保守党のマニフェスト等も適宜参照しながら、新たな英国の移民政策の方向性を見ていこう[26]。

　図表 7 に示したように、現行階層制度に加えて階層外の新たなカテゴリーが複数新設されている。**図表 7** では新規カテゴリーはその内容から判断して既存の階層と対応させて配置している。

　第 1 階層、高度技能移民に関しては、『移民白書』では枠を拡大するとしていた。先に見たように、すでに起業家および学卒起業家カテゴリーの新規申請は 2019 年 3 月に終了し、イノベーターとスタートアップという

25) HM Government, *New plan for immigration: legal migration and border control, Strategy Statement*, May 2021 (https://www.gov.uk/government/publications/new-plan-for-immigration-legal-migration-and-border-control).

26) HM Government, *The UK's future skills-based immigration system*, December 2018; Macdonald, Mellissa, "The UK's future immigration system", *House of Commons Library Briefing Paper*, Number CBP8711, 18.10.2019 (https://www.ein.org.uk/news/house-commons-library-publishes-new-briefing-uks-future-immigration-system).

新たなカテゴリーが設けられている。先の MAC 報告書は例外的才能カテ
ゴリーが機能していないと評価していたが、2020 年 1 月 30 日に英政府は
例外的才能カテゴリーに替えてグローバル才能という優先（fast-track）
カテゴリーを導入すると発表した [27]。同年 2 月 20 日から運用されたこの
カテゴリーでは例外的才能カテゴリーとは異なり上限を設定せず、世界
トップクラスの科学者、研究者、数学者等を呼び寄せるとしている。所管
官庁も内務省ではなく、リサーチイノベーション機構（UK Research and
Innovation：UKRI）となる。ただ、MAC が報告書で機能していないと断
じたように、例外的才能カテゴリーは上限 2000 件に一度も達したことが
なく、ヴィザ発行数は右肩上がりではあるものの最新のデータでも約 600
件にとどまっていた。EU 市民が研究者として新たに英国で働くためには
このヴィザが必要であるためヴィザ発行数は増えるであろうが、この新制
度は MAC 報告書以前から検討されていたものであり、報告書の勧告内容
とも一致していない。ジョンソン政権は MAC の勧告に従った新たなルー
トを作るとしている。2022 年春に新設予定の身元引受人制度なしの新ルー
トがそれに当たると思われるが、詳細はまだ発表されていない。

　第 2 階層の一般カテゴリーについては上述の変更のほか、『移民白書』
では技能のレベルを下げるとしていた。学歴の基準を RQF6（大卒レベル）
から RQF3（高卒レベル）まで下げるのである。ただしオーストラリア型
とは異なり雇用を前提とする現行制度で RQF が問題となるのは移民本人
ではなく、移民が就く雇用職種である。また『移民白書』では基本的な最
低年収の要件 3 万ポンドを維持するとしていたが、下げるべきだとの批判
があった。この点についても諮問されていた MAC は先の報告書で、基本
的な年収要件を 2 万 5600 ポンドまで引き下げるなど、全体としてより基
準を下げて移民を受け入れやすくすべきという意見を表明した。人手不足
が懸念されている NHS の労働者について、例えば看護師などは別の最低
年収要件があり、現在は 2 万 800 ポンドであるが、MAC の報告書は一般

27) Home Office and UK Visas and Immigration, *Policy paper, Statement of changes to the Immigration Rules: HC 56*, 30.1.2020（https://www.gov.uk/government/publications/statement-of-changes-to-the-immigration-rules-hc-56-30-january-2020）.

よりも低い年収要件の使用を提案している。また 26 歳以下の若者については 2 万 800 ポンドの年収要件を 1 万 7920 ポンドに引き下げるべきだとしている[28]。

　ジョンソン政権は MAC の見解に従い最低年収要件および学歴基準の引下げを受け入れた。大きく変更されたのは、受入人数の上限と RLMT の撤廃である。雇用契約条件については維持され、技能レベルと英語運用能力（speak English）と合わせて技能労働者の 3 条件とされた。これに加えて、給与、博士号、SOL 掲載職などが点数化され、合計 70 点が申請条件とされている。2020 年 7 月の政策文書で詳細が明らかになったので簡単にまとめておこう。

　必須要件として求められるのが、雇用契約、RQF3 レベルの技能職種、ヨーロッパ言語共通参照枠 B1（intermediate）レベルの英語運用能力である。雇用と技能がそれぞれ 20 点、英語能力が 10 点で合計 50 点となる。これに加えて取引可能ポイント（tradable point）が存在し、20 点を得ないといけない。1 項目で 20 点と設定されているのが、SOL 掲載職、労働市場への新規参入者、職種に見合った STEM（科学・技術・工学・数学）分野の博士号である。STEM 分野以外の博士号については 10 ポイントとされている。労働市場への新規参加者とは以下のいずれかに当てはまる者である。学生または新卒者としてヴィザを有していた者、26 歳未満の者、そして新たなカテゴリーである認定専門職を目指して働いている者またはポストドクターの地位に直接移った者、である。

　給与については 2 万 5600 ポンドの年収要件（または当該職業の現行賃金〔going rate〕のほうが高い場合はその現行賃金）が 20 ポイントとさ

28) Kierans, Denis & Peter William Walsh, "Q&A：Migration Advisory Committee report on post-Brexit salary thresholds and the 'Australian-style' points-based system", *The Migration Observatory, Commentary*, 28.1.2020（https://migrationobservatory.ox.ac.uk/resources/commentaries/qa-migration-advisory-committee-report-on-post-brexit-salary-thresholds-and-the-australian-style-points-based-system/）；The Migration Observatory, "Threshold? Which threshold? How many non-EU workers actually have to meet the £30,000 minimum income requirement?", *Commentary*, 18.6.2019（https://migrationobservatory.ox.ac.uk/resources/commentaries/threshold-which-threshold-how-many-non-eu-workers-actually-have-to-meet-the-30000-minimum-income-requirement/）.

れているが、最低条件として雇用契約で合意された給与が年収 2 万 480 ポンド以上でなければならない。この最低年収から年収 2 万 3040 ポンド未満（または現行賃金のほうが高い場合はその 80％から 90％未満。ただし労働市場への新規参加者の場合は 70％から 90％未満）は 0 ポイント、年収 2 万 3040 ポンドから年収 2 万 5600 ポンド未満（または現行賃金のほうが高い場合はその 90％から 100％未満）が 10 ポイントであるが、特定の保健・教育職については最低年収を超えていれば 20 ポイントとなっており、優遇されている。さらに看護師と助産師については最初の 8 カ月は最低年収要件が適用されない。

　公約で掲げられた NHS ヴィザについては保健ケア労働者ヴィザ（Health and Care Worker Visa）が 2020 年 8 月に新設された。対象は医師や看護師、薬剤師、社会的ケアの労働者で、NHS の直接雇用または NHS にサービスを提供する企業や組織の雇用、そして成人向け社会ケアの雇用である。年収要件は 2 万 480 ポンドであるが、介護労働者の賃金は低く、この基準を満たせない者も多い。EU 市民の自由移動の権利を行使して介護労働を行っていた EU 市民の新規供給が止まり、その減少分はこのヴィザでは賄えないが、これは国内労働者を雇用すべきというジョンソン政権の方針である。しかしながら事前に危惧されていたことに加え、コロナ禍もあり、これまで通りの事業の継続ができない事業者も出ている[29]。

　第 2 階層のなかにあった企業内異動は階層とは別枠で新たに企業内異動カテゴリーが設けられた。2022 年春までに、この企業内異動や支社の設立、出向など英国への移動を伴う経済活動一般を対象とするグローバル・ビジネス移動（Global Business Mobility）というカテゴリーが新設予定である。また第 2 階層のスポーツ選手およびコーチのルートと第 5 階層のスポーツ関係のルートに替えて、国際スポーツ関係者（International Sportsperson）ルートが作られる予定である。

29）Dodo, Lesley, "How care home staffing crisis is being fuelled by post-Brexit immigration rules", *The Yorkshire Post*, 17.6.2021（https://www.yorkshirepost.co.uk/news/opinion/columnists/how-care-home-staffing-crisis-is-being-fuelled-by-post-brexit-immigration-rules-lesley-dodo-3275428）.

　特定業種対象の低技能移民（第 3 階層）の制度は現在、存在しない。『移民白書』では EU 市民の自由移動が終了する影響を見越して、低リスク国から建設業や社会的ケア産業向けに移民を短期間だけ受け入れる移行的制度が提案されていた[30]。この提案が実現した場合、どの階層に位置づけられるかは不明である。本提案によれば、低リスク国とは EU 加盟国プラス α であり、低技能移民向けとはいいながら、技能レベルの制限はない。必要に応じて人数制限が課されるが、企業側に負担となる身元引受制度の対象外である。移行的というのは、EU 離脱の影響を緩和するためにこの制度を導入し、ヴィザ費用を年々上げることで企業が移民を国内の労働力へとシフトするように誘導するということである。

　この制度案で問題なのはヴィザが 1 年間に制限され、さらにこれには 1 年間働いたら 1 年間休みというクーリングオフ期間が設けられることである。つまり、この制度では 1 年間働いて 1 年間休まなくてはならないため、労働者は非常に不安定な立場に置かれる。雇用主の変更は可能だが、家族の呼び寄せはできない。永住権取得もできない。このような厳しい条件で果たして人が集まるかという批判がある。また産業界を移民依存から自国の労働力へと転換させるというが、実効性には疑問符がつく。

　ジョンソン政権はこの方針を大きく変え、低技能労働者の受入れはしないと宣言した。労働力不足を懸念する産業界には強い姿勢を示しており、自国民の雇用や技術やオートメーションに投資するように訴えている。内務大臣は経済活動をしていない英国民が 800 万人いると主張する[31]。そして政府は、条件が引き下げられた技能移民、EU 離脱後も残留する EU 市民、技能移民の家族、若者交流プログラムによって労働力を供給できると主張する[32]。短期労働者の受入制度として『移民白書』で提示されており、すでに試験的に実施されていたのが上述した第 5 階層の季節労働者のカテゴリーである。ジョンソン政権は保守党の公約通り現在の上限

30）『移民白書』では EU 移民の 55％が低技能労働の職に就いていると推測している。
31）これに対しては、その多くは学生や退職者などであり現実的ではないと批判されている。Reality Check team, "Are economically inactive people the answer to staff shortages?", *BBC News*, 19.2.2020（https://www.bbc.com/news/51560120）.

2500 人を 1 万人にまで拡充するとしていたが、この上限はさらに拡大され 2021 年 5 月現在で 3 万人となって続けられている。

　第 4 階層については、留学生の身分から英国での労働者となるルートが強化される。2021 年夏に新たな「新卒者（Graduate）ルート」が作られ、学部および修士課程を卒業した者には 2 年間、博士課程卒業者には 3 年間の滞在が認められる。この滞在期間には技能レベルにかかわりなく労働だけでなく求職が認められる。ただし今後、新たに入国し英国で 2021 年 8 月以降に学業を開始する EU 市民にはこれまで課されていなかった留学生用の学費が適用される。これにより英国市民のおおよそ 2 倍程度の学費負担が生じることになるが、学生ローンは認めないとされている。オンライン調査では 84％の留学予定の EU 市民学生が留学を取りやめるだろうと答えており、高度な技能を持つ人材を世界から集めるという観点からはその影響が懸念される[33]。

　EU との関係では英国は政治宣言において研究、教育、職業訓練、若者交流について交渉することを約束していた[34]。しかし、英国は 2021 年からの次期エラスムス・プラスには参加しないことを決定したため、2017 年には英国に 3 万 1727 人が来ていた EU 市民の数は減少すると見込まれる[35]。

　また最近の香港に対する中国政府の対応をめぐって英国海外市民（British National（Overseas）：BN（O））に対する新たな移民ルートが 2021 年 1 月 31 日から始められた。これに対しては中国が強く反発してい

32）産業界や NHS の関係者は反発している。O 'Carroll, Lisa, Peter Walker & Libby Brooks, "UK to close door to non-English speakers and unskilled workers", *The Guardian*, 18.2.2020 （https://www.theguardian.com/uk-news/2020/feb/18/uk-to-close-door-to-non-english-speakers-and-unskilled-workers）；"Letters, An unworkable and costly immigration plan", *The Guardian*, 20.2.2020 （https://www.theguardian.com/uk-news/2020/feb/20/an-unworkable-and-costly-immigration-plan）.

33）Corbett, Anne & Claire Gordon, "The emerging post-Brexit strategy for universities may cause reckless damage to the sector", *LSE Blog*, 7.7.2020 （https://blogs.lse.ac.uk/brexit/2020/07/07/emerging-post-brexit-strategy-for-universities-may-destroy-the-sector/）.

34）HM Government, *Political Declaration setting out the framework for the future relationship between the European Union and the United Kingdom*, 19.10.2019.

る[36]。開始約 3 カ月で 3 万 4300 件の申請があり、すでに 5600 件が認められている[37]。

5．EU 離脱後のポリシング

　移民難民の受入れは、受け入れたくない移民や庇護希望者の排除を伴うものである。EU は域内国境管理の撤廃と同時に各種のポリシング手段を整備してきた[38]。英国はシェンゲン協定には参加せず、移民・難民政策にも一部のみの参加であったが、ポリシングについては完全にではないにせよ参加してきた。国民投票時に EU 離脱派が強く批判していたように、EU 加盟時は EU 市民の強制送還は EU 法により厳格に制限されていた。移行期間が終了した 2021 年 1 月から 12 カ月以上の実刑判決の経歴がある者など入国を拒否することができるようにしているなど、英国は独自の動きをとっている。そこで最後に、EU 離脱によって英国のポリシングにどのような影響があるのかをそのカギとなるデータベースに焦点を当てて検討したい。

　まずは EU 離脱によって問題となるデータベースを整理しよう。以下の**図表 8** はシェンゲンとそれ以外に大きく分けて EU の整備するデータベースを整理したものである。英国はシェンゲンに不参加であるもののシェン

35）Reuben, Anthony & Tamara Kovacevic, "Turing Scheme: What is the Erasmus replacement?", *BBC*, 12.3.2021（https://www.bbc.com/news/education-47293927）. 英国は英国教育機関向けにはエラスムス・プラスに替えてチューリング・プログラムという海外留学プログラムを創設した。エラスムス・プラスと並んで注目されていたホライズン・ヨーロッパについては英国は一部財政措置を例外としてこれまで通りに参加すると決定された。European Commission, "Q&A on the UK's participation in Horizon Europe", 25.2.2021（https://ec.europa.eu/info/news/questions-answers-uks-participation-horizon-europe-2021-feb-25_en）.

36）羽田野主、中島裕介「香港の英国海外市民旅券、中国『有効性認めない』」日本経済新聞 2020 年 7 月 23 日（https://www.nikkei.com/article/DGXMZO61887550T20C20A7PE8000/）。

37）Home Office, *National Statistics How many people com to the UK each year（including visitors）?*, 18.6.2021（https://www.gov.uk/government/statistics/immigration-statistics-year-ending-march-2021/how-many-people-come-to-the-uk-each-year-including-visitors#british-national-overseas-bno-route）.

38）土谷岳史「EU 領域秩序の構築」福田耕治編『欧州憲法条約と EU 統合の行方』（早稲田大学出版部、2006 年）。

図表8　EU のデータベースと英国

シェンゲン関連のデータベース

名　称	種　類	目　的	アクセス権	英国の立場	EU 離脱後の英国
Schengen Information System II (SIS II)	EU データベース　中央システムは eu-LISA が運営 SIS II は 2013 年運用開始（改正前の SIS は 1995 年運用開始）	域内での人やモノの管理のための情報の蓄積、犯罪者の同定、要注意人物および盗品の追跡	完全：国境警備隊、警察、税関、裁判所　一部：ユーロポール、ユーロジャスト、ヴィザおよび移民所管機関、フロンテクス	シェンゲン全域での入国滞在警戒情報は除外	離脱
Visa Information System (VIS)	EU データベース eu-LISA が運営 2004 年設立	入国時のチェックのためのシェンゲン・ヴィザ申請書の指紋および写真情報の蓄積	完全：ヴィザ所管当局、国境警備隊　一部：庇護所管当局、ユーロポール、テロ対策所管機関、フロンテクス、（場合によって）第三国	不参加	不参加
Entry and Exit System (EES)	EU データベース eu-LISA が運営予定 2022 年運用開始予定	出入国管理、不法移民削減のためのシェンゲンに出入国する全第三国国民の生体情報を含めた情報の蓄積	完全：国境警備隊、ヴィザ所管機関、第三国国民の入国滞在所管当局　一部：ユーロポール	不参加	不参加
European Travel Information and Authorisation System (ETIAS)	EU データベース eu-LISA が運営予定 2023 年運用開始予定	ヴィザ免除国の国民に関連した不法移民、安全保障、公衆衛生のための自動オンラインシステム	完全：フロンテクス（ETIAS central unit を運営）、国境および移民管理所管機関　一部：ユーロポール	不参加	不参加
False and Authentic Document Online (FADO)	EU データベース　理事会事務局が運営[*1] 1998 年設立	不法移民および偽造文書対策のための真正文書および偽造文書の情報蓄積	完全：加盟国公文書専門職	参加	離脱[*2]

シェンゲン関連以外のデータベース

名　称	種　類	目　的	アクセス権	英国の立場	EU 離脱後の英国
Eurodac	EU データベース eu-LISA が運営 2003 年設立	庇護申請受付国の決定のための庇護希望者の指紋情報の蓄積	完全：庇護および移民所管機関、欧州庇護支援局（EASO）　一部：警察	参加	離脱
Prüm database	他の EU 加盟国すべてがアクセスできる各加盟国のデータベース 2011 年運用開始	DNA、指紋、一定の車庫証明情報の蓄積	加盟国法で規定	参加	参加
European Criminal Record Information System (ECRIS)	他の EU 加盟国すべてがアクセスできる各加盟国のデータベース 2012 年開始	EU 市民の国籍国以外での犯罪歴情報の蓄積	加盟国法で規定	参加	離脱
European Criminal Record Information System on Third Country Nationals (ECRIS - TCN)	EU データベース eu-LISA が運営予定 2022 年運用開始予定	EU 域内での第三国国民の犯罪歴情報の蓄積	加盟国、ユーロジャスト、ユーロポール、欧州検察庁	2017 年に参加表明	不参加[*2]
Passenger Name Record (PNR)	他の EU 加盟国すべてがアクセスできる各加盟国のデータベース 2018 年運用開始	テロ等重大犯罪の予防および調査のための旅客者の氏名、住所、荷物情報などの情報蓄積	完全：重大犯罪の予防および調査所管機関	参加	参加
Europol Information System (EIS)	EU データベース　ユーロポールが運営 2005 年運用開始	犯罪情報および捜査情報データベース	完全：ユーロポール、警察	参加	離脱

注　：*1)改正案ではフロンテクスに移管。*2)現状等から推定。
出所：Raoul Ueberecken, "Schengen reloaded", Centre for European Reform, November 2019, pp.4-7 に、EU 英国貿易協力協定や EU のホームページ等を参照し情報を追加・修正して作成。

ゲン関連のデータベースにも一部参加している。また、英国は警察刑事司法協力についてもオプトアウトの選択肢を有していたが、基本的にポリシングのためのデータベースには参加している[39]。

　英国が参加する各種データベースは移行期間中も EU 加盟中とほぼ同様に運営された。英国が参加するデータベースについて問題となるのは移行期間終了後であり、政治宣言の第3部安全保障パートナーシップが関係する。政治宣言には旅客者氏名情報（PNR）とプリュム（Prüm）について相互性を持った取決めをすることが謳われている。また指名手配犯や行方不明者、捜索物、犯罪記録に関する情報交換についての英国の地位についての取決めについても検討するとされている。英国はこの点について、第二世代シェンゲン情報システム（SIS Ⅱ）や欧州犯罪記録情報システム（ECRIS）を例として挙げていた[40]。

　政治宣言では以上に続けて、ユーロポールとユーロジャストを通じた EU 加盟国と英国との協力関係、容疑者引渡しについての取決めの確立について言及されている。前者についてジョンソン政権はユーロジャスト加盟維持を求めず、現在の協力体制を維持できる協定締結を目指すとしていた[41]。後者に関係するのは欧州逮捕状制度であるが、政治宣言には出てこず、ジョンソン政権は欧州逮捕状制度とは別の形で英国と EU が協定を結ぶことを目指した。移行期間に入り、一部の加盟国はすでに英国に自国民を引き渡さないとしており、欧州逮捕状は英国の EU 離脱に伴いこの点では事実上機能を停止していた[42]。他方で政治宣言には難民や庇護に関する文言は存在しない。ユーロダックについても言及されていない。

---

[39]　警察刑事司法協力における英国の参加状況については、Curtin, Deirdre, "Brexit and the EU area of Freedom, Security and Justice : Bespoke Bits and Pieces", *CSF-SSSUP Working Paper Series*, 5,2017 を参照。

[40]　HM Government, *Explainer for the Political Declaration setting out the framework for the future relationship between the United Kingdom and the European Union*, 25.11.2018, p. 22.

[41]　HM Government, *The Future Relationship with the EU, The UK's Approach to Negotiations*, February 2020, p. 27.

[42]　Colson, Thomas, "3 European countries say they will refuse UK extradition requests now Brexit has happened", *Business Insider*, 1.2.2020（https://www.businessinsider.com/eu-countries-have-stopped-extraditing-criminals-to-uk-after-brexit-2020-1）. この記事によればオーストリア、ドイツ、スロベニアの3国が自国民を英国へは引き渡さないとしている。

　2020 年末に合意された EU 英国貿易協力協定（TCA）では第 3 部が以上の問題を扱っている。TCA では PNR とプリュムについての協力が規定され EU 離脱前と大きな変更はなかった。指名手配犯や行方不明者、捜索物、犯罪記録についても英国と EU 加盟国との間で協力することが規定された。英国はユーロポール、ユーロジャスト、欧州逮捕状制度から離脱するが、ユーロポールおよびユーロジャストとの協力関係、容疑者引渡しについても定められた。以上は政治宣言に従ったものといえる。

　しかし、英国は SIS Ⅱ と ECRIS からは離脱することになった。ユーロポールのデータベースへのアクセスも失う。TCA の犯罪記録の協力規定によって ECRIS を通じた情報提供は移行期間中と変わらない運用がされていると英国政府は答えている[43]。SIS Ⅱ については、英国は 120 万件もの情報を入力し、2017 年は年間 5 億 3900 万回もアクセスするなど極めて重要なツールとして活用してきた[44]。英国はインターポールを通じた情報交換で対処することになるが、英国政府も認めるようにそれは即時性を備えておらず SIS Ⅱ に比べて機能的に大きく劣るものである。TCA で定められた容疑者引渡し制度は逮捕状に基づくものであり欧州逮捕状との継続性が見られるが違いも大きく[45]、すでに 2021 年 2 月末までに 10 カ国もの EU 加盟国が自国民の英国への引渡しを拒否すると通知している[46]。

　TCA には政治宣言と同様に難民や庇護についての条項は存在しない。

---

43) House of Lords, "Select Committee on the European Union, Security and Justice Sub-Committee, Corrected oral evidence: Post-Brexit UK-EU security co-operation", 16.2.2021 〈https://committees.parliament.uk/oralevidence/1723/html/〉.

44) House of Commons Home Affairs Committee, *Home Office preparations for the UK exiting the EU: government Response to the Committee's Twelfth Report of Session 2017-19*（HC 1674）, 7.12.2018, p. 16 および本報告書のための警察高官の議会証言（http://data.parliament.uk/WrittenEvidence/CommitteeEvidence.svc/EvidenceDocument/Home%20Affairs/Government%20preparations%20for%20Brexit/Oral/92133.html）ならびに国家犯罪対策庁（NCA）の書面証言（http://data.parliament.uk/WrittenEvidence/CommitteeEvidence.svc/EvidenceDocument/Home%20Affairs/Government%20preparations%20for%20Brexit/Written/92383.html）を参照。

45) Yin, Yanhong, "EU-UK Surrender Agreement：A Copy of the EU-Iceland and Norway One?", *European Law Blog*, 10.3.2021〈https://europeanlawblog.eu/2021/03/10/eu-uk-surrender-agreement-a-copy-of-the-eu-iceland-and-norway-one/〉.

46) Home Office - Written evidence（PBS0002）, 5.3.2021〈https://committees.parliament.uk/writtenevidence/23544/html/〉.

　ダブリン規則およびユーロダックから英国は離脱した。この点に関連して「庇護および送還に関する共同政治宣言」がなされたが、それは庇護、保護者のいない子どもの家族再結合、不法移民について英国が二国間交渉を行いたいとの意向を示したものにとどまっている[47]。

　2021 年 3 月の政策文書で英国は庇護政策の厳格化を発表した[48]。庇護希望者を含めた移民のポリシングについては、従来から英国はフランスとの間で二国間の協力関係を築いてきた。2020 年 4 月にギリシャとの行動計画に合意し、ベルギー、スペイン、オランダとの協力関係の強化を目指している[49]。さらに、英国は EU 加盟国との間で二国間の合意を結んでダブリン規則と同様に庇護希望者の送還を可能にしようとしている。しかしベルギーの閣僚が述べたように、EU を離脱した英国はダブリン規則を支える EU の連帯を頼ることができなさそうである[50]。それにもかかわらず、英国内務省は庇護希望者に EU 加盟国経由で入国した場合には庇護申請は受け付けられないという文書を配布している。

47) "Declarations referred to in the Council Decision on the signing on behalf of the Union, and on a provisional application of the Trade and Cooperation Agreement and of the Agreement concerning security procedures for exchanging and protecting classified information", *OJ L 444*, 31.12.2020, p.1475-1485.

48) HM Government, *New Plan for Immigration, Policy Statement*, 24.3.2021（https://www.gov.uk/government/consultations/new-plan-for-immigration）.

49) House of Commons Foreign Affairs Committee, "Responding to irregular migration: A diplomatic route: Government Response to Committee's First Report of Session 2019, Fifth Special Report", 24.7.2020（https://publications.parliament.uk/pa/cm5801/cmselect/cmfaff/670/67002.htm）.

50) Bulman, May, "EU countries rule out bilateral asylum deals in blow to Priti Patel's immigration plans", *The Independent*, 25.4.2021（https://www.independent.co.uk/news/uk/home-news/asylum-eu-deportation-home-office-b1836598.html）; Hope, Alan, "Belgian asylum minister rejects UK plan to return transmigrants", *The Brussels Times*, 25.3.2021（https://www.brusselstimes.com/news/belgium-all-news/health/175469/delta-indian-variant-geert-molenberghs-uhasselt-kuleuven-coronavirus-young-people-students/）; Gallardo, Crystina, "Italy warns UK against detention of EU citizens over border mistakes", *Politico*, 1.6.2021（https://www.politico.eu/article/italy-uk-eu-citizens-border-benedetto-della-vedova/）.

おわりに

　英国では EU の人の自由移動が終了し、2021 年から新たな移民制度が実施されている。それは高度技能移民を集めるとともに受入人数の上限を撤廃して技能移民を呼び寄せ、経済発展を目指すものである。逆に中東欧からの廉価な労働力が閉ざされることで低技能移民の受入ルートは大きく制限され、自国の労働者で賄うことが見込まれている。医療や介護、農業などの分野では人手不足の悪化が懸念されている。EU との協定に基づく在英 EU 市民の地位と権利の保障の約束を英国が反故にすれば別だが、これらは基本的に英国の国内問題である。

　EU との関係で問題となったのは、人の移動に関連するポリシングについてである。英国は EU の共通移民政策および共通庇護政策の主にポリシング面にのみ参加してきた。EU 離脱に伴いその関係が見直されたが、プリュムや PNR の協力は継続する。ECRIS についても離脱したものの TCA の規定によりこれまでと大きく変わることなく情報へのアクセスができているようである。しかし、英国内では当初から懸念されていた通り、SIS Ⅱへのアクセス権を英国は失った。政府は影響を否定しているものの警察当局をはじめとしてポリシング能力が低下するという見解が支配的である。庇護希望者の再入国については英国の希望通りに交渉が進む見通しが立たないが、TCA を補うべく英国と EU 加盟国との二国間交渉は今後も進められていくと思われる。

（2021 年 7 月脱稿）

第1項　EU の域内格差の現状と新型コロナ危機

日本大学経済学部准教授　**太田瑞希子**

はじめに

　EU 域内にはドイツやオランダのように高い競争力を持ち経常収支黒字を計上する北ヨーロッパ諸国と、長期経済停滞と大量失業に苦しむ南側諸国との間の格差が構造化しているという南北問題が存在する。経済成長率や所得、失業率など様々な経済指標にそれは明らかである。中・東欧諸国は EU 加盟後にキャッチアップを進めてきたが、多くの国はまだ EU の下位グループを形成する。さらに EU15 側である南欧諸国のいくつかの国はすでにその下位グループに吸収され、「北」との格差は拡大している。

　このもともとあった格差は、今回の新型コロナウイルス拡大による危機によってさらに大きくなる危険性が高い。南欧諸国は感染者数が多いだけでなく、旅行・観光業への依存度が高いため都市のロックダウンや人の移動制限による経済への負の影響をより大きく受けるためである。また、これらの国々における有期雇用契約の割合が大きい点も注意が必要である。

　新型コロナ危機の影響が各国の経済に非対照的なインパクトを与え、南北格差や東西格差を拡大させ、ひいては北ヨーロッパ諸国の優位性を強めることになれば、ポピュリズム政党の躍進や反 EU の流れを導きかねず、

＊　本稿は、太田瑞希子「EU の2つの格差——中・東欧諸国間のキャッチアップ格差と英仏の停滞」経済集志89号3巻（2020年）、193-207頁の一部に、21世紀政策研究所の研究プロジェクト研究活動を通して得られた考察と新たなデータを加えて、大幅に加筆修正したものである。

EU 全体としての危機対応がいかに機能するかという EU の連帯が問われている。

　以下、本稿では主に Eurostat から抽出したデータをもとに、新型コロナ危機の勃発以前から EU 加盟国間に存在していた格差と、新型コロナ危機による影響を検証する。一部の図表データには、すでに EU を離脱した英国も含めている。2019 年までのデータでは EU15 として、また 2020 年のデータでは参考国として記載している場合がある。2020 年のデータで EU27 と記載している場合は、英国を除いた 27 加盟国の平均を意味する。

1．新型コロナ危機以前の加盟国間の格差

（1）　国レベルでのキャッチアップと停滞の現状

　まず EU 加盟国間の格差を確認する。EU 平均を 100 として見た 2019 年の 1 人当たり GDP（購買力平価）を比較したのが、**図表 1** である。EU ルクセンブルクを筆頭に EU15 諸国のうち 11 カ国（黒色棒グラフ■■■■：以下棒グラフの図表共通）は EU 平均以上である。しかし、ユーロ国であるもののソブリン危機の主役となった GIPS 諸国（斜線棒グラフ▨▨▨：同上）みると、イタリア（95）、スペイン（91）は EU 平均およびユーロ圏平均（106）を共に下回り、ポルトガル（78）、ギリシャ（68）は中・東欧諸国（白色棒グラフ▭：同上）の平均（78）以下である。EU の拡大が水平的統合から垂直的統合へと転換した 2004 年 5 月の中・東欧 10 カ国同時加盟以降に加盟国となった国々（13 カ国）の EU15 へのキャッチアップが達成されていないことは明らかだが、GIPS 諸国の停滞および低下も顕著である。

　しかし、これだけでは EU 加盟国間の現在のギャップが（とくに 2004 年の中・東欧諸国の加盟以降）同じ水準で変化せずにきたのか、拡大・縮小してきたのかは判断できない。キャッチアップは徐々に実現されており、このデータの時点はあくまでその途上にある可能性もあるため、経年データで検証する必要がある。そこでさらに、第 1 グループ：2019 年時点で EU 平均を上回る国々（実質 EU15 側の諸国）[1]、第 2 グループ：同じく

図表1　1人当たりGDP（PPPs、2019年）

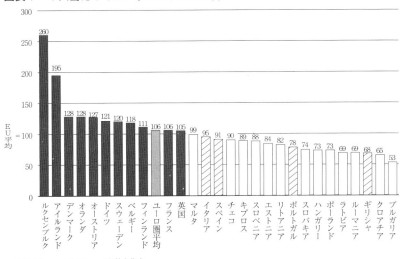

出所：Eurostat Database より筆者作成。

2019年時点でEU15だがEU平均を下回る国々（イタリア、スペイン、ポルトガル、ギリシャの4カ国）、第3グループ：2004年以降の加盟国の3グループに分けて、2004年から2019年までの推移を確認したのが、図表2である。各年の指数はいずれも各年のEU平均を100として算出されている。

　第1グループでは、アイルランドの伸びが顕著である。アイルランドは不動産バブルの崩壊を要因とする経済・債務危機に陥った結果、2010年から2013年にかけて欧州金融安定化メカニズム（European Financial Stabilisation Mechanism：EFSM）[2] から225億ユーロ、ユーロ国支援基金である欧州金融安定基金（European Financial Stability Facility：EFSF）[3] から177億ユーロ、IMFから225億ユーロの金融支援を受けた。また英国、スウェーデン、デンマークといった他のEU加盟国からの二国

1）ルクセンブルクを除く。

2）EUのすべての加盟国向けの金融支援基金。

3）当初3年の時限で設立されたが、2012年10月に欧州安定メカニズム（European Stability Mechanism：ESM）として恒久的機関に転換した。

図表 2　1 人当たり GDP (PPPs) の推移 (2014 ～ 2019 年)

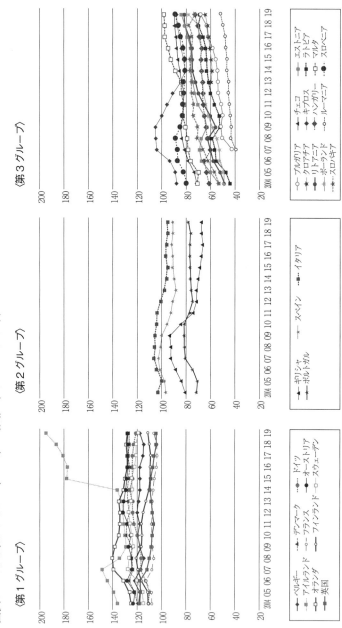

出所：Eurostat Database より筆者作成。

間融資など、支援総額は 850 億ユーロに上った。しかし、財政改革や労働市場改革など多岐にわたる取組みの結果、著しい回復を成し遂げ、危機のさなかには一時 12.75％まで上昇した 10 年物国債利回りも 2013 年には 4％前後へと低下し、同年 12 月には EU と IMF はアイルランドへの支援を終了した。その後、1 人当たり GDP も急速な伸びを見せ、2019 年時点でEU 第 2 位となった。

　アイルランド以外では、ドイツは 2018 年から 2019 年にかけて若干の低下を見せるものの全体としては EU 平均およびユーロ圏平均を大きく上回る水準で推移している。一方、第 1 グループのその他の国は停滞しているといえよう。2008 年までは順調な伸びを見せていたオランダもその後低下を続け、2018 年にはわずかに回復したものの 2019 年には再度若干の低下を見せ 2006 年より前の水準にとどまっており、これはスウェーデン、フィンランド、デンマークの北欧諸国もほぼ同様である。フランス、ベルギーは 2004 年の数値をも下回り、英国に至っては 2004 年水準より 13 ポイントも低下している。数値だけを見ればアイルランドは別としてもドイツ（121）と比してフランスおよび英国（それぞれ 106、105）の低下が特徴である。

　第 2 グループでは、最大の危機国であったギリシャ（68）がポルトガル（78）とともに下位グループを形成し固定化が見られる一方、スペイン（91）とイタリア（95）は EU 平均を下回りつつも過去数年は踏みとどまっている。しかし、両国ともに 2004 年の数値（それぞれ 97、103）を下回っており、さらに後述のように今次の新型コロナ危機の影響で EU 平均およびユーロ国平均との差が拡大する危険性が指摘せざるを得ない[4]。

　第 3 グループでは、EU 加盟後の 5 年間に伸長したキプロスがその後大幅な低下（しかし 2014 年を底に弱い回復）を見せる一方、ほとんどの国が上昇傾向にある。2004 年（もしくはデータ開始時点）から 20 ポイント以上の上昇を見せている国が 8 カ国に上り、マルタはほぼ EU 平均を達成、チェコ（90）とスロベニア（88）がそれを追う形となっている。また多く

4）本稿執筆時点では、新型コロナ危機が収束したとは言い難く、現時点でのデータで格差変化への影響を結論づけることはできないため、危険性を指摘するにとどめる。

図表3　政府債務残高（対 GDP 比、2019 年）

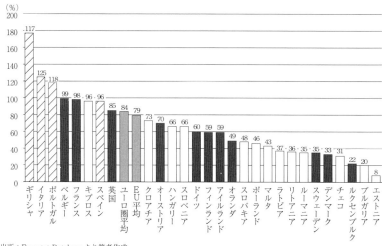

出所：Eurostat Database より筆者作成。

　の国がユーロ危機のあいだもあまり停滞していないのが特徴であり、ここから EU 平均やユーロ圏平均とはまだ差があるもののキャッチアップの過程にあると評価し得るだろう。

　第2グループと第3グループを併せて考察すると、もともとは EU 平均に近似もしくは上回る水準であったイタリアおよびスペインは継続的低下の結果、後者の上位国に完全に吸収されたことが明らかである。また、ギリシャとポルトガルはもともとが中・東欧諸国レベルであったわけだが、とくにギリシャに至っては第3グループ平均（78）にも達していない。

　政府債務（対 GDP 比）の大きさにおいても、ギリシャおよびその他の南欧諸国は上位に位置することが確認できる（**図表3**）[5]。ギリシャは、計3回のべ8年に及んだ金融支援を 2018 年3月に卒業したとはいえ、政府債務は 176.6％（2019 年）と膨大である。金融支援終了をするあたり EU に対して約束した財政緊縮策の維持も負担となり、経済成長に転じる道筋は見えない。また後述するように、2020 年は新型コロナ危機の影響

5）図表2と同じグループ分けをして示している。

図表 4　各国の経常収支と対外純債務（2020 年第 1 四半期）

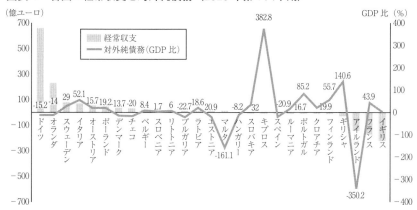

注 ：ルクセンブルクは対外純債務が GDP 比 −2269.7％（対外純債権を意味する）であるため、本グラフから除外した。
　　英国は対外純債務データなし。
出所：Eurostat Database より筆者作成。

も深刻である。

　政府債務残高のみを見ると、第 2 グループの危機国以外に、英国とフランスという EU 加盟国の GDP 第 2 位と第 3 位の国が安定・成長協定の規定する水準を大きく超える状態であることも注意が必要であろう。

　図表 4 は、新型コロナ危機が顕在化した 2020 年第 1 四半期における EU 加盟国の経常収支不均衡と対外純債務を示したものである。経常収支で最大の黒字はドイツの 660 億ユーロ弱である一方、170 億ユーロ超という最大の赤字は（離脱済みである英国を除けば）フランスであり、深刻な経常収支赤字を抱えていることがわかる[6]。両国の差は 800 億ユーロを超える。EU の金融支援を受けた 6 カ国のうち 5 カ国が赤字側に固まっている。アイルランドは、前年同期（2019 年第 1 四半期）には経常収支黒字かつ対外債権超過であり金融支援を受けた 6 カ国のなかでは大きく抜け出していたが、2019 年の第 3 四半期を除いては経常収支赤字へと転換した。ただし、ここでももともとの経済規模（GDP）が大きく異なるという前提を踏まえる必要がある。そこで対外純債務を GDP 比で確認しよう。純債

6）英国の経常収支赤字は 230 億ユーロ超である。

図表5　1人当たり GNI（PPPs）と成長率

順位	国　名	2014 年	2018 年	成長率(%)	順位	国　名	2014 年	2018 年	成長率(%)
1	ルクセンブルク	49,508	50,666	2.3	14	マルタ*	23,306	27,268	17.0
2	アイルランド	31,960	45,247	41.6	15	キプロス*	21,679	26,220	20.9
3	デンマーク	36,661	40,165	9.6	16	チェコ*	22,220	26,046	17.2
4	オランダ	36,269	39,649	9.3	17	スロベニア*	22,571	26,035	15.3
5	オーストリア	36,092	38,693	7.2	18	リトアニア*	20,534	25,653	24.9
6	ドイツ	35,692	38,198	7.2	19	エストニア*	20,759	24,386	17.5
7	スウェーデン	35,124	37,268	6.1	20	ポルトガル	20,863	22,860	9.6
8	ベルギー	30,250	35,959	8.1	21	スロバキア*	21,091	21,897	3.8
9	フィンランド	30,895	33,903	9.7	22	ハンガリー*	18,057	20,674	14.5
10	フランス	30,263	32,497	7.4	23	ラトビア*	17,513	20,618	17.7
11	英国	29,565	31,546	6.7	24	ギリシャ	19,952	20,602	3.3
	EU 平均	27,681	30,257	9.3	25	ポーランド*	17,989	20,506	14.5
12	イタリア	26,636	29,507	10.8	26	ルーマニア*	15,072	19,403	28.7
13	スペイン	24,823	27,713	11.6	27	クロアチア*	16,038	18,999	18.4
					28	ブルガリア*	12,836	15,605	21.6

注　：小数点第2位四捨五入。順位は 2018 年をベースとする。* が 2004 年以降の加盟国。
出所：Eurostat Database より筆者作成。

権国は英国を含めた 28 カ国中 10 カ国である。EU の金融支援を受けたユーロ圏6カ国のうちアイルランドとスペインを除いた4カ国（ギリシャ、ポルトガル、キプロス、アイルランド）は現状も債務超過である。

（2）　国民レベルでの格差

　次に、国民1人当たりの経済的な豊かさやその格差について考察する。まず図表5にて、各国の1人当たり国民総所得（GNI）とその成長率（2014年と 2018 年から算出）を比較した。国民の購買力や格差比較、貧困などとの関連では1人当たり GDP ではなく、1人当たり GNI を参照するのが適切である。EU15 諸国のなかで GNI レベルおよび成長率が最も低いのはギリシャであり、とくに成長率は 3.3％と低いことは当然であろう[7]。EU15 のその他の危機国では、アイルランドは例外としても、イタリア、スペイン、ポルトガル 10％前後の高い伸びを示している。しかし、それでも EU15 の下位を形成しており、すでに上位の中・東欧諸国に完全に吸収されているといえよう。フランスと英国の低迷がここでも明らかな点も指摘できる。一方で、中・東欧諸国の多くは2桁の数値を示しており、EU 平均（9.3％）はアイルランド の 41.6％増という大幅な伸びに引きずられた数値であり、アイルランドを除いた EU 平均は 7. 8％であり、主

7）この数値自体は 2017 年よりも若干ではあるが上昇した点は指摘しておきたい。

図表 6　月額最低賃金（2020 年平均）

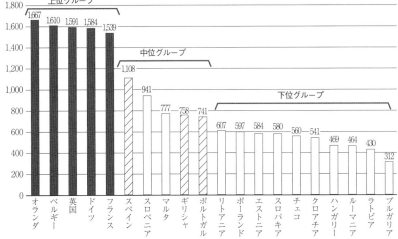

注 1：最低賃金の規定がない国およびデータのない 6 カ国、値の突出するルクセンブルク（2142 ユーロ）を除く。
注 2：年 2 回（各年 1 月と 7 月）公表される月額最低賃金の平均で算出。
出所：Eurostat Database より筆者作成。

要国の伸びが比較的低調である[8]。

　では、最低賃金で格差はどう表れるのか。**図表 6** は、EU 諸国の月額最低賃金（2020 年平均）を比較したものである。全体はおおよそ上位、中位、下位の 3 グループに分類できる。上位グループは 1500 ユーロ以上の国々、中位グループは 700 ユーロ半ばから 100 ユーロ、下位グループは約 600 ユーロ以下の国々である。上位グループはすべて西欧・北欧諸国から、下位グループはすべて中・東欧諸国から形成される。月額最低賃金が最低のブルガリアは 312 ユーロと際立って低いが、それ以外のハンガリー、チェコ、ポーランドといった国、すなわち工業力の蓄積のある国々でも 400 〜 600

8）本稿では、Eurostat データに従いユーロ圏の購買力基準（PPS）データを採用しているが、世界各国の 1 人当たり GNI による国分類は、世界銀行によってドル建てで定義されている。具体的には 1035 ドル未満を低所得国（low-income economies）、1036 〜 4045 ドルを下位中所得国（lower middle-income economies）、4046 〜 1 万 2535 ドルを上位中所得国（upper middle-income economies）、1 万 2536 ドル以上を高所得国（high-income economies）と定義する。2020 年 9 月定義での世界銀行による分類では、EU 加盟国のうちブルガリアのみが上位中所得国であり、それ以外はすべて高所得国である。詳細は World Bank のウェブサイト "World Bank Country and Lending Group" を参照。

ユーロ台にとどまり、中位グループに水をあけられている。ドイツと下位
グループの中・東欧諸国の差は、後者からブルガリアを除いても平均でも
約 3 倍に達する[9]。中・東欧諸国でも着実な上昇は見られるものの、主要
国への従属型経済発展パターンを持つため景気敏感的であり、2020 年の
S 2（7 月）には 4 カ国で低下が見られるなど、労働コストにおける格差
は確実に存在し、かつほぼ縮小していない。この賃金格差が歴然としてい
るために、上位グループの企業が低賃金国で生産を行うことで生産コスト
の抑制を図ることができるという恩恵を享受している状況に変化はないと
いえる。

　一方で、興味深いのは中位グループである。中位として同一グループに
分類したが、グループ内には大きなバラツキが見られるため、中の上と中
の下に分けて考えることも可能な上位と下位の中間グループである。上位
グループとは明らかに大きな格差が存在する一方、下位グループを構成し
ているとも言い難く、南欧諸国と中・東欧諸国の一部（スロベニア、マル
タ）から混成される。スロベニアとマルタはすでにギリシャとポルトガル
を上回って EU15 側の下位に食い込んだといえよう。

　さらに、月額最低賃金の 2010 年から 2020 年の推移を確認する（**図表 7**）。
2020 年の数値では、上位グループ（ルクセンブルクを除く）は 1500 ユー
ロ以上、中位グループは 550 〜 800 ユーロ台半ば程度、下位グループはす
べての国が 400 ユーロ以下であり、2018 年平均と比較すると、レンジが
100 ユーロ程度上昇している。下位グループのすべての国が上昇したにも
かかわらず、同時に全体も上昇したためグループ間の置換が発生していな
い。中・東欧諸国のなかでは例外的に中位グループに位置するスロベニア
は、2010 年時点ですでに中位グループに合流しており、かつ上昇を続け
ている。マルタも同様であるが、2004 年の EU 加盟時点でスロベニアの
ほうが圧倒的に低かったため以降の伸びがより顕著である。なお、2010
年時点では上位グループと中位グループの中間に位置していた英国は、上
下動が大きいが上位グループに合流したといえる。

9）この図表 6 の注釈の通り、EU 最高のルクセンブルク（2142 ユーロ）と最低のブルガリアで
　はその差は 7 倍近い。

図表7　月額最低賃金の推移（2010 ～ 2020 年、半期ごと）

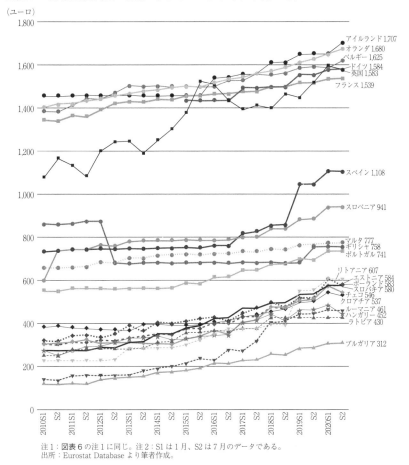

注1：図表6の注1に同じ。注2：S1は1月、S2は7月のデータである。
出所：Eurostat Database より筆者作成。

　格差は、最終的に不平等と貧困として現れる。多くの先行研究では一国
内の不平等を測る指数としてジニ係数を、貧困の深刻さを測る指数として
貧困率や相対的貧困率を使用するが、本稿では後者において EU の公式統
計に従い貧困危険率を採用した。貧困危険率とは「欧州 2020」[10] でも課題
としてあげられている貧困の削減を行うに当たって出された数字で、

10）2010 年 3 月の欧州理事会で合意され、同年 6 月の同理事会で正式採択された EU の成長戦略。
　　前身となる「リスボン戦略」が 2010 年で終了するにあたり、新たな戦略として策定された。

図表8　ジニ係数と貧困危険率の相関

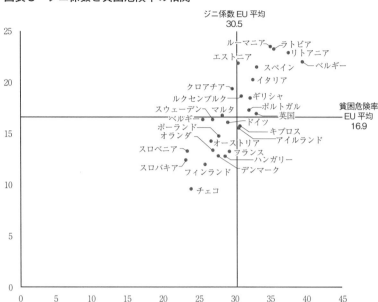

注　：ドイツ、アイルランド、フランス、イタリア、キプロス、リトアニア、ルクセンブルク、スロバキアは
　　　2017 年の数値。他は 2018 年の数値。
出所：Eurostat Database より筆者作成。

"People-at-risk-of-poverty" と呼ばれ、等価可処分所得の中央値の 60％
に満たない人々の割合である。よって等価可処分所得の中央値の 50％に
満たない人々の割合を示す相対的貧困率よりも包括的である。

　貧困危険率と等価可処分所得のジニ係数の相関を示したのが、**図表8**で
ある。当然、ジニ係数と貧困危険率には正の相関がある。ジニ係数、貧困
危険率、双方において中・東欧の半数近くが最も高いグループに位置して
いることが明らかである。また、EU 諸国ではスペイン、イタリア、ギリシャ
といったソブリン危機国が上位に位置していることも、これまでの図表の
数字とも一致している。主要国のなかでは英国が圧倒的にジニ係数の高い
不平等国であり、また貧困危険率においてもドイツやフランスよりも高い
数値を示している。

　このように EU の加盟国のあいだには大きな格差が存在し、その格差は
英国を含む EU15 諸国と中・東欧諸国という構図のみならず、前者におけ

る北ヨーロッパ諸国と南ヨーロッパ諸国間の南北格差という構図である。この格差に縮小傾向は見られないが、さらに深刻な問題は今次の新型コロナ危機によって格差は拡大する危険性が高いという点である。その理由について以降で確認する。

2．新型コロナ危機と格差問題

（1）　新型コロナ危機のEUおよび各国経済と雇用への影響

　新型コロナ危機がEU経済全体に深刻な影響を及ぼしてきたことには間違いがないが、一方で各国経済への影響の程度にはかなりの差が見られる。EU統計局（Eurostat）による2020年の実質GDP成長率は当然のことながら軒並み大きなマイナスとなった（**図表9**）。EU全体で▲6.0％の落込み、ユーロ圏では▲6.4％とさらに顕著であったが、これでも1995年のEurostatによる統計開始以来、最も急速な低下を示した2020年の第2四半期単独の数値はEU平均が▲14.4％（前年同期比）、ユーロ圏平均が▲16.1％（同）であったことを考慮すると、2020年後半の回復がだいぶマイナス幅の縮小に貢献したといえよう。

　2020年で最も縮小が大きかったのがスペイン（▲10.8％）、ついでイタリア（▲8.9％）、ギリシャ（▲8.2％）、クロアチア（▲8.0％）、フランス（▲7.9％）、マルタ（▲7.8％）、ポルトガル（▲7.6％）と続く。**図表10**は、2020年の成長率が低い国ほど濃い色で示したものだが、南欧諸国とフランスに加えてクロアチアといった地中海沿岸諸国がマイナス成長の上位となっていることは、やはり観光業への依存度が高い国が今回の新型コロナ危機に伴う人の移動制限で経済に大きな打撃を受けていることを裏づけるといえよう。この点については後述で考察する。

　この大きな差は失業率も同様である。**図表11**は、2020年第1四半期から2021年第1四半期にかけての各国の失業率の推移を示したものである。ピーク時点、水準、年代差を見ていくと、まず全体・若年の双方において、失業率が全期間を通して2021年第1四半期に最も高くなっている国が半数を超える。ついで高いのが2020年第3四半期である。ほとんどの国で

図表9　実質 GDP 成長率（2019・2020 年率）

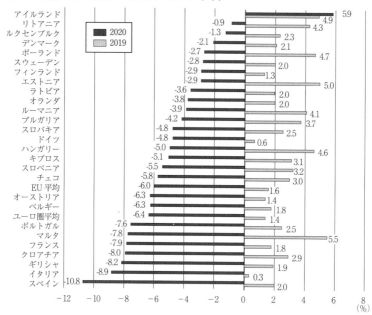

出所：Eurostat Database より筆者作成。

後者をピークとして以降は回復すると見込まれていたが、変異型ウイルス
の登場とコロナ感染拡大、また一部の国では諸支援策の息切れも相俟って
再上昇したことが指摘できる。

　2021 年第 1 四半期の失業率（全体）がユーロ圏平均（8.4％）よりも高
い水準にあるのは、ギリシャ（16.3％）、スペイン（15.9％）、イタリア
（10.4％）、スウェーデンおよびクロアチア（ともに 9.5％）であり、ユー
ロ圏のなかでは地中海沿岸諸国が抜きん出ている。スウェーデンは、新型
コロナ対策よりも経済活動の継続を優先する、いわゆる「集団免疫」を確
保する政策を採用したが、結果として周辺国を大幅に上回る高い死亡率を
記録するに至り、さらには他国の製造業がロックダウン等により操業停止
となったことで、グローバルサプライチェーンに組み込まれたスウェーデ
ンの製造業も停止に追い込まれ、経済停滞に陥った。

　若年失業率は、全体失業率の 2 倍を超える国がほとんどであり、3 倍近

図表 10　実質 GDP 成長率マップ（2020 年率）

出所：Eurostat Database より筆者作成。

図表 11　EU 各国の失業率推移（四半期）

	失業率(%)：全体(15～74歳)					失業率(%)：若年(15～24歳)				
	2020 -Q1	2020 -Q2	2020 -Q3	2020 -Q4	2021 -Q1	2020 -Q1	2020 -Q2	2020 -Q3	2020 -Q4	2021 -Q1
EU27	6.6	6.8	7.6	7.3	7.7	15.4	17.2	18.5	17.3	18.5
ユーロ圏 19 カ国	7.4	7.4	8.5	8.1	8.4	16.0	17.8	19.2	17.9	18.7
ベルギー	5.1	5.0	6.3	5.8	6.8	12.9	16.3	16.6	15.2	20.0
ブルガリア	4.3	5.6	5.2	5.4	6.1	11.4	16.0	14.3	14.5	16.0
チェコ	2.1	2.5	2.7	2.9	3.5	6.4	8.0	8.3	8.8	10.6
デンマーク	5.2	5.4	6.1	5.8	6.4	10.1	11.9	12.0	12.5	13.5
ドイツ	3.5	3.8	4.1	3.9	4.0	6.6	8.0	8.3	8.8	10.6
エストニア	4.9	7.2	7.7	7.5	7.0	10.0	18.3	21.0	21.0	17.1
アイルランド	4.9	5.3	6.4	6.1	7.1	12.0	16.1	16.9	16.5	15.7
ギリシャ	15.4	17.1	16.7	16.1	16.3	32.8	36.0	35.9	35.1	41.7
スペイン	14.2	15.4	16.3	16.2	15.9	32.2	39.4	41.7	40.3	38.4
フランス	7.9	7.2	8.8	8.2	8.2	20.5	22.5	22.9	20.2	20.9
クロアチア	6.6	7.3	8.0	8.0	9.5	18.1	23.1	23.6	19.3	26.9
イタリア	9.0	8.1	10.4	9.2	10.4	28.2	27.8	32.7	28.6	32.9
キプロス	6.6	7.4	8.2	8.3	7.9	14.4	17.7	20.4	20.3	19.3
ラトビア	7.6	8.6	8.4	7.9	8.0	14.8	18.2	14.8	11.3	16.3
リトアニア	6.9	8.4	9.6	9.2	7.2	14.8	20.8	23.6	19.3	12.4
ルクセンブルク	6.3	6.4	7.8	6.5	5.6	16.5	23.2	26.0	25.7	15.4
ハンガリー	3.6	4.6	4.4	4.4	4.3	11.5	15.4	12.7	11.6	13.6
マルタ	3.6	4.4	4.6	4.4	3.8	10.2	10.6	11.5	10.7	9.0
オランダ	3.2	3.8	4.1	4.1	5.3	7.1	9.7	10.0	9.5	11.0
オーストリア	4.5	5.7	5.7	5.6	7.8	9.8	12.0	10.3	9.9	13.1
ポーランド	3.0	3.1	3.2	3.2	4.0	9.1	10.4	11.6	12.7	13.9
ポルトガル	6.6	5.9	7.7	7.2	7.1	18.9	20.9	26.7	24.0	23.3
ルーマニア	4.2	5.3	5.3	5.3	6.0	17.4	16.4	19.1	16.5	21.1
スロベニア	4.4	5.2	5.2	5.1	5.4	10.7	16.5	16.5	13.4	14.9
スロバキア	6.1	6.6	6.9	7.1	7.3	17.2	20.0	19.9	20.3	23.3
フィンランド	6.8	7.8	8.4	8.1	8.1	18.9	22.5	22.2	21.9	19.4
スウェーデン	7.3	8.3	8.8	8.6	9.5	21.5	24.6	25.6	23.8	26.3

注　：　▨▨▨は対象期間内で最も高い数値を示す。
出所：Eurostat Database より筆者作成。

115

くもしくはそれを超える国が 12 カ国にも達する。イタリアやクロアチア、スウェーデンといった上述の国々に加え、チェコ、スロベニア、スロバキア、ブルガリア、ルーマニアなど中・東欧諸国でもその傾向は顕著である。

　図表 11 が示す失業率の高い国々や上昇幅が大きい国々は、もともと小売・宿泊・飲食業の雇用者が大きい、または（もしくは、および）期間限定契約（有期雇用）の被雇用者の割合が高いことに加え、新型コロナ感染拡大が著しかったことで複合的に経済に打撃を受けているといえる。ロックダウンによる経済活動の停止および失業率の上昇により、家計消費の落込み、GDP の落込みに寄与していることは自明であろう。

　ただし、今回の新型コロナ危機の影響がこれらの数値に直に反映されているとは断言できない。各国は感染拡大防止を目的としてロックダウンをはじめとする大規模な経済活動の制限を行ったが、多くの場合は各国政府による手厚い雇用者保護や就業時間制限などを伴ったため、それらの政策が一定程度は功を奏していると考えられるため、失業率への影響は低減されている可能性が高い。

　イタリア政府は、新型コロナ感染拡大が収束せず、各種行動制限や規制措置を継続せざるを得ない状況のなかで、2021 年 4 月に企業や自営業者等に対して新たに 320 億ユーロの支援を発表。またスペイン政府も 2021 年に入り、中小企業や個人事業主への支援や経済回復・雇用回復の支援など合計 610 億ユーロの財政支援・経済再建策を打ち出すなど、2021 年に入り支援策を拡充させている国も少なくない。

　しかし、同時に、2019 年の各国政府債務残高を示した図表 3、および 2020 年第 1 四半期における EU 加盟国の経常収支不均衡と対外純債務を示した図表 4 ですでに確認した通り、各国の財政状態（財政力）には大きな差がある。スペインやイタリアを含む南ヨーロッパの国々は、もともとが対外純債務国である。EU は単一市場と単一通貨を創設したが、それは南北の構造的格差を生み出した。単一市場の誕生により域内分業ネットワークの構築が促進された。結果として、ドイツを中心とする北ヨーロッパ諸国経済への従属型の経済発展を南ヨーロッパと中・東欧の諸国に定着させた。単一通貨の流通は域内の為替安定をもたらしたが、それと引き換

えに外国為替レートと通じた競争力の回復という手段を失った。「北」諸
国は高い 1 人当たり GDP を達成し対外純債権国となっている一方、「南」
の危機国は EU 平均を下回って中・東欧諸国グループに吸収され巨額の対
外債務を抱えることとなった。これらの国が財政措置を出動させて経済回
復への道筋をつけたとしても、その後に借入コストの増大に直面する可能
性がある。とくに、ロックダウンと人の移動の制限で最も大きな影響を受
けた観光サービス部門への依存度が高い南欧諸国がもともと財政力の弱い
国々であり、つまり EU レベルの財政的連帯の枠組みを実現することが不
可欠であったといえる。

（2）　人の移動制限と格差の拡大

　新型コロナ危機によって、EU および加盟国は EU 域内市場の根幹であ
る四つの生産要素の自由移動、すなわち「四つの自由（Four Freedoms）」
を大幅に制限せざるを得ない状態へと追い込まれた。単一域内市場の創設
と拡大は、EU 域内の双方向貿易を増大させただけでなく、人の移動のパ
ターンも大きく変化させてきたが、感染の拡大によって多くの国が国境コ
ントロールを再導入し、財（物品）の自由移動も妨げられてきた。EU27
カ国のうち 22 カ国と EFTA 4 カ国が締結するシェンゲン協定は、観光・
出張などを目的とした短期滞在用の圏内共通の「シェンゲン・ビザ」の保
持者および日本など免除国のパスポート保持者に対し、圏内では原則出入
国検査なしに国境を越える自由を保障する。しかし、今次の新型コロナ危
機下で圏内での暫定的国境コントロールを例外（最後の手段）として認め
る措置をとることが認められた。国境コントロール再導入の判断は加盟国
権限であり、加盟国の判断に欧州委員会は意見を公表することはできるが、
加盟国の措置に拒否権を発動することはできない仕組みである。

　EU で最初に深刻な新型コロナ感染拡大に襲われたのはイタリアであっ
た。2020 年 3 月初旬にイタリア政府によりミラノやヴェネツィアなどを
含む 5 州 14 県の封鎖が発表され、当初 1 カ月弱とされた期間は延長、範
囲も全国土に拡大されすべての生産・産業・商業活動も禁止されたオース
トリアやスイスなど、イタリアと国境を接する国々がイタリアとの国境を

封鎖しただけでなく、それらの国々に対して国境封鎖を実施する国々、そしてすべての加盟国に対して国境封鎖を行う国々が現われた。シェンゲン協定下で過去には G 7 や NATO 等の各種サミット、ノーベル賞授賞式やツール・ド・フランスなどのイベント開催時、シリア難民問題時など安全保障上の理由から暫定的な国境コントロールが導入された例は 2008 年以降でのべ 200 超ある。今回の新型コロナ危機対応としての実施がそのうち 80 ケース（実施国は 17 カ国）を超え、例外的な事態を物語る。

　新型コロナ感染者数が大幅な減少に転ずるのが早かったオーストリアは 2020 年 4 月初めに段階的な経済活動の再開方針を表明、ドイツも飲食店を含む店舗に対し導入されていた営業規制や外出制限などの大規模緩和を相次いで発表した。ドイツでは、同年 5 月 13 日にルクセンブルクとの国境コントロールを 5 月 15 日に終了することが発表されたが、それ以外の他国との国境（陸路）とイタリアやスペインとの空路国境は 6 月 15 日まで延長された。第三国からの入国制限については欧州委員会提案（以下）に基づき 1 カ月延長された。

　2020 年 5 月 13 日、欧州委員会は加盟国に対し段階的な旅行制限緩和のためのガイドラインと提言を公表した。既述のように、シェンゲン圏外（第三国）からの入域は 6 月 15 日まで制限するようすすめると同時に、制限緩和による安全性確保のために、疫学的に状況が十分近似する加盟国間での相互的緩和の実施、人の移動を安全かつ段階的に再開するための各種方策、宿泊業においてゲストとスタッフ双方のための保健ルール、旅行をキャンセルした旅行客が払戻しか旅行券での返金を受けられる権利の保証などが細かく示されている。

　時期のズレはあるものの、新型コロナ危機によって国境閉鎖を導入してから約 2 カ月ほどで EU 全体が解除方向に舵を切った背景には、EU 特有の事情が存在した。

　旅行・観光業は EU の GDP の 9.5％を占める。2019 年には、EU 経済の GDP 成長率 1.4％に対し、旅行・観光業の GDP 成長率は 2.3％であり、新規雇用（5 年平均）の 4 人に 1 人を生み出す成長産業でもある。6 月からの本格的な夏の観光シーズンを迎えるにあたり旅行・観光業の正常化への

図表 12　観光業の GDP 寄与率（EU 上位 10 カ国および独仏）

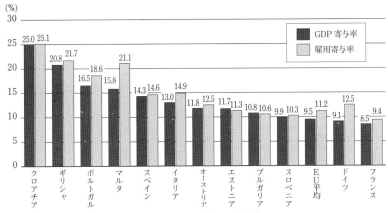

出所：WTTC Economic Impact Report 各国データ（2020 年）より筆者作成。

道筋をつけることは各国経済にとって必須であった。

　各加盟国にとっても、旅行・観光業の再開は重要である。2019 年のこの部門の GDP 寄与額（ドル建）世界上位 10 カ国のうち 5 カ国が EU 加盟国（当時）である（ドイツ、イタリア、2020 年 1 月 31 日に離脱した英国、フランス、スペイン）。とくに問題なのが、観光業への依存度が高い南ヨーロッパ諸国こそが、新型コロナ感染拡大の著しかった国々であるという点である。世界旅行ツーリズム協議会（WTTC）によれば、GDP に占める割合はスペインが 14.3％、イタリアが 13％と続き、残りの 3 カ国は約 9％である。スペイン・イタリアは全雇用者の約 15％がこの分野で雇用されている。額はこの 5 カ国に及ばないものの、GDP への影響がより大きいのが、全労働者の 4 人に 1 人が同産業に従事しているクロアチア（GDPの 25％が旅行・観光業）、旅行観光業からの収入を大幅回復させてきたギリシャ（同 20.8％）、ポルトガル（同 16.5％）などの国々である。クロアチアは、2020 年の観光収入は少なくとも 75％減とも指摘された（**図表 12**）。

　EU 各国の旅行・観光客の半分以上は域内から訪れる。域内の国境コントロールが夏のヴァカンスシーズンの始まりを遅らせる見込みであること、欧州委員会のガイドラインには法的拘束力はなく経済活動の再開で新型コロナ感染の第二波が発生する可能性が否定できないこと、感染者の多

図表 13　各国の期間限定契約（有期雇用）の被雇用者の割合（2019 年）

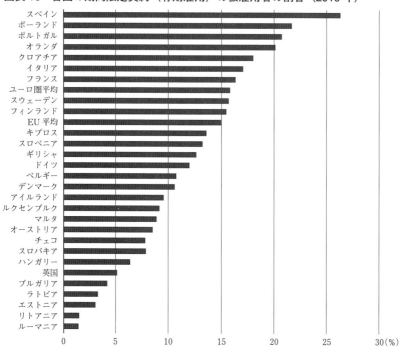

注　：被雇用者合計全体における割合（%）。
出所：Eurostat Database より筆者作成。

いスペインが全面的国境開放が早くとも 2020 年 7 月以降になることを早
い段階から示唆したように全面的な国境コントロールの解除の見通しが立
たなかったこと、域内でも人気のヴァカンス先である国々が感染の中心国
であり人々の旅行心理が抑制されていると考えられること、企業業績や雇
用環境の悪化からヴァカンスなどの余暇や娯楽への家計支出が縮小する可
能性が高かったこと等から、旅行・観光業の全面的な回復までは時間がか
かることが当初予想され、各国経済への深刻な影響が懸念された。

　図表 13 は、2019 年の被雇用者全体に占める期間限定契約（有期雇用）
の割合（%）を国ごとに比較したものである。スペイン（26.3%）を筆頭に、
図表 11 で上位に入っていたクロアチアやポルトガル、イタリアなどの
国々が軒並み 15% 以上という水準にある。観光業の GDP 寄与率や雇用寄

与率が高いギリシャやマルタが、EU 平均よりも低いという矛盾があるが、これはヤミ経済の大きさにより説明できると考えられる。かつて GDP の約3割にあたる闇経済の存在が指摘されたギリシャは、財政危機対策として様々な徴税強化対策を採用したが、ヤミ経済が大きく縮小したとは考えにくい。マルタもまた、EU 加盟国有数の闇経済大国と長く指摘されてきた。よって、このような国々では期間限定契約の割合の少なさが不安定な雇用契約の少なさと一致しない。

　旅行・観光に加え飲食などの業種における期間限定契約の割合は比較的高いが、新型コロナ危機による深刻な打撃を受けるこれらの業種では雇用調整はまず期間限定契約から対象となることが予想されるため、再ロックダウンを実施している国や新型コロナ感染拡大が抑制されない国では失業率の上昇が避けられず、さらには各国の産業構造の違いによってその上昇に大きな幅が出ることが予測される。

　もちろん、打撃を受けるのは旅行・観光業（および飲食業）だけではない。人の移動制限によってヨーロッパ全域にわたる混乱がもたらされているのは農業部門も同様である。短期移住労働者、とくに季節労働者に大きく依存するため、収穫時期を迎えた農作物の収穫に十分な労働者を確保できないなどの問題に直面している。季節労働者の場合には、ヤミ労働も多く正確な数を把握することは不可能だが、ここでは利用できるデータを引用したい。季節労働者は域内の加盟国間で移動する労働者と、第三国からの労働者に分けられる。欧州委員会統計局（Eurostat）によれば、前者は東欧諸国が主な送出し国であり、ルーマニア、ブルガリア、ポーランドなど EU のなかでも所得水準の低い国々から短期的に移住し、農業部門の労働に就くことが多い。後者は国によって送出し国にバラツキがあり、フランスではモロッコから、イタリアでは北アフリカなどからの受入れが多い。主な受入国は、ドイツ、フランス、イタリア、スペインである。

　国境コントロールの導入に伴い、季節労働者の大規模な不足に直面する各国は独自の対応策を模索している。20 万人が不足したフランスは、農業大臣が国民に対して地域の農業分野での臨時就業を呼び掛け、それに 20 万人以上の応募があったと報じられた。10 万人が不足すると伝えられ

たドイツは、2020 年 4 月 2 日に農業分野の季節労働者に限り入国禁止を一部解除し、4 月と 5 月に最大 4 万人の入国を認める政策を発表した。EU を離脱した英国も 8 万人の不足に対して、東欧諸国でリクルートした季節労働者を乗せたチャーター機を飛ばすなど労働力の確保策を展開した。一方で、最大 25 万人が不足すると試算されるイタリアは一時的な労働許可を証明書の提出なしに発給すると発表、7 ～ 8 万人が不足するといわれるスペインも急遽新たな受入れを進めると発表したが、その開始は 6 月 30 日と他国に遅れをとった。春から初夏に収穫の最盛期を迎えるであろう農作物は多く、ドイツや EU 主要国の農業部門はこれら季節労働者なしには産業が立ち行かない。

しかし、農業部門における一時的な労働力不足への対応策として他業種に従事していた労働者の農業部門への就業転換が進むかというと、肉体労働かつ低賃金という条件が影響してあまり期待できない。機械の操作などには経験も必要とされることも指摘される。フランスでは、部分的失業制度と呼ばれる制度に基づき、休業を余儀なくされた労働者は失業前の手取り額の 84％にあたる手当てを受け取れる措置が講じられた。もともと労働者保護の強い国が多い EU では、無理をして低賃金労働へ就くモチベーションが高いとはいえない。国によっては必要な労働の 8 割を他国からの季節労働者に頼ってきた農業モデルが問題を深刻化させている。

収穫が間に合わず農産物価格が上昇すれば、金融緩和との相乗効果で景気後退局面での消費者物価上昇、すなわちスタグフレーションを導く可能性さえ否定できなかったのである。

おわりに

本稿では、新型コロナ危機による打撃が EU 各国経済に与える影響や要因について考察した。ユーロ危機後にドイツを中心とする北ヨーロッパの EU 加盟国に過度の緊縮財政策を実質的に強制され、それが負担となって経済成長に転じることが妨げられていた。緊縮のために医療関連予算が削減され医療従事者数・病床数が削減されていたところを、今回の新型コロ

ナ感染拡大が襲い深刻な医療崩壊が発生したことで、十分な医療サービスを受けられないまま高齢者を中心とする多くの犠牲者を出すことになったことは繰り返し報道された。年金等社会保障費の削減や増税を強いられてきた国の有権者のあいだに、今回のコロナ危機への対応を通じてさらに「北」諸国への不信と不満が募れば、極右・極左へのさらなる支持やポピュリズム政治の拡大への道筋となる。

　今次の新型コロナ危機による各国経済への影響は非対称的であり、南北の分断拡大を回避するためには、EU 加盟国間での財政的連帯の枠組みが適切に機能することが求められる。欧州委員会が新型コロナ危機下で 2020 年 3 月に安定・成長協定の 3％条項を停止し、その後の紆余曲折を経て復興基金の創設に合意がなされたことは大きな意義がある。ユーロ危機と新型コロナ危機に連続して襲われた危機国は、EU の財政的連帯の助けを得なくてはこの苦境から抜け出すことは見込めないからである。総額 7500 億ユーロのうち、最大の約 22％にあたる 850 億ユーロの補助を受けるのがイタリア、ついでスペインである。これらの国では、もともと不振だった経済を支えていた観光サービス業が、今回の新型コロナ危機で著しい打撃を受け、景気に非常に厳しい影響を与えた。危機の早い段階から多くの加盟国で近年成長傾向にあった旅行・観光業に期待できなくなったことは大打撃となった。これらの国々では主要国よりも中小企業が比較的多いため、この倒産が増加すれば失業率の上昇も必然である。

　長期的には、これまで財政の安定性と健全性へ偏っていた政策から需要拡大を重視する方向へ重心を向けられるかもポイントであろう。EU レベルの協調によるこれ以上の格差拡大の防止は、加盟国間の分断を抑制するために必須である。しかし、EU では経済活動の再開を重視した結果、2021 年第 2 四半期に入って人の移動制限の緩和や経済活動の再開により新型コロナ感染が再拡大の気配を見せ、2020 年夏のヴァカンスシーズン後の再拡大と近似した動きを見せており、依然として予断を許さない状況である。

（2021 年 7 月脱稿）

第2項　人の移動と反移民・ポピュリズム

高崎経済大学経済学部准教授　土谷岳史

はじめに

　EU の特徴の一つは加盟国の国民を EU 市民として、彼らに政治的・市民的・社会的権利を保障していることであろう。これらの権利は EU 域内で国境を越えて移動し、生活や労働、余暇を行うことを可能にし、国籍国以外の加盟国で EU 市民は当該国の国民と平等な権利が保障される。自由移動を中核とする EU シティズンシップは EU の先進性、コスモポリタン性を示すものとして称揚されてきた。しかしながら、近年、EU 市民の自由移動が EU の問題として批判されることも増えてきた。英国の EU 離脱においては「移民」が一つの争点となった。国民投票前にキャメロン英首相は EU と交渉し、英国に居住する他の加盟国の国民の権利を制限する合意を得た。国民投票の議論においては、EU 市民、第三国国民の移民・難民・庇護希望者が混同されながら批判された[1]。反移民感情を煽り利用するポピュリズムは EU 市民の自由移動も批判の対象とし、反 EU のうねりを作り出しているといえよう[2]。最近でもハンガリーのオルバン首相は新型コロナウイルスと移民は「両方とも移動によって広まるという論理的つながりが存在する」と述べて、現下のコロナ禍を移民と結び付けている[3]。ここでは EU における人の移動の現在を検討し EU の今後を考えたい。

1）土谷岳史「移民問題とメディア政治」須網隆夫＋ 21 世紀政策研究所編『英国の EU 離脱と EU の未来』（日本評論社、2018 年）。

1．EUにおける人の自由移動の発展[4]

　欧州統合の当初から国境を越えた労働力の移動が条約に規定されてきた。石炭鉄鋼、原子力と並んで一般的な経済統合を対象とした欧州経済共同体（EEC）条約は第3編で「人、サービス、資本の自由移動」を定めている。このなかで労働者や自営業者などの経済活動別に章が置かれ規定されている。雇用契約があったうえでの他の加盟国での労働のための移動ではなく、一般的な労働者の自由移動は1968年に二次立法が制定され具体化されることになる。労働力を含めた生産要素の自由移動による効率最大化に反してその実現に時間がかかった理由は、大規模な労働者の移動を各国が警戒していたためであった。当初から大規模な人の移動は加盟国にとって脅威として認識されていたのである[5]。

　1968年の立法は大規模な人の移動が現実に起きるものではないとの認識のもと、他国での求職の権利を含めて自由移動の権利を広く認めるものであった。この規則1612/68の前文に「自由と尊厳」という文言があるように、それは労働者の権利という狭い範疇のものではなく、個人の自由を実現するものであり、他の加盟国において国籍によって差別されない権利を含んでいた。すでに1960年代から欧州委員会は自由移動の権利を「シティズンシップ」という概念と結び付けており、1970年には定年退職後の残留の権利も認められた。加盟国の国民は生産要素として他国で働き、

2）ポピュリズムは「われわれ」と「彼ら」に世界を二分するが、「彼ら」にはユーロクラットを含め国内外のエリートや移民が割り当てられる。ポピュリズムについての代表的な文献として以下を参照。ミュデ、カス、クリストバル・ロビラ・カルトワッセル『ポピュリズム』（白水社、2018年）；ミュラー、ヤン＝ヴェルナー『ポピュリズムとは何か』（岩波書店、2017年）；水島治郎『ポピュリズムとは何か』（中公新書、2016年）。

3）Rohac, Dalibor, "Hungary's prime minister is using the virus to make an authoritarian power grab", *The Washington Post*, 26.3.2020 (https://www.washingtonpost.com/opinions/2020/03/25/hungarys-prime-minister-is-using-virus-make-an-authoritarian-power-grab/).

4）歴史的な経緯および権利の詳細は、土谷岳史「EUシティズンシップとネイション・ステート」慶應法学4号（2006年）を参照。

5）Recchi, Ettore, *Mobile Europe: The Theory and Practice of Free Movement in the EU*, Palgrave, 2015, pp.19-24.

それが終わったら帰国するというのではなく、移動先の国家社会の一員になることが含意されていたのである。

　労働者の自由移動は個人の自由として広く権利が保障される形で実現され、そして判例によって権利拡張的に解釈されていったが、それは論理的には経済的に自立している人の移動の権利であった。加盟国国民の自由移動の権利のそれ以上の拡張は経済活動と自由移動の切り離しを意味していた。そのため、人の自由移動の権利のさらなる拡大は受入加盟国の社会保障負担の増大への懸念、すなわち福祉ツーリズムの恐怖との闘いを意味していた。1970 年代末の法案には移動の条件として経済的自立がつけられ、さらに学生、年金受給者、その他という形で法案は分割され、自由移動の権利拡大が立法によって実現したのは 1990 年のことであった。そして経済活動を行う者だけでなく、経済活動をしていない者の自由移動の権利は 1993 年の EU 設立とともに導入された EU シティズンシップによって、EU 市民の権利として再定位されることになる。

　ただしこのような権利の発展も多数の人が短期間に移動することはないという前提のうえでのものであったといえるだろう。国境を越えて人が移動する要因として指摘されるものに国家間の経済格差や送出し国の失業率の高さがある。これらの点で危惧されたのが 1986 年に実現した南欧への拡大である。このスペインとポルトガルへの拡大においては人の移動について 7 年間の移行期間が設けられた。両国から旧加盟国への短期間の大量の移民が危惧されたのである。しかし実際には、イベリア半島の経済が好調ななかで移行期間は 6 年に短縮され、人の自由移動が両国民に解禁された後も大規模な移動は起こらなかった。拡大以前、1960 年代からすでに南欧諸国は二国間協定などで旧加盟国へ移民を送り出していたことも重要である[6]。スペインの事例では 1960 年代から 70 年代半ばにかけてドイツと行き来する移民の流れが認められるが、1980 年代から 90 年代にかけて EC 加盟による大きな移民の変動は見られない（**図表 1**）。逆に 1995 年のデータでは他の加盟国に居住するスペイン人は 10 万人、ポルトガル人は

6）Recchi, *supra* note 5, pp.50-53.

図表1　スペインのドイツとの移民関係（1960～2012年）

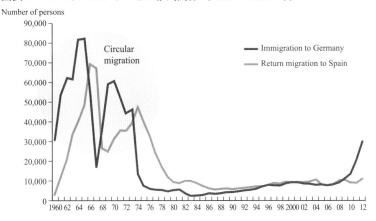

出所：Bertelsmann Stiftung ed., *Harnessing European Labour Mobility: Scenario analysis and policy recommendation*, Bertelsmann Stiftung, 2014, p.17.

11万人も減少していた[7]。

　このようにEU市民の自由移動の権利はEUシティズンシップとして位置づけなおされたものの、それは権利を拡張し、一般的な民主国家の国民の地位に比するものへとEU市民を押し上げるものではなかった。加盟国は欧州統合の領域を政治統合へと進めるなかでEUという政治的共同体を担う市民を必要としたが、彼らが国境を越えて自由を行使する際には経済的な自立を条件とすることで、社会的連帯の外部に彼らを置いたままにしようとした。

　しかしEUシティズンシップによる自由移動の権利保障は加盟国の意図を越えていくこととなる。EU市民の自由移動の権利の限界は1990年代以降も裁判で争われた。欧州司法裁判所（ECJ）はEUシティズンシップをEU市民の「基本的地位」として位置づけ、他の加盟国に移動したEU市民の権利を広く保障するようになり、さらには移動していない場合でもEU市民の権利の派生として第三国国民である家族の居住権等を保障するようになっていった[8]。

7）Royo, Sebastián, "Lessons from Spain and Portugal in the European Union after 20 years", *Pôle Sud*, 2007/1（n° 26）, pp.39-40.

　ここで EU 市民の権利を拡張する論理を、EU シティズンシップを「基本的地位」と位置づけた Grzelczyk 判決（Case C-184/99）から見ておこう。2001 年 9 月の本判決は、1990 年の 3 指令の前文にある「受入加盟国の国家財政の不当な負担」という文言を根拠に加盟国による制約に限定をかけた。この文言は、3 指令の 1 条の「居住期間中に受入加盟国の社会扶助システムの負担となることを避ける」と合わせて、EU 市民の権利行使に抑制的に働くことが意図されていたはずである。しかし裁判所は前文にのみ存在する「不当な（unreasonable）」という言葉を強調することで、3 指令が「受入加盟国の諸国民とその他の加盟国の諸国民の間の一定の財政的連帯を、とくに居住の権利の享受者が被る困難が一時的なものであれば、認めるものである」と解釈したのである。さらに翌年の Baumbast & R 判決（Case C-413/99）では条約の EU シティズンシップ規定に直接効果を認め、二次立法はこの条約上の権利行使基準を定めるものとされた。

　Grzelczyk 判決は ECJ 判例で言及される EU シティズンシップの代表的判例となっただけでなく、その骨子は 2004 年に制定された EU 市民の自由移動指令に組み込まれた。すなわち、判例による権利の発展を踏まえ EU 市民の自由移動に関する既存の立法をまとめた、いわゆる「市民の権利指令」（2004/38/EC）では、前文 3 段という重要な位置で EU シティズンシップが自由移動の権利行使時の「加盟国国民の基本的地位」たることが確認されたうえで、「不当な負担」という権利制限の基準について考慮する際の事項が、前文にではあるが、記載されたのである。そして社会扶助システムの利用が自動的な国外追放の理由とされてはならないと条文で規定された。さらに本指令は 5 年の合法的居住での永住権の取得を認め、永住権を持つものは社会扶助システムの対象となると定めた。

　このように 2000 年代に EU シティズンシップの権利保障は大きな発展を見たが、それは域内国境管理を撤廃するシェンゲン圏の実現などとともに人の自由移動をめぐる EU の先進性として評価されたのである。

8）中村民雄「判例にみる EU 市民権の現在」日本 EU 学会年報 32 号（2012 年）。

2．EU 市民の自由移動の限界

　上述のように英国の EU 離脱をめぐって EU 市民の自由移動は大きな問題として議論されたが、その背景には以上のような生産要素としての自由移動から市民の権利としての自由移動へという EU シティズンシップの発展があったことが指摘される。経済的自立という自由移動の権利行使の条件に対して ECJ 判決は抑制的な解釈を打ち出すことで移動する EU 市民の権利を保護するようになった。皮肉にもこのような EU 市民の権利保護の動きは、他の加盟国国民が EU 市民の自由移動の権利を行使して自国の福祉を不当に利用している、という福祉ツーリズムの恐怖を強めた。

　指摘しておかねばならないのは、EU 域内の移民の増大である。2000 年代の東方拡大は経済力で大きな格差のある旧東側諸国を EU に加盟させた。このため安価な労働力の急激な流入を警戒して、南欧諸国のときと同様に旧加盟国は最大 7 年間の移行期間を設け、新規加盟国国民の自由移動を制限できるようにした。しかし英国、アイルランド、スウェーデンは大きな制限を設けなかった。その結果、英国には中東欧諸国から多数の EU 市民が移動することとなった[9]。EU15 カ国全体で見ても中東欧諸国からの移民の急激な増大が見て取れる（図表2）。さらに西ヨーロッパの人々も所得格差が縮まっているにもかかわらず、以前よりも移動するようになっている（図表3）。しかもこのような統計には季節労働者等の短期間滞在の移動は反映されていない[10]。

　このように EU 市民の自由移動の権利行使が増えるなかで ECJ 判決に大きな転換が起こった[11]。2014 年 11 月の Dano 事件判決である（Case C-333/13）。本事件では ECJ は、ドイツの姉宅に子どもとともに同居するルーマニア人の原告に対して求職者でも十分な資力を持つ者でもないとして居住権を認めなかった。本判決は、市民の権利指令の目的として前文から「他の加盟国の国民である EU 市民が受入加盟国の社会扶助システムの

9）土谷・前掲注 1）。
10）Recchi, *supra* note 5, pp.56.

図表2　EU15カ国における中東欧8カ国と2カ国の国民の人口

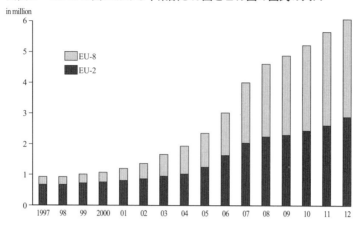

出所：Bertelsmann Stiftung ed., *Harnessing European Labour Mobility: Scenario analysis and policy recommendation*, Bertelsmann Stiftung, 2014, p.23.

不当な負担となることを防止すること」を挙げ、指令の7条1項bは、経済活動をしていないEU市民に生存保障のために受入加盟国の社会保障システムを使わせないためのものであるとする。従来の判例と対照的なのは、このように本判決は市民の権利指令を徹底的にEU市民の自由移動に伴う

11）Schmidt, Susanne K., Michael Blauberger & Dorte Sindbjerg Martinsen, "Free movement and equal treatment in an unequal union", *Journal of European Public Policy*, Vol.25, No.10, 2018, p.1395；橋本陽子「EU市民の自由移動：受入国での社会扶助受給権」中村民雄・須網隆夫編『EU法基本判例集［第3版］』（日本評論社、2019年）。EU市民の権利に制限的な判決への変化は2011年からすでに起きているとして、以下の点が指摘されている。判決は加盟国の経済的利益に敏感になり、判決内容は抽象的で国内司法にゆだねる形に変化している。また近年の裁判官および法務官の経歴や大法廷、小法廷内での役職者などの変化、とくに前職が学者よりも国内政治や官公庁の者の役割の増加も指摘される。最後の点は日本の最高裁の歴史を思い起こさせる。See, Šadl, Urška & Suvi Sankari, "Why Did the Citizenship Jurisprudence Change?", in Daniel Thym ed., *Questioning EU Citizenship: Judges and the Limits of Free Movement and Solidarity in the EU*, Hart Publishing, 2017. 変化の兆しはDano判決以前の2008年から見られるが、Dano判決が画期であったとする見解として、Blauberger, Michael, Anita Heindlmaier, Dion Kramer, Dorte Sindbjerg Martinsen, Jessica Sampson Thierry, Angelika Schenk & Benjamin Werner, "ECJ Judges read the morning papers. Explaining the turnaround of European citizenship jurisprudence", *Journal of European Public Policy*, Vol.25, No.10, 2018. これに対して、近年の事件の原告に擁護されるべき点が少ない点が重要であるとの見解もある。Davies, Gareth, "Has the Court changed, or have the cases? The deservingness of litigation as an element in Court of Justice citizenship adjudication", *Journal of European Public Policy*, Vol.25, No.10, 2018.

図表 3　EU15 カ国間の所得格差と EU15 カ国内の移民量

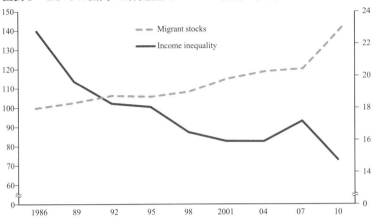

注　：左軸　1986 年を 100 としたときの EU 域内移民量の変化。
　　　右軸　1 人当たり GNP の変動係数で計算した国家間の所得格差。ただしルクセンブルクのデータは含ま
　　　　　れていない。
出所：Recchi, Ettore, *Mobile Europe: The Theory and Practice of Free Movement in the EU,* Palgrave, 2015, p.147.

社会保障の制限を正当化する観点から解釈している点である [12]。

　Šadl と Sankari によれば、Grzelczyk 判決を代表とする EU 市民の権利
保障を広く実現する判例からのこのような変更は 4 段階の解釈の変化を経
たものである [13]。第 1 に、2011 年 12 月の Ziolkowski and Szeja 判決（Case
C-424/10 and C-425/10）では市民の権利指令は 3 つの目的を持つとされ
た。すなわち、自由移動、単一の法律制定、漸進的な居住権の導入である。
第 2 に、EU 市民の権利強化という指令の主目的と漸進的な居住権の導入
を対置させ、後者による前者の制限が可能にされる。これは Brey 判決（Case
C-140/12）でより明確になった。第 3 に、同時に Brey 判決では指令の目
的としていた EU 市民の権利強化が目的の一つにまで格下げされる。この
あとに Dano 判決が下されることになる。そして最後に、Commission v.
United Kingdom 判決（Case C-308/14）で、加盟国の公財政保護という

---

12) Thym, Daniel, "When Union Citizens Turn into Illegal Migrants: The *Dano* Case",
European Law Review, Vol.40, No.2, 2015, pp.253-254.

13) Šadl & Sankari, *supra* note 11, p.97. See also, Blauberger et al., *supra* note 11, pp.1435-
1436.

正当な利害を EU シティズンシップ行使の条件として ECJ は定めるのである。

　Brey 判決では社会扶助給付の申請は十分な資力の欠如を示唆するものでしかなかったのに対して、Dano 判決ではそれは確実性になった[14]。つまり経済活動を行っていない EU 市民の社会扶助給付申請は十分な資力の欠如を自動的に意味するのであるから、居住権もないということになる。基本的地位という EU シティズンシップの価値は Dano 判決では一応の言及がされていたものの、Alimanovic 判決（Case C-67/14）では EU シティズンシップへの言及もなくなり、権利行使の条件への適合性の検討のみがされるようになる[15]。さらに本判決では個々の給付申請は不当な負担にはならないが、そのすべてが積み重なれば不当な負担となるとして、EU 市民の社会保障給付を集合的に評価しようとする。Commission v. United Kingdom 判決においても EU シティズンシップは言及されず、社会保障へのハードルは高くなっている[16]。

3.　人の自由移動の政治化

　このような変化の背景として加盟国による異論の増加があげられる[17]。Dano 判決以前から加盟国は ECJ の裁判において EU 市民の福祉受給に対

14) Minderhoud, Paul & Sandra Mantu, "Back to the Roots?　No Access to Social Assistance for Union Citizens who are Economically Inactive", in Daniel Thym ed., *Questioning EU Citizenship: Judges and the Limits of Free Movement and Solidarity in the EU*, Hart Publishing, 2017, p.199. ただし Dano 判決以降に比例性審査がなくなったわけではない。Wollenschläger, Ferdinand, "Consolidating Union Citizenship: Residence and Solidarity Rights for Jobseekers and the Economically Inactive in the Post-Dano Era", in Daniel Thym ed., *Questioning EU Citizenship: Judges and the Limits of Free Movement and Solidarity in the EU*, Hart Publishing, 2017.

15) Blauberger et al., *supra* note 11, p.1435.

16) O'Brien, Charlotte, "The ECJ sacrifices EU citizenship in vain: Commission v. UK", *Common Market Law Review*, Vol.54, No.1, 2017 ; Costamagna, Francesco, "Restricting access to social benefits and the lasting legacy of the Brexit debate", EuVisions, 25.7.2016（http://www.euvisions.eu/restricting-access-to-social-benefits-and-the-lasting-legacy-of-the-brexit-debate/）.

17) Blauberger et al., *supra* note 11, pp.1431-1435.

して否定的な見解を示すことが多かった。判例を反映させた市民の権利指令についても加盟国は不満を持ち判例に反する規定を書き込んだ[18]。対照的に欧州委員会はEU市民の自由移動を積極的に擁護するように行動するようになる[19]。上述のように2000年代の判決では移動するEU市民に有利なものが続いた。

　このような状況のなかで、近年ではEU市民の自由移動制限の主張がより公然と語られるようになってきた。2013年4月には、ドイツ、オーストリア、オランダ、イギリスの内相が共同で理事会に書簡を送り、人の自由移動と福祉アクセスは無条件であるべきではないとの意見を強く表明している。これに対してデンマークも賛意を示した。理事会は、同年6月に欧州委員会に対して調査検討を命じ、10月には欧州委員会の中間報告を受けて、権利濫用との闘いで合意している[20]。さらに11月に英首相キャメロンはフィナンシャルタイムズ紙上で、ルーマニアとブルガリアの移行期間が終わり翌年から両国の人の自由移動が解禁されることに触れたうえで、新規加盟国の完全な自由移動への移行条件として1人当たりの収入等をつけたり、加盟国がEU市民の移動者数に上限を設けることを可能にする提案をしている[21]。

　これらの動きに対して、同年12月に、レディング欧州委副委員長は懸念を真剣に受け止めたとして次のように答えている。自由移動は権利だが義務も伴う。それは加盟国の社会保障システムに入る権利ではない、と[22]。同時に欧州委員会は自由移動の権利濫用対策への取り組みを示す

18）Schmidt, Susanne K., "Extending Citizenship Rights and Losing it All: Brexit and the Perils of 'Over-Constitutionalisation'", in Daniel Thym ed., *Questioning EU Citizenship: Judges and the Limits of Free Movement and Solidarity in the EU*, Hart Publishing, 2017, pp.22-25.

19）欧州委員会はGrzelczyk、Baumbast & R、Biderなどにおいて ECJ判決よりも制限的な解釈を主張していた。Hofmann, Andreas, *Strategies of the Repeat Player: The European Commission between Courtroom and Legislature*, PhD thesis, Universität zu Köln, 2013, pp.239-240.

20）Council of the European Union, Press Release, 3260th Council meeting, Justice and Home Affairs, Luxembourg, 7 and 8 October 2013, *14149/13*, pp.10-11.

21）Cameron, David, "Free movement within Europe needs to be less free", *Financial Times*, 27.11.2013（https://www.ft.com/content/add36222-56be-11e3-ab12-00144feabdc0）.

22）Reding, Viviane, 'Free movement: Vice-President Reding's intervention at the December Justice and Home Affairs Council', *SPEECH/13/1025*, 5.12.2013.

図表 4　越境福祉の政治化

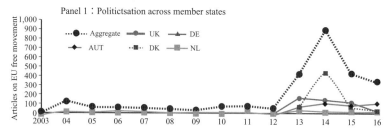

Panel 1：Politictsation across member states

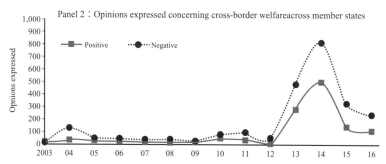

Panel 2：Opinions expressed concerning cross-border welfareacross member states

出所：Blauberger, Michael, Anita Heindlmaier, Dion Kramer, Dorte Sindbjerg Martinsen, Jessica Sampson Thierry, Angelika Schenk & Benjamin Werner, "ECJ Judges read the morning papers, Explaining the turnaround of European citizenship jurisprudence", *Journal of European Public Policy*, Vol. 25, No.10, 2018, p.1433.

のである[23]。同時期、英国など一部の加盟国では判決に対応して EU 市民の社会保障受給を困難にする制度改正を行っている[24]。そしてこの時期、マスメディアにおいても福祉ツーリズムの恐怖が煽られていた（**図表 4**）。

---

23) European Commission, "COMMUNICATION FROM THE COMMISSION TO THE EUROPEAN PARLIAMENT, THE COUNCIL, THE EUROPEAN ECONOMIC AND SOCIAL COMMITTEE AND THE COMMITTEE OF THE REGIONS, Free movement of EU citizens and their families: Five actions to make a difference", COM（2013）837 final, 25.11.2013.

24) Schmidt, *supra* note 18, pp.32-33, Blauberger, Michael & Susanne K Schmidt, 'Welfare migration? Free movement of EU citizens and access to social benefits', *Research and Politics*, Vol.1, Issue 3, 2014. 移動する EU 市民の社会保障アクセスの障壁については以下を参照。Amelina, Anna, "Theorizing European social citizenship: Governance, discourses, and experiences of transnational social security", Carmel, Emma, Bożena Sojka & Kinga Papież, "Beyond the rights-bearing mobile EU citizen: Governing inequality and privilege in European Union social security", in Anna Amelina, Emma Carmel, Ann Runfors & Elisabeth Scheibelhofer eds., *Boundaries of European Social Citizenship: EU Citizens' Transnational Social Security in Regulations, Discourses, and Experiences*, Routledge, Kindle版, 2019.

図表5　政治化への欧州司法裁判所の対応

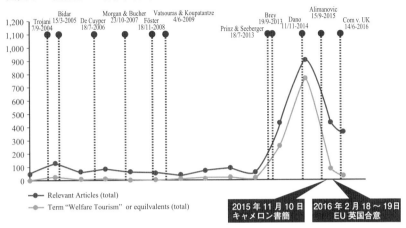

出所：Blauberger, Michael, Anita Heindlmaier, Dion Kramer, Dorte Sindbjerg Martinsen, Jessica Sampson Thierry, Angelika Schenk & Benjamin Werner, "ECJ Judges read the morning papers, Explaining the turnaround of European citizenship jurisprudence", *Journal of European Public Policy*, Vol. 25, No.10, 2018, p.1437 を一部修正。

　図表5は、Blaubergerら作成の図にEU市民の自由移動を含めて移民問題への対応を要求した英首相キャメロンから欧州理事会常任議長トゥスクへの書簡と、EU市民の社会保障の制限を含むEU英国合意の時期を書き加えたものである。Dano判決はEU内およびマスメディアによる福祉ツーリズムの政治化の時期に出されたのであり、Dano判決が注目を集めたことにAlimanovic事件の法務官意見が異例の言及をしていることも注目される[25]。さらに欧州委員会が違反と指摘した英国の措置を是認したCommission v. United Kingdom判決が英国のEU離脱をめぐる国民投票の9日前に出されている。このことは、ECJが英国寄りの判決を下すことで政治介入したとの印象を与える危険性があった。しかしECJはそのような印象を与えることをあえて避けなかったように思われる。ECJ内

部の詳細は知ることができないが、判例変更の背後にある政治的文脈の存在は否定できないであろう。

　関連して 2 つの点を指摘したい。第 1 に、判例変更するなかで ECJ は福祉ツーリズムの脅威の存在を認めるようになる。Wathelet 法務官は、Dano 事件の意見および Alimanovic 事件の意見において福祉ツーリズムのリスクを認めている。この点について法務官意見を参照することはないものの、個々の給付申請は不当な負担にはならないが、そのすべてが積み重なれば不当な負担となると考える Alimanovic 判決は福祉ツーリズムの恐怖を現実的なものと認めたといえるだろう[26]。

　第 2 に、社会扶助に関する解釈の変更である。この点でもまた Alimanovic 判決は興味深い事件である[27]。本件で問題となった社会保障給付は Vatsouras 事件（Case C-22/08 and 23/08）で問題となったものと同一である。Vatsouras 事件では ECJ は当該給付が労働市場へのアクセス促進の機能もあるとして EU 法上の社会扶助ではないとした。この解釈は福祉をワークフェア化している加盟国、すなわちフランス、ドイツ、英国、オランダにとっては衝撃的であったといえるだろう。しかし、Alimanovic 判決はこの解釈を覆し、当該給付を社会扶助と認めたのである。2000 年代が EU シティズンシップの黄金期であったとすれば、2010 年代はその限界の時代といえるかもしれない。

4．EU の移民・難民政策の現在

　EU 諸条約および欧州委員会は EU 市民の自由移動と第三国国民の国際移動を厳格に区別し、前者を人の自由移動、後者を移民政策と分けている。しかしながら EU 市民の社会保障を問題視する加盟国の政治家は両者をまとめて移民問題として表現する傾向がある。2015 年の難民危機もあり、加盟国の一部には EU が移民難民という厄介な存在を自国にもたらすとの不満が充満している。しかし、域内国境管理を撤廃するシェンゲン圏の存

26）Šadl & Sankari, *supra* note 11, p.99.

27）Minderhoud & Mantu, *supra* note 14, p.194 and pp.200-202.

在は、EU 全体での国境管理と負担の共有を必要とする[28]。

　シェンゲン圏は国境管理がないため、第三国国民も一度圏内に入れば事実上自由に移動することができる。このため不法移民取り締まりの諸制度を EU は発展させてきたが[29]、同時に、EU は単一市場であるため、第三国国民も EU 市民同様に加盟国間を移動する労働力となることは望ましいとされる。第三国国民である移民を受け入れるかどうかは加盟国の権限であるが、EU の共通移民政策は第三国国民の地位に関する一定の法律を用意している[30]。

　共通庇護政策については 2015 年の難民危機を受けて全面改正が提案されている[31]。難民危機の際に特別措置として加盟国間での庇護希望者の分配が決定されたが、それを制度化しようというのが改正の中心である。しかし、2015 年の特別措置にスロヴァキアとハンガリーが強く反対し、中東欧諸国のほとんどが実施しなかったように[32]、本改正案も理事会を通らず、2018 年に欧州委員会は事実上、撤回することとなっている[33]。2019 年にはフランスやドイツなど一部の加盟国主導で共通庇護政策の改正を進めようという動きもあったが、理事会での賛意が得られずに頓挫している[34]。

---

28) 土谷岳史「EU 領域秩序の構築」福田耕治編『欧州憲法条約と EU 統合の行方』（早稲田大学出版部、2006 年）；土谷岳史「シェンゲンのリスクと EU の連帯」福田耕治編『EU の連帯とリスクガバナンス』（成文堂、2016 年）。

29) この点については、第 2 章第 2 節を参照。

30) 長期居住者指令 2003/109/EC、家族再結合指令 2003/86/EC、高度技能労働者指令（Blue Card）2009/50/EC、研究者学生等指令 2016/801、企業内転動指令 2014/66/EU、派遣労働者指令 96/71/EC、2018/957、季節労働者指令 2014/36/EU が挙げられる。

31) European Commission, "Completing the reform of the Common European Asylum System: towards an efficient, fair and humane asylum policy", *IP/16/2433*, 13.6.2016.

32) European Commission, "REPORT FROM THE COMMISSION TO THE EUROPEAN PARLIAMENT, THE EUROPEAN COUNCIL AND THE COUNCIL, Fifteenth report on relocation and resettlement", COM（2017）465 final, 6.9.2017；Nielsen, Nikolaj, "EU states fell short on sharing refugees, say auditors", *EUobserver*, 14.11.2019（https://euobserver.com/migration/146610）.

33) Al Yafai, Faisal, "The EU's new migration policy is a gift to the far-right", *EURACTIV*, 4.10.2019（https://www.euractiv.com/section/justice-home-affairs/opinion/the-eus-new-migration-policy-is-a-gift-to-the-far-right/）.

34) Nielsen, Nikolaj, "EU migrant boat plan fails to get extra support", *EUobserver*, 9.10.2019（https://euobserver.com/migration/146214）.

図表 6　地中海主要 3 ルートにおける非正規越境数

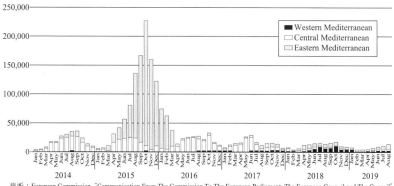

出所：European Commission, "Communication From The Commission To The European Parliament, The European Council and The Council", Progress report on the Implementation of the European Agenda on Migration, COM(2019) 481 final, 16.10.2019, p.2.

　次の危機への備えがないなかでもコロナ禍前の EU は表面上は落ち着いていた（**図表 6**）。2016 年にトルコとの間で合意が結ばれて以降、東地中海ルートからの庇護希望者の流入は激減した。中央地中海ルートについてはリビアを中心とする協力体制を構築し、2017 年半ばから移民の数を減少させることに成功している[35]。この結果、西地中海ルートからの流入が増大したが、それも 2019 年には収まっている。しかし、以上の対応策は庇護希望者や移民を EU 外に留め置くというものであり、2015 年のような EU への大量の人の流入が起きたときの対応が準備できていないことには変わりがない[36]。EU への流入を抑え込んでいるトルコは不安定な状態であり、シリアに対して問題のある対応を続けている。エルドアン大統領は折に触れて EU に対して追加の支援を要求し、それが得られなければ庇護希望者や移民を EU へ流入させると脅してきた。2019 年の後半にはトルコルートの移民の流入量は増加し、2020 年 2 月末には実際にトルコはギリシャとの国境を開放すると発表し、大きな問題となった[37]。コロ

---

35) Nicolás, Elena Sánchez, "Will EU keep paying to keep migrants away?", *EUobserver*, 9.9.2019（https://euobserver.com/migration/145872）.

36) 土谷岳史「EU における『難民危機』とシェンゲンの再構築（2）」高崎経済大学論集 60 巻 1 号（2017 年）。

37) 土谷岳史「コロナ禍とシェンゲン・ガヴァナンス：EU 国際行政と移民排除の継続」高崎経済大学論集 64 巻 1 号（2021 年）。

ナが拡大したことでこの騒動は収まり、EU は 2020 年 7 月 10 日にトルコにいる難民に対する人道支援の 2021 年末までの延長を決定した。その金額は 4 億 8500 万ユーロである[38]。一方でトルコは世界遺産のアヤソフィアをモスク化するなどしており、EU との摩擦は大きいままである[39]。

　今後の EU の移民難民政策はどうなるのであろうか。2020 年に発足した新欧州委員会の方針を見ておこう。2019 年 7 月の欧州委員長候補者段階でのフォン・デア・ライエンの公約で移民難民政策を確認すると、6 つの目標のうちの 4 番目に据えられていた「われわれのヨーロッパ生活様式の保護（Protecting our European way of life）」がそれに当たる[40]。これは法の支配の擁護、国境の強化と移民の再出発、域内安全保障の 3 つからなっていた。そこで強調されるのは、難民出身国や経由国との協力であり、「人道主義の回廊」という題目での欧州外への難民封じ込め方針が見て取れる。当然ながら、このように移民や難民を脅威と見なしてそれらから自らを守るという方向性を示す「われわれのヨーロッパ生活様式の保護」という表現は強い批判を受けることとなった[41]。

　この結果、欧州委員会発足にあたってそれは「われわれのヨーロッパ生活様式の促進（Promoting our European way of life）」と名を変え、その内容も教育や健康、社会統合が強調されるように広がった[42]。欧州委員会は 2020 年 9 月に提案した「移民と庇護に関する新協定」では行き詰っている共通庇護政策の改正がその中心に置かれている[43]。移民難民政策

---

38) European Commission, "Turkey: Extension of EU humanitarian programmes supporting 1.7 million refugees receives green light", *Press release, IP/20/1324*, 10.7.2020.

39) Council of the European Union, "OUTCOME OF THE COUNCIL MEETING, 3765th Council meeting, Foreign Affairs, Brussels, 13 July 2020", *9459/20*.

40) A Union that strives for more My agenda for Europe By candidate for President of the European Commission Ursula von der Leyen, POLITICAL GUIDELINES FOR THE NEXT EUROPEAN COMMISSION 2019-2024.

41) de La Baume, Maïa, "MEPs approve Schinas despite 'protecting European way of life' controversy", *Politico*, 4.10.2019（https://www.politico.eu/article/meps-approve-margaritis-schinas-despite-protecting-european-way-of-life-controversy-european-commission/）; ANSWERS TO THE EUROPEAN PARLIAMENT QUESTIONNAIRE TO THE COMMISSIONER-DESIGNATE Margaritis SCHINAS, 27.9.2019（https://ec.europa.eu/commission/commissioners/sites/comm-cwt2019/files/commissioner_ep_hearings/answers-ep-questionnaire-schinas.pdf）.

の中心は国境管理や取り締まりの強化であり、極右ナショナリズムの養分
となるだけではないかとの懸念も拭えない[44]。一方で、「統合と包摂に関
する行動計画 2021-2027」では、「われわれのヨーロッパ生活様式の促進」
は誰も置いていかれない、全員に関わる問題であり、誰もが権利を実効的
に行使でき、機会と安全にアクセスできるべきであるという考えと結び付
けられている。ただし、政策対象はあくまでも移民または移民の背景を持
つ EU 市民である[45]。この行動計画がどのように実施されていくのかに
注視が必要であろう。

5.　人の自由移動の今後

　このように第三国国民の大量流入が起きた場合の対策、すなわち庇護希
望者の受入れ、庇護申請の処理、社会統合といった負担を加盟国間でどの
ように分配するのかも含めて新欧州委員会の課題は大きい。では、一方で
EU 市民の自由移動の今後についてはどうであろうか。
　たびたび問題となるのがスイスの動きである。スイスは 2020 年 5 月に

---

42) 担当欧州委員の任務の第 1 に掲げられたのは、技能、教育、統合である。Ursla von der
Leyen, *Mission letter, Margaritis Schinas, Vice-President for Promoting our European Way
of Life*, 1.12.2019. 2020 年の欧州委員会の作業プログラムでは第 5 項目に下がった「われわれ
のヨーロッパ生活様式の促進」は、健康、教育、子どもの保護が述べられ、最後の 2 段落が、
域内安全保障と移民難民に当てられている。European Commission, "COMMUNICATION
FROM THE COMMISSION TO THE EUROPEAN PARLIAMENT, THE COUNCIL, THE
EUROPEAN ECONOMIC AND SOCIAL COMMITTEE AND THE COMMITTEE OF THE
REGIONS, Commission Work Programme 2020, A Union that strives for more", COM (2020)
37 final, 29.1.2020, pp.7-8. ユンカー前欧州委員長の 2016 年の施政方針演説（State of the
Union 2016）では EU が EU 域内の人々の生活を守るという意味で「ヨーロッパ生活様式」や
「われわれの生活様式」が使用されていた。このときの概念に近づいたといえるだろう。

43) European Commission, "A fresh start on migration: Building confidence and striking a new
balance between responsibility and solidarity", *IP/20/1706*, 23.9.2020.

44) Trilling, Daniel, "'Protecting the European way of life' from migrants is a gift to the far
right", *The Guardian*, 13.9.2019（https://www.theguardian.com/commentisfree/2019/sep/13/
protecting-europe-migrants-far-right-eu-nationalism）.

45) European Commission, "COMMUNICATION FROM THE COMMISSION TO THE
EUROPEAN PARLIAMENT, THE COUNCIL, THE EUROPEAN ECONOMIC AND
SOCIAL COMMITTEE AND THE COMMITTEE OF THE REGIONS, Action plan on
Integration and Inclusion 2021-2027", COM (2020) 758 final, 24.11.2020, p.1.

EU との人の自由移動の協定を見直すことを求める国民投票を実施する予定であった。これは右派ポピュリズム政党であるスイス国民党の支援を受けた動きである [46]。同様の国民投票は 2014 年にも行われており、僅差で可決されている。この結果、スイスと EU は困難な交渉を行うこととなった。スイス国民党はこの交渉結果を裏切りと非難して再度の国民投票に持ち込んだのである。コロナ禍により 2020 年の 5 月ではなく、9 月に国民投票が行われたが、今回は人の自由移動の維持が選択された [47]。ただしスイスが EU との協定見直しを断念した一因がこの問題であるように [48]、スイス国民が再度、EU の人の自由移動の見直しを求めた場合にはスイス政府と EU は困難な対応を迫られるであろう。

　EU 内ではどうであろうか。2 つの点を検討したい。頭脳流出と大量移動の懸念である。

　まず第 1 に、現在の移動の流れは、東から西、南から北となっている。従来、人の自由移動は受入国での社会統合の問題として議論されることが多かった。しかし、この人の流れが一方向であれば頭脳流出による送出し国の競争力の低下やさらには人口減少も起こる。欧州委員会などの研究によれば、現在の低出生率と移民の状況が変わらなければ、2060 年にはルーマニアとクロアチアは 30％の人口減少が、リトアニアは 38％もの人口減少が起こる [49]。若い優秀な労働力が流出し続ければさらなる出生率の低下と競争力の低下という悪循環が起こり、さらにひどい状況が起こる可能性もある。

　2019 年前半の議長国ルーマニアは人の自由移動による影響を最も受けている送出し側の加盟国の一つであろう（**図表 7、8**）。多数の国民が国

46) スイス国民党が右派ポピュリズム政党とされる理由の一つが扇動的な宣伝にある。例えば、2019 年の選挙でもポスターが問題になっている。swissinfo.ch & RTS「選挙広告　選挙ポスターにイモムシは不適切？　国民党に批判殺到」*SWI swissinfo.ch*, 22.8.2019（https://www.swissinfo.ch/jpn/politics/ 選挙広告 _ 選挙ポスターにイモムシは不適切 -- 国民党に批判殺到 /45175992）.

47) BBC, "Switzerland referendum: Voters reject end to free movement with EU", 27.9.2020（https://www.bbc.com/news/world-europe-54316316）.

48) "Switzerland pulls out of negotiations to redefine relationship with EU over free movement directive", *Euronews*, 27.5.2021（https://www.euronews.com/2021/05/26/switzerland-pulls-out-of-negotiations-to-redefine-relationship-with-eu-over-free-movement-）.

図表7　出身国人口に対する移動している労働年齢人口（20 〜 64 歳）の市民の割合

出所：Alcidi, Cinzia & Daniel Gros, *EU Mobile Workers: A challenge to public finances? Contribution for informal ECOFIN, Bucharest, 5-6 April, 2019. CEPS Special Report.* [Policy Paper], p.6.

外に居住し、人口も減少している。そのためルーマニアは議長国として、これらの問題を経済財務理事会の非公式会合の第1の議題とするなど数度の会合で取り上げた[50]。**図表7**は、その際に提出された論文に掲載され

---

49) Gailey, Nicholas, "Cohesion funds alone won't fix EU 'brain drain'", *EUobserver*, 5.7.2019
（https://euobserver.com/opinion/145335）；Lutz, Wolfgang, Gemma Amran, Alain Belanger, Alessandra Conte, Nicholas Gailey, Daniela Ghio, Erofili Grapsa, Kathrine Jensen, Elke Loichinger, Guillaume Marois, Raya Muttarak, Michaela Potancokova, Patrick Sabourin & Marcin Stonawski, "Demographic Scenarios for the EU", *EUR 29739 EN*, Publications Office of the European Union, 2019（https://ec.europa.eu/jrc/en/publication/eur-scientific-and-technical-research-reports/demographic-scenarios-eu）.

図表8　居住国別の労働年齢人口（20 ～ 64 歳）の純移民量と移動量（2017 年）

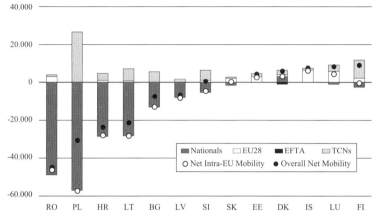

出所：European Commission, "2019, Annual Report on Intra-EU Labour Mobility", Final Report January 2020, p.37.

ているものである。しかしながら本研究は、移民と残留者の技能レベルに
差はないことから東西間の頭脳流出を否定している。ただしユーロ圏の南
から北への頭脳流出が見られるとしている。そして北に対する東と南の経
済格差や公共サービスの格差の減少が一方的な移動の抑制に重要であると
結論している。本研究が提出された会合後の記者会見で欧州委員会副委員
長はこの結論と同様に、賃金や生活水準の収斂によって移動のプッシュ要
因の削減をしていくと述べている[51]。同じく人口減少が懸念されるクロ
アチアは 2020 年前半の議長国であったが、頭脳流出対策として頭脳循環
（brain circulation）を促進するとしていた。EU としても EU 市民の自由
移動を制限するのではなく、インフラ整備や情報通信技術、社会福祉への
アクセスの改善、教育や研究への投資などによってより EU 域内全体でバ
ランスよく移動が起こるように誘導することが目指されている[52]。クロ
アチアが議長国の成果としてまとめた提案文書も研究開発分野における課
題解決によって EU 全体のより均衡的な発展を目指すものである[53]。頭

50）Romanian Presidency, Informal ECOFIN（Bucharest, 6 April）, Press release, 6.4.2019. そ
の他の会合の開催については議長国ルーマニアのホームページ（https://www.romania2019.
eu/home/）を参照。

51）RO2019EU, Second day of informal ECOFIN, 6 April 2019（https://www.youtube.com/
watch?v=2DBLy0ItkoE）.

脳流出問題によって人の自由移動に大きな変化が起こることはなさそうである。

　第 2 に、今後の拡大に伴う新たな EU 市民の大量移動の可能性を検討したい。**図表 7** は労働年齢人口に限定したものであるが、全年齢で見ても他の EU 加盟国に居住するルーマニア国民はおよそ 300 万人弱であり、EU 加盟国で最大である [54]。その割合は人口 2000 万人弱のルーマニアの 15% 程度となる。**図表 9** は、EU 加盟候補国と潜在的加盟候補国であるボスニア・ヘルツェゴビナおよびコソヴォを、EU 域内移動人口の多いポーランドおよびルーマニアと 1 人当たり GDP と人口で比較したものである。経済格差は国際移動の主要要因の一つとされる。GDP で見るとポーランドとルーマニアは EU28 カ国平均と大きな差があるが、それでもトルコを除く加盟候補国などよりはかなり大きい。トルコにしても現在でも移動が続いているルーマニアと同程度であり、人口が大きいことからするとトルコ

52) European Commission, "REPORT FROM THE COMMISSION TO THE EUROPEAN PARLIAMENT, THE COUNCIL, THE EUROPEAN ECONOMIC AND SOCIAL COMMITTEE AND THE COMMITTEE OF THE REGIONS on the impact of demographic change", COM (2020) 241 final, 17.6.2020, pp.20-25, Council of the European Union, "Council Conclusions on Demographic Challenges – the Way Ahead", 8668/20, 8.6.2020；HINA, "Brain circulation, one of the biggest challenges of EU", *Jutarnji, eu*, 5.2.2020（https://euractiv.jutarnji.hr/en/energy-and-economy/science/brain-circulation-one-of-the-biggest-challenges-of-eu/9937267/）. クロアチアの文部科学副大臣は構造基金に教育研究への投資を条件としてつけるように主張している。Zubaşcu, Florin, "Croatia wants EU to take east to west brain drain 'more seriously'", *Science/Business*, 12.9.2019（https://sciencebusiness.net/framework-programmes/news/croatia-wants-eu-take-east-west-brain-drain-more-seriously）.

53) Croatian Presidency of the Council of the European Union, *Zagreb Call for Action on Brain Circulation 2020*, 30.6.2020（https://mzo.gov.hr/vijesti/zagreb-call-for-action-on-brain-circulation-2020/3836）. EU 域内の構造的経済格差を頭脳流出の原因とする言説では、潜在的にではあれ、人の自由移動の制限が解決策とされる可能性がある。ルーマニアのアプローチはこちらに近づく可能性が見られた。これに対してクロアチアのアプローチはこれまでの EU の主流のものに近く、この教育や研究を強調する言説では移動の促進が解決策となる。ただし、中東欧諸国からの移民は彼らの持つ技能よりも低い技能の職に就いていることを考えるとこの解決策には疑問がある。Hasselbalch, Jacob, "Framing brain drain: between solidarity and skills in European labor mobility", *Review of International Political Economy*, Vol.26, No.6, 2019.

54) eurostat, *Migration and migrant population statistics: Statistics Explained*, Data extracted in March 2019, p.13.

図表9　1人当たりGDPと人口（2017年）

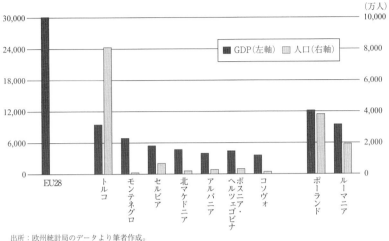

出所：欧州統計局のデータより筆者作成。

のEU加盟は新規EU市民の再度の大きな移動をもたらす可能性がある。ただしトルコのEU加盟は見通せない状況であることを考えれば、それが近い将来に起きる可能性は低いであろう。そこで他の加盟候補国などを見ると、いずれもポーランドとルーマニアと比べると非常に人口が少ないことがわかる。7国すべての人口を足すと1800万人弱となり、ルーマニアの人口に近くなるが、これらの国が同時にEUに加盟する可能性はほぼなく、また、ルーマニアと同程度にこれらの国すべてが移民を送り出すともいえないだろう。したがって、これらの国々がEU加盟をしても量的に大きな移動が短期間に起こるとはいえないであろう。

6. 反移民・ポピュリズムのリスク

　では人の自由移動は今後は政治問題とはならないのであろうか。政治レベルで問題となっていたのはEU市民の大量移動だけでなく、EU市民の社会保障受給でもある。先に見たようにECJはEU市民の社会保障の権利を制限する方向に舵を切っている。実は上述の2013年10月の理事会では欧州委員会から自由移動の権利濫用や社会扶助等の申請が大量にあると

いう証拠はないと報告されていた[55]。EU 市民の福祉ツーリズム対策を主張した中心的な国である英国は欧州委員会から問われて、福祉ツーリズムの証拠となる数字を持っていないと答えている[56]。それにもかかわらず欧州委員会は権利濫用防止のための措置を強化し、加盟国も権利濫用と闘うことで合意しているのである。2016 年に欧州委員会は社会保障システムの調整に関する規則の改正案を提出している。その目的の一つが経済活動をしていない EU 市民の社会保障へのアクセスに関する改正である[57]。法案には現行法に存在しない経済活動をしていない EU 市民に関する規定が全面的に盛り込まれている。とくに 4 条の改正案は経済活動の非従事者に対する社会保障の制限を可能にしようとするものである[58]。

　人の自由移動の政治化はこのように実態のないなかで起きているということに注意が必要である。社会保障を濫用している EU 市民が大量にいるということはない。近い将来に EU 拡大によって EU 市民が大量に移動するということもなさそうである。しかし、それは人の自由移動の政治問題化のリスクを否定するものではない。「われわれ」と「彼ら」に世界を二分し、異質な他者が「われわれ」を脅かしていると主張するポピュリズムが一部の加盟国にとどまらず広く EU 全体に広がる危険性は否定できない[59]。

　移民は親族やエージェントのネットワークによって移動し、雇用機会や

55) Council of the European Union, Press Release, 3260th Council meeting, Justice and Home Affairs, Luxembourg, 7 and 8 October 2013, *14149/13*, pp.10-11.

56) Waterfield, Bruno, "Britain admits it has no figures on EU 'welfare tourist' numbers", *The Telegraph*, 7.10.2013 (https://www.telegraph.co.uk/news/worldnews/europe/eu/10361971/Britain-admits-it-has-no-figures-on-EU-welfare-tourist-numbers.html).

57) European Commission, "Proposal for a REGULATION OF THE EUROPEAN PARLIAMENT AND OF THE COUNCIL amending Regulation (EC) No 883/2004 on the coordination of social security systems and regulation (EC) No 987/2009 laying down the procedure for implementing Regulation (EC) No 883/2004", COM (2016) 815 final, 13.12.2016.

58) Minderhoud & Mantu, *supra* note 14, p.206.

59) Lochocki, Timo, *The Rise of populism in Western Europe: A Media Analysis on Failed Political Messaging*, Springer, 2018 は、主要政党が移民や EU の存在を争点化することが極右ポピュリズム政党の伸長条件だと主張する。極右ポピュリズム政党は主流社会とは別の見解を持っているのではなく、極端にした見解を持っているのである。Mudde, Cas, *On Extremism and Democracy in Europe*, Routledge, 2016, p.9.

居住条件などによって集住する傾向がある。国家全体で見ると大きな数ではなかったとしても、日本でも見られるように、地方自治体などのレベルで見ると外国籍住民の割合が高くなることがある。新たな住民の急増は住民の多様性を高めたり、インフラの不足をもたらしたりする[60]。EUシティズンシップによる人の移動が各地で軋轢を生んでいると報じられれば、外国籍住民の急増などを経験していない人も不安になるであろう[61]。この意味で、移民への悪感情を煽り利用する右派ポピュリズムに対抗する重要な要素の一つはEUが人の自由移動を促進するだけでなく、移動した人の社会統合への支援をすることであろう。

　この点について欧州委員会も社会統合の重要性を認識し、基礎自治体レベルへの支援を行っている[62]。しかしながら、マルチレベル・ガヴァナ

---

60) 2013年の4カ国共同書簡もインフラの問題を指摘している。注意したいのは、これらは外国人だから起こるというわけではない点である。日本でも新住民と旧住民の対立や1人暮らし向けワンルームマンション建設反対運動が起きていることを想起すればよいだろう。国籍にかかわらず住民構成が大きく変わる場合には対応が必要なことが多い。

61) 反移民感情は移民自体ではなく移民の異質性の認知に関わっており、権威主義やポピュリズムへの支持と相関する。Norris, Pippa & Ronald Inglehart, *Cultural Backlash: Trump, Brexit, and Authoritarian Populism*, Cambridge University Press, 2019, p.205. また、Eatwell, Roger & Matthew Goodwin, *National Populism: The Revolt Against Liberal Democracy*, A Pelican Book, 2018 は、移民の急増と極端な民族的住民構成の変化への人々の不安はレイシズムではなく、正当な懸念として受け止めるべきだと主張する。リベラル・ナショナリズムの代表的論者であるミラーも移民の急激な流入により受入社会と移民双方の順応過程のための時間的余裕が失われて問題が発生する可能性を指摘する。そして社会の受容能力に応じた移民数の制限の正当性を示唆している。ミラー、デイヴィッド『ナショナリティについて』（風行社、2007年）、227頁。移動するEU市民の側に居住先での言語能力や知識不足があったり、自治体レベルでEU市民の社会統合が第三国国民よりも言及されないことがあるのも事実であり、摩擦の一因となる可能性がある。この点については、van Ostaijen, Mark & Peter Scholten, "Conclusions and Reflection", in Peter Scholten & Mark van Ostaijen eds., *Between Mobility and Migration*, IMISCOE Research Series, Springer International Publishing, Kindle版, 2018, 第13章第2節および第6節を参照。

62) 人の自由移動が政治問題化した際の文書で欧州委員会は5つの行動を提示しているが、そのうち後半3つは基礎自治体レベルへの支援である。European Commission, "COMMUNICATION FROM THE COMMISSION TO THE EUROPEAN PARLIAMENT, THE COUNCIL, THE EUROPEAN ECONOMIC AND SOCIAL COMMITTEE AND THE COMMITTEE OF THE REGIONS, Free movement of EU citizens and their families: Five actions to make a difference", COM (2013) 837 final, 25.11.2013 ; Zelano, Karin, "Governance of the Free Movement of Workers and Persons at the European Level", in Peter Scholten & Mark van Ostaijen eds., *Between Mobility and Migration*, IMISCOE Research Series, Springer International Publishing, Kindle版, 2018, 第6章第2節4.1.

ンスという理想形に反して現実には EU の関与は欠けており、主体間およ
び各レベル間の調整がなされていない[63]。人の自由移動に関連する社会
統合のマルチレベル・ガヴァナンスの実現が課題であろう。

　そのためには EU 全体での人の自由移動、さらには EU シティズンシッ
プをめぐる理念の共有が必要となろう。これまでの EU シティズンシップ、
なかでも人の自由移動の発展は司法主導であり、条約や二次立法制定時の
加盟国の意思がたびたび覆されてきた。それは加盟国国民の意思を離れて
EU において憲法化されてきたのである。この民主的意思決定手続と切り
離された EU シティズンシップの過剰な憲法化が問題として指摘されてい
る[64]。

　ヤン＝ヴェルナー・ミュラーは EU が人民主権抑制の試みの一部であっ
たことを指摘し、テクノクラシーを特徴とする EU がポピュリズムに対し
てとくに脆弱である理由を指摘している。

「テクノクラートにとってもポピュリストにとっても、民主主義的な議論
は必要ない。ある意味で、両者は奇妙なほどに非政治的（apolitical）だ。
それゆえ、一方が他方の道を拓いていると想定するのは妥当である。なぜ
なら、意見の相違はありえないという信念をそれぞれに正統化しているか
らだ。結局のところ、両者はそれぞれ、唯一の正しい政策的解決法が存在
し、唯一の真正な人民意志が存在すると考えているのである。」[65]

　EU シティズンシップの憲法化は加盟国国民の民主的意思決定から離れ
て、EU というテクノクラシーによって押し付けられる「最適解」として
理解できるかもしれない。そうだとすればそれは、EU という「彼ら」に
対する「われわれ」という二分法の構図による理解を助け、ポピュリズム

63) Curry, Dion, "Intra-European Movement: Multi-Level or Mismatched Governance?", in
　Peter Scholten & Mark van Ostaijen eds., *Between Mobility and Migration*, IMISCOE
　Research Series, Springer International Publishing, Kindle 版, 2018, 第 8 章第 6 節および第
　7 節.
64) Schmidt, *supra* note 18.
65) ミュラー・前掲注 2）、119 頁。

に力を与えてしまうであろう。

　このような状況に対してミュラーは、今排除されている人々を参加させる多元的なデモクラシーの再構築を提示している。本稿の文脈においてはこれを、民主的な意思のもとにEUシティズンシップを基礎づけることと解釈できるだろう。もちろんそれは簡単ではない。難民受入れや法の支配をめぐってEU内の東西対立が指摘されるが、それは文化的な価値観とも絡み合ったものである[66]。EUシティズンシップが外部からEUのコスモポリタンな価値を強制するものと見なされれば、政治的な争点となる可能性はある。基本的にEUシティズンシップは加盟国内で自国民と他国籍のEU市民との平等を保障するものであるが、市民の権利指令制定の際に議論になったように、それは法的な家族の在り方に影響を与えるものでもある。すなわち、他国で同性婚や同性パートナーシップ制度を利用して家族形成をした人々に同性婚や同性パートナーシップ制度がない加盟国がどう対処するかは大きな関心事であった[67]。最終的に指令は受入加盟国の制度を優先するとして、受入国は、他国の同性婚や同性パートナーシップ制度の影響を受けないこととなった。しかし、それは同性婚や同性パートナーシップ制度のある加盟国に移動し、家族形成をしたEU市民の移動の自由を制約することとなった。指令制定後、ヨーロッパでは同性婚制度の整備が続いている（**図表10**）。一方でこのような性的マイノリティの権利保護に否定的な加盟国も存在する。この違いは加盟国の主権の行使として尊重され、市民の権利指令も干渉しないはずであった。

　2018年のComan判決（Case C-673/16）はこの指令の枠組みを否定した画期的なものである。本事件は同性婚が認められている他の加盟国（ベルギー）において同性のアメリカ人と婚姻をしたルーマニア人が同性婚を

---

66) Hooghe, Liesbet & Gary Marks, "Cleavage Theory meets Europe's crises: Lipset, Rokkan, and the transnational cleavage", *Journal of European Public Policy*, Vo.25, No.1, 2018 ; Hutter, Swen & Hanspeter Kriesi, "Politicizing Europe in times of crisis", *Journal of European Public Policy*, Vol.26, No.7, 2019 ; van den Brink, Martijn, "The Court and the Legislators: Who Should Define the Scope of Free Movement in the EU?", in Rainer Bauböck ed., *Debating European Citizenship*, Springer, 2019, Kindle 版.

67) 土谷・前掲注4）。

図表 10　欧州における同性婚・同性パートナーシップの制度（2019 年 10 月時点）

Gay marriage legal		Some form of same-sex unions/civil partnerships legal (but not marriage)		No legal same-sex unions of any kind	
Austria	Luxembourg	Andorra	Hungary	Albania	Monaco
Belgium	Malta	Croatia	Italy	Arrmenia	Montenegro
Denmark	Netherlands	Cyprus	Liechtenstein	Belarus	Poland
England & Wales	Northern Ireland	Czech Republic	Slovania	Bosnia-Herz	Romania
Finland	Norway	Estonia	Switzeland	Bulgaria	Russia
France	Portugal	Greece		Georgia	San Marino
Germany	Scotland			Kosovo	Serbia
Iceland	Spain			Latvia	Slovakia
Ireland	Sweden			Lithuania	Turkey
				Macedonia	Ukraine
				Moldova	Vatican City

出所：Lipka. Michael & David Masci, "Where Europe stands on gay marriage and civil unions" *Pew Research Center*, 28.10.2019
(https://www.pewresearch.org/fact-tank/2018/10/28/where-europe-stands-on-gay-marriage-and-civil-unions/).

認めていない自国ルーマニアに帰国した際に同性の配偶者の居住権を求めたものである。ECJ はこの訴えを認め、原告の配偶者に EU 市民の家族としての居住権を認めた。当然ながら、本事件に対して多くの加盟国が意見を表明しており、例えばラトビアは EU 条約 4 条 2 項に規定されている公序とナショナル・アイデンティティによってこの制限は認められると主張していた（42 段）。判決は、他国で認められた同性婚を居住権を許可するためだけに認めることは当該国の婚姻制度を掘り崩すものではなく、したがって、ナショナル・アイデンティティを掘り崩したり公序への脅威となったりすることはないとした（45 ～ 46 段）。

　移動する EU 市民のうち、同性婚や同姓パートナーシップ制度の使用者の割合を考えれば裁判所の見解は理解可能であろう。しかし、中東欧諸国では今も同性婚などへの反対意見が強く[68]、その感情を政治的に利用しようとする勢力も存在する。ポーランドでは与党の法と正義が LGBT の

---

68) European Commission, *Eurobarometer on Discrimination 2019: The social acceptance of LGBTI people in the EU*, 23.9.2019.

権利主張をカトリックの伝統的価値や社会を破壊するものとして非難している。そして LGBT の権利主張を危険なイデオロギーとして排除し、婚姻は異性間に限定されるとする決議を採択する「LGBT フリー・ゾーン」の自治体がおよそ 100 に広がり、強い批判を招いている [69]。2021 年 6 月の欧州理事会では、ハンガリーが制定した反 LGBT 立法を批判するベネルクス主導の共同声明に 17 の EU 加盟国が賛同した [70]。この声明発表後、ハンガリーを名指しせずに LGBTI への差別に反対する共同書簡も発表された。スペインとルクセンブルクの首脳が主導したこの書簡にも 17 加盟国が賛同している [71]。ハンガリーを明確に擁護するのはポーランドだけであるものの、一般的な LGBTI への差別反対を主張するだけの後者にもほとんどの中東欧諸国が参加しなかったのは EU の東西対立の深さを反映しているといえるだろう [72]。

　EU が自分たちに異なる価値観を押し付けているという構図から逃れ、人の自由移動を中心とする EU シティズンシップが民主的に支持されるためには、それが政治共同体という連帯によって支えられる必要があるだろう。近年では EU においても国民や国家という政治共同体の価値を再確認する理論が注目される [73]。移動する EU 市民には、EU は機会を広げるなど積極的な価値を持つものとして評価されるが、移動しない EU 市民には

69) Janiszewski, Jakub, "NEITHER IN NOR OUT: THE PARADOX OF POLAND'S 'LGBT-FREE' ZONES", *Reporting Democracy*, 15.4.2021 (https://balkaninsight.com/2021/04/15/neither-in-nor-out-the-paradox-of-polands-lgbt-free-zones/).

70) Wilmès, Sophie , "Seventeen countries unite at Belgium's initiative to defend LGBTIQ rights in Europe", *Press Release*, 22 June 2021 (https://wilmes.belgium.be/en/thirteen-countries-unite-belgiums-initiative-defend-lgbtiq-rights-europe).

71) "Macron, Merkel and 15 other EU leaders defend LGBT rights amid row over new Hungarian law", *Euronews*, 24.6.2021 (https://www.euronews.com/2021/06/24/macron-merkel-and-15-other-eu-leaders-defend-lgbt-rights-amid-row-over-new-hungarian-law).

72) Inotai, Edit, Tim Gosling, Edward Szekeres & Claudia Ciobanu, "DEMOCRACY DIGEST: V4 DRAGGED INTO HUNGARY'S EU GAY RIGHTS SPAT", *Reporting Democracy*, 25.6.2021 (https://balkaninsight.com/2021/06/25/democracy-digest-v4-dragged-into-hungarys-eu-gay-rights-spat/)。前者に賛同したのは、ベルギー、デンマーク、エストニア、フィンランド、フランス、ドイツ、アイルランド、リトアニア、オランダ、スペイン、スウェーデン、ラトビア、イタリア、ギリシャ、オーストリア、キプロスである。議長国であるポルトガルは中立性を保つためとして加わっていないが、賛同する立場であると見られる。後者の賛同国は、リトアニアが抜けてマルタが入った 17 カ国である。

そうではない。人の自由移動への支持は全般的に高いが、移動しない EU 市民にとってもそれが重要な価値を持つ「私たち」のものとして実感されるか否か、そしてその「私たち」が第三国国民との関係も含めてどのように構想されるかが人の自由移動の今後の姿にとって重要であろう[74]。その際に LGBT を含めたマイノリティへの差別禁止や権利の実現を EU 共通の価値として肯定できるかがカギとなるように思われる。

おわりに

　EU における人の自由移動は EU シティズンシップとして大きな発展をした。しかしその権利保障の広さは反発を招き、2010 年代にその限界が強く示されるようになった。EU 市民の移民も第三国国民の移民や庇護希望者も一緒くたにされた「反移民」感情の存在は否定できない。EU の移民難民政策はこの「反移民」感情との距離を測りながらの模索が続いてい

73）EU デモクラシー理論のなかで国民国家を強調する代表的な理論はデモイクラシー論であろう。最近の代表的研究として、Richard Bellamy, *A Republican Europe of States: Cosmopolitanism, Intergovernmentalism and Democracy in the EU*, Cambridge University Press, 2019 がある。ただしデモイクラシー論のすべてが国民だけをデモスととらえるわけではない。この点については、土谷岳史「EU 政体における領域性とデモス：デモイクラシーと市民の境界」日本 EU 学会年報 33 号（2013 年）を参照。EU デモクラシーを否定し、主権を持つ国民国家によるデモクラシーを強く擁護する著名な論者として、ヴォルフガング・シュトレークがいる。彼は、連帯を破壊するものとして移民を非難しさえする。土谷岳史「左派の再構築をめぐって：シュトレーク『時間かせぎの資本主義』」季刊ピープルズプラン 79 号（2018 年）。

74）Baubök, Rainer, "The New Cleavage Between Mobile and Immobile Europeans", De Witte, Floris, "EU Citizenship, Free Movement and Emancipation: A Rejoinder", in Rainer Baubök ed., *Debating European Citizenship*, Springer, 2019, Kindle 版. 本書の第 3 部は移動しない EU 市民にも EU シティズンシップが魅力的であるためにどうすべきかについての議論である。また、Menéndez, Agustín José & Espen D.H. Olsen, *Challenging European Citizenship: Ideas and Realities in Contrast*, Palgrave, 2020 は、現在の EU シティズンシップは市場価値による不平等を自由移動の形で反映させており、自治政体の完全なメンバーシップという意味でのシティズンシップを掘り崩しているとして、難民支援や庇護の権利を擁護しながら、自由移動の制限強化を含めた改革を要求する。域内市場の論理と自由移動を超えて移動しない EU 市民にも意味のある権利を EU シティズンシップは実現すべきという立場として、Kochenov, Dimitry ed., *EU Citizenship and Federalism: The Role of Rights*, Cambridge University Press, 2017 を、自由移動と基本的人権の衝突については、須網隆夫「EU 単一市場と英国の EU 離脱：Brexit の中心にある域内市場」須網隆夫＋ 21 世紀政策研究所編『英国の EU 離脱と EU の未来』（日本評論社、2018 年）を参照。

る。一方で、EU内の不均衡な発展状況は東から西への人口移動をもたらしており、対策が取り組まれている。その対策の内容とEUの今後の拡大を見ても今以上に大規模な人の移動が起きる可能性は低く、またこれまで以上の人の自由移動の制限へと結び付く可能性も低い。しかしながら、それはEU市民を含めた移民の政治問題化の危険性を否定するものではない。移動する人に限定されないより広い意味のEUシティズンシップが民主的に構想され支持される必要性があるだろう。それこそが反移民感情を利用する右派ポピュリズムへの対抗を可能にすると思われる。

（2021年7月脱稿）

第3項　Brexit 後の EU
──EU における「法の支配」の危機

21 世紀政策研究所研究主幹
早稲田大学大学院法務研究科教授　**須網隆夫**

はじめに──問題の所在

　2010 年代の EU は、ユーロ危機以降も、ウクライナ危機、難民危機、国際テロ、Brexit と様々な危機に直面してきた。そして現在は、COVID-19 によるパンデミックに直面している。それらの危機は、日本でも注目され、様々に報道されている。しかし、日本ではほとんど報道されないが、2010 年代にはもう 1 つの危機が EU において進行し、2020 年代にも継続している。それが、EU が共有するはずの基本的価値をめぐる中東欧諸国と欧州委員会・欧州議会および他の加盟国との対立である。とくに、ハンガリー・ポーランドの現政権は、「法の支配」の根幹である、「司法の独立」を侵害し、その結果、両国では EU 法が遵守されない事態が部分的にせよ生じている。両国の状況は、以下に述べるように、「EU の基本的価値」と「EU 法の実効性」という 2 つの点で、EU の基礎を掘り崩しているのである。

　第 1 に、EU は、民主主義、法の支配、人権尊重等の立憲的な基本的価値の共有を基礎とする団体である（EU 条約 2 条）。基本的価値を尊重するヨーロッパ国家だけが EU に加盟でき（同 49 条）、基本的価値の遵守は、EU 加盟に必要なだけでなく、EU 加盟後も引き続き加盟国の義務である。EU 条約が、基本的価値の共有を定めた結果、EU と加盟国の間には特別な関係が成立している。すなわち、EU は、加盟国に最低限の立憲的同質

性を要求でき、この立憲的同質性に基づく相互信頼を前提に、様々な法制度が構築されている[1]。例えば、ある加盟国で発給された逮捕令状に基づいて、他の加盟国で被疑者を逮捕することを認める、欧州逮捕令状制度は、各国の裁判所が、独立して公正に、法執行機関からの令状請求を審査できることを前提にしている。そのため、司法の独立を欠く加盟国で発給された令状の法的効果を他の加盟国は認めることができない。このように、ある加盟国の基本的価値違反は、その国の国民に影響するだけでなく、EU全体に関わる事項である。そして、ハンガリー・ポーランド両国で生じている事態は、両国政府の弁明にもかかわらず、このようなEUの基本的価値を侵害していることが明らかである。

　第2に、EU法は、通常の国際法以上の高い実効性を持ち、欧州統合の政治的成果を固定し、統合への政治的推進力が失われた時期にも、統合の成果が後退することを防いできた。しかし、EU法の実効性の高さは、加盟国の国内裁判所のEU法への自発的な協力に依存している。すなわち、加盟国政府・議会がEU法に違反しても、国内裁判所が、EU司法裁判所の判例法理に従って、EU法を国内法に優先して適用する限り、EU法は加盟国の行動を規律できる[2]。しかし、国内裁判所、とくに憲法裁判所・最高裁判所等の最上級審が独立性を失い、加盟国政府・議会に従属せざるを得なくなると、EU法の実効性を支えるメカニズムは機能しなくなる[3]。換言すれば、EU法に違反した加盟国法が、国内裁判所に阻止されることなく、当該加盟国内で適用されてしまい、逆に本来適用されるべきEU法が排除されてしまう。そのため、司法が外部からの干渉を受けず（対外的独立）、訴訟当事者から等距離を置き公平を維持するという（対内的独立）、「司法の独立」は、EU基本条約（「実効的な司法的保護の原則」〔EU条約

1）須網隆夫「EU複合危機とEU法──ユーロ危機・難民危機・BrexitとEU法の変化（2）」Law & Practice 12号（早稲田大学大学院法務研究科、2018年）54-55頁。

2）須網隆夫「EU法という新しい法体系、EU法を知らずにEU、そして世界を理解できるのか」小久保康之編『EU統合を読む──現代ヨーロッパを理解するための基礎』（春風社、2016年）120-127頁。

3）須網隆夫「危機の中のEU法──EU法秩序変容の可能性」日本EU学会年報38号（2018年）77頁。

19 条〕および「司法による実効的救済を得る権利」〔EU 基本権憲章 47 条〕）に由来すると理解されるのである[4]。この文脈では、前述のハンガリー・ポーランド両国政府による基本的価値違反の行為が、国内裁判所の独立を攻撃していることに注意する必要がある。両国政府が EU に反抗するためには、法治国家の外観をかなぐり捨てない限り、司法部を掌握する必要があったのである。

　もちろん EU 基本条約は、加盟国の基本的価値違反・EU 法違反を見越して、それを是正するための制度を用意している。第 1 に、EU は、加盟前の段階では、基本的価値の共有を加盟の条件とすることによって、加盟候補国に EU の価値を事実上強制することができる[5]。そして加盟後も、加盟国に基本的価値を引き続き遵守させるための制度が、後述の EU 条約 7 条の加盟国に対する制裁手続である。加盟国が基本的価値に違反する場合、同手続が発動されるが、加盟国が立憲的価値を共有するなか、起草時には、7 条手続が実際に使用される事態が生じるとは必ずしも予測されていなかったと思われる。そして第 2 は、加盟国の EU 法違反一般に対して広く使用される義務違反手続である（EU 運営条約 258 〜 260 条）。これは、後述のように、欧州委員会が開始する手続であり、違反行為を指摘して加盟国に自主的な是正を求め、加盟国が従わない場合、EU 司法裁判所への義務違反訴訟の提起に至る。

　本稿では、ハンガリー・ポーランドで進行している事態を概観したうえで、これらの手段が、EU 加盟国の問題行動を統制するうえで、どこまで効果的であるかを分析する。結論を述べておくと、残念ながら、これらの手段はそれほど有効には機能していない。そのため、両国と EU 機関の対立は、法的には解決できず長期化し、EU にとっての火種であり続けている。ハンガリー・ポーランドと同様の傾向は、2004 年に加盟した他の中東欧諸国にも見られる。注意すべきことは、司法の弱体化は、政府の恣意

　4）European Commission, "2020 EU Justice Scoreboard 45"（10 July 2020）.
　5）須網隆夫「欧州連合（EU）拡大と法の継受──拡大に対する新加盟国の対応」早稲田大学比較法研究所編『日本法のアイデンティティに関する総合的・比較法的研究──源流の法とグローバル化の法』（成文堂、2006 年）47-69 頁。

的な政策変更・法改正が統制されないことを意味するので、それらの国に進出した域外企業にとって、ビジネス上のリスクの増加につながりかねないことである。欧州委員会は、その調査に対し、ほとんどの大企業が、投資対象国における、裁判所の独立を含む「法の支配」の状況を継続的に注視していると回答したことを明らかにし、実効的でない司法制度の経済への悪影響、司法の独立の欠如が投資の障害となることを強調している[6]。

1．ハンガリー・ポーランドにおける「法の支配」の危機

（1）　憲法改正の常態化から権威主義体制へ——ハンガリーの場合
①　ハンガリーとEUの立憲的価値

「ベルリンの壁」の崩壊以前に政治改革が開始されていたハンガリーでは、1949年憲法（ハンガリー人民共和国憲法）を改正した、1989年憲法のもと、強力な一院制議会による議会制民主主義が再開された[7]。その後ハンガリーはEU加盟の準備に入るが、EU側は、加盟に際して、基本的人権・民主主義の確立を要求する「コペンハーゲン基準」に照らした国内制度の改革を要求し、ハンガリーもそれに応えて国内改革をほぼ順調に進めて行った[8]。

　2004年に、他の中東欧諸国と同様に、EU加盟を実現したハンガリーは、その後もEUと良好な関係を維持し、中東欧で最も成功した憲法裁判所と評されたハンガリー憲法裁判所も親EU的態度を示し、EU法の優位に配

6）European Commission, *supra* note 4, p.5.
7）小野義典「ハンガリー基本法」憲法論叢18号（2011年）159-214頁；早川弘道「ハンガリー議会政の史的考察——体制転換期における議会制民主主義再建への道程」早稲田大学比較法研究所編『日本法のアイデンティティに関する総合的・比較法的研究——源流の法とグローバル化の法』（成文堂、2006年）114-142頁；水島朝穂・佐藤史人「試練に立つ立憲主義？——2011年ハンガリー新憲法の『衝撃』（1）」比較法学46巻3号（2013年）39-83頁；「同（2）・完」比較法学47巻1号（2013年）1-52頁；"Editorial Comments: Hungary's new constitutional order and 'European unity'", *CMLRev.*, Vol.49, Issue 3, 2012, pp.871-884；Kriszta Kovács and Gábor Attila Tóth, "Hungary's Constitutional Transformation", *EuConst*, Vol.7, Issue 2, 2011, pp.183-203.
8）須網隆夫「欧州連合（EU）拡大と法の継受——拡大に対する新加盟国の対応」早稲田大学比較法研究所編・前掲注7）47-69頁。

慮して、憲法に照らして EU 法を直接には審査しない慎重な態度を維持していた[9]。しかし、ユーロ危機発生後の 2010 年の総選挙の結果、第二次オルバン政権が誕生したことにより事態は一変する。政権与党が、憲法改正に必要な国会議員の 3 分の 2 以上の議席を確保したことにより、それ以後、政権の意向に応じた憲法改正が繰り返され、ハンガリーは、それまでのリベラルな立憲主義体制を清算して、独自の権威主義体制に急速に移行し、EU・欧州審議会との緊張を高めていく。すなわち、憲法改正と、憲法改正に類似した出席国会議員の 3 分の 2 の賛成を要する「重要法」の改正を結合させることにより、ハンガリーでは、議会権限が絶対的に強化される一方、憲法裁判所を始め、議会に対するあらゆる対抗権力が弱体化され、法の支配・民主主義・基本的人権の保護に深刻な懸念が生じる[10]。とくに、オルバン政権の司法部への攻撃は激しく、第 1 に、憲法裁判所の違憲審査権限を制約するとともに、その裁判官の任命方法・定員を変更し、オルバン政権寄りの裁判官に多数を占めさせた。第 2 に、通常裁判所についても、裁判官の定年を 70 歳から 62 歳に一気に引き下げて（同時に検察官・公証人の定年も引き下げられた）、前政権時代に任命された裁判官を大量に退職させて、自らが任命する裁判官に差し替えるとともに、オルバン政権の司法改革を批判した最高裁判所長官を事実上解任して、裁判官人事にも直接に介入した[11]。このような裁判所の独立の侵害は、ポーランドほどあからさまではないが、手を変え、品を変え、現在まで続き、2019 年の最高裁新長官の任命後は、最高裁もオルバン政権の統制下にあると見られている[12]。

　立憲主義の要衝は、独立した裁判所が、行政・立法による権限行使を統制することである。そのため、世界のどこでも反立憲的な権威主義体制は、

---

9 ）Marton Varju and Flora Fazekas, "The Reception of European Union Law in Hungary: The Constitutional Court and the Hungarian Judiciary", *CMLRev.*, Vol.48, Issue 6, 2011, p.1953 and pp.1956-1957.

10）須網・前掲注 1 ） 48-49 頁。

11）須網・前掲注 3 ） 72-73 頁。

12）Hungarian Helsinki Committee, "Qualitative changes in Hungary's illiberal regime since the last Article 7 hearing", 22 June 2021.

司法部の人事を私物化し、自己の恣意的な権限行使が司法部に妨げられないようにする。ハンガリーも例外ではなかったのであり、その成果は、憲法裁判所が 2016 年に、「EU 法の優位」に挑戦する判決を下したことに示されている [13]。

②　コロナウイルス対応措置と「法の支配」

さて EU だけでなく、欧州審議会の圧力も受けて、ハンガリーが部分的に譲歩する場面もあり、ハンガリーは、辛うじて立憲民主主義体制を維持していると評価されてきた。しかし、ハンガリーと EU 機関・他の加盟国との対立は、2020 年の新型コロナウイルスの感染拡大のなかで一層深刻化した。すなわちハンガリー議会は、2020 年 3 月、コロナウイルス感染への対応のために新たな非常事態法を制定した。非常事態法は、従来のオルバン政権の数々の反立憲主義的措置とも一線を画し、これにより、ハンガリーは、完全な権威主義体制に転換したと広く認識された [14]。

確かに、非常事態法には、立憲民主主義体制を根本的に破壊する内容が含まれていた。第 1 に、非常事態は期限が切られておらず、無期限に延長可能であり、非常事態が宣言されている間は、選挙も国民投票も実施できない。野党は、期限の設定を要求したが、与党は、非常事態の延長に関する議会承認の要件を削除して採択してしまった。第 2 に、非常事態の期間中、オルバン首相の政府には、議会立法に優先する命令により、様々な事項を規制できる前例のない広範な非常事態権限が与えられ、実際にも、必ずしも、コロナウイルス感染と関連しない緊急命令が出されている。政府は、ほとんど白紙委任を受けたに等しく、他方、議会による政府の監督機能は著しく弱体化する。第 3 に、コロナウイルス感染に関する虚偽情報の流布に対する刑事罰（5 年以下の懲役）が新たに規定されたが、対象行為が明確に特定されていないため表現の自由を侵害し、ハンガリーのメディアは、自由に報道できない状況に置かれる。そして、非常事態法による権限を利用して、政府は、2020 年 4 月から 6 月までの短期間に多くの命令

---

13) Hungarian Constitutional Court, Decision 22/2016 on Joint Exercise of Competences with the EU, 5 December 2016, para.60.

14) 須網隆夫「コロナ危機と EU の存在理由」月刊経団連 68 巻 7 号（2020 年）44 頁。

を出した。

　ハンガリー政府は、新法による政府権限は、議会がいつでも取消し可能であると主張したが、政権与党が議会で多数を維持していること、2016年の移民危機の際に決定された非常事態も取り消されていなかったことから、政府主張の説得力は疑問視され、むしろオルバン首相は、自己の権力拡大のために、コロナウイルス感染を利用したと推測された。このため、欧州議会・欧州委員会は、非常事態法制定は、EU の価値と矛盾するとハンガリーを批判し [15]、EU 内の世論もまた激しく反発して、様々な形で行われている、EU からハンガリーへの資金移転の停止を求める声が高まった。

　ハンガリー政府は、当初、これらの批判に激しく反発した [16]。しかし政府は、2020 年 5 月末、コロナウイルス感染拡大が山を越したことを理由に、非常事態の終了と非常事態法を廃止する法案を議会に提出し、6 月、議会は同法案を採択し、非常事態は終了した。一見すると、政府の対応は批判に応えたものと積極的に評価できる。しかし、非常事態法の廃止が、問題を解決したわけではない。非常事態法廃止と同時に制定された、非常事態の終了に関する暫定法が、公衆衛生上の緊急事態対応のために、議会立法によらずに、無期限に必要な措置を命じる権限を政府に与えていたからである。これにより、政府は、非常事態の終了と同時に、非常事態より政府権限の弱い、医療緊急事態を宣言した。その後ハンガリー議会は、2020 年 11 月に再度、非常事態法（ただし、第一次非常事態法と異なり、有効期間が制限されている）を制定し、2021 年 2 月の同法の失効に対して、さらに第三次非常事態法を制定して、医療緊急事態に加えて、非常事態を

15) 欧州議会内の欧州人民党グループのトップであるトゥスク前 EU 常任議長は、ハンガリーの非常事態法は、目的と手段の均衡を失するばかりか、民主主義を否定し、オルバン首相の独裁体制を確立しかねないと非常事態法を批判した。その後、欧州委員会フォンデアライエン委員長も、加盟国の緊急事態措置は、EU の基本的価値を犠牲にすべきではなく、必要な範囲に限定され無期限に継続してはならないと言明し、欧州議会も、2020 年 4 月 17 日の決議で、すべてのコロナウイルス対応措置は法の支配と整合しなければならないところ、ハンガリーの措置は、ヨーロッパの価値と全面的に矛盾すると激しく非難し、欧州委員会に最大限の措置を迅速にとるよう求めた。
16) ハンガリーの非常事態法制定は、2020 年 4 月、BBC のハードトーク番組でも取り上げられたが、ハンガリー政府の担当官は、EU の批判に激しく反論していた。

復活・継続させ、政府は引き続き強力な権限を行使している[17]。ハンガリーの NGO は、政府は、これらの権限を利用して、感染症対策と無関係な分野にも多くの命令を出していると批判しており[18]、結論として、ハンガリーは、EU からの批判を受け入れたわけでは全くない。コロナウイルス対応に限らず、ハンガリーの EU への対応は複雑である。一方では、2020 年以降に限っても、ハンガリーが、EU 司法裁判所の判決を履行しない事例がまま報告されている。他方、ハンガリー政府は、セルビア国境で拘禁されていた難民申請者の解放を求めた、EU 司法裁判所の判決を認めないと公式には表明しながら、数日後には彼らを解放したと報じられている。ハンガリー政府は、EU との決定的破局を回避するように立ち回りながら、自己の意思を貫徹させているのである。

（2）　司法の独立への激しい攻撃——ポーランドの場合
①　「法と公正」党政権による裁判所改革

「法の支配」が危機に瀕しているのはハンガリーだけではない。ポーランドでも、2015 年以降、基本的価値違反の事態が出現している。ポーランドでは、2015 年 9 月の総選挙に勝利した、「法と公正（PiS）」党による政権が、政権掌握直後から、ハンガリーと類似の非リベラル体制の構築を開始し、とくに政府が、憲法裁判所の権威を無視するという「法の支配」に正面から反する事態が生じている[19]。

すなわち、2015 年 10 月の総選挙の結果、政権を掌握した「法と公正」党は、真っ先に裁判所の独立を侵害した。第 1 に、ポーランド政府は、違憲審査権を行使する憲法裁判所を攻撃し、憲法裁判所の判決の無視から始まり、その後、政権掌握後に自らが任命した裁判官の数的優位を実現して

---

17) Hungarian Helsinki Committee, "Overview of Hungary's Emergency Regimes Introduced Die to the COVID-19 Pandemic", 25 May 2021；2021 年 5 月には、第三次非常事態法の改正が行われ、同法の効果は、2021 年秋まで延長されている（*Id.*）。

18) Hungarian Helsinki Committee, *supra* note 12.

19) 須網隆夫「法の支配と弁護士——司法の独立の危機へのヨーロッパ弁護士の対応」法社会学 86 号（2020 年）101-103 頁；小森田秋夫「ポーランドにおける『法の支配』の危機と欧州連合」日本 EU 学会年報 39 号（2019 年）44-75 頁；須網・前掲注 3）74-75 頁。

憲法裁判所を実質的に掌握し、これにより、議会立法に対する司法審査は実際上機能しなくなった[20]。憲法裁判所による司法審査を弱体化させた政府は、第2に、攻撃の対象を憲法裁判所から通常裁判所に拡大した。攻撃の矛先は、最高裁判所と、憲法上の機関であり、裁判官候補者を推薦する司法評議会（全国裁判官評議会）に向けられ[21]、政治による両機関の統制が強化された。具体的には、政府は、司法評議会の構成員を司法大臣の影響下にある者に差し替えるとともに、最高裁については、その組織改編と同時に、最高裁裁判官の定年を引き下げ、定年後の職務継続を大統領の決定に委ねた。これにより、4割近くの最高裁判事が退職を余儀なくされた[22]。そして第3に、最高裁判所以外の通常裁判所についても、司法大臣に、裁判所所長・所長代行を解任し、後任を選任する権限を付与し、これにより、政権の意向を体現する者の任命が増加した[23]。「法と公正」党政権が行った、これらの司法改革は、裁判所の民主的アカウンタビリティの強化という理念に基づく、司法の政治への従属であり、これにより裁判官の独立は著しく弱体化してしまった[24]。

　EU および欧州審議会を含む国際人権機関は、これらの状況を、ポーランド司法の危機と認識して、迅速に反応した。とくに欧州委員会（EU の行政執行機関）は、欧州審議会のベニス委員会とともに、「法と公正」党の政権掌握後、ただちにポーランド政府との交渉を開始し、数次にわたり、法の支配を回復するよう勧告した[25]。しかし勧告後も、政府は、憲法裁判所の判決を無視して、憲法の最終判断者である憲法裁判所の地位を否定し続けただけでなく、委員会勧告にも全面的な拒否を回答した[26]。その

20）須網・前掲注3）74-75 頁；小森田・前掲注 19）47-49 頁。

21）評議会が、裁判官の空きポストにつき、候補者1名を大統領に提案し、大統領が任命する仕組みとなっている（小森田・前掲注 19）50-51 頁）。

22）小森田・前掲注 19）52-53 頁。

23）通常裁判所裁判官の定年も引き下げられ、定年以降の職務継続は、司法大臣の判断によることになり、さらに法律施行後6カ月間、所長・副所長を解任し、後任を任命する権限が司法大臣に与えられた。その結果、約730 名の所長・副所長のうち 130 名以上が解任され、政権の意向を体現する者に差し替えられた（小森田・前掲注 19）51-52 頁）。

24）Venice Commission, "Poland – Opinion on Amendments to the Law of the Common Courts, the Law on the Supreme Court and Some Other Laws", Opinion No.977/2019 (CDL-PI (2020) 002), pp.3-4 (16 January 2020).

　ため委員会は、2016年12月に補足勧告を出し、同年7月の勧告に加えて、さらに追加の措置を勧告したが[27]、政府は、依然勧告の実施を拒否し続けた。欧州委員会だけでなく、欧州議会（直接選挙で選ばれた議員により構成される立法機関）も、2017年11月には、ポーランドにおける法の支配と民主主義の状況に関する決議を採択し、司法の独立に関するヨーロッパ基準の遵守を要請した。また国内でも、裁判官と弁護士が共同して反対運動を担い、政府による司法への干渉に激しく抵抗し、国外でも欧州弁護士会協会・国際法曹協会が、国内の反対運動を支援した[28]。

② 「裁判所の独立」の危機的状況

　2018年以降、国内外からの圧力に応じて、ポーランド政府は部分的に譲歩することもあり、引き続く緊張関係のもとで、欧州委員会との対話が進行する[29]。しかし、2017年の裁判所に関する法改正以降、改革に批判的な40人以上の裁判官に対して懲戒手続が開始されるなど、全体的な状況は改善していない。

　そして、2019年年末以降、「法の支配」に反する新たな改革がまた企図された。その発端は、2017年の新しい最高裁判所法により、最高裁内に、裁判官懲戒および裁判官の労働法・社会保障に関する紛争に管轄権を有する「懲戒法廷」が設けられたことであった。同法廷の裁判官任命は政治的に行われるので、その独立性に疑問があったところ、先決裁定手続（EU運営条約267条）により、同じ最高裁内の「労働法廷」（従来、労働法・社会保障紛争を管轄していた）から、裁判所の独立に関するEU法解釈に

<hr>

25）欧州委員会は、2016年7月には、違憲審査が実効的に機能しておらず、法の支配への全体的脅威があると認定して、憲法裁判所の違憲審査の実効性の回復を勧告した。委員会勧告は、憲法裁判所判決の不遵守、裁判官定足数の増加・議決要件の厳格化等を問題視していたが、それに先立つベニス委員会の意見に概ね整合していた（"Commission Recommendation (EU) 2016/1374 of 27 July 2016 regarding the rule of law in Poland", OJ 2016, L 217/53, paras.72-74; Venice Commission, "Opinion on Amendments to the Act of 25 June 2015 on the Constitutional Tribunal of Poland", Opinion No.833/2015 (11 March 2016)）。

26）"Commission Recommendation (EU) 2017/146 of 21 December 2016 regarding the rule of law in Poland complementary to Commission Recommendation (EU) 2016/1374", OJ 2017, L 22/65, paras.(15)-(17).

27）Id., paras.65-66.

28）須網・前掲注19）103-107頁。

29）小森田・前掲注19）60-63頁。

関わる質問を受け取った、EU 司法裁判所は、2019 年 11 月の先決裁定により、裁判所の独立の判断基準を示し、合わせて付託裁判所である労働法廷は、独立した裁判所による判断を確保するために、独立性のない裁判所の管轄を定める国内法の適用を排除できると判示した[30]。そのため、労働法廷は、同裁定に従い、同年 12 月 5 日、懲戒法廷は独立性・公平性の要件を満たさないと判決した。しかし懲戒法廷は、労働法廷の判決を無視して活動を継続し、その結果、ポーランド最高裁内部は、EU 派とポーランド政府派に事実上分裂するという混乱に陥った[31]。そこでポーランド政府は、懲戒法廷の管轄権を守るために緊急の法改正を企図し、改正法案は同月 20 日、下院を通過した。改正法は、裁判所が他の裁判所の管轄に異議を唱えることを禁止し、それに反することは裁判官の懲戒事由に該当すると定めた[32]。これに対し欧州審議会ベニス委員会は、2020 年 1 月、改正法への意見を公表し、改正法は、裁判官の表現の自由・結社の自由を侵害するだけでなく、EU 司法裁判所の裁定、それを前提とする最高裁判決を無効とすることを意図しており、裁判所の独立を他の裁判所が審査する可能性を著しく縮小させると批判して、その修正を要求した[33]。ベニス委員会は、全体として、この改正法により、以前の改革で損なわれていた司法の独立はさらに傷つけられたと評価している[34]。このように、ポーランドにおいて、裁判官（とくに、現政権成立以前に任命された裁判官）と政府との厳しい対立は、現在も継続しているのである。

2．加盟国の EU の基本的価値違反への対抗措置

（1）　概　要

　上述したハンガリー・ポーランドでとられてきた諸措置が、EU の基本

30）Joined Cases C-585/18, C-624/18 and C-625/18 A.K. v. Krajowa Rada Sądownictwa, CP and DO v/ Sąd Najwyższy, 19 November 2019, para.166.

31）Venice Commission, *supra* note 24, paras.15-17.

32）*Id.*, paras.1, 19 and 32.

33）*Id.*, paras.25-30 and 31-43.

34）*Id.*, para.59.

的価値（EU条約2条）に反することは明白である。それでは、EUは、両国にどのように対応しているのであろうか。そしてEUの対応は、両国のEU法違反の是正に効果を上げているのであろうか。本稿では、両国に対するEU側からの対抗措置を検討する。第1は、EU条約7条の制裁措置であり、第2は、加盟国のEU法違反に対して使用される義務違反手続である。

　加盟国の基本的価値違反に対してEU基本条約が予定する制度的担保は前者である。前者は、1999年に発効したアムステルダム条約により挿入された手続であり、中東欧諸国へのEU拡大を見越して、中東欧諸国の加盟後もEUにおける価値の共有を維持するための制度である。その意味では、ハンガリー・ポーランドへの同手続の適用は予想の範囲内ともいえる。しかし、ハンガリー・ポーランド問題の経緯は、7条手続が必ずしも良好に機能できないという現実を明らかにしてしまった。ハンガリーにしてもポーランドにしても、基本的価値違反の事態の発生からすでに相当の年月が経過しているが、事態の十分な改善は見られないからである。そのため最近は、7条手続とともに、加盟国のEU法違反行為一般を是正させるための「義務違反手続」が積極的に利用される傾向にある（EU運営条約258～260条）。

（2）　基本的価値に違反する加盟国への制裁手続
①　基本的価値違反に対する制裁手続の概要

　加盟国に共通するEUの基本的価値は、抽象的な指導原理にとどまらず、加盟国は、基本的価値を現実に遵守することを義務づけられている。そして、加盟国の違反が、偶然の一回性の違反ではない、加盟国の制度・組織に由来する構造的欠陥のために反復される「深刻かつ持続的な違反」の場合は、加盟国に対する制裁として、EU条約上、加盟国に認められる基本条約上の権利（EU機関における投票権など）の停止が予定されている（EU条約7条、EU運営条約354条）。「深刻かつ持続的な違反」の概念は明確ではないが、違反の期間と程度が判断要素になる。権利停止の加盟国への影響は甚大であるので、権利停止には慎重な手続が用意されている。

　第1段階は、加盟国の3分の1、欧州議会または欧州委員会の提案に基づいて開始し、EU 理事会（加盟国の大臣により構成される立法機関）は、欧州議会の同意を得たのちに、理事会構成員の5分の4の多数により、基本的価値の「深刻な違反の明白な危険」が存在することを決定する（EU 条約7条1項）。本決定の前には、理事会は、違反加盟国を聴聞しなければならず、また違反加盟国に勧告することができる。第2段階では、欧州理事会（加盟国首脳により構成される政治的意思決定機関）が、加盟国の3分の1または欧州委員会の提案に基づき、やはり欧州議会の同意を得た後に、全会一致により、当該加盟国による「深刻かつ持続的な違反」の存在を決定する（同2項）。そして、第2段階で違反の存在が決定された後、第3段階として、理事会は、特定多数決により、理事会における投票権を含む、基本条約に由来する加盟国の権利の停止を決定できる（同3項）[35]。なお、欧州理事会・EU 理事会での決定には、違反加盟国は加わらず（EU 運営条約354条）、第3段階の権利停止の決定に必要な特定多数決の要件は、通常の場合より加重されている（同238条3項（ｂ））。

②　ポーランドへの EU 条約7条手続

　2017年5月、初めてポーランドにおける「法の支配」を議論した EU 理事会は、対話継続の重要性を強調するにとどまったが[36]、欧州委員会は、同年7月に至り、裁判所関連法の制定について3度目の勧告を出し、そこでは、ポーランド政府が最高裁判所裁判官を解任した場合には、7条手続を発動することが明確に示唆されていた[37]。そして、その後も事態の改善が見られないため、欧州委員会は、2017年12月、ポーランドにおける「法の支配の深刻な違反の明白な危険」を認定するよう求めて、EU 理事会に

35）山本直「EU と民主主義原則──EU 条約7条をめぐって」同志社法学53巻6号（2002年）615-645頁 ; Armin Von Bogdandy and Michael Ioannidis, "Systemic Deficiency in the Rule of Law: What it is, What has been done, What can be done", *CMLRev.*, Vol.51 Issue 1, 2014, pp.59-96.

36）Outcome of the Council Meeting, 3536th Council Meeting, General Affairs（16 May 2017）, 9299/17.

37）"Commission Recommendation of 26.7.2017 regarding the rule of law in Poland, complementary to Commission Recommendations（EU）2016/1374 and（EU）2017/146", COM（2017）5320 final, para.58.

7 条手続の発動を要請した[38]。これが、実際には適用されることはない
であろうと考えられていた 7 条手続の初めての例である。

　第 1 段階の「明白な危険」の存在認定には、理事会構成員の 5 分の 4 の
賛成（当該加盟国を除いた 26 加盟国中 21 カ国の賛成）が必要であるだけ
でなく（例えば、ポーランドまたはハンガリーに加え、中東欧の 5 カ国が
連携すれば、理事会の決定を阻止できる）、最終的な制裁発動には、欧州
理事会の全会一致が必要であるので、制裁実施に至る可能性は低いものの、
委員会が手続の発動を提案すれば、その政治的意義は小さくはないと考え
られてきた。しかし実際には、第 1 段階の開始は、ポーランドに大きな影
響を与えることはできなかった。そうであれば、理事会は、速やかに「深
刻な違反の明白な危険」の存在を認定し手続を進行させるべきであり、欧
州議会も 2018 年 3 月に、7 条 1 項に従った理事会の実効的な 7 条手続の
利用を求める決議を採択しているが[39]、手続の進行は停滞している。

③　ハンガリーへの EU 条約 7 条手続

　ポーランドに続き、ハンガリーにも 7 条手続が開始される。ポーランド
の場合と異なり、手続を主導したのは欧州議会である。すなわち欧州議会
は、2018 年 9 月、賛成 448、反対 197、棄権 48 で、ハンガリーにおける
司法の独立、表現の自由、汚職、少数者の権利、移民・難民の状況を懸念
し、7 条手続の発動を EU 理事会に提案することを決定し、これによりハ
ンガリーに対する 7 条手続が開始し、EU とハンガリーの対話が継続して
いる[40]。しかし、ハンガリーの場合も、7 条手続開始の効果は限定的で

---

38) European Commission, "Reasoned Proposal in accordance with Article 7（1）of the Treaty of European Union regarding the Rule of Law in Poland, Proposal for a Council Decision on the determination of a clear risk of a serious breach by the Republic of Poland of the rule of law", COM（2017）835 final, 20 December 2017.

39) "European Parliament resolution of 1 March 2018 on the Commission's decision to activate Article 7（1）TEU as regards the situation of Poland", 2018/2541（RSP）, OJ 2019, C 129/13.

40) "European Parliament resolution of 12 September 2018 on a proposal calling on the Council to determine, pursuant to Article 7（1）of the Treaty on European Union, the existence of a clear risk of a serious breach by Hungary of the values on which the Union is founded", 2017/2131（INL）; EU Parliament votes to trigger Article 7 sanctions procedures against Hungary, DW Europe, 12 September 2018（https://www.dw.com/en/eu-parliament-votes-to-trigger-article-7-sanctions-procedure-against-hungary/a-45459720）.

あり、事態は抜本的には改善されず、手続の進行も停滞している。今後、ポーランドの場合と同様、7条手続が、次の段階である EU 理事会による「深刻な違反の明白な危険」の認定に進むのかは明らかではない。

④　EU 条約7条手続の実効性の不足

　欧州委員会または欧州議会の提案により開始された、両国に対する7条手続は、まずは当該加盟国との対話により、制裁にまで至らずに、基本権違反の事態を終息させようとするものであり、すでに EU 理事会は、ポーランドに対して3回（2018年6〜12月）、ハンガリーに対して2回（2019年9月・12月）、聴聞を行った。しかし、7条手続の開始にもかかわらず、両国における「法の支配」の状況は改善するどころか、むしろ悪化し、それにもかかわらず、理事会での手続は実際上停止し、理事会は第1段階の明白な危険の存在の決定に至っていない。そのため欧州議会は、2020年1月の決議により、理事会に対応の強化を求めている[41]。

　7条手続が停滞している原因は、EU 理事会内部の政治情勢にある。ポーランドとハンガリーは、欧州委員会・欧州議会からの圧力に連携して対応しており、一方に対する制裁が EU 理事会・欧州理事会で議論される場合、他方が決定の阻止に努力することは確実である。第1段階の「明白な危険の存在」は多数決でなされるので、両国の連携にもかからず、なお決定できる可能性はあるが、第2段階の「深刻かつ持続的な違反」の認定には、違反加盟国を除く、欧州理事会における全会一致が必要であるので、事実上、その決定は不可能である。これは、同時に複数の加盟国において基本的価値違反の状態が生じることを予想しなかった制度の欠陥である。

　加えて、第1段階・第2段階の EU 理事会の決定には、欧州議会の同意も必要であるが、欧州議会内部の情勢は単純ではない。欧州議会は、一般に、基本的価値の遵守を重視するが、オルバン政権の与党フィデスは、欧州議会の最大会派である、中道右派の欧州人民党グループに所属している。

41）"European Parliament resolution of 16 January 2020 on ongoing hearings under Article 7 (1) of the TEU regarding Poland and Hungary", 2020/2513 (RSP), P9_TA (2020) 0014, para.3；"European Parliament, Rule of Law in Poland and Hungary has worsened", Press Release, 16 January 2020.

そのため、欧州議会内にもハンガリーに宥和的な立場がないわけではない。もっとも、欧州人民党グループ内部でもフィデスへの批判は強くなりつつあり、2019年3月には、同グループは、フィデスのグループへの加盟資格を凍結した[42]。資格凍結後も、フィデスは、なお同グループのメンバーであるが、前述の2020年3月の非常事態法制定以後、同グループ内で、チェコ、スロバキアなど中東欧の加盟国の政党を含めて、フィデスの除名を求める動きが起こった。言うまでもなく、ハンガリーのコロナ対応措置が、リベラル民主主義の基本原則とヨーロッパの価値に明白に違反するからである。

（3）　EU法に違反する加盟国に対する義務違反訴訟

①　義務違反訴訟の概要

　EU条約7条手続が実効的でない状況に鑑み、最近、より活用されるようになったのが、加盟国によるEU法違反に対する義務違反訴訟である。前述の欧州議会の2020年1月決議も、EU理事会に7条手続の促進を求めるとともに、欧州委員会に対し、義務違反訴訟の提起と判決までの暫定措置命令の申請をより活用するよう促している[43]。

　EUの目的達成のためには、EU法が、加盟国において正しく適用されることが決定的に重要である。もちろん「誠実な協力の原則」に基づき、加盟国は、基本条約およびＥＵ派生法から生じる義務の誠実な履行を義務づけられており（EU条約4条3項）、EU法を遵守しなければならない。しかし、加盟国がEU法に違反する事態は、実際にはしばしば生じる。そのような加盟国のEU法違反によって、当該加盟国とEUおよび他の加盟国との間に生じた紛争は、最終的には、EU司法裁判所の司法判断によって解決されねばならない。そのためEU運営条約は、EU法に違反した加盟国を、欧州委員会または他の加盟国が、EU司法裁判所に訴え、加盟国に違反行為の是正を求める訴訟手続を定めている。これが、EU法上の義

42）熊谷徹『欧州分裂クライシス——ポピュリズム革命はどこへ向かうか』（NHK出版新書、2020年）263-264頁。

43）"European Parliament resolution", *supra* note 41.

務に違反した加盟国に対する訴訟（義務違反訴訟）であり、基本条約の定
める EU 法執行制度の中核を担っている（EU 運営条約 258・259 条）。義
務違反訴訟の結果、加盟国の EU 法違反が認定されると、加盟国は違反を
是正する義務を負うが、判決は違反を宣言するにとどまり、是正の方法を
具体的に指示するわけではなく、どのように違反を是正するかは加盟国に
任される。もし加盟国が判決に従わず是正を怠ると、加盟国にはさらなる
金銭的制裁が課せられるだけでなく（同 260 条）、EU 法違反を理由とする、
加盟国に対する私人からの損害賠償請求の根拠ともなる。このような義務
違反訴訟は、前述の欧州議会決議以前から、欧州委員会によって利用され
てきた。まず、ハンガリーから検討する。

② 　ハンガリーに対する義務違反訴訟

　欧州委員会は、オルバン政権による基本的価値違反の制度改革が、個々
の EU 法に抵触する限り、義務違反訴訟を提起して対応し、EU 司法裁判
所により義務違反が認定されると、ハンガリーもそれなりに違反を是正し
てきた。例えば、前述の裁判官の定年引下げに対し、欧州委員会は 2012
年に、年齢差別を禁止する雇用機会均等指令 2000/78 号違反を理由に義務
違反訴訟を提起し、EU 司法裁判所は、ハンガリーの義務違反を認定し
た [44]。個人情報保護および情報公開法を改正して、個人情報保護監督官
を任期途中で交代させたことについても、欧州委員会は、指令 95/46 号の
定める個人情報保護機関の独立性の違反として、義務違反訴訟を提起し、
やはり違反が認定された [45]。その後も、義務違反訴訟はよく利用されて
いる。そして、EU 司法裁判所が EU 法違反を認定した場合、ハンガリー
政府が部分的に妥協して、当初の計画を変更する事例が存在し、義務違反
訴訟の一定の実効性を示している。

　「法の支配」との関係では、とくに裁判官の定年引下げの事案が重要で
ある [46]。次に述べるポーランドでも問題となったように、本質的に、現
職裁判官の定年引下げは、司法の独立を侵害する危険性が高い。ハンガリー
憲法・裁判官法の改正（2012 年 1 月発効）により、それまで 70 歳であった、

---

44) Case C-286/12 Commission v. Hungary, 6 November 2012.
45) Case C-288/12 Commission v. Hungary, 8 April 2014.

裁判官の定年は62歳に引き下げられ、これにより、2012年6月時点で、多くの裁判所所長を含む194人の裁判官が定年退職するに至った[47]。これに対し、EU司法裁判所は、定年引下げは正当化できない年齢差別に該当すると判断して、ハンガリーのEU法違反を認定した[48]。判決を受けたハンガリーは、違法状態を解消するために、新法を制定し、定年引下げを、従来の即時実施から2023年初めまでに徐々に行うように改めるとともに、引き下げられた定年によりすでに退職した裁判官の復職を定め、必ずしも退職前と同じ地位に就いたわけではないが、56人の裁判官が復職した[49]。そのため欧州委員会は、2013年11月、義務違反手続を終了させている[50]。

　確かに、判決後も、ハンガリーの司法の独立が危機に晒される状況は全体的には変化していない。また、義務違反が認められても、どのように違法状態を解消するかにつき加盟国の裁量が認められるため、政府は従来の地位への復職を絶対的に義務づけられるわけではなく、ここに義務違反訴訟の限界がある。しかし義務違反訴訟は、ともかく部分的には成果をあげたのである。欧州委員会は、最近も、外国から資金を得ているNGOに関する法律に対して、基本権憲章違反、資本の自由移動違反等を理由に、義務違反訴訟を提起し、2020年6月の判決は、やはりハンガリーのEU法違反を認定している[51]。ただし、この判決の場合、ハンガリーは義務違反を是正しておらず、委員会は、判決不履行を理由とする制裁金の賦課を

---

46) Uladzislau Belavusau, "On Age Discrimination and Beating Dead Dogs: Commission v. Hungary", *CMLRev.*, Vol.50, Issue 4, 2013, pp.1145-1160.

47) AG Opinion, Case C-286/12 European Commission v. Hungary, 2 October 2012, para.17.

48) Case C-286/12, *supra* note 44；なお判決は、本件を年齢差別の点から検討し、退職を余儀なくされる者の従来の定年まで勤務できるという正当な期待を保護するための移行措置なしに、定年引下げを唐突に導入したことを、比例性に反すると判断したものであり、裁判官の独立に直接は言及していない。

49) Gábor Halmai, "The Early Retirement Age of the Hungarian Judges", in Fernanda and Davis eds., *EU Law Stories: Contextual and Critical Histories of European Jurisprudence*, Cambridge, 2017, pp.482-483.

50) European Commission, Press Release, IP/13/1112, 20 November 2013.

51) Case C-78/18 Commission v. Hungary, 18 June 2020; European Commission, "Infringements-Hungary: Commission launches infringement procedure for law on foreign-funded NGOs", Press Release, 13 July 2017.

EU 司法裁判所に申請することを検討中と報じられている[52]。

③　ポーランドに対する義務違反訴訟

　2018 年以降、EU をはじめとする国内外からの批判に対応して、ポーランド政府は、部分的に譲歩する姿勢を示し、引き続く緊張関係のもとで、欧州委員会との対話が進行した[53]。しかし、最高裁裁判官の定年引下げによる退職については、ポーランド政府は譲歩せず、両者の交渉は妥結しなかった。そこで欧州委員会は、7 条手続の進行が短期的には困難であることに鑑み、2018 年 7 月に、最高裁裁判官の定年引下げは、EU 条約 19 条 1 項（加盟国は EU 法違反に対して国内裁判所において実効的な法的救済を与えねばならない）、EU 基本権憲章 47 条違反（EU 法上の権利を侵害された者は独立・公正な裁判所で実効的な救済を得られる権利を有する）であると主張して、ポーランドに対する義務違反手続を開始し、同年 10 月、EU 司法裁判所に訴訟を提起した[54]。本件において委員会は、提訴と同時に、定年引下げを定めた最高裁判所法等の適用の暫定的停止を申し立て、同月、EU 司法裁判所副長官は暫定措置の適用を認めたが、本件の重要性から、さらに事件を大法廷に付託し、同年 12 月、大法廷も申立てを認めて、適用の一時停止を命令した[55]。そのため与党である「法と公正」党は、11 月に最高裁判所裁判官の定年引下げを定めた法を破棄する修正法案を議会に提出し、同法は 2019 年 1 月に発効した[56]。もちろん、これは司法部に加えられた攻撃のうち、ごく一部についての譲歩に過ぎず、司法評議会は依然として「法と公正」党が支配している[57]。7 条手続のために、

---

52) Eszter Zalan, "EU legal threat to Hungary over failure to obey ECJ", Euroovserver, 19 February 2021.

53) 小森田・前掲注 19) 60-63 頁。

54) 同上 67-68 頁；European Commission, "Rule of Law: Commission launches infringement procedure to protect the independence of the Polish Supreme Court", Press Release, IP/18/4341, 2 July 2018.

55) Case C-619/18 R European Commission v. Poland, 19 October 2018；Case C-619/18 R European Commission v. Poland, 17 December 2018.

56) 小森田・前掲注 19) 69-70 頁；新法では、65 歳定年は、2019 年 1 月以降に職務についた裁判官にのみ適用される。したがって、従来の裁判官の定年は、これまで同様 70 歳である（Joined Cases C-585/18, C-624/18 and C-625/18 A.K. v. Krajowa Rada Sądownictwa, CP and DO v/ Sąd Najwyższy, 19 November 2019, para.88）。

欧州委員会は、ポーランド政府から聴聞しているが、2018 年 12 月の聴聞に関する委員会報告書も、最高裁判所法に関する最近の改正を肯定的に評価しながら、その他の分野では状況は改善していないと認識している[58]。状況は、依然として予断を許さないが、ここでも義務違反訴訟は、一定の成果を上げたのである[59]。

　しかし、微妙な事案もある。個々の裁判官に対する懲戒手続、とくに裁判官が下した判決の内容に対して懲戒手続が開始されることは、「裁判官の独立」の侵害が最も懸念される状況である。EU 司法裁判所は、すでに、「裁判官の独立」を守るために、裁判官の懲戒手続は、それが、司法判断の内容に対する政治的統制の道具として利用される危険を防ぐのに必要な保障を備えていなければならないと繰り返し判示していた[60]。そのため欧州委員会は、政権党に不利な判決を下した、通常裁判所裁判官に対する懲戒手続の開始に対し、2019 年 10 月、義務違反訴訟を提起し、2020 年 1月には、手続停止を命じる暫定措置を EU 司法裁判所に申請し、同裁判所は同年 4 月、ポーランドに懲戒法廷の手続停止を命じた[61]。しかし懲戒法廷は、同年 6 月、手続を進行させたうえで、当該裁判官の免責特権を承認した[62]。懲戒法廷の結論は、裁判官の独立を侵害してはいない。しかし問題は、懲戒裁判所が EU 司法裁判所の暫定措置命令を無視して、手続を進行させたところにある。

57）Polly Botsford, "Rule of law: despite apparent signs of progress Poland and Romania remain serious causes for concern", 20 December 2018（https://www.ibanet.org/Article/NewDetail.aspx?ArticleUid=32E9DD0B-802D-49BA-A914-5AE03796469F）.

58）European Commisssion, "Rule of Law in Poland/Article 7（1）TEU Reasoned Proposal, Hearing of Poland - 11 December 2018".

59）そして、2019 年 6 月、EU 司法裁判所は、前述の義務違反訴訟につき、ポーランドの EU 条約 19 条 1 項違反を認定する判決を下した（Case C-619/18 Commission v. Poland, 24 June 2019；中村民雄「法の支配を害する構成国の国内立法の EU 法違反審査——Case C-619/18 Commission v. Poland, EU:C:2019:531（24 June 2019）」比較法学 54 巻 1 号（2020 年）276-288頁）。

60）Case C-8/19 PPU, RH, 12 February 2019, para.47; Case C-216/18 PPU, LM, 25 July 2018, para.67.

61）Case C-791/19 Commission v. Poland（pending）; Case C-791/19 R Commission v. Poland, 8 April 2020.

62）Andrew Rettman, "Poland 'crossed rubicon' against EU court injunction", eurobserver（10 June 2020）（https://euobserver.com/justice/148609）.

ポーランドは、以前にも EU 司法裁判所の暫定措置命令に従わなかった
ことがあるが[63]、一方で暫定措置命令に従わないにもかかわらず、結果
としては、委員会の主張を受け入れたところに、ポーランド政府の EU へ
の微妙な距離感を見出すこともできよう。

（4）　義務違反を認定する判決の実効性
①　義務違反を認定する判決の意味

以上、義務違反訴訟は、EU 条約 7 条手続よりも具体的な成果を上げて
いるが、加盟国の義務違反を認定する判決の実効性には限界がある。義務
違反訴訟の判決には、当該加盟国に対する直接的な強制力はない。すなわ
ち判決は、加盟国の義務違反を宣言し、加盟国を法的に拘束するが、それ
以上に加盟国に違法状態の是正を強制することはできない[64]。判決の目
的は、義務違反をした加盟国の違反是正義務を設定することにあり、判決
から、違法な国内法を排除する効果が当然に生じるわけではない。判決は、
私人が、加盟国の EU 法違反により生じた損害の賠償を国内裁判所で請求
する際の基礎として機能するが、判決によって違法と判断された加盟国の
行為は、加盟国が自ら是正するまで引き続き存在し続けるのである。

もちろん加盟国が、判決が認定した EU 法違反を是正しないことは違法
であり（EU 運営条約 260 条 1 項）、新たな EU 法違反を構成する。その
ような事態が生じると、通常は、当該加盟国は、EU 内で政治的に強い批
難を受けるので、加盟国は、判決に自主的に従う場合が多いが、判決の履
行に長期間を要することも少なくない[65]。さらに、前述のように、加盟
国が、違法行為を是正しない場合があり得る。その場合には、EU には、

---

63) ポーランド政府が、2016 年に認可した、ユネスコ世界遺産である原始林の大規模伐採計画
に対して、欧州委員会は、環境保護指令違反を理由に、義務違反訴訟を提起し、伐採の即時中
止を求めて、EU 運営条約 279 条に基づく暫定措置を EU 司法裁判所に申請し、裁判所は、
2017 年 7 月、伐採の差止めを命じたが、ポーランド政府は、ただちには伐採を停止しなかっ
た（European Commission, "Commission calls for immediate suspension of logging in Poland's
Biatowieza Forest", IP/17/1948, 13 July 2017; Case C-441/17 R, Commission v. Poland, 27
July 2017）。
64) Deirdre Curtin, "Directives: The Effectiveness of Judicial Protection of Individual Rights",
CMLRev., Vol.27, Issue 4, 1990, pp.711-712.

どのような手段が用意されているであろうか。それが、金銭的制裁の賦課である。

②　加盟国に対する金銭的制裁による間接強制

　EU基本条約は、加盟国が判決に従わない場合、欧州委員会の提起する別訴訟により、当該加盟国に金銭的制裁を課すことを規定している（EU運営条約260条2項）[66]。判決に従わない加盟国に対する金銭的制裁は、義務違反訴訟の判決の実効性を高めるために、マーストリヒト条約により1993年に導入された制度である。相当数の事案において手続が開始されているが、最終的な判決にまで至った事件は、それほど多くない。それは、制裁金の賦課を恐れて、加盟国が、訴訟手続中に義務違反を是正するからであり、その意味では、制度は十分に機能している。

　ただし、欧州委員会が金銭的制裁の申立てになお慎重であるのは、制裁金支払い命令の加盟国に対する強制力に疑問があるからでもある。もし、加盟国が裁判所の命令に反して金銭支払いを拒絶した場合には、どうなるのであろうか。EU司法裁判所の判決は、一般に、加盟国において強制執行が可能である（EU運営条約280条・299条）。しかし、判決執行の条件は、加盟国以外の私人に金銭支払い義務を課す判決を対象として設定されており、加盟国が制裁金の支払いを怠った場合の支払い命令の執行は不明確であり、加盟国から強制的に制裁金を徴収することは、現実には困難である[67]。換言すれば、加盟国が腰を据えて、EU司法裁判所の判決に抵抗することを決意した場合には、義務違反訴訟は十分な効果を上げ得ない。そして、ポーランド・ハンガリー両国の状況は、そのような事態を十分に予測させるところまできている。

65）例えば、判決に従った国内的実施措置がとられていない事例は、1993年末の時点で、合計82件に達していると報告されていた。このなかには、判決後時日の経過していないものもあるが、1987年・1988年に判決が下された事案も一部に残っていた（European Commission, Eleventh Annual Report to the European Parliament on monitoring the application of Community law, OJ 1994 C 154/1, pp.169-173）。

66）Ian Kilbey, "Financial Penalties Under Article 228（2）EC: Excessive Complexity?", *CMLRev.*, Vol. 44, Issue 3, 2007, pp.743-759.

67）ECより加盟国に移転される資金より、制裁金額を差し引く方法を開発することを提案する意見がある（Deirdre Curtin, "The Constitutional Structure of the Union: A Europe of Bits and Pieces", *CMLRev.*, Vol.30, Issue 1, 1993, pp.33-34）。

③　EU から加盟国への資金移転の停止・削減

　そのような認識は、欧州委員会も共有しているため、新たな手段が提案
された。それが、基本的価値の尊重を EU 予算の場面でも貫徹することを
目指して、欧州委員会が、2018 年に提案した、EU 予算に関する新たな規
則案であり、同規則案は、2020 年 12 月に採択された[68]。規則は、加盟国
における「法の支配」、とくに司法機関の独立・公正は、加盟国による
EU 予算執行の本質的な前提条件であるとの立場から、「法の支配」の原
則の違反がある場合に、EU 予算から加盟国への支払の停止、既存の約束
による財政援助の停止または削減、新たな援助約束の禁止を盛り込んでい
る（規則 5 条 1 項）。現在でも、一定の理由がある場合、欧州委員会は、
加盟国への支払いを停止できるが、「法の支配」との関連は明らかではな
かった[69]。規則は、EU 予算の適切な執行を主な立法理由としているが、
随所で司法の独立を強調し、明らかにポーランド・ハンガリーの事態を念
頭に置いていることが伺われる。同規則は EU 運営条約 322 条 1 項を根拠
とし、通常立法手続が適用されるので、EU 理事会は特定多数決で採択で
き、ポーランド・ハンガリー両国の反対にもかかわらず採択が可能であっ
た。加盟国は一方で EU に資金を拠出し、他方で様々な名目で EU から資
金を受け取っている。EU にある各種基金（欧州地域開発基金、欧州社会
基金、結束基金、欧州農業基金など）からは、加盟国に多額の支払いが行
われている。そして今後、コロナウイルス感染拡大からの経済回復のため
に、新たに設立された復興基金からの資金移転も予定されている。両国は、
これまでも EU からの資金純受取国であり、EU からの財政援助は両国に
とって重要である[70]。もし EU からの資金移転が削減または停止されれば、

---

68) Regulation（EU, Euratom）2020/2092 of the European Parliament and of the Council of 16
　　December 2020 on a general regime of conditionality for the protection of the Union budget,
　　OJ 2020, L 433, I/1.

69) Article 142 of Regulation（EU）No. 1303/2013 of the European Parliament and of the
　　Council of 17 December 2013, OJ 2013, L 347/320.

70) 例えば、ハンガリーは、2016 年だけで、1 億 3200 万ユーロの拠出に対し 45 億 4600 万ユー
　　ロを受け取り、ポーランドは、5 億 3700 万ユーロの拠出に対して、106 億 3700 万ユーロを受
　　け取るというように、大幅な入超である（Nanette Neuwahl and Charles Kovacs, "Hungary
　　and the EU's rule of law protection", *Journal of European Integration*, Vol.43, Issue1, pp.17-32,
　　2020）。

両国への影響は小さくなく、規則により、「法の支配」の違反を理由に、EUから加盟国への資金移転の停止・削減が可能になった意義は大きい。前述の義務違反訴訟判決の不履行に対する制裁金の賦課が事実上加盟国に強制できないのと異なり、加盟国への財政移転を現実に制限できれば、加盟国から制裁金を徴収するのと同じ経済的効果が得られるからである。規則の成立により、EUは、初めてポーランド・ハンガリー両国に対する牙を持ったと言えるかもしれない。そうであるからこそ、ポーランド・ハンガリー両国は、2021年3月、規則に対する無効訴訟をEU司法裁判所に提訴し、現在、審理が続いている[71]。新規則の効果を警戒しているのである。欧州委員会は、現在、規則適用の準備を進めている。規則による資金移転の停止・削減が、両国政府の行動に一定の影響を生じさせるのか否か、今後の適用を注視しなければならない。

最後に——立憲主義と民主主義

　2004年のEU東方拡大以降、立憲主義の伝統を持たない多くの中東欧諸国を抱え込んだことは、EUのリスク要因となっており、それらの加盟国のために、過去10年間、EUにおける「法の支配」が弱体化してきたと認識し、現状に危機感を感じる者は少なくない。本稿で検討してきたのは、EUは、「法の支配」を支えるために十分な手段を保有しているか否かである。ハンガリー、そしてポーランドで起きた非リベラル政権による「法の支配」の侵害に対して、EU機関、欧州委員会、欧州議会、EU司法裁判所は、いわば使える手段を総動員して対応してきた。EU条約7条手続、義務違反訴訟の活用に加えて、紙幅の関係で、本稿では検討しなかったが、先決裁定手続も、国内裁判所の独立の侵害に対処する手段として機能している[72]。EU基本条約の改正・EU理事会での全会一致が必要なEU立法によらずとも、義務違反訴訟と暫定手続のより体系的な活用、7条手続の全面的な適用等、既存の手段を十分に活用することによって、相

---

71) Case C-157/21 Poland v. Parliament and Council（pending）; Case C-156/21 Hungary v. Parliament and Council（pending）.

当程度の効果を上げることができると主張される[73]。このような戦略にとっては、問題のある加盟国に対して、圧力をかけるポイントを増やすことが重要であり、既存の諸手段に加えて、EU 予算に関する新たな規則により、EU は、より効果的に対応できるようになるはずである。もっとも、EU の有する各手段は、基本的価値に反する加盟国に圧力をかけるにとどまり、最終的な「法の支配」の回復は、それが国内司法制度の問題である以上、加盟国自身によって図られなければならない。

　ここで問題となるのが、ポーランド・ハンガリーの非リベラル政権を両国国民の多くが支持していることである。例えば、ポーランドでは、2019年 10 月の総選挙で、「法と公正」党は辛勝ではあるが勝利を収め[74]、2020 年 7 月に行われた大統領選挙でも、「法と公正」党が支持する現職のドゥーダ大統領が、51.21% 対 48.79% の僅差ではあるが再選された[75]。僅差は一方では、「法と公正」党の政権が盤石ではないことを示すが、他方、僅差とはいえ「法と公正」党が勝利したことは、その統治が今後も継続することを意味する。ポーランドの「法の支配」はさらに劣化する可能性が

---

72) 例えば、欧州逮捕令状制度は、EU 条約 2 条の基本的価値の共有を前提にした、加盟国間の相互信頼に基づき、ある加盟国で発給された逮捕令状に基づき、他の加盟国の国内に所在する被疑者・被告人をその加盟国（執行加盟国）が逮捕し、確保した当該被疑者・被告人の身柄を、逮捕状を発給した加盟国（発給加盟国）に引き渡す制度である。しかし、発給加盟国で「法の支配」が欠如すると、執行加盟国は、当該対象者が発給国に引き渡された後に生じる人権侵害の危険を懸念して、発給加盟国への身柄移送に躊躇するようになる。そして、2018 年の LM 事件先決裁定は、アイルランドからポーランドへの引渡しが問題となった事案であるが、司法の独立は、公正な裁判を受ける権利の本質であると判示し（Case C-216/18 PPU, LM, 25 July 2018, para.48）、とくに、発給国が 7 条手続の対象である場合、執行国当局は、発給国に送還した後の危険を評価しなければならないと判示した（*Id.*, paras.68-69）。この判断は、ポーランドを欧州逮捕令状システムから切り離す効果を生じ、ポーランド政府への間接的な圧力を構成する。また、2020 年の A.K. 事件では、ポーランドにおける裁判所の独立が争点となり、裁定は、前述の懲戒法廷および司法評議会の独立性を実質的に否定する判断を下している（Joined Cases C-585/18, C-624/18 and C-625/18, A.K. v. Krajowa Rada Sądownictwa, CP, DO and Sąd Najwyższy, 19 November 2019）。

73) Laurent Pech and Dimitry Kochenov, "Strengthening the Rule of Law Within the European Union: Diagnoses, Recommendations, and What to Avoid, Policy Brief – June 2019", pp.1-23.

74) JETRO「議会総選挙で与党『法と正義（PiS）』が上下院とも勝利（ポーランド）」（2019 年 10 月 17 日）（https://www.jetro.go.jp/biznews/2019/10/43f4f4da749310c2.html）。

75) Ester Zalan, "Poland's EU-battles to continue as Duda wins tight vote, euobserver", 13 July 2020（https://euobserver.com/political/148926）.

高く、EU との緊張状態は当分の間は続かざるを得ないであろう。

　報道の自由・表現の自由の制限などが指摘されるとはいえ、両国の現政権が、基本的に民主的選挙を通じて誕生し、維持されている民主的正統性を有する政権であるという事実は、立憲主義と民主主義の関係をどう理解するかという課題を提示している。EU は、民主主義を絶対視せず、仮に国民の多数が支持しても、肯定され得ない事項を広く認め、その意味で立憲主義を民主主義に優先させる。他方、ポーランド・ハンガリー両国は、民主主義をより重視し、国民の多数の意思に従うことが正しいことであると認識する。要するに、両者の対立は、立憲主義と民主主義の理解の相違に根差す部分があるのである。

（2021 年 7 月脱稿）

第1項　ユーロの今後：ユーロ制度改革の成果と課題①
──金融同盟

日本大学経済学部准教授　太田瑞希子

1. 金融同盟の出発点（ユーロ危機後の制度改革における位置づけ）

　金融同盟は、EU が 2025 年までの達成を目指す新たな経済通貨同盟（EMU）の柱の一つである。世界金融危機後、銀行監督と規制の強化に世界の先進各国が取り組むなかで、EU はさらに三波のユーロ危機に襲われた。第一波は 2010 年 4 月のギリシャのデフォルト危機から 2011 年 4 月のポルトガルへの金融支援まで、第二波は 2011 年 6 月からの GIPSI 諸国におけるソブリン危機と銀行危機の連動からの金融パニックから 2012 年 2 月の「ドラギ・マジック」による沈静化まで、第三波は 2012 年 4 月のギリシャのユーロ圏離脱危機から同年 9 月の欧州中央銀行（European Central Bank：ECB）による危機国の短期国債の無制限購入措置 OMT（Outright Monetary Transaction）採択による沈静化まで、である。

　ギリシャに始まった第二波が、イタリア、スペインと拡大を続けていた 2012 年 6 月に、銀行同盟（Banking Union）の創設がユーロ圏首脳会合で合意された。同年 12 月にファンロンパイ欧州理事会常任議長（当時）が「真の経済通貨同盟に向けて」[1] を公表し、金融統合や財政統合の推進の必要性とその手段を 2012 年末から開始する 3 段階の工程表で示した。この時点では金融分野での統合は、第 1 段階では単一監督メカニズム（Single

---

1) Van Rompuy（2012）.

Supervisory Mechanism：SSM）の創設と自己資本規制および指令（Capital Requirement Regulation and Directive：CRR/CRDIV）の発効、各国の破綻処理および預金保護枠組みの調和、欧州安定メカニズム（European Stability Mechanism：ESM）を通じた銀行への直接的資金注入の枠組み創設を、第2段階では共通破綻処理当局の完成など、そして第3段階では単一破綻処理メカニズムおよび預金保険メカニズムの創設などによって構成されており、その主眼はほぼ銀行同盟に置かれていた[2]。

　そこからさらに進んだ金融市場の統合、とくに EU における単一資本市場の構築を打ち出したのは、2015 年6月にユンケル欧州委員会委員長（当時）がトゥスク欧州理事会常任議長（同）、ダイセルブルーム・ユーロ圏財務相会合議長（同）、ドラギ欧州中央銀行（ECB）総裁（同）およびシュルツ欧州議会議長（同）との連名で発表した「欧州の経済通貨同盟の完成（以下、ユンケル報告）」[3]である[4]。この報告書は、経済通貨同盟（European Monetary Union：EMU）は部分的にしか完成しておらず、経済成長と物価安定の均衡に基づく繁栄の場であること、そして完全雇用と社会の発展を目指した競争的な社会市場経済という EMU の目的を達成するためにさらなる進歩が必要と述べたうえで、4つの分野を、①真の経済同盟（Genuine Economic Union）、②金融同盟（Financial Union）、③財政同盟（Fiscal Union）、④政治同盟（Political Union）を進歩のための前線と定義した。これら4つの同盟は相互依存的であり、ゆえに並行的な進行とすべてのユーロ国の参加が必須であるとしたうえで、その実現プロセスを分野（同盟）ごとに3段階の工程表で示した。第1段階は 2015 年1月から 2017 年6月 30 日まで、第2段階は 2017 年7月から、第3段階は遅くとも 2025 年までに終了というタイムスケジュールであった。そのうち、真の経済同盟と金融同盟は相互補完的かつ相互に補強するものとして、4つの同盟のなかでも第1段階の最優先と位置づけられた[5]。

2）ESM は財政協力の枠組みの一環としても言及されている。

3）Junker et al.（2015）.

4）ただし、計画自体は 1960 年代半ばの「単一欧州資本市場計画」に起源をさかのぼる。同計画は不成功だったが、その後 EU は独自の金融統合を進めた。

２．金融同盟の構成

　金融同盟は、①銀行同盟の完成、②資本市場同盟（Capital Markets Union：CMU）の始動、の２要素からなる。

（１）　銀行同盟

　世界金融危機からユーロ危機へと危機が連続的に欧州を襲うなかで、本国監督主義の限界が露呈した。金融サービスの IT 化が進みシステミック・リスクが甚大となり、金融監督をクロスボーダーで一元的に実施する機関が必要とされたこと、ユーロ圏内に連鎖的な銀行破綻が発生したこと、国家による銀行救済・整理のための資金援助が財政収支の悪化を招き政府長期債利回りが上昇、銀行のバランスシートの悪化を招き危機がさらに悪化するという悪循環が生じたこと等を背景に、銀行の資本強化とその監督、危機の早期発見と適切な破綻処理と預金者の保護を目指し、銀行同盟の創設は合意された。

　銀行同盟の三本柱は、単一監督メカニズム（SSM）、単一破綻処理メカニズム（Single Resolution Mechanism：SRM）、欧州預金保険スキーム（European Deposit Insurance Scheme：EDIS）である[6]。

　2014 年 1 月に発足した SSM は、ユーロ圏および SSM への参加を選択した非ユーロ圏の国々の重要と位置づけられる銀行に対して、ECB が直接的かつ一元的に金融監督を担うシステムである[7]。本稿執筆時点で 117 行が ECB の直接監督の対象であり[8]、これらはユーロ圏の銀行資産の約 82%を占めている。

5）よって、実質的に第 1 段階にその改革項目が集中しており、第 2 段階では 1 項目のみ、第 3 段階では項目設定自体がない。

6）銀行同盟の詳細と制度構築の過程については、太田（2015）を参照。EDIS の発足は確定していないため、ECB は銀行同盟を SSM と SRM の二本柱からなると表現している。

7）ユーロ圏の国々はすべて参加することが規定されているが、非ユーロ圏の国々は選択制である。

8）間接的な監督対象を含めると約 6000 行。

　SRM は、金融システム上重要な銀行に万が一に備え破綻処理計画の策定を義務づけるとともに、危機発生時の意思決定を単一破綻処理委員会（Single Resolution Board）と欧州理事会が担うことによって、迅速な対応を可能とする制度であり、2016 年 1 月に始動した。ベイルイン（bail-in）原則[9]を導入するとともに、危機時には単一破綻処理基金（Single Resolution Fund：SRF)[10]に積み立てられた資金を充てる仕組みである。

　一方、銀行同盟の三本目の柱である EDIS 始動の目処は立っていない。2014 年、改正預金保険制度指令によって、EU 加盟国には最低 10 万ユーロの預金保護が義務づけられた。対象預金の払戻しも段階的に短縮され、2024 年 1 月からは 7 営業日以内に行われることとなった[11]。払戻しの原資は各国内の基金への積立てである。EDIS は、この各国基金の共通化（単一化）をベースとする案となっており、これにドイツが強く反対してきた。2018 年には、各国基金を維持しつつ共通部分にも積立てを行うハイブリッド案が示されたが、各国の同意を得られず頓挫した。共通部分の資金だけでは不足した場合に、各国基金から相互使用できる条件が含まれていたためである。2020 年 12 月には、欧州委員会が EDIS 実現のために新たな提案を行う予定との報道[12]がなされたが、EDIS の実現にはまだ時間がかかりそうである。

　また銀行同盟の一部ではないが、SRF で資金が不足した場合に追加的な資金を提供するという意味で、欧州安定メカニズム（ESM）は銀行同盟と補完関係にある。

9）経営破綻によって生じる損失を株主や債権者に負担させる方式。経営の失敗を税金によって補填するベイルアウト（bail-out）を回避するために導入された。

10）2016 年から 2024 年末までに付保預金の 1 ％に当たる額を各国の破綻処理基金に積み立て、その後は基金が単一化される。ただし各国の枠組みは維持され、自国銀行の破綻に際してはまず各国の積立部分を使用し、不足分は他国の枠組みから合意のもとで借用できる。

11）危機前の EU では、最低限の調和原則に基づき、預金保険制度指令によって最低 2 万ユーロの預金保護が義務づけられていた。しかし、各国によって保証額が大きく異なることから、危機時には大量の預金移動が発生し、預金保護政策による公平な競争市場の歪曲であると非難を集めた。また預金者への実際の払戻しに最低でも数カ月を要したため、改定指令には最低保護額の引上げと払戻期限の設定が盛り込まれた。

12）Valero（2020）.

（2）　資本市場同盟

　資本市場同盟の目的は、①銀行融資を補完し、より深く発達した資本市場を備えた多様な金融システムの発展、②欧州をめぐる硬直的な資本を開放し経済のために機能させることで貯蓄者に対してより投資機会を提供するとともに、事業者に対してより低コストでの資金調達の選択肢を提供する、③投資家が国境を超えて障害なく資金を投資可能かつ企業がそのロケーションにかかわらず多様なソースから必要な資金を調達できる「真の単一資本市場」を EU に創設する[13]、ことであり、これは言い換えれば「民間セクターを媒介としてリスクシェアを促進し金融セクター全体の回復力を高める」[14] ことである。

　背景にはまず、EU 資本市場の間接金融への高依存度と市場からの資金調達への低依存度がある。EU では、米国や日本と比較して中小企業や同族経営の企業の割合が大きい。米国や日本では銀行と証券の兼業が認められていないのに対して、EU ではユニバーサル・バンキング（銀行と証券の兼営）が主流であることも理由としてあげられる[15]。

　非金融企業の資金調達構造を対 GDP 比で見ると、銀行融資の割合は日本とユーロ圏は近似するが、市場性調達の規模は大きく異なる（**図表1**）[16]。債務証券と上場株式を合わせた市場性調達の比率が最も高いのが米国（69％）だが、ユーロ圏の市場性調達比率は28％と米国の比率の4割にとどまり、欧州委員会も「非常に低いレベル」[17] ととらえている。非市場性調達への依存度が高いということは適切なリスク分散とは程遠く、世界金融危機やユーロ危機に際してリスクが銀行部門に集中することとなった。銀行部門の回復の遅れはさらに企業にとっての資金調達環境の回復の遅れとなって現れた。

　また投資サイドから見ても、銀行危機発生時には市場性調達（直接調達）

13）欧州委員会「資本市場同盟」ウェブサイト（2019 年 2 月 25 日アクセス）。

14）European Commission（2017）p.20.

15）IMF（2019）p.9.

16）資本市場同盟は EU 規模のイニシアチブだが、ここではデータの制約上ユーロ圏の数字を利用している。

17）欧州委員会各種資料。

図表1　非金融企業の資金調達構造（対GDP比、2017年）

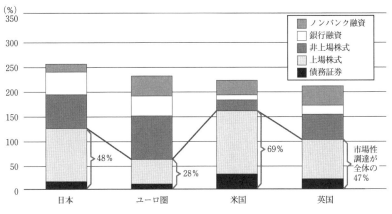

出所：IMF（2019）.　＊元データ Haver Analytics および IMF staff calculations より筆者修正。

図表2　金融危機と投資

	市場性調達(直接調達)	銀行ベース調達(間接調達)
銀行危機	発生当初は同様の落込み	
	より早い回復	遅い回復
ソブリン危機 （ユーロ危機）	投資の落込みはより小さい	投資落込みはより大きい
	回復スピードは近似	

出所：European Investment Bank（2014）p.8.

と銀行ベース調達（間接調達）では投資の落込みは近似するが、回復ステージにおいては市場性調達のほうが回復が早い（**図表2**）[18]。

　また中小企業に限れば、この傾向はさらに強まることが複数の加盟国で確認できる。**図表3**は、中小企業にとっての適切な資金調達手段を複数選択式で調査したものから銀行融資を抜き出したものである。銀行融資の利用度合いの大小はEU15の旧加盟国か新規加盟国かには依存しないことがわかる。ベルギーでは銀行融資が株式やクレジットライン等の市場性調達の各手段を抑えて調達手段として最重要である。フランス、スペインおよ

---

18) ユーロ危機（ソブリン危機）時には、銀行ベースのほうが投資の落込みは大きい。ただし回復に要する時間に差はない。European Investment Bank（2019）P.8-9.

図表3　中小企業の資金調達（銀行融資利用の割合）

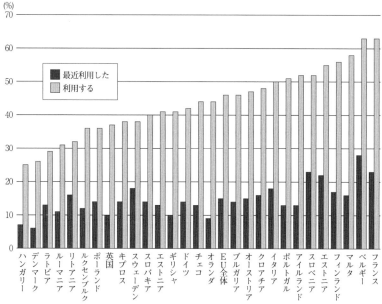

出所：European Commission, Survey on the Access to Finance of Enterprises より筆者作成。

びイタリアなども銀行融資を選好する割合が高い。

　これは同時に EU の資本市場のもう一つの問題点につながる。資本市場の国境での分断が完全には解消されておらず、かつその規模や市場レベルの差が大きい点である。金融規制はほぼ一本化され、単一パスポートの導入等により金融サービス市場の統合は進んだ。しかし、銀行部門に比較して資本市場の統合が追い着いているとは言い難い。また、銀行融資におけるホームバイアスも指摘される[19]。

　上記を確認する一助となるのが、EU 各国の家計の金融資産の構成を示した**図表4**である。これを見ると、現金・預金の占める割合が米国並みの水準なのはスウェーデン、オランダ、デンマークの北欧3カ国のみである。EU 域内でも最も低いオランダ（15%）とギリシャ（64%）では3倍以上の差がある。家計の資金が市場への投資資金として有効に活用されていな

19) Bank of England（2015）pp.13-14.

図表 4　家計の金融資産構成（2018 年）

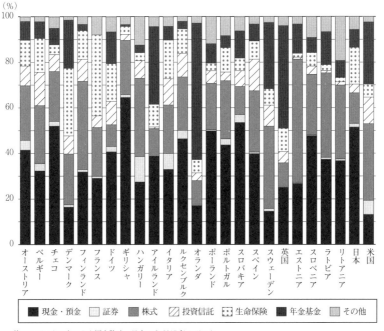

注　：データのない 5 カ国を除く。日本のみ 2017 年のデータ。
出所：OECD database.

い国が少なくないことがわかる。

3. 現在までの経過と Brexit

（1）　ユンケル報告後

　ユンケル報告における金融同盟の実現に関する主要なタスクは第 1 段階に集中する。その中身は**図表 5** の通りである[20]。しかし、2015 年 1 月から 2017 年 6 月 30 日までとされたこの段階から工程表通りには進まず、EDIS の創設や ESM の機能強化に関する進展はほとんど見られなかった。ドイツをはじめとする主要国と欧州委員会とのあいだに、依然として、万

20）銀行同盟はユーロ圏の枠組みであるのに対して、資本市場同盟は EU 全域を対象とするイニシアチブであることには留意が必要である。

図表5　ユンケル報告における金融同盟の工程

<銀行同盟の完成>
・銀行再建破綻処理指令の全加盟国での完全な国内法化
・SRFの強化
・EDISの創設
・銀行同盟に関する法制の差異の解消
・ESMによる直接的な銀行の資本増強の効果向上
・欧州システミックリスク理事会（ESRB）の強化
<資本市場同盟の立上げ>

出所：Junker, J.C. et al. (2015).

が一の際の負担分担について意見の溝が存在しただけではなく、英国のEU離脱問題が勃発したからでもあった。

（2）　改定工程表の公表

　2017年5月に、欧州委員会は「経済通貨同盟の深化に関するリフレクションペーパー」を公表し、ユンケル報告で示された経済通貨同盟の改革計画の進捗に関する評価とさらなる改革案の提示を行った。ここで新たに2017年から2019年までの第1段階[21]と2020年から2025年までの第2段階の工程と改革項目が設定された。そのうち金融同盟に関する部分は**図表6**の通りである。

　上記図表の項目のうち「単一欧州資本市場監督者」は、資本市場同盟とでき得る限り時間差なく実現されるべき項目といえよう。世界金融危機とユーロ危機は、EUの金融監督制度の問題点を露呈させた。銀行によるクロスボーダーなサービス展開やユニバーサル・バンキングの拡大による過大なリスクテイクの一方、各国の金融監督当局が個別に自国を本国とする銀行グループの監督を行う制度が維持されたため、経営上の重大なリスクが見逃されたことは大きな批判を集めた。また破綻に際しての対応も国ごとに異なるケースや、多国籍銀行グループの危機への対応関連各国の当局間での協議と合意の迅速な遂行に課題が指摘された。これを受けてEUは金融監督体制の改革に乗り出し、EUレベルでの単一の金融監督と破綻処

21）ユンケル欧州委員会委員長（当時）が2019年11月末で任期満了であったため。

図表6　改定工程表（金融同盟部分）

第1段階（2017～2019年）	第2段階（2020～2025年）
＜銀行同盟と資本市場同盟＞ ・金融セクターのリスク削減措置のさらなる実施 ・不良債権処理の戦略 ・SRF の共通バックストップの設置 ・EDIS 合意 ・資本市場同盟イニシアチブの完成 ・欧州監督当局による監督体制の見直し 　（単一欧州資本市場監督者へ向けた第一歩） ・ユーロ圏のソブリン債担保証券の実現に向けた作業	＜資本市場同盟イニシアチブの継続的実行＞ ＜EDIS の本格展開＞ ＜欧州安全資産（ESA）発行への移行＞ ＜ソブリン債の規制上の取扱いの変更＞

注　：本工程表では銀行同盟項目と資本市場項目の区別はされていない。
出所：European Commission（2017）.

理体制を構築した（銀行同盟）[22]。

　同様に、EU レベルで高度に統一された資本市場が単一の監督を必要とするのは自明である。現在は銀行同盟のミクロ・プルーデンス監督制度下の一当局である欧州証券・市場局（European Securities and Market Authority：ESMA）が各国の監督当局による監督実務の調和を担っているが、証券市場の監督は銀行監督と比較して大きく遅れているといわざるを得ない[23]。この点を踏まえ、欧州委員会は単一の証券市場監督者の創設を志向している。

（3）　資本市場同盟：新アクションプランの公表

　現実には、改訂工程表よりも進捗はさらに遅れ、CMU の実現の目処は立っていない。しかし、COVID-19 がもたらした危機は、パンデミックからの経済復興への突破口としての CMU の必要性を改めて際立たせることとなり、2020 年9 月には欧州議会が欧州委員会と加盟国に対して、CMU 実現へ向けて断固とした行動を求める報告書を公表した。欧州委員会も同年9 月に、コミュニケーション「人々とビジネスのための資本市場同盟　新アクションプラン」[24] を発表した。

22）詳細については、太田（2015）を参照。
23）SSM における ECB の直接監督は銀行監督に限られる。
24）European Commission（2020）.

　同アクションプランは、従来の行動計画をさらに補足し、資本市場同盟実現をより強く推し進めるために、①欧州企業の資金調達をより容易にすることで、環境に優しく、デジタル化に対応した、包括的かつ強靭な経済回復の支援、②EU を個人が長期的貯蓄や投資を行うのに、より安全な場所とする、③各国の資本市場を真の単一市場に統合する、の 3 つを目的に据え、16 のアクションを新たに規定している（**図表 7** 参照）。関連法制の多くは、2021 年後半〜 2022 年にかけて見直し・提案が予定されている。

（4）　Brexit と資本市場同盟

　資本市場同盟の構想は、既述の通り間接金融への依存度の低減（民間セクターによるリスクシェア）と分断された各国資本市場の統合等を目的としてスタートしたものだが、英国の EU 離脱という決定はその実現にさらなる課題を生み出した。ユンケル体制のもとで資本市場同盟構想をリードしてきたのは英国出身のヒル欧州委員（金融安定・金融サービス・資本市場同盟担当）だったが、2016 年の Brexit 国民投票後早々に欧州委員を辞任した[25]。

　EU 離脱前の英国は EU 最大の金融サービス市場を抱えてきたが、2020年 12 月 31 日の EU 離脱により EU の単一金融サービス市場の外に位置づけられることとなった。これは EU・英国の双方にとって様々なリスクを生み出す。ユーロ圏の共通通貨であるユーロが国際通貨としての地位を確立するために、ヨーロッパ最大の金融市場であるロンドン金融市場の果たしてきた役割は欠かせなかった。英国は英国で、単一免許制度の恩恵の喪失と同等性評価への依存、EU 規制への影響力の喪失、EU のデータ保護への域外国としての対応等、EU 離脱による様々な不利益を被ることとなる。金融市場関係者には、EU 離脱後もロンドン金融市場の重要性やシェアは大きく変化しないと見る向きが大勢であったが、その見解は楽観的すぎるであろう。2021 年に入り、すでに株取引やデリバティブ取引の大きなシェア変動や低下が見られ予断を許さない。

25）ロンドン金融市場の優位性維持を目的として、キャメロン首相（当時）の肝いりで同ポストに着任した。

図表7　CMUアクションプラン2020

3つの目的

1. 企業が資金調達をより容易にすることで、環境に優しく、デジタル化に対応した包摂的で強靭な経済回復を支援する

（中小企業分野）アクション

1) 企業の財務・サステナビリティ情報へのシームレスなアクセスを投資家に提供するEUレベルのプラットフォーム（欧州単一アクセスポイント）設立を提案する
2) 革新的な小企業の資金調達を促進し、また調達手段を多様化するために、公開市場への上場規則の簡素化を図る
3) スマートで持続可能かつ包摂的な成長に貢献する企業やインフラ計画への長期的な資金提供のために、欧州長期投資基金（ELTIFs）の法枠組みを見直す
4) 保険会社が金融安定性保護や保険契約者保護を損なうことなく、長期投資を行うための規制上の障害の排除、および銀行による中小企業に対する長期的株式投資について適切な健全性の取扱いを行うことを求める。さらに、銀行や他の金融機関によるマーケットメーク活動を促進する可能性について評価する
5) 銀行が与信を断った中小企業を代替資金の提供者に取り次ぐ義務を導入することのメリットと実現可能性を評価する
6) EUの証券化市場拡大に向け、EU企業、とくに中小企業に対する銀行の信用供与を強化するために、証券化に関わる現行の規制枠組みを見直す

2. EUを個人が貯蓄をより安全に長期的投資に振り向けることができる地域にする

（リテール分野）アクション

7) 欧州の金融リテラシーフレームワーク (European financial competence framework) の展開に関する評価を実施する。EU加盟国に対し、とくに責任投資および長期投資に関する金融リテラシー向上のための学習支援システム導入を求める可能性について評価する
8) 投資勧誘やディスクロージャーに適用される規則を評価し直し必要に応じて、個人投資家が公平な助言や金融商品に関わる明確で比較可能な情報を入手できるよう既存の法的枠組みを修正する。適切なセーフガードのもと、経験豊富な個人投資家に提供される過剰な情報の削減方法について提案。EUにおけるファイナンシャル・アドバイザー職の認定レベルを向上させ、欧州全域に通用するファイナンシャル・アドバイザー資格を設けることが可能か評価する
9) 年金ダッシュボードの発展を通じて、加盟国における年金制度の給付十分性の適切性に関するモニタリング機能を高める。個々の欧州市民の年金記録システムに関わるベストプラクティスの展開、年金の自動加入制度を分析する研究を開始し、企業年金制度への加入を促す他の実例について分析することで、加盟国におけるこれらの制度に関するベストプラクティスを展開する

3. 各国の資本市場を真の単一市場へと統合する

（単一市場分野）アクション

10) クロスボーダーの投資を行う投資家にとってのコストを削減し、脱税を防止するために、源泉徴収手続の軽減に関するEUレベルの共通かつ標準化されたシステムを提案する
11) 破綻処理手続の結果をより予測可能とするために、（非金融）企業の破産法の一部規定に関して、最低限の調和または収斂強化に向けた（EU法もしくはその他の手段による）各種の取組みを強化する。債権回収に関わる各国の手続きの実効性について定期的な査定を可能とするため、報告データの拡充を欧州銀行監督局（EBA）とともに検討する
12) 投資家のクロスボーダーでの関与を促進するため、EUレベルで「株主」に関する定義を共通化し、投資家・仲介業者・発行者の相互関係を定める諸規則を一層明確化・調和化させることを検討する。また、この分野での新デジタル技術の使用に対して生じ得る各国障壁について検討する
13) EUにおけるクロスボーダーでの決済サービス（settlement）の提供の改善に向けて規則の修正を検討する
14) 株式や株式に類似する金融商品についての、効果的かつ包括的な取引後の統合テープ（取引に関するデータ）作成を提案する
15) EUにおけるクロスボーダー投資に関する投資家保護の強化と促進の枠組み強化を提案する
16) 資本市場に関わる単一ルールブックの強化に向けて、EU規制の一層の調和の必要性について評価し、監督分野の域内収斂の進展に関してモニターを実施する。2021年第4四半期に現況を確認したうえで、監督機関相互の協力強化もしくは欧州監督局（ESAs）による直接的な監督に向けた諸措置について検討する

注：2021年1月時点。出所：European Commission (2020)（筆者訳）.

　EU にとっては、資本市場同盟の実現の必要性はより高まったといえる。いまだ各国レベルで分断された資本市場の統合を進め、イノベーション企業・スタートアップ企業・非上場企業への資金調達の向上、市場への参入と資金調達の容易化、事業法・金融法などの各種法制度や税制等を統一することで、EU 域内への投資の刺激、民間資金の有効活用が促されるからである。

（2021 年 7 月脱稿）

参考文献

・太田瑞希子（2015）「EU 銀行同盟——3 本柱から考察する統合の深化と展望」経済学論纂（中央大学）55 巻 5・6 合併号、21-43 頁。
・Bank of England（2015）"A European Capital Markets Union : implications for growth and stability", Financial Stability Paper Np.33, February.
・European Commission（2019）"Reflection Paper on the Deepening of the Economic and Monetary Union", COM（2017）291, Brussels, 31 May.
・European Commission（2020）"A Capital Markets Union for people and business- new action plan", COM（2020）590 final, Brussels, 24 September.
・European Commission, Survey on the Access to Finance of Enterprises（yearly survey data）.
・European Investment Bank（2014）"Unlocking Lending in Europe", 23 October. Luxembourg.
・International Monetary Fund（2019）"A Capital Market Union for Europe", IMF Staff Discussion Note, SDN/19/07, Washington,D.C., September.
・Junker, J.C. et al.（2015）"The Five Presidents' Report: Completing Europe's Economic and Monetary Union", Brussels, 22 June.
・Van Rompuy, Herman（2012）"Towards A Genuine Economic and Monetary Union", Brussels, 5 December.
・Valero, J.（2020）"Commission eyes new proposal to unblock deposit insurance scheme", Euroactive.com, 09 December.

第2項　ユーロの今後：ユーロ制度改革の成果と課題②
──財政同盟の課題と復興基金の意義

(株)ニッセイ基礎研究所研究理事　**伊藤さゆり**

はじめに

　EUによる単一通貨は、導入前の段階から、最適通貨圏の理論を軸に持続可能性が盛んに議論されてきた[1]。現実に、ユーロ圏を形成することになった国々は、所得水準、産業構造、競争力などに大きなばらつきがあった。非対称的なショックが生じやすい一方で、経済政策の調整や、労働市場の柔軟性、財政移転など調整のメカニズムは欠けていた。結果として、ユーロは、導入から10年目で世界金融危機とそれに続いてユーロ圏内の過剰債務国に連鎖した債務危機（ユーロ危機）という厳しい試練にさらされた。二つの危機を克服する過程では、銀行同盟の始動などのユーロ制度改革も前進し、「財政同盟」も形を変えたが、その方向は、ユーロの長期的安定という観点からは問題を残していた。ユーロ圏はユーロ危機再燃の芽となる圏内の格差を解消しないまま[2]、英国のEU離脱、さらに新型コロナウイルスの世界的な感染拡大に直面することになった。

　以下では、ユーロ圏の財政同盟の、ユーロ危機前の「財政同盟1.0」と危機後の「財政同盟2.0」の問題点を確認したうえで、コロナ危機対応について、とくに新たに創設された復興基金「次世代EU」に焦点を当てて

1）最適通貨圏の理論の詳細はDe Grauwe（2020）参照。同書の77頁で最適通貨圏の範囲に関する先行研究などが紹介されている。
2）圏内の格差については、第3章第1節第1項を参照。

財政同盟への意義を考察し、より安定したユーロのための「財政同盟 3.0」に向けた課題について論じたい。

1．ユーロ危機前後の変化──「財政同盟1.0」から「財政同盟2.0」へ

（1）「財政同盟 1.0」の問題点

　ユーロ導入から世界金融危機までユーロ圏の財政同盟はルールに基づく政策調整を行う体制だった。本稿では、これを「財政同盟 1.0」と呼びたい。「財政同盟 1.0」の基盤は、マーストリヒト条約（1992 年調印、1993 年発効）で構築された財政赤字 GDP 比 3 ％と政府債務残高同 60％という基準値と、ユーロ導入を控えた 1997 年 6 月のアムステルダム首脳会議で採択された安定成長協定（Stability and Growth Pact：SGP）」[3] である（**図表 1**）。

　「財政同盟 1.0」は、世界金融危機での大きな打撃とユーロ危機への発展を許したことで、多くの問題を含んでいたことが露呈した。SGP によるGDP 比 3 ％を超える過剰な財政赤字是正手続は、中核国のドイツ、フランスが違反を繰り返し、ギリシャの財政統計の不正を許すなど、有効に機能しなかった。財政運営は、景気循環増幅的で、危機への備えが不十分だった。政策の相互監視も、もっぱら財政赤字に焦点を当て、基準値を超える政府債務残高の問題への対応は十分ではなかった。最終的に財政の負担となり得る住宅バブルや、資本流出への脆弱性を示す経常収支赤字など、マクロ経済の不均衡の是正メカニズムも欠いていた。

　ユーロ導入国が、資金繰りの困難に至る事態を想定した枠組みを備えていなかったことも「財政同盟 1.0」の重大な欠陥だった。

（2）「財政同盟 2.0」への改革

　ユーロ危機への対応と再発防止への取組みにより、ユーロ圏は「財政同盟 2.0」に進化した。

　「財政同盟 1.0」と「財政同盟 2.0」の最大の違いは、資金繰り支援の枠

3）「欧州理事会決議」と「財政とマクロ経済政策の相互監視」、「過剰な財政赤字是正手続（EDP）」に関する規則からなる。

図表1　ユーロ導入国の財政ルール見直しの流れ

1992 年	マーストリヒト条約 (財政赤字 GDP 比3％、政府基準同 60％の基準値導入)
1997 年	成長安定協定(SGP)導入 (是正措置、予防措置)
2005 年	景気循環等を考慮するための改革 (構造的財政措置の強調、加盟国固有の要因の考慮)
2011 年	6パック (予防措置強化、中期財政目標からの重大な乖離、歳出ベンチマーク、是正措置における政府債務残高の削減ペースの重視、制裁措置の明確化、中期計画と予算策定プロセス明確化、各国における独立財政機関設置、マクロ経済不均衡手続〔MIP〕導入)
2013 年	財政協定 (構造的財政収支赤字を対 GDP 比 0.5％以内とする均衡財政を原則化) 2パック (ユーロ参加国の予算事前審査、過剰な財政赤字への監視強化)
2015 年	欧州委員会による SGP の柔軟解釈についての通達 (景気循環局面と構造改革、投資への配慮)
2020 年	経済ガバナンスレビュー(コロナ危機により停止中) (不均衡を創出せずに財政の持続可能性を高めるためのルールの改善、課題解決のための改革と投資を促すための EU の監視の役割、枠組みの簡素化と実行の透明化などについての意見聴取)

出所：各種資料より筆者作成。

組みの有無にある。2010 年6月に、ギリシャ危機への対応で3年期限の欧州金融安定ファシリティ（European Financial Stability Facility：EFSF）が創設され、2012 年 10 月には常設の機関として欧州安定メカニズム（European Stability Mechanism：ESM）が始動した。

「財政同盟 2.0」では、財政ルールと政策の相互監視体制も強化された。2011 〜 13 年までの法制化で、財政ルールと相互監視体制は強化され、マクロ経済の不均衡を監視し、是正を求める「マクロ経済不均衡是正手続（Macroeconomic Imbalance Procedure：MIP)」が導入された。2011 年からは「ヨーロピアン・セメスター」と称する年次サイクルで加盟国の財政政策とマクロ不均衡是正のための構造改革の取組みを一体監視するようになった[4]。

　財政ルールの主な改正点は、名目 GDP 比 60％の債務残高基準の重視、

4）財政ルールの内容、ヨーロピアン・セメスターについては、伊藤（2014）を参照。

歳出目標の導入、中期財政目標（Medium-Term Budgetary Objectives：MTOs）としての構造的財政収支赤字を対 GDP 比 0.5%以内とする「均衡財政」の原則化などである。

　相互監視体制では、ユーロ導入国の予算に「事前審査」のプロセスが加わった。ユーロ導入国は、毎年 10 月 15 日以前に次年度予算案を欧州委員会に提出し、欧州委員会が一連のルールとの適合性を判断し、非適合が認められた場合には再提出を求めることができるようになった。2018 年には、2013 年にこのルールが適用されるようになってから初めて欧州委員会がイタリアの 2019 年度暫定予算案を拒否、再提出を求めた。

2．「財政同盟 2.0」の問題点と改革の進展

（1）　問題点

　ユーロ危機克服の過程で、ユーロ圏は、ESM という事後的な危機対応のツールと、財政危機の未然防止を目的とするルールと相互監視体制を備える「財政同盟 2.0」となった。しかし、「財政同盟 2.0」は、ユーロの長期的安定という観点からは問題含みだった。

　「財政同盟 2.0」のフル稼働からコロナ危機に直面するまでの 6 年で、ユーロ圏内の格差是正や、南欧などの過剰債務問題の改善も見られなかった[5]。何よりも、世界経済における EU のプレゼンス低下を加速させたことは問題であった（**図表 2**）。

　「財政同盟 2.0」の問題の一つは、強化された財政ルールの緊縮バイアスにあった。被支援国に厳しい緊縮と構造改革を求めるユーロ危機対応は、もっぱら被支援国に負担を強いるもので、連帯の精神を欠いた。強化された財政ルールでも、過剰債務国ほど、継続的、かつ、大幅な債務圧縮の努力が求められた。過剰債務は、競争力の低さを反映する。競争力が低い国ほど財政活用の余地が狭く、支出に制約があるため、競争力格差の是正が進み難い。早すぎる財政緊縮策への転換と緊縮バイアスの強いルールの導

5）ユーロ危機後の低成長、圏内格差の固定化、財政政策の景気循環増幅性については、伊藤（2020）を参照。

図表2　世界経済における主要国地域のシェア

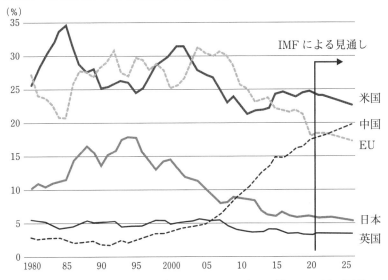

注　：EUは各時点の加盟国の合計（2000〜03年＝15カ国、2004〜06年＝25カ国、2007〜12年＝27カ国、2013〜19年＝28カ国、2020年＝27カ国）、2020年のEUの低下にはコロナ禍の落ち込みとともに英国の離脱が影響している。
出所：国際通貨基金（IMF）「世界経済見通しデータベース」（2021年4月）。

入が、公共投資の削減と回復の遅れにつながり、民間投資にも影響を及ぼした。世界金融危機前の水準回復までに10年という投資の長期停滞を招いたことが、低成長と世界経済におけるEUのプレゼンス低下の原因であり、コロナ危機対応への教訓となった。

　財政ルールの複雑化、評価プロセスの不透明化という新たな問題も生じた。財政ルールの適合性判断のための指標が増えたこと、さらに景気循環要因を除く構造的財政収支は計量的な分析による推計値であることで、評価のプロセスが不透明になった。2015年に欧州委員会が強化されたルールの緊縮バイアスを緩和するため、景気循環局面や構造改革、投資の影響を考慮した運用をするようになり、裁量の余地が拡大したことに対して、財政規律を重んじる加盟国は不満を抱いた。

　「財政同盟2.0」の根本的な問題は、圏内格差というユーロの構造問題の解決につながるメニューが盛り込まれなかったことである。ユーロ共同債

は、ユーロ危機対策の切り札として期待されたものの[6]、財政移転の恒常化によるモラルハザードと資金調達条件の悪化をおそれるドイツなど主に北部の健全国の反対から実現には至らなかった。圏内の景気格差を調整するためのユーロ圏予算の議論は先送りされた。

（2）　改革の進展

　ユーロ制度改革のペースは、ユーロ危機が 2012 年夏をピークに沈静化するに連れて鈍化した。しかし、2016 年 6 月の英国の EU 離脱の決定は、EU 改革を改めて議論する契機となり、ユーロ制度の深化も課題の一つと位置づけられた。

　2017 年 5 月に、欧州委員会が議論の叩き台として公表した報告書のユーロ制度改革の工程表案（**図表 3**）には、「経済財政同盟」の取組みとして、ユンケル委員長体制下の 2019 年中に「ユーロ圏予算」に相当する「財政安定化機能」の検証を行い、新体制が発足する 2020 年以降に「中央安定化機能」として導入する提案がある[7]。ルールの面では、2020 〜 25 年の課題として「安定成長協定の簡素化」が入っている。「ガバナンス改革」として、非公式会合として開催されているユーロを導入する EU 加盟国の財務相の会合（ユーログループ）の「閣僚理事会」化、つまり公式の会合とする提案や、議長の常任化[8]による「ユーロ圏財務相」ポストの創設、さらに、ユーロ圏財務省の創設などが掲げられている。報告書には、ユーロ圏財務省が、経済・財政政策の調整、ユーロ圏予算の運営、ユーロ共同債の調整を担い、機能拡張した ESM（= 欧州版 IMF〔European Monetary Fund：EMF〕）を傘下に収める想定も盛り込まれている（**図表 4**）。

6）Delpla and Weizsäcker（2010）の「ブルーボンド構想」やユーログループのユンケル議長（当時）とイタリアのトレモンティ蔵相（当時）による「e ボンド構想」など。ユーロ共同債構想の問題点については De Grauwe（2020）pp.239-241 を参照。

7）European Commission（2017）.

8）ユーログループの議長は任期 2 年半で現職の財務相が務める。初代はルクセンブルクのユンケル首相兼財務相（2005 年 1 月〜 2013 年 1 月）、二代目がオランダのダイセルブルーム財務相（2013 年 1 月〜 2018 年 1 月）、2018 年 1 月からポルトガルのセンテーノ財務相、2020 年 7 月からアイルランドのドナフー財務相が務めている（肩書は在任当時）。

図表3　経済通貨同盟（EMU）完成に向けた改定工程表案

2017 〜 19 年

金融同盟	経済財政同盟
銀行同盟と資本市場同盟 　金融センターのリスク削減 　不良債権処理加速 　単一破綻処理基金（SRF）強化 　欧州預金保険スキーム（EDIS）合意 　資本市場同盟構想の完成 　資本市場監督体制見直し（ESMA から ECMS へ） 　リブリン債担保証券（SBS）創設に向け作業	経済社会的な収斂の促進 　（財政・構造改革の監視制度強化） 　（技術的支援の拡充） EU の多年次財政枠組みの準備 　（構造改革支援を重点化） 財政安定化機能【＝ユーロ圏予算】の検証

ガバナンス改革
欧州議会との対話強化 ユーロ圏の対外的な代表機能の強化 「財政協定」の EU 法への統合の提案

2020 〜 25 年

金融同盟	経済財政同盟
資本市場同盟構想継続 EDIS 実行 欧州安全資産【＝ユーロ共同債】への移行 国債等の規制上の取り扱い変更	経済社会的な収斂の促進 　（中央安定化機能とリンク） 中央安定化機能【＝ユーロ圏予算】の導入 EU の多年次財政枠組みの実行 安定成長協定のルール簡素化

ガバナンス改革
ユーログループ議長常任化【＝ユーロ圏財務相】 ユーログループの閣僚理事会化 ユーロ圏の対外的な代表機能の完全な統一 残存する政府間協定の EU 法への統合 「財政協定」の EU 法への統合の提案 ユーロ圏財務省の創設 欧州版 IMF（EMF）創設【＝欧州安定メカニズム（ESM）強化、 単一破綻処理基金（SRF）バックストップ機能付加】

出所：European Commission（2017）p.31 に一部加筆。

　ユーロ制度改革、とりわけ財政同盟に関しては、加盟国のあいだでも温度差があり、最も積極的立場をとったのが、2017 年4〜5月の大統領選挙で勝利したフランスのマクロン大統領である。同年9月のソルボンヌ大学での講演でも、ユーロ圏財務相や共通予算への支持を呼び掛けている[9]。
　ドイツのメルケル政権は、2017 年9月の総選挙後、難航した連立交渉

9）"Initiative pour l' Europe - Discours d' Emmanuel Macron pour une Europe souveraine, unie, démocratique"（https://www.elysee.fr/emmanuel-macron/2017/09/26/initiative-pour-l-europe-discours-d-emmanuel-macron-pour-une-europe-souveraine-unie-democratique）.

図表 4　ユーロ圏財務省と欧州版 IMF の機能案

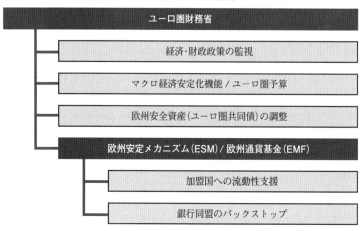

出所：European Commission（2017）p.28 に一部加筆・修正。

の末に 4 期目に入り、ユーロ危機時に比べると、財源共有を含む財政同盟に前向きな姿勢に転じた。それでも、マクロン大統領との温度差はあった。中東欧や北欧も、それぞれの立場からマクロン構想に慎重な姿勢を示した。

　結果として、改定工程表案が提示した課題のうち、銀行同盟の補強のために不可欠と見られていた ESM の機能拡張 [10] と、「ユーロ圏の収斂と競争力のための財政枠組み（the budgetary instrument for convergence and competitiveness for the euro-area：BICC）」と称する「ユーロ圏予算」については進展が見られた。

　ESM の機能拡張は、新型コロナの感染拡大で当初予定より遅れたものの、2021 年 1 月に「修正 EMS 条約」の調印、同年 2 月から加盟各国の批准手続の段階に入っており、2022 年初めの発効が見込まれている。

10）ESM には、ギリシャなど 4 カ国が利用した「マクロ構造調整プログラムに基づく貸出し」、スペインが利用した「銀行増資のための資金の政府向けの貸出し」のほかにも、利用されたことのない機能として「発行市場および流通市場における条件付きの国債買入れ」、「銀行への増資資金の直接支援」、危機が伝播し資金繰りの困難に見舞われた国が利用する「予防的金融支援」がある。修正 EMS 条約では、「銀行への増資資金の直接支援」に替わり、破綻処理基金（SRF）の資金不足の際に ESM が 680 億ユーロまでの資金を融通し、バックストップとしての機能を果たすことができるようになる。

　BICC は、2021 ～ 27 年 の EU の 多 年 次 財 政 枠 組 み（Multiannual Financial Framework：MFF）と合わせて立ち上げる方向で準備が進んでいたが [11]、コロナ危機対応で復興基金「次世代 EU」の創設を決めたことで白紙化された。

　2017 年 5 月の改定工程表案（**図表 3**）に盛り込まれた「安定成長協定のルール簡素化」に関しては、議論が始まろうとしていた。欧州委員会は、2020 年 2 月 5 日に、「経済ガバナンスの見直し」のための市中協議の叩き台とするための政策指針提言文書（コミュニケーション）[12] を公表した。ここでは、財政ルールが成長のための投資の削減をもたらしたことや、ルールの複雑化が効果的な運用を妨げたことなどの問題点を指摘し、不均衡を創出せずに財政の持続可能性を高めるルールの改善や、課題解決のための改革と投資を促すための EU の監視の役割、枠組みの簡素化、実行の透明化などについて意見を求めた。文書公表時点では、2020 年上半期に、EU 機関や加盟国政府、議会、中央銀行、さらに市民社会の代表も含めた幅広いステークホルダーと議論し、同年末までに次のステップについて検討を終える予定だった。しかし、文書公表直後に、新型コロナウイルスの感染が EU 圏内でも急拡大したことによって、プロセスは一旦停止された。

3．コロナ危機への対応──財政ルールの一時停止と復興基金の創設

（1）　コロナ危機対応の概要

　「財政同盟 2.0」の改善の途上で発生したコロナ危機は、加盟国と EU に異例の規模とスピードでの政策対応を迫った。

　各国は、感染の急拡大に対して都市封鎖などの厳しい感染対策とともに異例の規模の財政出動を決めた。医療体制の拡充に加えて、感染抑制のための厳しい活動制限が、失業や企業の破綻を通じて、恒久的な影響を及ぼ

11）ユーログループは、2019 年 10 月 10 日に制度設計の概要をまとめており（Eurogroup（2019））、2020 年 2 月 17 日のユーログループでは BICC の予算枠を外部収入で拡張する報告書もまとめていた（Eurogroup（2020））。

12）European Commission（2020）.

すことを阻止する必要があると判断されたためだ。時短勤務や休業者への所得補償などの雇用維持策、突然の売上げの消失に見舞われた企業への補助金、融資に対する政府保証や直接融資、出資などの流動性支援を用意した。

　EU は、加盟国が必要とする財政措置を妨げないよう、2020 年 3 月に国家補助のルールの柔軟な運用（3 月 19 日〜）、財政ルールからの一時的な逸脱を認める「成長安定協定」の一時免責条項の発動（3 月 23 日〜）を決めた。

　欧州委員会は、EU と加盟国によるコロナ危機対応の経済対策の総額を3.7 兆ユーロとしている。EU27 カ国の 2020 年の GDP の 27.8％に相当する金額だが、すべてが実行に移された訳ではない。内訳は、財政ルールの一時免責条項により可能になった加盟国の対策が 5240 億ユーロ、加盟国による企業向けの流動性支援 2 兆 5530 億ユーロ、EU 予算からのコロナ危機対策への拠出（700 億ユーロ）と、2020 年 4 月 7 〜 9 日の財務相理事会で合意した 5400 億ユーロの危機対応パッケージである（**図表 5**）。加盟国の流動性支援 [13] と EU の危機対応パッケージは「安全網」として利用可能なものである。

　5400 億ユーロのコロナ危機対応パッケージは、①欧州委員会による雇用の安全網「失業リスク軽減の緊急枠組み（Support to mitigate Unemployment Risks in an Emergency：SURE)」の 1000 億ユーロ、②ESM による長期低利の融資枠による国の安全網「パンデミック危機支援（Pandemic Crisis Support：PCS)」の 2400 億ユーロ、③ EU の政策金融機関である欧州投資銀行（European Investment Bank：EIB）グループが創設する汎欧州保証基金（European Guarantee Fund：EGF）を通じた企業の安全網の 2000 億ユーロ [14] の 3 本柱からなる。

---

13) 企業向けの流動性支援は国ごとに規模や対象が異なり、その利用率にもばらつきが見られる。ブリュッセルのシンクタンク「ブリューゲル」が作成するデータセット "Loan guarantees and other national credit-support programmes in the wake of COVID-19" (https://www.bruegel.org/publications/datasets/loan-guarantees-and-other-national-credit-support-programmes-in-the-wake-of-covid-19/) から、主要国の流動性支援策の概要やプログラム別の利用額の推移などを確認できる。

図表5　EU のコロナ危機対応の経済対策

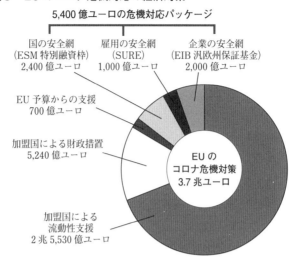

5,400 億ユーロの危機対応パッケージ

国の安全網
（ESM 特別融資枠）
2,400 億ユーロ

雇用の安全網
（SURE）
1,000 億ユーロ

企業の安全網
（EIB 汎欧州保証基金）
2,000 億ユーロ

EU 予算からの支援
700 億ユーロ

加盟国による財政措置
5,240 億ユーロ

EU の
コロナ危機対策
3.7 兆ユーロ

加盟国による
流動性支援
2 兆 5,530 億ユーロ

出所：European Commission, "Jobs and economy during the coronavirus pandemic"
（https://ec.europa.eu/info/live-work-travel-eu/coronavirus-response/jobs-and-
economy-during-coronavirus-pandemic_en　2021年6月23日アクセス）をもとに筆者作成。

　コロナ危機対応の三つの安全網に続いて、EU は復興を後押しするため
の総額 7500 億ユーロ（2018 年価格、名目では 8069 億ユーロ）の復興基
金「次世代 EU（NextGenerationEU：NGEU）」の創設を決めた（図表6）。
復興基金は、独仏の提案を基に、2020 年 4 月 23 日の EU 首脳会議で 2021
年からの MFF とともに作業を進める方針で合意、同年 7 月 17 ～ 21 日の
特別首脳会議で大枠合意、同年 12 月 10 ～ 11 日の首脳会議で MFF と復
興基金が採択された。

　復興基金の原資は欧州委員会が債券を発行して調達する。2021 年 5 月
末までに債券発行に必要な全加盟国での批准手続が終わり、6 月には債券

14）EIB が中小企業等に融資を行う金融機関に保証を提供する仕組み。2021 年 5 月 5 日時点の
　EIB のプレス・リリース（European Guarantee Fund accelerates access to recovery funding
　for EU companies、https://www.eib.org/en/press/all/2021-147-european-guarantee-fund-
　accelerates-access-to-recovery-funding-for-eu-companies）によれば、22 カ国が参加の意向
　を示しており、すでに 2021 年目標の半分に当たる 117 億ユーロを承認し、EU 経済に 929 億ユー
　ロの資金を提供する効果があるとしている。

図表6　復興基金「次世代 EU」の概要

原　資	・EU が債権を発行（2021 年 6 月〜 2026 年まで）
償　還	・2058 年末終了
基金の利用期間	・割当ては 2023 年末まで、支払いは 2026 年末まで
配分方法	・補助金 3,900 億ユーロ（2018 年価格、名目では 4,211 億ユーロ） ・融資：3,600 億ユーロ（同 3,858 億ユーロ）
基金の構成	・融資・強靭化にファシリティ（RRF）：6,725 億ユーロ（同 7,238 億ユーロ） ・EU プログラム：775 億ユーロ（全額補助金） 　リアクト EU：475 億ユーロ（同 506 億ユーロ）－コロナ禍の打撃が大きい国・地域支援 　公正な移行基金：100 億ユーロ（同 109 億ユーロ）－石炭依存の高い国のグリーン化支援 　農村開発：75 億ユーロ（同 81 億ユーロ）－農業従事者支援のための基金 　インベスト EU：56 億ユーロ（同 61 億ユーロ）－官民投資促進のための保証プログラム 　ホライズン・ヨーロッパ：50 億ユーロ（同 54 億ユーロ）－研究・イノベーションの助成 　レスク EU：19 億ユーロ（同 20 億ユーロ）－非常時対応の EU 市民保護メカニズム
利払い・償還原資	・EU 予算（EU 独自財源）
2021 〜 27 年の多年次予算枠組み（MFF）で導入を目指す EU の新規独自財源	・プラスチック新税（2021 年〜） ・国境炭素税、デジタル税（2021 年 6 月までに提案、2023 年 1 月、までに導入） ・排出量取引制度（ETS）の拡張（2021 年 6 月までに提案） ・金融取引税、共通連結法人税（2024 年 6 月までに提案）

出所：European Commission, "Recovery plan for Europe" などをもとに筆者作成。

発行が始まった。

　復興基金は、補助金として 3900 億ユーロ（同 4211 億ユーロ）を配分し、3600 億ユーロ（同 3858 億ユーロ）の融資枠を設ける。各国がまとめた復興計画（National Recovery and Resilience Plans：NRRPs）をもとに資金を配分する「復興・強靭化ファシリティ（Recovery and Resilience Facility：RRF）」は 3125 億ユーロ（同 3380 億ユーロ）の補助金枠と融資枠からなる。残る補助金の 775 億ユーロ（同 831 億ユーロ）は EU の各種プログラムを通じて配分する。初回の配分も 2021 年 7 月が見込まれている。

　ECB は加盟各国と EU による取組みを金融政策面から支えた[15]。資産

15）ECB "Our response to the coronavirus pandemic"（https://www.ecb.europa.eu/home/search/coronavirus/html/index.en.html）.

買入れでは、既存の資産買入れプログラム（Asset Purchase Programme：APP）とは別に、より柔軟な買入れを行う「パンデミック緊急支援プログラム（Pandemic Emergency Purchase Programme：PEPP）」を創設、本稿執筆時点で、2022 年 3 月まで 1.85 兆ユーロを買い入れる予定である。資金供給の面でも、パンデミック緊急長期リファイナンスオペ（Pandemic Emergency Longer-term Refinancing Operations：PELTROs）や、貸出を行う銀行に有利な条件で貸出原資を提供する枠組み第 3 弾（Targeted Longer-term Refinancing Operation Ⅲ：TLTRO Ⅲ）の拡張と条件緩和などを行った。

（2）　コロナ危機対応の特徴

　コロナ危機とユーロ危機では、危機そのものの性質が異なるが、EU の政策対応にも少なくとも三つの違いがあった。

　まず一つめの違いは、危機対応のスピードである。ユーロ危機では最終的に ESM の常設化に至る資金繰り支援の枠組み作りが、市場の圧力に押される形で進んだが、コロナ危機では、欧州における感染の本格的拡大から 1 カ月あまりで危機対応パッケージを利用可能な状態とし、復興基金創設の意向を示した。コロナ危機の当初は、コロナ危機による経済・雇用への想定される打撃の大きさと、経済対策の規模との不一致が目立った。コロナ危機による打撃は、ドイツよりも、感染拡大がより深刻で、より厳しい行動制限を必要とし、コロナ禍の影響を受けやすい観光業などへの依存度が高いイタリアやスペインのほうが大きいことは明確だった。しかし、コロナ危機対応の初動での財政措置の規模は、ユーロ圏主要国では、ドイツが他を圧倒していた。財政基盤が強固なドイツは、コロナ危機以前の均衡財政原則から危機モードに一気に転換することができた。EU は、各国の財政措置を促すよう財政ルールからの一時的な逸脱を認めたものの、ルールの緩和では信用力の格差を埋めることはできない。過剰債務国の財政出動には自己実現的な危機への引き金となるリスクがある。危機再燃のリスクが必要な対策を妨げ、後により深い傷痕が残ることになるリスクも懸念された。市場に先手を打つ形で EU として「安全網」を構築する意思

を示すことは重要だった。

　コロナ危機とユーロ危機への対応の二つめの違いは、支援と財政緊縮を切り離したことである。SURE は、「時短給付金制度やそれに相当する雇用維持の枠組みの強化、新設」、ESM の PCS は、「医療、治療、予防」と使途は制限する。しかし、EFSF／ESM の支援のように、厳しい財政緊縮や構造改革とセットになっていない。結果として、SURE は、1000 億ユーロの枠に対して 19 カ国が 943 億ユーロの支援を要請するまで利用が広がり、2021 年 5 月 21 日までに 896 億ユーロが実行された[16]。他方、ESM の PCS は、これまでに利用されたケースはない。ECB の政策効果もあり、資金調達環境の悪化が避けられたこと、2021 年 7 月以降、復興基金の利用が可能になることとともに、ESM への支援要請というスティグマ（汚名）への警戒感を反映している可能性も指摘されている[17]。

　「安全網」はフル活用されたわけではなく、復興基金を通じた資金配分はようやく始まったばかりだが、コロナ危機発生当初に心配された自己実現的な危機や、信用力が低い国が必要な政策が打てない状況は、これまでのところ回避されている。国債利回りの格差拡大はコロナ危機の初期のごく一時的で限定的な現象にとどまった。国際通貨基金（International Monetary Fund：IMF）が作成する 2020 年 1 月以降の各国のコロナ危機対応の財政措置のデータベースによれば（**図表7**）、2020 年 6 月 12 日まで、つまり初動の政策対応の集計と、2021 年 3 月 17 日までの集計を比べると、ドイツとイタリア、スペインとの差が縮まっていることから、財政制約による政策対応の格差の拡大は深刻なものとはなっていないと考えてよいだろう。

　ただし、欧州の財政出動をめぐっては、米国との比較でコロナ危機対策

16) European Commission SURE（https://ec.europa.eu/info/business-economy-euro/economic-and-fiscal-policy-coordination/financial-assistance-eu/funding-mechanisms-and-facilities/sure_en、2021 年 6 月 25 日アクセス）。SURE 利用を申請しなかった国は、信用格付けが高いドイツ、フランス、オランダ、ルクセンブルク、スウェーデン、デンマーク、フィンランド、オーストリアの 8 カ国。

17) Fitch Ratings "ESM Coronavirus Loan Demand Limited by Borrower Perceptions", 19 Nov 2020（https://www.fitchratings.com/research/sovereigns/esm-coronavirus-loan-demand-limited-by-borrower-perceptions-19-11-2020）.

図表7　日米英とユーロ圏主要国のコロナ危機対応の財政措置の規模

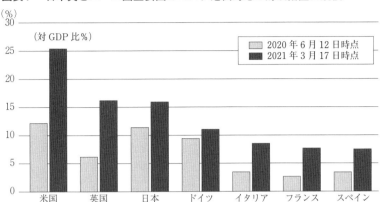

注　：2020 年 1 月以降の歳入・歳出措置の累計。
出所：International Monetary Fund, "Fiscal Monitor Database of Country Fiscal Measures in Response to the COVID-19 Pandemic", June 2020 および April 2021 をもとに筆者作成。

や復興基金の規模が小さすぎるという批判もある[18]。

（3）　復興基金の意義

　コロナ危機対応とユーロ危機対応の三つめの違いは、共同発行する債券発行で調達した資金を補助金として配分するという財政同盟としての機能を持つ復興基金を創設したことにある。欧州委員会は、SURE 以前にも、ユーロ未参加国の加盟国の国際収支の危機に対応する国際収支（Balance of Payments：BOP）支援ファシリティや、2010 年 5 月に、ユーロ圏を対象とする EFSF と同時期にすべての加盟国を対象とする資金繰り支援の枠組みとして創設した欧州金融安定化メカニズム（European Financial Stabilisation Mechanism：EFSM）、国際収支危機に見舞われた域外国を支援する枠組み（Macro-Financial Assistance：MFA）のために債券を発行している[19]。しかし、これらは基本的に融資の枠組みであり、被支援

18）コロナ危機対応の財政措置の規模の違いは、欧州のほうが米国よりも平時のセーフティが厚いことで説明できる部分もある。欧州委員会が閣僚理事会向けにまとめた政策指針提言文書では不況期の税収減や失業給付の増加による景気拡張機能など財政に内在する自動安定化機能が働き、EU27 カ国、ユーロ圏 19 カ国で GDP の 4％程度のショックを吸収したと試算している（European Commission（2021b）p.16）。

国からの返済が償還の原資となる。復興基金も融資の枠組みは同様の扱いだが、補助金の部分の償還は、EU の独自財源（Own Resources）から行う。早期償還のため、EU の独自財源の拡張も計画している（**図表6**）[20]。復興基金債は、財政同盟の大きな一歩となるユーロ共同債としての性格がより強いものである。

　復興基金の意義は、ユーロの持続可能性に関わる圏内格差是正の機能を持つことにある。RRF の補助金は、低所得国、高失業国、コロナ禍の打撃が大きい国に傾斜配分する[21]。EU プログラムからの補助金では、コロナ危機による打撃が最も大きい国・地域の復興を支援する「リアクト EU（Recovery Assistance for Cohesion and the Territories of Europe：REACT–EU）」、2050 年の温室効果ガス排出量ネットゼロ実現のために域内の石炭依存度の高い地域の移行を促進するための「公正な移行基金（Just Transition Fund：JTF）」、「農村開発のための農業基金」に格差是正や格差拡大抑制の効果がある。これらの補助金を合計すると、金額ではイタリアとスペインが圧倒的に多く、対 GDP 比では南欧・中東欧に厚めに割り当てられる（**図表8**）。RRF の融資の枠組み[22] にも、信用力に乏しい国が資金繰りの問題で必要な対策を打つことができず、復興や構造転換で遅れをとることを未然に防止する効果が期待される。

　持続可能な成長への移行を促し、供給サイドの強化による中長期的な観点からの収斂の効果が期待されることも、復興基金の意義である。復興基金の 9 割を占める RRF の使途は、①グリーン化、②デジタル化、③スマー

---

19) European Commission "Financial assistance programmes"（https://ec.europa.eu/info/strategy/eu-budget/eu-borrower-investor-relations/financial-assistance-programmes_en）.

20) 新規独自財源のうちプラスチック新税はすでに導入されているが、ほかは計画にとどまる。国境炭素税、デジタル税は域外国にも影響を及ぼすため、調整が必要であり、計画通りの拡張は困難で、借換債の発行が必要になるとの見方も根強い。

21) 国別の配分額は、European Commission（2021b）参照。RRF の補助金の 70％を占める 2021 ～ 22 年分は、人口と 1 人当たり GDP の逆数、2015 ～ 19 年失業率によって決める。2023 年分の残る 30％は失業率の代わりに 2020 ～ 21 年の GDP の累積損失により決める。

22) RRF の制度設計の詳細は、Regulation（EU）2021/241 of the European Parliament and of the Council of 12 February 2021 establishing the Recovery and Resilience Facility、Questions and answers: The Recovery and Resilience Facility, 10 February 2021 を参照。融資は、2019 年の国民総所得（Gross National Income：GNI）の 6.8％まで利用を認められる。

図表8　復興基金「次世代EU」の補助金の割当額（名目額）と対GDP比

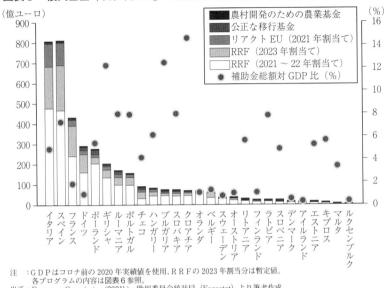

注：ＧＤＰはコロナ前の2020年実績値を使用、ＲＲＦの2023年割当分は暫定値。
　　各プログラムの内容は図表6参照。
出所：European Commission (2021b)、欧州委員会統計局（Eurostat）より筆者作成。

トで持続可能で包摂的な成長（R&D、イノベーション、中小企業政策など）、
④社会的・地域的結束、⑤衛生・経済・社会・制度的強靭化、⑥次世代・
子供・若年層向けの政策（教育、技能訓練等）の六つの柱のいずれかに適
合する必要がある。うち、EUが成長戦略[23]の柱と位置づける①のグリー
ン化には最低37％、②のデジタル化には最低20％を配分するベンチマー
クが設定されている。

　加盟国は、RFFを復興と強靭性（レジリエンス）の向上という目的にそっ
て活用するための復興計画の作成を求められる。資金の配分は、欧州委員
会が計画の適合性を審査し、閣僚理事会の承認を経て始まる。欧州委員会
の審査は、RRF規則が定める11の要件の適合性を判断する（図表9）。
グリーン化とデジタル化への配分割合（要件5、6）のほか、復興計画の
使途が六つの柱に適合し、かつ、すべてをバランスよくカバーしているか
（要件1）、EUが「ヨーロピアン・セメスター」の政策監視サイクルの国

23）EUの成長戦略については、第3章第2節第3項を参照。

図表9 欧州委員会によるEU加盟国の「復興計画」の適合性判断の11の要件

1. 計画の包括性とバランス（RRFの六つの柱*1)のすべてに貢献する）
2. 財政・構造改革についての各国に向けた提言（CSRs*2)）への寄与
3. 潜在成長力強化、雇用創出、経済・社会・制度的強靱性向上、「欧州社会権の柱*3)」の実行へ寄与
4. 改革・投資計画の実行が「環境目的に重大な害を及ぼさない*4)」
5. グリーン移行のための措置が計画の最低37％を占める
6. デジタル移行のための投資や措置が計画の最低20％を占める
7. 計画が当該加盟国に恒久的影響を及ぼす
8. 効果的なモニタリングと実行のためのスケジュール、マイルストーン（定性的目標）、ターゲット（定量的目標）など関連指標を含む
9. コストの合理性・妥当性
10. 資金の不正利用を防ぐ制度
11. 一貫性（投資・改革が相互に効果を高める、ないし、補完し合う）

注 ：11の要件のうち、4.と10.はA（適合）かC（非適合）の2段階評価、他はA（大部分）、B（中程度）、C（わずか）の3段階で評価する。
 *1) ①グリーン化、②デジタル化、③スマートで持続可能で包摂的な成長（R&D、イノベーション、中小企業政策など）、④社会的・地域的結束、⑤衛生・経済・社会・制度的強靱化、⑥次世代・子ども・若年層向けの政策（教育、技能訓練等）。
 *2) EUが2011年に導入した加盟国の政策監視の年次サイクル「ヨーロピアン・セメスター」で作成されるもの。構造改革の課題のほか、財政もカバーする。
 *3) 2017年11月に欧州委員会、欧州議会、欧州理事会が共同採択した労働市場と福祉制度に関する基本原則。
 *4) EUタクソノミー規則（Regulation〔EU〕2020/852 of 18 2020）17条を基準とする。
出所：RRF規則（Regulation〔EU〕2021/241 of 12 February 2021）。

別勧告（Country-Specific Recommendations：CSRs）に盛り込んできた改革の提案に寄与するか（要件2）、効果的なモニタリングと実行のためのスケジュール、マイルストーン（定性的目標）やターゲット（定量的目標）などが盛り込まれているか（要件8）などもA（大部分）～C（わずか）の3段階で評価する。

　復興計画と資金配分はリンクする。計画承認後、最初に配分する資金は13％までで、以後は、目標を達成した段階で、加盟国が欧州委員会に要請し、目標の達成を確認した上で追加配分する。利用計画からの重大な逸脱が認められる場合には一時支払いを停止する規定もある。

　RRFには、資金の利用と計画の進捗状況を透明化するための規定もある。欧州委員会は、2021年12月までに計画のモニタリングのための「スコアボード」を作成し、年2回更新する。欧州議会、閣僚理事会に各加盟

国の目標の達成状況、資金の利用状況などをカバーする年次報告書を提出する。

　こうした制度設計は、政策課題の実現を後押しする可能性がある。しかし、計画の策定、実行力が伴わなければ、たとえ多額の補助金が割り当てられ、長期低利の融資が利用可能でも、フル活用できないリスクと背中合わせである点に留意を要する。

4. 「財政同盟3.0」への課題

　EUは、コロナ危機に、過去の危機対応の失敗を教訓として速やかに対応した。SUREに続いて、復興基金というユーロ共同債の発行による南欧・中東欧への補助金の傾斜配分の枠組みを得たことで、より安定したユーロのための「財政同盟3.0」への道が拓けたように見える。

　ただ、復興基金を立ち上げれば「財政同盟3.0」に至るわけではない。「財政同盟3.0」への進化には、復興基金を供給サイドの強化を伴う格差是正と持続可能な成長への枠組みとして機能させることが不可欠だ。コロナ禍で一時停止中の財政ルールを再起動する際には、「財政同盟2.0」の問題を解消する必要もある。

（1）　復興基金の有効活用

　復興基金は2026年までの時限的な枠組みとして創設されたため、「財政同盟3.0」を形作る恒久的な枠組みではない。復興基金を通じた資金配分は2026年には終了する。ある種の「崖」も発生し得る状況だ。

　それでも、復興基金の稼働期間中に、持続可能な成長のための投資や構造改革が進展し、復興を軌道に乗せることに成功すれば、将来の危機対応の雛形となり得るだろう。ユーロ圏予算は、復興基金の創設により、2021～27年のMFFのタイミングでの導入は見送られたが、次期MFF期間に向けて協議を再開するには、復興基金が成功を収める必要がある。

　コロナ危機対応のスピードの速さ、大枠合意から1年未満での復興基金の稼働は、裏返せば加盟国は、コロナ禍と向き合いながら、極めて大規模

かつ幅広い計画の短期間での策定が求められ、審査にも十分な時間を掛けられなかったということでもある。復興基金では、ガバナンスが脆弱とされる国々が、より多くの資金を利用した幅広い計画を実行することになる[24]。イタリアやスペインなど、ガバナンスの問題でこれまで EU 予算からの基金を有効活用できていない国々が、2026 年までという短期集中で大規模な投資と長年の構造改革を計画通り進めることができるのか、当然のことながら、疑問を呈する専門家は少なくない[25]。

　復興基金の利用に関するモニタリングのプロセスでは、加盟国が、他の加盟国の資金の利用や計画の実行状況について異議を唱えることなどで、加盟国間の相互不信が一段と深まる事態も生じるかもしれない。

　復興基金をコロナ禍からの復興、持続可能な成長、公正な移行のための枠組みとして機能させることが、EU 全体の利益となるだろう。補助金を厚く配分される南欧・中東欧は、ガバナンスの問題を理由に補助金方式の復興基金に反対した北部欧州の懸念を払拭するよう、計画の実行に取り組まなければならない。とりわけ、復興基金の効果を長く持続するものとするためには、投資とともに構造改革に取り組むことが大切だ[26]。加盟国の間では、復興基金のスタート時点で、グリーン化やデジタル化のレベルやそれを支える技能や教育のレベルにも差があり[27]、短期間で埋めることができないのが現実だ。先行する北部欧州には、南欧や中東欧の国情を理解する寛容さも求められよう。

---

24) 各国の復興計画は、共通のルールにそってまとめられたが、国によって様式や資金使途の区分の仕方などが異なっていること、いくつかの使途に重複するケースがあり、比較は難しいが、ブリュッセルのシンクタンク「ブリューゲル」では各国の復興計画を比較するためのデータセット "European Union countries' recovery and resilience plans" を作成している（https://www.bruegel.org/publications/datasets/european-union-countries-recovery-and-resilience-plans/）。

25) イタリア、スペインの復興基金の過少利用のリスクを指摘する論調としては Martini（2020）がある。

26) Núñez Ferrer and Corti（2021）は、復興と強靭性の鍵は構造改革にあり、構造改革の推進支援こそ RRF の主目的とすべきとしている。

27)「欧州 2020」戦略の目標の達成状況という観点から見た加盟国間の格差については、第3章第2節第3項の**図表3**を参照。

（2）　財政ルールの見直し

　本稿執筆時点（2021 年 6 月）では、異例のスピードでのワクチン開発・普及の効果もあり、新型コロナウイルスの感染拡大のペースが鈍化の方向にあるが、感染抑制のための制限を完全に解除できる状況にはない。2021 年 6 月のユーログループでは、財政ルールの一時免責条項を 2022 年度も継続する方向を確認しているが、GDP ギャップが解消する 2023 年には停止すると見込まれている。

　EU は、財政ルールの再起動時には、「2.『財政同盟 2.0』の問題点と改革の進展」で指摘した問題を改善したルールを適用する方向で調整を進めようとしている。欧州委員会は、コロナ危機で停止した「経済ガバナンスレビュー」を再開、財政ルールの改革案を、2021 年 9 月のドイツの連邦議会選挙後にも提示すると伝えられる[28]。

　「財政同盟 3.0」の財政ルールに求められる要件としては、グリーン化とデジタル化の野心的な目標の実現のための改革と投資を妨げないこと、財政の持続可能性を高めること、ルールが簡素で、評価のプロセスも透明であることだろう。過剰債務国に厳しい債務削減ルールの緩和も焦点となる。

　欧州委員会の独立諮問機関である欧州財政委員会（European Fiscal Board：EFB）は、2018 年に、財政ルールの見直し案として、①目標は政府債務残高に単一化すること、②ルールへの適合性を判断する指標は公的債務の利払い費を差し引いたプライマリー支出の伸び率に単一化すること、③ルール違反に対する制裁を発動しない判断は、独立した経済分析に基づいて行うことなどを提言している。EFB はこの案を叩き台に、2020 年の年次報告書で政府債務残高の目標の国ごとの差別化、成長のための公共投資の維持・拡大の方策、ルールの適用方法などを示した[29]。

　専門家からの「財政同盟 2.0」の財政ルールの改善に向けた提言には、財政赤字 GDP 比 3％、政府債務残高同 60％という「財政同盟 1.0」からの基準値そのものを撤廃すべきというものもある[30]。

28）"Truce on fiscal rules relaxation could break after the summer", FT Europe Express, June 21, 2021.

29）European Fiscal Board（2020）.

　抜本的見直し論者は、1990 年代に決められた財政健全化基準は、「裁量的な財政政策はインフレを惹起するリスクとなる」との理念が投影されたもので、現状に合致しなくなっていると主張する[31]。実際、コロナ禍以前のユーロ圏では、世界金融危機、ユーロ危機後に低成長、低インフレが長期化していた。米国のバイデン政権も、長期停滞と格差拡大への処方箋として、大胆なコロナ対策に続き（**図表 7**）、「米国雇用計画」、「米国家族計画」という大規模なインフラ投資計画を表明している。米国が財政政策を積極的に活用する方針を示していることも、EU における成長指向の財政ルールへの改革を求める動きを後押しする。

　しかし、北部欧州では、裁量の余地を拡大する方向への財政ルールの見直しが、財政規律の一段の緩みにつながるとの懸念は強い。復興基金の創設に向けた協議で、補助金方式に反対したスウェーデン、デンマーク、オーストリア、オランダの「倹約 4 カ国」のように、財政ルールを守るアライアンスを形成する動きも出つつある。

　「財政同盟 2.0」のルールに問題があるという点では広く一致しているが、どのように改善すべきかという点では、基本的な理念から違いがあり、本格的な議論が始まる前から難航は必至という情勢だ。しかし、コロナ危機が落ち着いても、財政ルールの非常事対応を継続し、財政ルールが形骸化することはユーロの信認にとって好ましくない。景気循環と格差を増幅しない信用される財政ルールは、「財政同盟 3.0」の欠かせない要件である。

おわりに

　ユーロと単一市場の課題は山積みで、コロナ禍からの復興のプロセスで

---

30) 例えば、Darvas et al.（2018）は名目歳出伸び率を単一の指標とすること、Blanchard et al.（2021）は定量的な基準値ではなく定性的な処方箋に置き換えることを提言している。

31) Demertzis(2021)。ECB のラガルド総裁は 2021 年 3 月 11 日の政策理事会後の記者会見で「一般免責条項を停止し、制限を戻す場合、SGP は再検討され、より単純で、より生産性、投資に焦点を当て、どのような基準、計測方法が用いられるかも見直される」と述べたうえで、「SGP は 1990 年代に決めたものであり、以後、状況は激変している。もう一度精査し、安定と着実で持続可能な成長のために、とくに何が必要かを見極めることは正しい」と発言している。

も難路が予想される。それでも、復興基金という歴史的な合意は、EU 加盟国内で、見解の対立はあっても、単一市場とユーロを守る政治的な意思は共有されていることを示すものだ。

　2021 〜 27 年の MFF の協議には、EU 予算への純拠出国であった英国の離脱が影を落としていたが、結果として、復興基金の創設とタイミングを一致させることができた。英国が加盟国であったならば、復興基金での合意は、より困難で、不可能だったかもしれない。英国が EU 離脱を選択した 2016 年当時、欧州各国で反 EU のポピュリズムが勢いづいており、EU 分裂の引き金になるとの連想も働いた。しかし、国民投票から 5 年が経過し英国の完全離脱が実現した EU の連帯にはプラスに働いているようにも見える。

　財政同盟は、ユーロの安定、EU の発展にとって鍵となるものであり、その展開は、今後の政治的な選択にかかっている。復興基金の運営、財政ルールの見直しは、より安定したユーロのための「財政同盟 3.0」の試金石として注目される。

（2021 年 7 月脱稿）

参考文献

・伊藤さゆり（2014）「財政危機を教訓とするユーロ圏の新たな経済ガバナンス——成果と課題」フィナンシャル・レビュー 120 号（財務総合政策研究所）、172-199 頁。
・伊藤さゆり（2020）「ユーロはいかにして鍛えられたのか——ユーロの軌跡と課題」蓮見雄・高屋定美編著『沈まぬユーロ——多極時代における 20 年目の挑戦』（文眞堂）1-34 頁。
・Blanchard et al.（2021）"Redesigning EU Fiscal Rules: From Rules to Standards", PIIE working paper21-1, February 2021.
・Darvas et al.（2018）"European fiscal rules require a major overhaul", Bruegel Policy Contribution Issue n°18 , October 2018.
・De Grauwe, Paul（2020）*Economics of Monetary Union 13th Edition*", Oxford.
・Delpla, Jacques and Weizsäcker, Jakob von（2010）"The Blue Bond Proposal", Bruegel policy brief ISSUE 2010/03, MAY 2010.
・Demertzis, Maria（2021）"Europe must fix its fiscal rules", *Financial Times*, May 25 2021.
・Eurogroup（2019）"Term sheet on the budgetary instrument for convergence and

competitiveness（BICC）", 10 October 2019.

・Eurogroup（2020）"Eurogroup report on a possible inter-governmental agreement for the budgetary instrument for convergence and competitiveness", 17 February 2020.

・European Commission（2017）"Reflection paper on the deepening of the economic and monetary union", 31 May 2017.

・European Commission（2020）"Economic governance review", COM（2020）55 final, 5.2.2020.

・European Commission（2021a）"One year since the outbreak of COVID-19：fiscal policy response", COM（2021）105 final, 3.3.2021.

・European Commission（2021b）"The EU's 2021-2027 long-term budget & NextGenerationEU Facts and figures", 2021-04-29.

・European Fiscal Board（2020）"Annual Report 2020", 20 October 2020.

・Juncker, Jean-Claude and Tremonti, Giulio（2010）"E-bonds would end the crisis", *Financial Times,* 5 December 2010.

・Martini, Maddalena（2020）"Why Italy and Spain will struggle to spend key EU funds", ISPI online, 27 November 2020.

・Núñez Ferrer, Jorge and Corti, Francesco（2021）"Money allocation is not the key to recovery and resilience, reforms are", CEPS In Brief, 24 JUN 2021.

第3項　EUの成長戦略「欧州グリーンディール」の課題と方向性

(株)ニッセイ基礎研究所研究理事　**伊藤さゆり**

はじめに

　欧州委員会のフォンデアライエン委員長は就任前、自らの率いる欧州委員会を「地政学的欧州委員会（Geopolitical Commission）」と位置づけた[1]。その欧州委員会が展開する成長戦略が「欧州グリーンディール」だ[2]。

　「欧州グリーンディール」は2050年の温室効果ガス排出量実質ゼロを目標とするが、環境・気候変動対策にとどまらない多面的な戦略である。

　本稿では、戦略の詳細に立ち入らず、過去の戦略から引き継いだ課題と「欧州グリーンディール」を軸とする戦略が目指す方向性を概観する。

　気候危機、圏内格差、米中の覇権競争の時代に対応を迫られるEUの政策への理解の足掛かりとすることが目的である。

1．過去の成長戦略から引き継いだ課題

（1）「リスボン戦略」の失敗

　2000年に始動した「リスボン戦略」は「2010年までに、より多くの、

1）"Speech by President-elect von der Leyen in the European Parliament Plenary on the occasion of the presentation of her College of Commissioners and their programme", 27 November 2019（https://ec.europa.eu/commission/presscorner/detail/en/speech_19_6408）.

2）European Commission（2019）.

よりよい雇用とより強い社会的結束、環境への配慮を伴う、持続可能な経済成長が可能な、世界で最もダイナミックで競争力のある知識基盤型経済」を目標とした。同戦略では、グローバル化と高齢化への対応のため、経済成長と競争力の向上という「新自由主義」的改革を進めると同時に積極的労働政策や社会的包摂など「欧州社会モデルの現代化」を図る「第三の道」を目指した。

　「リスボン戦略」では、その推進の手法として、加盟国が主権を有する領域について、政策の共通目標と具体的指標について加盟各国と合意し、目標に向けて進展状況を測定し、評価を行う裁量型調整方式（Open Method of Coordination：OMC）が導入された。

　主要な数値目標として「15 〜 64 歳の就業率（就業者数の人口に占める割合）70％」と「研究開発（R & D）投資 GDP 比率 3 ％」が掲げられた。目標の達成は、戦略の前半ですでに危ぶまれるようになり、2005 年に経済成長と雇用創出の優先度を高める方向、より新自由主義的改革を重視する方向に軌道修正された[3]。

　「リスボン戦略」の成果について、欧州委員会は「リスボン戦略評価文書」[4] で、ユーロ危機を未然に防止できず、ガバナンスに問題があったなど戦略の失敗を認めている。数値目標の達成状況という面では、戦略開始時点の加盟国（15 カ国）の合計で見ると、就業率は 2000 年時点の 63.4％から 2008 年は 67％まで改善していたが、世界金融危機による雇用悪化で 2010 年は 65.3％に悪化して終わった。R & D 投資比率は、世界金融危機による低下は免れたものの、およそ 2 ％と 3 ％の目標に程遠い結果に終わった。

　加盟国間でも大きな乖離が残った。2010 年時点の就業率は最も高いオランダの 73.9％に対し、最も低いイタリアは 56.8％、R & D 投資比率は最も高いスウェーデンの 3.17％に対して、最も低いギリシャは 0.6％だった。短期間での制度的な収斂は難しいうえに、構造改革への姿勢にも違いがあり、ユーロ危機につながる不均衡の蓄積を許した。「欧州社会モデルの現

3）リスボン戦略の展開については、原田（2012）が詳しい。
4）European Commission（2010）.

代化」を掲げながら、就業率引上げのための政策が、非正規雇用を増やし、格差を増幅させたという批判を許した。

（2）「欧州2020」戦略の成果

　2010年に策定された「欧州2020」は、「賢い成長、持続可能な成長、包括的な成長」を掲げた。「リスボン戦略」に比べると、新自由主義的傾向が薄まり、雇用を重視すると同時に、気候変動対応と格差是正の両面で持続可能（サステナブル）な成長を目指す傾向が強くなった。戦略のガバナンスは、2011年に始まった「ヨーロピアン・セメスター」の年次の政策監視サイクルで設定する優先課題とリンクするようになった。

　数値目標は、雇用、R＆D投資に加えて、気候変動とエネルギー、教育、貧困と社会的排除の5つの領域で8つの目標（エネルギー効率を2つの指標とした場合は9つの指標）に広がった。「欧州2020」戦略の最終年は、新型コロナウイルスの感染拡大による経済活動の急停止の影響を受けることになったため、数値目標の達成状況の評価には注意が必要だが、2020年ないし入手可能な直近のデータから確認できるのは、目標の達成状況には領域と指標によって差があることだ（**図表1**）。

　5つの領域のうち、「賢い成長、持続可能な成長、包括的な成長」のすべてに関わる教育の達成度は高い。「18歳人口に対する中途退学者率の10％への引下げ」、「30～34歳の高等教育卒業者比率の40％以上への引上げ」という2つの目標を共に達成した。

　「包括的な成長」の指標として導入された「貧困・社会的排除のリスクにさらされている人口を2008年時点から2000万人削減する」目標は、2019年時点で1195万人と達成に近づいた。ただし、この指標については定義そのものの問題もあり、ねらい通りの成果を挙げたのかどうかは慎重な判断を要する[5]

5）「貧困・社会的排除のリスク」の定義として「各国所得中央値の6割未満」という所得基準に加え、生活必需品や手段の欠乏による「物質的剥奪」と、就業者がいない「失業世帯」が加えられ、加盟国が都合のよい定義を選択し、達成度を操作することが可能であったという批判がある（原田（2021）115-116頁）。

図表 1　「欧州 2020」の数値目標と最終年の実績

領　域	指　標	2010 年実績	2020 年実績	2020 年目標
雇　用	20 ～ 64 歳の就業率引上げ	67.8%	72.4%	75.0%
教　育	18 ～ 24 歳人口に対する中途退学者比率引下げ	13.8%	9.9%	10% 以下
	30 ～ 34 歳の高等教育卒業者比率引上げ	32.6%	41.0%	40% 以下
研究開発	R&D 投資 GDP 比率引上げ	2.0%	2.2%[*1]	3.0%
社会的包摂	貧困や社会的排除人口の削減（2008 年比）	37.3 万人増	1195 万人減[*1]	2000 万人減
気候変動・エネルギー	温室効果ガス排出削減（1990 年＝100）	87.8	79.26[*2]	80
	再生可能エネルギー比率	14.4%	19.7%[*1]	20% 以上
	一次エネルギー消費量（億石油換算トン）	16.63	15.26[*1]	14.83
	最終エネルギー消費量（億石油換算トン）	11.66	11.17[*1]	10.86

注　：＊1）2019 年実績。＊2）2018 年実績。
　　　戦略初年度の 2010 年時点ではクロアチアが未加盟、最終年度の 2020 年は英国が離脱したことで EU 加盟国の構成が変わっている。2010 年、2020 年共に、エネルギー消費量のみを英国を含む 28 カ国とし、その他は、2020年時点で加盟する 27 カ国によるデータとした。
出所：欧州委員会統計局（eurostat）。

　「リスボン戦略」以来の目標である就業率と R ＆ D 投資は引き続き共に目標未達に終わった。就業率は、戦略の前半はユーロ危機の影響で伸び悩んだが、2013 年 1 ～ 3 月期を底に景気が回復に転じたことで 2016 年には70％を超えた。2020 年は新型コロナの感染拡大を受けた行動制限の影響で就業率は 73.1％から 72.4％に 0.7 ポイント低下した。就業率は、2008 ～10 年の世界金融危機による景気後退局面では 1.7 ポイント、2008 ～ 13 年のユーロ危機によるボトムまでは 2.0 ポイント低下した。コロナ禍による2020 年の実質 GDP の落込みは前年比 6.1％と世界金融危機が影響した2009 年の同 4.3％を上回ったことを踏まえれば、雇用への影響は抑えられたと言える。本書第 3 章第 2 節第 2 項（以下、前項）で紹介した通り、コロナ危機では、雇用の維持を重視した財政出動と EU としての雇用の安全網・SURE が、財政余地の乏しい国の対応を支えたことが影響を緩和したと思われる。

　R ＆ D 投資 GDP 比率は、本稿執筆時点で 2019 年のデータが最新であり、コロナ禍の影響は確認できない。2010 年の 2.0％に対して、2019 年が 2.2％と改善傾向はごく緩やかにとどまった。前項で、EU の世界金融危機とユーロ危機対応は、「早すぎる財政緊縮策への転換と緊縮バイアスの強いルールの導入」で、公共投資が削減、回復も遅れ、民間投資に影響を及ぼし、

図表 2　主要国・地域の R ＆ D 投資 GDP 比率

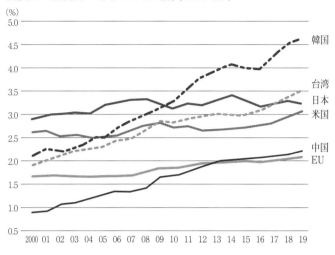

出所：OECD (2021), Gross domestic spending on R&D (indicator). doi: 10.1787/d8b068b4-en (Accessed on 29 June 2021).

低成長と世界経済におけるプレゼンス低下を招いたという問題点を指摘した。「欧州 2020」戦略は、「賢い成長」の看板を掲げながら、EU と日米とのR＆D 投資比率の差は縮まらず、右肩上がりで推移した韓国や台湾、中国との差が拡大した（図表 2）。誤った危機対応で投資停滞という傷痕を残した結果、EU の地盤沈下をもたらしたことは明らかだ。

（3）「欧州グリーンディール」に引き継がれた課題

　「欧州グリーンディール」に引き継がれた最大の課題は、将来の成長、競争力強化のための投資をいかに喚起するか、である。

　そして、気候危機への対応の加速も「欧州グリーンディール」に引き継がれた課題だ。環境・気候変動の面では、EU は先行しているとされるが、「欧州 2020」戦略の成果は満足いくものではなかった。「気候変動・エネルギー」領域の指標では、「温室効果ガス削減」に関しては、2018 年時点で「1990 年比で 20％以上」を達成していた。しかし、条件が整えば目指すとした「30％削減」からは程遠いレベルにとどまった。最終エネルギー消費に占める「再生可能エネルギー比率 20％」は 2019 年時点で 19.7％と

概ね達成したが、一次エネルギーと最終エネルギーの消費量は 2019 年時点では削減目標に達していない（**図表 1**）。エネルギー消費量はユーロ危機による景気低迷の影響で 2014 年までは減少していたが、その後、増加に転じた。コロナ禍による活動制限の影響で 2020 年のエネルギー消費量が目標に達する可能性は高いが、復興とともに温室効果ガスの排出量やエネルギー消費量が増加に転じることを繰り返さないよう、経済成長との「デカップリング（切離し）」ができるかが重要な点だ。

　EU 圏内の格差の是正も「欧州グリーンディール」に引き継がれた課題だ。「欧州 2020」では、EU 共通の目標のほかに、加盟国ごとの目標設定も行われ、水準は違っても、共通の方向に前進することが期待された。しかし、「リスボン戦略」と同様に、加盟国間の乖離はほとんど解消されず、改善度合いにも大きなばらつきがあった。（**図表 3**）には主要目標のうち 4 つの指標について国別の目標と、2010 年時点、そして 2020 年ないし直近の水準を示した。就業率や R ＆ D 投資比率に関しては、過剰債務国に厳しい財政ルールが必要な投資・改革を妨げとなった面も否めない。「気候変動・エネルギー」領域の「再生可能エネルギー比率」の格差は地理的要因によって埋めきれない部分もあろう。いずれにせよ、「欧州 2020」戦略が、緊縮バイアスと共通予算を欠いた「財政同盟 2.0」のもとで、底上げに失敗したのは当然の結果であろう。

　しかし、「欧州グリーンディール」のもとでは、格差の拡大に歯止めが掛かるかもしれない。「復興基金」の補助金は、就業率や R ＆ D 投資比率、高等教育の普及率が低い国に厚く配分される[6]。エネルギー転換による負荷が大きい国・地域のための「公正な移行基金」も備える。「欧州グリーンディール」は「気候中立化とデジタル化という 2 つの「移行」の公平かつ包摂的実現」を目指す。戦略スタート時点での加盟国間の乖離の大きさを踏まえれば、「グリーンとデジタルの 2 つの移行の公平かつ包摂な実現」には、復興基金が不可欠な枠組みであったことがわかる。

　コロナ危機の初期の段階で「復興基金」の創設に動き出したのは、前項

6）第 3 章第 2 節第 2 項②の**図表 8** を参照。

図表3　「欧州2020」の国別目標と期間中の変化

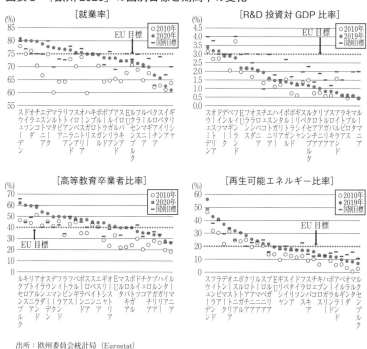

出所：欧州委員会統計局（Eurostat）

（第3章第2節第2項）で論じた圏内格差の拡大を抑制し、ユーロと単一市場を守らなければならないという意識とともに、コロナ禍が投資の停滞という傷痕を残し、国家資本主義・中国の世界経済における影響力の一層の拡大とEUの地盤沈下の加速[7]につながることに歯止めを掛ける必要があるという思いが働いたからであろう。

2.「欧州グリーンディール」と新たな産業・通商戦略の方向性

（1）　気候危機、EU圏内格差への対応

　EUは、「欧州グリーンディール」を打ち出した直後から、新型コロナ

の感染拡大への対処を迫られるようになったが、行動計画で掲げた取組み
は大きく遅れることなく進展している。

　図表 3 で示した通り、コロナ危機の以前から、失業と貧困、社会的排除
と圏内の格差は、EU の基盤を揺るがす問題となっていた。他方で、世界
的な気温上昇、天然資源の枯渇、海洋汚染、生物多様性の喪失、さらに安
全と繁栄を脅かす大規模な森林火災や洪水が頻発することへの危機意識も
高まっていた。コロナ禍で、従来の経済成長の限界や矛盾、さらにグロー
バル化が進んだ世界の公衆衛生上の危機への無防備さが露呈した。

　「欧州グリーンディール」では、「リスボン戦略」、「欧州 2020」のよう
に EU 固有の数値目標は定めない。代わりに、2020 年から、2030 年まで
に「誰 1 人取り残さない」持続可能で多様性と包摂性のある世界を目指す
国際目標「持続可能な開発目標（Sustainable Development Goals：
SDGs)」を政策立案の中心に据え、「ヨーロピアン・セメスター」の政策
監視サイクルに取り入れる。

　持続可能な成長は、世界的にもトレンドとなっており、「欧州グリーン
ディール」の重要性は増している。

（2）　戦略的自立を目指す産業・通商政策

　「欧州グリーンディール」を軸とする戦略には、国際環境の変化、とり
わけ中国の影響力拡大への欧州の戦略的自立策という側面もある。政策手
段は、戦略分野への公的支援、税やルールでの競争条件の公平性の確保、
国際的なルール作りへの影響力の行使である。

　「欧州グリーンディール」の根幹でもあるエネルギー転換、循環型経済
への移行には、環境・気候変動対策であると同時にエネルギー安全保障、
経済安全保障の強化策という側面もある。環境・気候変動対策で先行を目
指すのは、「ブリュッセル効果」[8] とも呼ばれる国際的なルール作りでの
主導権を意識してのものだ[9]。

8）Bradford（2020）では、「ブリュッセル効果」を「国際機関や他の国家の協力なしにグロー
　バルなビジネス環境を形作る規制を一方的に広めることができる EU が有する能力」と定義し
　ている。

「欧州グリーンディール」行動計画の一環として 2020 年 3 月に公表した「新産業戦略」[10] には、社会や労働、環境基準などの価値と公正な競争環境を守るために闘う必要が高まっているとの現状認識が記されている。国家資本主義・中国の影響力の拡大を強く意識し、地政学的な地殻変動に対応した欧州の産業の競争力と戦略的自立性の向上の必要性を強調した。

デジタル化に関しても、2021 年 3 月に 2030 年に向けたデジタル政策の指針「デジタル・コンパス」[11] で、デジタル主権の確立を目指す方針を打ち出している。国際的なルール作りでの主導権把握とデジタル分野の競争を左右する半導体産業やデータで、欧州として自立できる産業基盤を整えることを目指す。そのために必要な大規模プロジェクトは、EU 予算や復興基金、加盟国予算、民間資金による多国籍プロジェクトとして推進する。

2021 年 5 月の「2020 産業戦略アップデート」[12] でも、輸入依存度が高く、かつ、調達先の多様化や域内代替が難しい品目を特定し、バッテリー（2017 年 10 月〜）、循環型プラスチック（2018 年 12 月〜）、原材料（2020 年 3 月〜）、クリーン水素（2020 年 7 月〜）で進めてきた戦略的に重要な分野のアライアンスを強化する方針を示した。国家補助ルールの適用除外とする「欧州の共通利益に適合する重要プロジェクト（Important Projects of Common European Interest：IPCEI）」を積極的に認定する方針も表明した。

戦略的自立は EU の通商政策のキーワードでもある。2021 年 2 月公表の「通商政策レビュー」[13] の副題は「開かれた持続可能な積極的に主張する通商政策（An Open, Sustainable and Assertive Trade Policy）」で、「開かれた戦略的自立」を「自主的に選択し、リーダーシップと関与で戦略的

9）European Commission（2019）には「EU は、その影響力、専門知識、資金を利用して近隣諸国やパートナーを動員し、持続可能な道筋に参加させることができる」との記載がある。「欧州グリーンディール」に関わるルール作りで先行する事例としては、「持続可能（サステナブル）な金融戦略」のサステナブル・ファイナンスの法制化の起点となる「EU タクソノミー（基準）規則」がある。

10）European Commission（2020b）.

11）European Commission（2021a）.

12）European Commission（2021c）.

13）European Commission（2021a）.

利益と価値を反映した世界を形作る EU の能力」と定義、戦略的自立のために通商政策を活用する方針を示した。

おわりに

「欧州グリーンディール」を軸とする成長戦略には、EU が、欧州の価値観、社会市場経済の伝統、公正な競争環境を守るために闘う戦略の青写真という意味合いがある。過去の成長戦略の成果は芳しいものではないが、「欧州グリーンディール」は、これまでとは異なる推進力が働く。復興基金という財源を設け、国家補助金のルールを含める産業政策、通商政策ともリンクさせる。

　戦略的自立を「開かれた」ものにしようという EU は、「開放性」と「公平性」を重視しており、戦略分野でのアライアンスでは「可能な限り、志を同じくするパートナーとの協力を追求」し、原則として「幅広く、開かれたプラットフォームを提供」する方針だ。実際、すでに始動しているアライアンスには、中国とロシアの企業等は参加していないが、日本のほか、米加豪韓や新興国も含めた EU 域外の企業等も参加している。

　問題意識を共有する日欧の協力は、今後、拡大する余地が大きいものと思われる。

（2021 年 7 月脱稿）

参考文献
・伊藤さゆり（2020）「ルール作りで先行する欧州、日本も『行動計画』の策定を急げ」週刊金融財政事情 2020 年 12 月 21 日発売号、22-25 頁。
・原田豪（2021）「EU 社会政策発展過程における裁量型調整方式導入の意義」日本 EU 学会年報 41 号、103-121 頁。
・原田徹（2012）「EU における政治的妥協の変容と持続性——リスボン戦略の再検討と次期戦略の動向を通じて」駒沢女子大学研究紀要 19 号、215-227 頁。
・Bradford, Anu（2020）, *The Brussels Effect How the European Union rules the world*, Oxford University Press.
・European Commission（2010）"Lisbon Strategy evaluation document", SEC（2010）114 final（中野聡訳「リスボン戦略評価文書」豊橋創造大学紀要 15 号（2011 年）、

pp.47-66).

・European Commission（2019）"The European Green Deal", COM（2019）640 final, 11.12.2019.
・European Commission（2020a）"Economic Governance Review", COM（2020）55 final, 5.2.2020.
・European Commission（2020b）"A New Industrial Strategy for Europe", COM（2020）102 final, 10.3.2020.
・European Commission（2021a）"Trade Policy Review – An Open, Sustainable and Assertive Trade Policy", COM（2021）66l, 18.2.2021.
・European Commission（2021b）"2030 Digital Compass", COM（2021）118 final, 9.3.2021.
・European Commission（2021c）"Updating the 2020 Industrial Strategy", COM（2021）350 final, 5.5.2021.

第4項　Brexit と Covid-19 危機以降の欧州ガバナンス
—— EU/欧州諸国における連帯の現状と課題

早稲田大学政治経済学術院教授　福田耕治

はじめに

　英国の EU 離脱（ブレグジット、Brexit）と新型コロナウイルス感染症（Covid-19）は、EU/欧州諸国だけでなく、日本や世界にも大きな影響を与えている。本稿の目的は、EU 統合の現況を把握する観点から、Brexitと Covid-19 の危機以降、EU とその加盟国の政治的動態を跡づけ、EU の現在と今後の展望、政策課題を明らかにすることにある。

　EU 統合は、国境を越える法秩序・政治経済のガバナンスとデモクラシーを模索する一つの社会実験である。EU では加盟国間で国境を越えて、人、モノ、資本、サービスの域内自由移動を政策的に促進し、EU の規制力と規模の経済効果を基礎にして国際競争力を強化し、欧州統合を推進してきた。とくに人の越境移動は、シェンゲン協定のもとで、EU22 カ国と非加盟国の EEA 諸国（アイスランド、ノルウェー、リヒテンシュタイン、スイスの4カ国）を含めたシェンゲン圏内における出入国審査を廃止し、自由移動可能な経済空間を形成し、域内市場統合と経済成長につなげてきた。

　しかし EU 諸国の多くは、英国 EU 離脱による自国への影響を検証する暇もなく、新型コロナ感染拡大に伴い、単一市場内での移動制限、都市封鎖、国境封鎖・入国禁止などの措置をとることを余儀なくされた。人の移動制限の実施は、EU の存在理由とも関わる。メルケル独首相は、人の移動制限も「公衆衛生上の危機への対応として正当化される」と演説し、迅

速なコロナ禍への対応としてその政治的リーダーシップが高く評価され、国民の支持率は上昇した。とはいえ、新型コロナ危機は、加盟各国の医療体制の疲弊や崩壊のみならず、経済や雇用、欧州市民の日常生活にも重大な影響を及ぼしている。そこで欧州レベルの危機をこれ以上深刻化させないために、欧州レベルの喫緊の課題解決やリスクガバナンスの必要性からEUへの期待も高まってきている。同時に、リスボン条約に定めるEUの「連帯」の在り方が再び問い直され、EUの存在理由や正統性にも関わる政治経済的危機への迅速な対応とその効果が注視されている。

　本稿では、第1に、英国Brexit国民投票からEU離脱に至るプロセスを跡づけ、2019年欧州議会選挙への影響とその特質や問題点を概観する。第2に、同選挙結果を踏まえた欧州理事会と欧州議会とのあいだの権限関係、欧州委員会の委員長選出をめぐる「筆頭候補制」に関する論点を整理し、EU機構均衡上の問題点を析出する。第3に、Brexit危機以後の欧州諸国における社会の分断、格差と貧困問題を、各国のポピュリズム政党の躍進との関係も含めて検討する。さらに新型コロナ危機において脆弱な社会層の貧困化が一層鮮明化し、各国レベルでの対応には限界があることが顕在化した。そこで、EU連帯政策の課題や統合の方向性を探ってみたい。

1．Brexit国民投票から英国EU離脱交渉と社会分断の背景

　2010年代EUは、リーマンショックの影響を受けたユーロ危機以降、複合的なリスクに遭遇した。2013年1月、英国のキャメロン（David Cameron）首相は総選挙を控え、保守党内の欧州懐疑派に追い詰められた。そこでEU離脱の是非を問う国民投票を2017年までに実施するという公約を掲げて総選挙を闘い、大勝利した[1]。ユーロ危機以後の欧州地域では、2014年のウクライナ（クリミア）危機、2015年の移民・難民危機、パリのテロ事件や2016年のブリュッセルにおける大規模テロ危機があり、他方では新自由主義的政策に伴う緊縮財政によって、加盟国間および各国内

1）福田耕治編著『EU・欧州統合研究・改訂版——Brexit以後の欧州ガバナンス』（成文堂、2016年）128-132頁。

でも格差拡大に伴って社会の分断が深刻化した。このような状況下で、国内政治に対する各国民の不満や不安に乗じて欧州懐疑主義を訴えるポピュリズム政党が欧州各国で躍進・台頭し[2]、EU 統合が不安定化するなかで、英国 EU 離脱問題は欧州諸国のみならず世界の政治経済にも大きな衝撃を与えた。

　キャメロン首相自身は EU 残留派であったが、保守党内で反 EU を主張する議員たちの圧力と英国独立党（UKIP）の支持層拡大もあり、国民投票の実施を余儀なくされた。2014 年欧州議会選挙では、比例代表制の選挙制度のもとで、英国やフランスの右派など極右ポピュリスト政党が議席を大幅に増やし、EU が反民主主義的であると批判した。この欧州議会における右派政党の党勢拡大が逆に、英国をはじめ欧州諸国における国政選挙にも大きな影響を与えることになった。

　英国の EU 離脱の是非を問う国民投票キャンペーンにおいて離脱派は、EU に拠出していた財政負担や移民への社会的支出を減らし、浮いた予算を英国の国民保健サービス（NHS）など社会保障・医療財源に回すことができるので、医療・福祉が向上すると主張した。離脱派の言説には、後に多くの虚偽があることが明らかとなった。しかし、その言説は、移民問題をフレーミングし、経済と公共サービス問題に世論を引き付けることには成功し、EU 離脱支持層が増大した。確かに EU 財政への負担総額での比較では、2016 年当時、英国は加盟国で 3 番目の負担国であったが、EU からの補助金受取額では 7 番目に過ぎなかった。しかし国民 1 人当たりの財政負担額で比較すると、イタリアやスペインよりも少なく、実際には28 加盟国のなかで中間程度でしかなかった[3]。

　2016 年 6 月 23 日、英国における国民投票の結果は、EU 残留 48％ 対離脱 51％となり、3％程度の僅差とはいえ 100 万票以上離脱支持者が多

2 ）クレイグ・オリヴァー『ブレグジット秘録』（江口泰子訳、光文社、2017 年）630 頁。

3 ）https://ec.europa.eu/communication/sites/beta-political/files/recommendation-enhancing-european-nature-efficient-conduct-2019-elections_en.pdf, Oct.1,2019；Clark, H.D., Goodwin, M., Whiteley, P., *Brexit: Why Britain Voted to Leave the European Union*, Cambridge University Press, 2017, p.155；OECD Income Distribution Database（IDD）: Gini, poverty, income, Methods and Concepts, 2018.

図表1　ジニ係数の国際比較

	英　国	フランス	ドイツ	イタリア	米　国	日　本
2015年	0.36	0.299	0.294	0.33	0.387	0.32
2014年	0.357	0.297	0.294	0.33	0.389	0.32
2013年	0.353	0.291	0.299	0.328	0.392	0.32
2012年	0.349	0.307	0.292	0.335	0.385	0.32
2011年	0.354	0.31	0.295	0.33	0.387	0.332

出典：GLOBAL NOTE, OECD Income Distribution Database (IDD): Gini, poverty, income, Methods and Concept, https://www.globalnote.jp/post-12038.html（2018年6月6日閲覧）.

かった。さらに国民投票の結果、英国社会の分断状況も顕在化した。投票結果から、スコットランドや北アイルランドの住民はEU残留を望み、南側のイングランドやウェールズでは離脱を望むという地理的な分断が鮮明化した。また大企業、銀行、政治家など社会的エリートはEU残留を望んだが、零細企業主あるいは低賃金・低所得者層は離脱を望むという、学歴や所得格差による分断も浮き彫りになった[4]。その原因を探るためには、英国の雇用問題、失業率問題を考慮する必要がある。英国政治に不満があるとすれば、移民に仕事を奪われる不安や失業問題があると推測されるが、OECDの統計データでは、ギリシャやスペインなどの失業率が高い国と比べると、英国の失業率は加盟国内では最も低く、失業率は数％に過ぎず、失業率という因子は影響していないことがわかる。そこで次に、国民の分断につながる経済格差に着目する。格差の指標となるジニ係数で所得の不平等の程度を国際比較すると、**図表1**に示すように、イタリア、英国はジニ係数が高いことがわかる。加盟4カ国と日本で比較すれば、英国は最もジニ係数が高く、他のEU諸国と比較して、とくに国内格差が非常に大きいことが浮かび上がった[5]。世代別で見ると、離脱に投票した人々は、15歳から24歳あるいは25歳から34歳という若年世代では6割以上7割近くの人々がEU残留を望んでいた。これに対して高齢者世代、65歳以上の4割程度、年金生活者の多くはEU離脱を望んだ。Brexit国民投票の結

4）福田・前掲注1）128-130頁；Clark et al., *op.cit.*, p.155.
5）福田耕治「Brexit以後の欧州政治情勢とEU改革の行方」須網隆夫＋21世紀政策研究所編『英国のEU離脱とEUの未来』（日本評論社、2018年）192頁。OECD IDD, *op. cit.*

果、このような英国における地理的な亀裂、世代間の亀裂、所得・学歴間の亀裂の存在が顕在化した。もう一方で、移民問題が争点の一つになったが、2015 年から 2016 年の国民投票に至る時期は、英国において移民が増えた時期とも重なっていたことの影響も大きいであろう。

　キャメロン首相は国民投票の直後に辞任し、2016 年 7 月にはテレーザ・メイが政権に就いた。メイ首相は 2017 年 3 月、EU 条約 50 条に従い、英国の EU からの離脱を欧州理事会（EU 首脳会議）に対し正式に通告した。これに伴い、3 月末日に欧州理事会は離脱交渉のガイドライン案を発表し、欧州委員会がこれを具体化することとなった。EU 側は、離脱交渉を 2 段階に分けて段階的に行うことを明らかにした。

　第 1 段階では、在英 EU 市民（360 万人）および在 EU27 国英国民（106 万人）の権利保障問題、英国の対 EU 債務義務、アイルランドとの国境問題、EU 法停止に伴うその他の諸問題に大筋合意する。第 2 段階では、暫定・移行措置や EU 英国の将来関係の枠組みについての事前協議を行う方針を示した。同年 4 月に欧州議会は、離脱交渉の最終合意を承認する場合の基本条件を採択し、同月に特別欧州理事会（27 加盟国）で交渉ガイドラインを承認した。2017 年 5 月、EU 理事会で EU の交渉権限指令採択を経て、6 月から英国・EU 間で離脱交渉が開始された。12 月に欧州理事会は、第 1 段階の「十分な進展」を認め、第 2 段階へと移行した。

　第 2 段階の交渉は 2018 年 1 月から 11 月まで続けられ、11 月の臨時欧州理事会において EU 離脱協定案を承認するに至った。この離脱協定案は、共通規定（第 1 編）、市民の権利（第 2 編）、離脱規定（第 3 編）、移行期間（第 4 編）、財政規定（第 5 編）、機関・最終規定（第 6 編）と付属書で構成された。その付属書では、移行期間内にアイルランド・北アイルランド間の国境復活回避策が解決しない場合、ベルファスト合意（1998 年）に基づくバックストップ（安全措置）を暫定的にとることとした。政治宣言では、経済、安全保障などでの協力関係、制度的措置、今後の交渉手続などを定め、EU と英国の将来関係の全般的方針を示した。

　2018 年 12 月、英国議会下院でこれら EU 離脱協定案は否決される可能性があると判断したメイ首相は、クリスマス休暇明けの翌年 1 月まで採決

を延期した。しかし 2019 年 1 月、英国下院は賛成 202 票、反対 432 票で
離脱協定案を否決した。そこでメイ首相は英国労働者の諸権利を維持し、
北アイルランド民主統一党（DUP）などと協議を重ねるなど 7 点の修正
を加えたブレグジット方針案を発表し、2 月 27 日に再び下院での採決に
諮ったが、ノー・ディール回避と市民の権利保護に関する 2 案のみが可決
された。2019 年 3 月、親 EU 派議員がノー・ディール離脱回避のための
修正動議を提出し、賛成 321 票、反対 278 票で可決された。これを受けて
3 月、英国下院でも、関連法制定のために離脱延期を EU に要請する案を
賛成 413 票、反対 202 票で可決した[6]。メイ首相は、欧州理事会トゥスク
常任議長に 6 月 30 日までの離脱延長を再要請し、特別欧州理事会は、英
国が欧州議会選挙に参加することを条件に 2019 年 10 月末日までの離脱の
延長を認めた。

　2019 年 3 月のユー・ガブ（YouGov）社による世論調査では、英国民の
ほぼ半数（48％）は EU 離脱の選択は間違っていたと考え、残りの 40％
は正しい選択をしたと判断している[7]。また、同社の 7 ～ 8 月調査では「合
意なき離脱（No Deal Brexit）」、つまり EU との取決めなしに離脱するこ
との是非を問う世論調査を行った。この世論調査（2019 年 7 ～ 8 月）の
結果は、EU 離脱は英国にとって悪影響があると 50％の人々が否定的にと
らえ、さらに 37％は非常に悪い結果をもたらすと考えている[8]。つまり
英国の世論は、ハードブレグジットに反対であり、穏やかな離脱（ソフト
ブレグジット）を望む世論が半数にまで達していた。

　また EU からの離脱は、英国 GDP が 1 割近く減少し、賃金に至っては
1 割を超えるような低下が起こる可能性があるという予測が英国財務省か
ら発表され、その他の民間調査機関からも相次いで悪影響の予測が出され
ていた[9]。

6）日本貿易振興機構海外調査部欧州ロシア CIS 課「ブレグジットの争点と進捗状況」（2020 年
　1 月 31 日）31 頁。
7）ユーガブ調査の結果、2019 年 3 月 1 日、https://yougov.co.uk/topics/politics/articles-
　reports/2019/03/01/where-we-stand-brexit（2020 年 2 月 29 日閲覧）。
8）BMG, ComRes, Ipsos MORI and YouGov, July/August 2019.

図表2　欧州議会選挙投票率の推移（1979 〜 2019年）

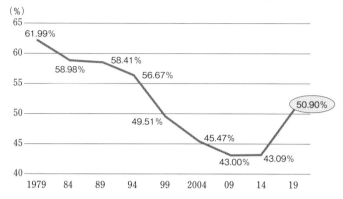

出典：European Parliament, 2019 European election results, https://www.election-results.eu
（2019年6月30日閲覧）から筆者作成。

2．2019年欧州議会選挙とその結果

　2019年5月23 〜 26日、欧州議会選挙が実施され、全28カ国4億3000万の有権者の民意が表明された。英国では5月23日に欧州議会選挙を実施した。英国選挙区の欧州議会選挙の投票率は36.9％と非常に低かった。欧州議会選挙は、各加盟国の有権者にとって身近な国政選挙と比較すると投票率が相対的に低くなる傾向にあり、従来から「二次的選挙仮説」が支配的であった。欧州議会が直接選挙を開始した1979年6月（平均投票率61.99％）以来、**図表2**に示すように、全体としては回を重ねるたびに投票率が低下し続け、2014年欧州議会選挙では投票率が43.09％まで低下していた。ところが2019年欧州議会選挙では、**図表2**のように大きく反転し、全加盟国平均で約51％まで回復して欧州議会の民主的正統性が大幅に高まった。投票率が上がった背景には、英国EU離脱や移民・難民問題への対応、緊縮財政の是非をめぐる問題や格差問題に社会的関心が高まっていたことが挙げられる。他方ではEU統合に反対し、自国第一主義を訴える

9）英国財務省の予測は、https://www.mag2.com/p/news/208126（2019年10月1日閲覧）を
　参照。

図表3　2019年欧州議会選挙の加盟国別投票率の比較

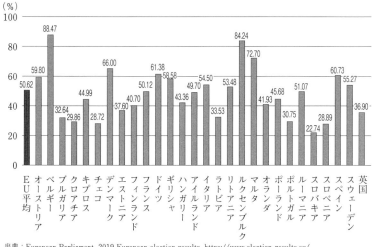

出典：European Parliament, 2019 European election results, https://www.election-results.eu/
（2019年6月30日閲覧）から筆者作成。

　欧州懐疑主義派政党が欧州各国で台頭し、極右ポピュリズム政党がさらに票を伸ばすことを懸念する世論もあり、人々の関心の高まりが投票率向上につながったと推察される。

　2019年欧州議会選挙では、フランス、イタリア、ドイツなど主要国で投票率が高く、EU平均投票率では51％となった。**図表3**のように、義務投票制をとっている加盟国（ベルギー、ルクセンブルグ）では投票率が高いが、義務投票制でない国（英国、ポルトガル）では50％以下の国もあり、30％に満たない中東欧諸国（クロアチア、スロベニア、チェコ、スロバキア）も存在している[10]。

　2019年欧州議会選挙の結果（**図表4**）を見てみよう。投票結果は、第1党の欧州人民党（EPP、中道右派）が182議席（24.2％）、第二党の社会民主進歩同盟（S&D、中道左派）が154議席（20.5％）となり、親EU勢力として40年間にわたり欧州統合を牽引してきた欧州議会内の二大政党の総議席数が過半数を割る結果となった[11]。しかし、マクロン大統領

---

10) European Parliament, 2019 European election results, https://www.election-results.eu
（2019年6月30日閲覧）。

図表4　2019 年欧州議会選挙の結果

欧州議会内政党（議席数順）	議席数	議席占有率
欧州人民党（EPP）……キリスト教民主主義・中道右派	182	24.23%
社会民主進歩同盟（S&D）……中道左派	154	20.51%
欧州刷新（RE）……欧州自由民主連盟（ALDE）から改称・中道リベラル派	108	34.38%
緑の党（Greens）/ 欧州自由連合（EFA）	74	9.85%
アイデンティティとデモクラシー（ID）	73	9.72%
欧州保守改革グループ（ECR）	62	8.26%
欧州統一左派（GUE）/ 北欧緑左派同盟（NGL）	41	5.45%
無所属（NI）	57	7.59%

注　：親 EU 派の政党 513 議席（69%）、欧州懐疑派の政党 192 議席（25.6%）。
出典：European Parliament, 2019 European election results (https://www.election-results.eu/) および駐日代表部「2019 年欧州議会選挙結果」EU-MAG, 2019 年 7 月, http://eumag.jp/news/h020719/（2019 年 7 月 8 日閲覧）から一部修正し筆者作成。

　の与党である共和国前進などが属するリベラル派の欧州刷新（Renew Europe：RE）が 108 議席（14.38%）に、また緑の党・欧州自由同盟（Greens/EFA）も 74 議席（9.85%）へと議席数を伸ばし、親 EU 派の政党が全体としては 513 議席（69%）を占めた[12]。

　一方、マリーヌ・ルペン率いる国民連合（RN、旧国民戦線 FN から改称）などの各国極右政党が所属するアイデンティティとデモクラシー（ID）が 73 議席（9.72%）、欧州保守改革グループ（ECR）が 62 議席（8.26%）に再編され、欧州統一左派・北欧緑左派（GUE/NGL）が 41 議席（5.45%）など、欧州懐疑派政党が総議席数の 25.6% を獲得した。

　英国ではファラージ率いるブレグジット党が 29 議席（31.7%）を獲得し第一党となり、政権与党の保守党は第五党へと後退した。フランスでは RN が 22 議席（23.3%）、イタリアの同盟が 28 議席（34.3%）、ポーランドの「法と正義」が 26 議席（45.45%）などの欧州懐疑派政党がそれぞれ各国で第一党となった[13]。

　英国保守党やポーランドの「法と正義」などの政党が加入している欧州

11）*Ibid*；https://www.europarl.europa.eu/election-results-2019/en（2019 年 10 月 1 日閲覧）；Bloomberg, European Parliament 2019 Elections Results, 2019, https://www.bloomberg.com/graphics/2019-european-parliament-elections（2019 年 7 月 1 日閲覧）.

12）*Ibid*.

13）*Ibid*.

保守改革グループ（ECR）も、欧州懐疑派の中心的な勢力として存在する。さらに統一左派あるいは北欧緑左派と呼ばれているグループも欧州懐疑派に含まれる。とくに英国、フランス、イタリア、ポーランドにおいてはそれぞれ欧州懐疑派が第一党になった。このことが選挙の投票結果や欧州議会の今後の運営にどのような影響を及ぼすのかが注目される。

　欧州議会議院規程の第30条（2）によると、議員の出身国の構成が全加盟国の4分の1（7カ国）以上であり、議員数の合計が25人以上でなければ政党としての要件を満たせない。そのため、2019年欧州議会選挙では、イタリアの「五つ星運動（Five Stars Movement）」は14議席（17.1％）で政党要件を満たせず、無所属となり後退した。その後、ポピュリズム政党の主張は、とくに反EU、あるいはEU脱退というような主張は影を潜め、「ドイツのための選択肢（AfD）」以外ではEUの存在、あるいは単一市場の利益はある程度容認する姿勢が見られ、声高には反EUを唱えなくなってきている（親EU派の政党513議席〔69％〕：欧州懐疑派の政党192議席〔25.6％〕）。

3．ジョンソン政権発足後の英国世論とEU離脱交渉プロセス

　2019年6月7日、メイ首相は保守党党首を辞任した。7月20日、保守党議員による投票でボリス・ジョンソン前外相が党首に選出された。7月25日、メイ政権からジョンソン政権に替わった。いわゆるハードブレグジット、あるいはノー・ディール・ブレグジットと呼ばれる「合意なき離脱」も見据え、北アイルランド国境で紛争が再燃する可能性もあった。ジョンソン首相は、その対策費として、軍隊の予算、治安維持のための予算、省庁横断型の政策決定対策費も予算化をし、そして8月末には国会を長期休会する決定をした。

　ジョンソン政権は10月末日にブレグジットを実現するという公約を掲げて発足したこともあり、審議を行わずに10月13日まで国会を休会にして、ハードブレグジットに至ることが予想された。これに対し、英国議会を開かないのは違憲ではないかという提訴がなされ、英国最高裁判所は9

月 24 日に違憲判決を下した。その結果、9 月 25 日に国会が再開された。解散総選挙を求める保守党、そしてノー・ディールだけは絶対に回避したいとする労働党が対立する構図のなかで英国下院審議が始まった。政府は 10 月 2 日、①ベルファスト合意の順守、②共通旅行区域（CTA）など英国・アイルランドの協力関係維持、全島規制区域を設け、③北アイルランドのすべてのモノに EU 規制を適用し、国境検査をせず、④北アイルランド自治政府議会に移行後 4 年ごとに全島規制区域の存続是非の判断を委ね、⑤北アイルランドは英国の関税領域とする、新提案を欧州委員会へ送付した[14]。10 月 11 日から 17 日までの EU と英国とのあいだでの交渉を経て、最終的には EU と英国の両者間で 17 日に合意が成立した。ジョンソン首相は、「偉大な合意に至った」とツイートし、また欧州委員会のユンケル委員長も合意ができたとツイートして、新協定案の決着に至った。

　10 月 17 日の新離脱協定案は、メイ首相がまとめた離脱協定案を実質的には 9 割がた踏襲するものであったが、懸案の北アイルランド問題の解決策を示した。つまりアイルランド共和国は EU 加盟国であるが、北アイルランドが英国領であるため、北アイルランド 6 州も英国の一部として EU から離脱すれば、この北アイルランド部分の扱いが変わり国境検問復活という問題が生じる。そこでジョンソン政権の新離脱協定案では、国境管理を回避できるやり方で、しかもバックストップを設けず、恒久的制度として英国本土は EU の関税同盟や単一市場から離脱することとした。

　北アイルランドについては、モノの移動に現在の EU 関税をはじめとする EU 規則を継続させ、北アイルランドを経済的に単一市場に残すことにした。北アイルランドは、法的には英国の一部であるが、経済的には特区として EU 単一市場にとどまる EU の関税域内にとどめる案が合意された。これで英国の北アイルランドを除く部分の主権回復は可能になる。妥協的な解決策であるが、将来協定で英国本国が第三国と自由貿易協定（FTA）を結ぶ場合、これを北アイルランドにも適用することで合意され、目に見える国境検問を復活せずにすむことになった。さらに北アイルランドが関

14）前掲注 6）5 頁。

税同盟、単一市場にとどまるのか否かの判断は、北アイルランド議会が4年ごとに定期的に再検討して民主的に自己決定するという提案であった。これにより、EUと英国政府とのあいだでの新離脱協定案の合意が成立した。同年9月17日に労働党のヒラリー・ベン議員が英国離脱延期法（通称ベン法）の動議を提出し、ジョンソン首相はこれに従って欧州理事会に延期を申し出ることを政府に義務づけた。欧州理事会のトゥスク常任議長は、最終的にこの延期申請を認める決定をした。

　EUからの離脱に同意する権限は、英国議会下院にある。2019年10月に新離脱法案について下院で賛否を問い、賛成329票、反対299票で（労働党の19議員が賛成側に回ったことにより）、新離脱協定案が可決された。英国では同年12月に総選挙が行われ、ジョンソン首相率いる与党・保守党は、イングランド北部、ウェールズなどEU離脱支持層の多い地域からの支持を得て、650議席中365議席（56％、過半数は326議席）を獲得し、勝利した。EU残留か離脱か最後まで立場が曖昧であった野党・労働党は、改選前より大幅に議席を減らし、惨敗した。12月1日以降のEU首脳交替が行われ、また英国側は総選挙の結果を踏まえ、両者間のEU離脱交渉体制は次のように変更された。英国側はジョンソン首相とマイケル・ゴーブ・ランカスター公領相およびスチーブン・バークレイEU離脱相のもとでEU離脱省が管轄した。EU側は、欧州委員会のフォン・デア・ライエン（Ursula von der Leyen、ドイツ）新委員長のもと、ミシェル・バルニエ主席交渉官（フランス）と、欧州議会のフェルホスタット座長のブレグジット問題対策チームが欧州委員会へ提言を行い、欧州理事会のシャルル・ミシェル常任議長とEU理事会のミッケルセン事務局長が英国に関するタスクフォースを担い、主席交渉官に報告を行う体制をとった[15]。

　2020年1月9日、英国議会下院はEU離脱協定法案の採決を行い、賛成330票対反対231票で同法案を可決した。さらに1月23日、英国議会下院はEUからの離脱実現に必要となる離脱協定関連法（2018年6月20日に上下両院合意、6月26日に国王裁可を修正）を成立させた。これに

15）同上3頁。

より、バックストップ問題について、北アイルランドは法的には英国の管轄内にあるが、北アイルランドには EU 規制を適用することとし、アイルランド島内での通関手続はない状態にした。EU から北アイルランドへのモノの輸送は、無関税である [16]。翌 1 月 24 日、英国のジョンソン首相、欧州理事会のミシェル常任議長、欧州委員会のフォン・デア・ライエン新委員長が英国 EU 離脱協定案に署名を行った。1 月 29 日、欧州議会はリスボン条約に基づき離脱協定案の承認を行った。また 1 月 30 日、EU 理事会も離脱協定案を承認した。こうして英国側と EU 側のすべての離脱手続を完了し、2020 年 1 月 31 日、英国は EU から離脱した。また移行期間は 2020 年 12 月末日までとされた。

4. 欧州議会選挙の結果を受けた欧州委員長の選出と「筆頭候補制」問題

　欧州委員会は、欧州全体の超国家的利益を表出する EU 行政の執行府である。欧州議会には、この欧州委員会の次期委員長候補者を承認し、また次期欧州委員候補者名簿を承認する権限が与えられている。EU（マーストリヒト）条約以降、委員長と委員の任期は、欧州議会議員の任期と同じ 5 カ年となっている。欧州委員会の委員長には、政治的指導権があり、委員会の指針を作成し、その行動の一貫性と効率性、一体性を確保しつつ、欧州委員会内部の行政組織を決定することができる（EU 条約 17 条(6)）。
　欧州委員会の委員長とその他の委員はどのような手続を経て任命されるのであろうか。リスボン条約（EU 条約 17 条(7)）では、次のように規定する。
　「欧州議会の選挙結果を考慮して、欧州理事会（EU 首脳会議）は、適切な協議を持った後、特定多数決によって、欧州議会に対して欧州委員会の委員長候補者を提案する。この候補者は、欧州議会によって、その総議員の過半数の議決により選出される。この候補者が必要な多数を得られな

16）同上 9 頁。

い場合、欧州理事会は 1 カ月以内に特定多数決により、欧州議会によって選出されるべき新候補者を提案する。欧州議会は、同じ手続に従い、新候補者を選出する。欧州理事会は、選出された委員長との共通の合意によって、新委員として任命するために EU 理事会が提案するその他の委員候補者の一覧表を採択する。委員は、3 項 2 段〔委員の独立性の確保〕および 5 項 2 段〔加盟国の輪番制、人口と地理的配分への配慮〕に定める基準に従い、加盟国から提案された委員候補者案に基づいて選出される。」(EU 条約 17 条(7))(〔　〕内は筆者による注)

　2013 年 3 月に欧州委員会は条約の趣旨を踏まえ、各加盟国の諸政党に対して 2014 年欧州議会選挙を目前に控え、欧州委員会委員長候補者の指名を念頭に置いて、欧州議会内でどの欧州政党会派に所属する予定であるのかを明確にするよう求めた [17]。2014 年欧州議会選挙では、欧州議会の主要政党は、本規定(EU 条約 17 条(7))の拡大解釈を行い、選挙結果を踏まえた最大政党の筆頭候補が欧州委員会委員長候補の指名を受ける「筆頭候補制(Spitzenkandidaten, lead candidates)」もしくは「筆頭候補プロセス(Spitzenkandidaten process)」と呼ばれる欧州委員会委員長の選任手続の導入を要求した。2014 年 6 月、欧州議会選挙の結果を受け、欧州議会の主要政党は筆頭候補制の導入を支持し、新欧州委員会の委員長として欧州議会選挙で勝利した政党の党首を欧州委員長に就任させるための協力を行った [18]。欧州議会は条約条項を拡大解釈し、欧州理事会に対して第一党の欧州人民党の筆頭候補者であるジャン・クロード・ユンカー(Jean-Claude Juncker、前ルクセンブルク首相)を指名するよう巧妙に要請し、成功した。英国およびハンガリーは、欧州理事会における採決において反対票を投じたが、結論的にはユンカーが委員長として選出され、筆頭候補制は先例になったように見えた [19]。

---

17) European Parliament, 2019 European election results, *op.cit.*, 2019.

18) ユンカー委員長選出に至る英国政府と各政党の立場は、Dioan,Desmond, "Governance and Institutions: The Year of the Spitzenkandidaten", *JCMS*, Vol.53, Annual Review, 2015, pp.93-98 を参照。

19) Gómez, J.M., Wessels, W., Wolters, J., "The European Parliament and the European Council: A Shift in the Balance of Power?", in Costa, Olivier ed., *The European Parliament in times of EU crisis: Dynamics and Transformations,palgrave macmillan*, Springer, 2018, p.65.

　しかし欧州委員会の委員長候補選任について、条約上は筆頭候補制の適用を明確に義務づける規定はなく、あくまで欧州理事会の判断、裁量に委ねられている。リスボン条約では、欧州議会には優越的地位は与えていない[20]。そのため、2014 年欧州議会選挙後の欧州委員長の選出において、スウェーデンの首相とオランダの首相は、委員長の選出に際して筆頭候補制を適用することに躊躇する立場を示した[21]。結局、ドイツのメルケル首相がスウェーデンの首相およびオランダの首相と会談し、躊躇はあるものの最終的には妥協に至り、新欧州委員会の委員長候補にユンカーを選出する決定を行った。しかし欧州理事会が特定多数決により筆頭候補制を導入することについては、意見の一致は見られなかった。

　2015 年欧州議会の審議において、欧州議会主要政党は、筆頭候補制を将来の委員長選出のために法制化することを企図し、欧州議会選挙法の改正を要求した。しかし、欧州委員会の委員長の役職は EU 統合にとって常に極めて重要な役職であると欧州理事会は認識していた。加盟国政府首脳は、筆頭候補制の法制化に伴う欧州議会の権限強化は、相対的に欧州理事会の権限縮小につながるゼロ・サム関係にあり、欧州理事会はこの欧州議会からの要請に明確に反対を表明した[22]。

　2018 年 2 月、欧州理事会のトゥスク常任議長は、EU27 加盟国の政府首脳を代表して「候補者を指名するための欧州理事会の自律的な権能」について言及し、欧州議会選挙法の改正には EU 理事会における全会一致の決定を必要とすることを表明した[23]。これは逆に、EU 加盟国政府首脳・国家元首に欧州理事会の役割の重要性を再認識させることにつながり、欧州議会の交渉上の立場を弱めることになった。2019 年欧州議会選挙の結果を受け、筆頭候補制による委員長選出手続に従えば、この 2019 年選挙の結果を考慮して、第一党の欧州人民党（EPP）の筆頭候補であったウェーバー欧州議会議員（ドイツ・キリスト教民主同盟 CSU）が委員長となる

20）Shackleton, Michael, "Transforming representative democracy in the EU?　The role of the European Parliament", *Journal of European Integration*,　Vol.39, 2017, pp.191-192.

21）*Ibid.*

22）*Ibid.*

23）*Ibid.*,　p.66

はずであった。しかし 2019 年の EU 首脳人事では、欧州理事会において
メルケル首相とマクロン大統領の独仏間で意見が分かれ、欧州委員会の委
員長の指名をめぐって協議が難航した。メルケル首相は前回同様に筆頭候
補制を適用し、ウェーバーを委員長候補とすることを主張した。

　しかしマクロン大統領は、この提案に反旗を翻した。マクロン大統領は、
国家元首からなる欧州理事会の一員にも加わる欧州委員会委員長職は、伝
統的に首相や大統領、閣僚経験者が就任する極めて重要なポストであり、
ウェーバーにはそのような政治的経験も全くなく、国際的知名度にも欠け
るため、委員長候補者としては適任ではないとして強く反対した。欧州委
員会の委員長には、各国の大統領や首相、閣僚たちを束ねていけるだけの
力量や人望が不可欠であるが、ウェーバーにはそれが期待できないという
判断が EU 首脳間で共有されていた。

　2019 年欧州議会選挙の結果を受けて、6 月 30 日〜 7 月 2 日の 3 日間に
わたって EU 首脳人事に関する協議が続けられたが、とくに欧州委員会の
委員長候補の選考が難航し、二大政党の筆頭候補者バルニエ主席離脱交渉
官（フランス）も全首脳の了承を得ることができなかったため[24]、「筆頭
候補制」の適用は葬り去られた。最終日の 7 月 2 日、特別欧州理事会では
独仏間での政治的妥協に達し、メルケル政権で国防相の職にあったキリス
ト教民主同盟（CDU）／キリスト教社会同盟（CSU）所属のフォン・デア・
ライエンを次期委員長候補として指名し、欧州議会へ提案した。最終的に
は 7 月 16 日、フランス・ストラスブールの欧州議会において、フォン・
デア・ライエン委員長候補について採決が行われ、賛成 383 票、反対 327 票、
棄権 22 票という結果であった。欧州懐疑派議員の協力も得て、信任に必
要とされる過半数の 374 票を 9 票だけ上回る 383 票を得て、僅差で次期委
員長候補としてフォン・デア・ライエンが欧州議会の承認を得られた[25]。
フォン・デア・ライエン新委員長は、気候変動対策に積極的な姿勢をとる
だけではなく、NATO の重要性を訴え、マクロン大統領が構想する欧州
防衛軍の創設などにも好意的であり、EU 統合で独仏共同歩調をとり、欧

24）世界日報編集局「時期欧州委員長に独国防相」世界日報（2019 年 7 月 4 日）。
25）福田耕治「欧州議会選挙後の EU 情勢」週刊経団連タイムズ 3417 号（2019 年 7 月 25 日）。

243

州安全保障分野、銀行同盟やユーロ圏強化構想にも果敢に取り組み、力量
を発揮することが期待された。

　筆頭候補制については功罪両面があり、学術的にも評価が分かれている。
2014 年欧州議会選挙キャンペーン中、遠く離れた顔の見えないブリュッ
セルの国際官僚制に対して、筆頭候補制の導入が欧州議会デモクラシーの
実現や欧州市民の参加を増大させることにつながると、多くの政党が主張
した。この当時、筆頭候補制の導入は EU の民主的正統性を強化できる手
段となるとして肯定的にとらえられていた。2019 年欧州議会選挙でも主
要会派は、欧州委員長候補選出における筆頭候補制は、EU のデモクラシー
の欠落（democratic deficit）を補うことのできる手続としてとらえ、2008
年以来サイモン・ヒックス（Simon Hix）など著名な EU 政治学者が主張
してきた制度でもあった。欧州議会選挙において第一党となった政党の筆
頭候補者が、欧州委員会の委員長に就任することは、欧州市民の有権者が
間接的に委員長の選出にも参加したことにもなる。この観点からすれば筆
頭候補制は、EU 政策決定過程において EU の民主的正統性を高める「イ
ンプット正統性（input-based legitimacy）」を強化する効果を持つと評価
することもできる。議院内閣制に一歩近づくことで欧州委員会の民主的正
統性を高めることにつながり、EU 立法過程の民主化、代表制民主主義の
強化にも寄与すると肯定的にとらえる立場の論者もいる[26]。とはいえ、
EU の政策決定過程におけるインプット正統性の確保は、「民主主義の不
足（democratic deficit）」を補う観点からすでにリスボン条約で制度化さ
れ、有効に運用されているという見解もある。EU の立法過程を加盟国議
会と欧州議会の両者が共同で監視する現行の COSAC（Conference of
Parliamentary Committees for Union Affairs of Parliaments of the
European Union）制度のもとで、各加盟国国会の政治的役割は十分に民
主的に機能しているとする立場である。COSAC は、1980 年代に英国政府

26）児玉昌己「EU ガバナンスの危機と欧州議会の正統性の再構築に向けた動き」久留米大学法
　　学 70 号（2014年）；Day, Stephen "The 2014 European Parliament Elections: Emerging signs
　　of shift from 'solidarity' to 'politicization' at the EU level" 日本 EU 学会年報 35 号（2015 年）
　　77-102 頁。

が加盟国議会との協力を提案し、1999年5月発効のアムステルダム条約の付属議定書で公式化され、リスボン条約付属の「EUにおける加盟国議会の役割に関する議定書」により制度化された。各加盟国議会の議長がそれぞれ出席する各加盟国議会と欧州議会の議長間会合と、各国の欧州問題委員会の代表が出席して、EU立法過程を監視する手続がすでに法制化され、有効に機能している事実は否定できない。

　また筆頭候補制が代議制デモクラシーの観点からの立法過程の民主化につながるとする肯定的評価に対して、異論や批判も少なくない。規範的憲法理論（normative constitutional theory）の観点から反対する評価や見解も存在する[27]。この筆頭候補制の安易な適用は、EUの立法過程を「政治化」し、非効率にするばかりではなく、潜在的には多くの危険性を孕む制度的動向であると否定的にとらえる見解もある[28]。この筆頭候補制をめぐる問題については、2014年以降イタリア・フィレンツェの欧州大学院大学(European University Institute：EUI)のワークショップやLSEロースクールのセミナーなどにおいて「筆頭候補制の導入によってEUの政治システムに根本的な変化が生じるのか否か」[29]が活発に議論され、否定的見解をとる識者も少なくなかった[30]。筆頭候補制の影響や効果に関する研究は、サラ・ホボルト（Sara B. Hobolt）の2014年の論稿以降[31]、最近まで多くの論者によってその利点とともに問題点も併せて検討されている。欧州委員会の委員長は、欧州理事会における政府首脳のコンセンサスにより指名され、欧州議会がこれを承認するという手続により従来は選出されてきた。筆頭候補制は、EU条約に直接根拠を置く委員長任命手続ではなく、あくまで欧州議会による独自の法解釈に過ぎない。この制度の適用に慎重な、あるいは否定的な立場の議論では、現行条約に定める主要機

27）Goldoni, Marco, "Politicising EU Lawmaking？　The Soitzenkandidaten Experiment as a Cautionary Tale", *European Law Journal*, Vol.22, No.3, 2016, pp.289-299.

28）*Ibid.*, pp.279-295.

29）Christiansen, Thomas, "After the Spitzenkandidaten: fundamental change in the EU's Political System？", *West European Politics*, Vol.39, 2016, pp.992-1010.

30）Goldoni, *op.cit.*, p.280.

31）Hobolt, S.B., "A vote for the President? The role of Spitzenkandidaten in the 2014 European Parliament elections", Journal of European Public Policy, Vol.21, Issue 10, 2014, pp.1539-1540.

関（欧州理事会、EU理事会、欧州議会、欧州委員会）の制度的均衡下において、EUの権能（competence）が新たな領域へと拡張するような場合、その政治的コントロールの在り方が問題化することは避けられない。否定的見解をとる論者は、そのような政治的問題はEU統合の将来像を設定する政治的方針と関わっており、条約上、そのような任務は欧州委員会ではなく欧州理事会の権能であり、長期的展望に立って審議・検討すべき事項であると判断される。またシャルプフは、EU・欧州統合の正統性を確保するうえで、欧州議会への有権者のアイデンティティは必ずしも高くなく、インプットによる正統性確保には限界がある。それゆえ、EU政策実施による社会的課題の解決というアウトプットに依拠する正統性の確保も同時に必要であると論じた[32]。英国の中道左派・リベラルの立場をとるガーディアン紙（The Guardian）が指摘したように、国境横断的に欧州懐疑派政党にとって有利に機能する可能性もあり、EU統合と欧州デモクラシーの将来にとってEU諸機関の機構上の均衡を変化させる危険性をも孕んでいる。

　欧州諸政党は、筆頭候補制についてどのような認識を持っていたのであろうか。2019年欧州議会選挙キャンペーンにおいては、前回同様に国内政党は筆頭候補制に関する報道は消極的であったという[33]。ダニエラとセバスチャンによる各政党マニフェストの分析によれば、「筆頭候補制」に関する言及があるマニフェストはデータセット199政党のうち37政党に過ぎず、その言及はマニフェストの紙幅全体の1％未満（平均約0.12％）に過ぎなかったという[34]。最も顕著なトピックの一つである「社会正義」についての言及は、170政党がマニフェストの紙幅全体の約4.1％を割り当てていたことと比較しても、各政党とも筆頭候補制の意義を極めて低くとらえていたことは明らかである[35]。この論稿では、データセットの厳

32) Sharpf, F., *Accountability and Legitimacy in the European Union*, Oxford University Press, 2002, pp.381-382.
33) 吉沢晃「欧州議会選挙と筆頭候補制」『ワセダアジアレヴュー』（明石書店、2020年）50頁。
34) Braun, Daniela, A. Popa, Sebastian, "This time was different? The salience of the Spitzenkandidaten system among European parties", *West-European Politics*, Vol.41, No.5, 2018, pp.1133-1138.

密な定量分析の結果を踏まえた考察により、大部分の政党が筆頭候補制を無視する選択をしていたと結論づけている。以上を考慮すれば、欧州理事会は、欧州議会における党派間の短期的な政治的利害やインプットの正統性の確保のみにはとらわれず、EU 統合の長期的な将来像を見据え、アウトプットの正統性をも配慮した総合的判断を行うことができる立場が望ましい判断に至る可能性が高いと考えたのである。

　欧州理事会において各国首脳は、その他の EU 首脳人事との関係についても関心を強めていた。他の EU 首脳人事では、親 EU 派・リベラル勢力の第三党欧州刷新（リニュー・ヨーロッパ）からは、欧州理事会が常任議長候補にシャルル・ミッシェル（Charles Michel、ベルギー首相）を提案し、同党は賛意を表明した。欧州議会の新議長には、失業・移民・気候変動問題を重視する第二党の社会民主・進歩同盟（S&D）所属のマリア・サソーリ（David Sassoli、イタリア）が圧倒的多数票を得て選出された。共通外交安全保障上級代表には、欧州大学院大学（EUI）学長（2010 ～ 12 年）を務めた EU 法学者でもあるボレル・フォンテジェス（Josep Borrell Fontelles、現スペイン外相）が欧州理事会により選出された。さらに欧州中央銀行（ECB）総裁には、国際的に知名度の高いクリスティーヌ・ラガルド（Christine Lagarde、IMF 専務理事、フランス）が就任することで決着した。独仏協調関係の問題、とくにメルケル首相とマクロン大統領の関係性において、最終的にマクロンのリーダーシップのもとで首脳人事が決まったといわれている。シャルル・ミッシェルを欧州理事会常任議長にして、フランス人のラガルド氏を ECB の総裁に据えた。以上のような首脳人事を経て EU 新体制が発足し、2020 年 1 月末に英国が正式に EU から離脱しブレグジット危機は収束に向かった。しかし、EU は新型コロナ危機という新たなグローバルな危機に直面することになった。

---

35) *Ibid.*

5．新型コロナ危機後の EU 加盟諸国の政策対応と
　 EU 連帯の模索

　2019 年 12 月、最初に中国・武漢で発生した新型肺炎（Covid-19）が
WHO に報告されて以来、国境を越えて世界中に広がった。2020 年 1 月中
旬、WHO は「人から人へのコロナウイルス感染の証拠はなかった」とし
ていた。しかし、3 月 12 日、実際には人から人への感染が起こっている
ことが明らかになり、WHO のテドロス（Tedros Adhanom Ghebreyesus）
事務局長は、新型コロナウイルス感染症が公式に「パンデミック（世界的
な感染爆発大流行）」状態にあると宣言した。欧州諸国の Covid-19 危機
を検討する前提として、まず、EU の公衆衛生政策の根拠と越境感染症対
策の背景について見ておこう。

　EU 諸国では当初、保健・医療・公衆衛生政策は、社会保障政策の一部
として加盟国の権限と責任の範囲内にあると考えられ、EU は加盟国間の
政策調整の補完的な役割を演じるに過ぎないとされてきた。とはいえ、
1987 年 7 月発効の単一欧州議定書の「健康」に関する条項（100a 条）で
条約上の根拠を置いて以来、1993 年 10 月発効の EU 条約（マーストリヒト）
条約に「パブリック・ヘルス」（3 条、129 条）が政策として規定され、
1999 年 5 月発効の EU（アムステルダム）条約で「高水準の健康保持」や
「疾病予防と健康危険の除去、健康増進」など公衆衛生政策（152 条）も
具体化され、現行のリスボン条約まで踏襲され具体化されてきた。2002
〜 03 年の中国における SARS の感染拡大の教訓から、2003 年に欧州対外
行動庁のハビエル・ソラナ共通外交・安全保障政策（CFSP）上級代表は、
『よりよい世界における安全な欧州——欧州安全保障戦略（ESS）』[36]（ソラ
ナ報告、2003 年）で「新たな感染症が急速に拡散する可能性があり、グロー
バルな脅威となり得る」と指摘し、EU が自律的かつ戦略的に行動する必
要性を訴えていた。

---

36) Council of the European Union, *European Security Strategy - A secure Europe in a better World*, 2003.

2005 年 5 月、欧 州 疾 病 予 防 管 理 セ ン タ ー（European Centere for Disease Prevention and Control：ECDC）という EU エージェンシーが開設されたが、新型コロナ危機においてもこの機関が EU の中核となって、欧州医薬品庁（European Nedicines Agency：EMA）とも連携し、EU の公衆衛生ガバナンスを展開している[37]。

EU では当初、新型コロナ危機に迅速な対応がとれず、医療崩壊が進みつつあったイタリアなどへの EU の支援が届けられなかった背景には、人の健康の保護分野は、伝統的に国境管理と同様に加盟国の権限内にあり、EU はあくまで調整役としての権限しかないとする（アムステルダム条約までの管轄権）誤解もあった。しかし現行 EU（リスボン）条約のもとでは、欧州基本権憲章（第 35 条）の発効との関連もあり、EU の排他的権限、EU と加盟国の共有権限、加盟国権限に 3 分類されている政策管轄権の分類においては、「共通の安全に関わる健康・公衆衛生」の分野は、EU と加盟国の「共有権限」領域として明確化されている（EU 運営条約 4 条（2）k）。

それゆえ、新型コロナ危機への対応で、EU は全く無策であったわけではない。EU と加盟国の共同出資で個人用防護品などの支援物資を中国へ送り、WHO に対して 1 億 1400 万ユーロを支援し、アフリカでの予防対策に 1500 万ユーロ、ワクチン開発研究資金に 1 億ユーロを拠出した[38]。さらに欧州委員会は、2020 年 1 月に「欧州市民保護メカニズム」を発動した（**図表 5**）。

市民保護・人道 支援総局（ECHO）が中心となって調整が行われた。2020 年 2 月には、横浜港に寄港したダイヤモンド・プリンセス号内で発生した新型コロナ集団感染に際して、EU 域内乗船者を帰還させるためにイタリアと英国がこの市民保護メカニズムを活用した。イタリア機ではイタリア、ドイツなどの EU 市民 37 名、英国機では英国、アイルランドな

37）EU における越境感染症制御ネットワーク・ガバナンス、サーベイランスシステムについては、福田耕治「新型コロナ危機と EU 統合——感染症制御と経済復興のマルチレベル・ガバナンス」グローバル・ガバナンス 7 号（2021 年）50-57 頁を参照。

38）https://www.consilium.europa.eu/en/policies/coronavirus/（2020 年 7 月 30 日閲覧）；https://ec.europa.eu/echo/news/covid-19-commission-creates-first-ever-resceu-stockpile-medical-equipment_en（2020 年 7 月 30 日閲覧）.

図表 5　EU の Covid-19 関連の EU/ 欧州諸政策・施策

2019 年 12 月	中国が武漢での新型肺炎 (Covid-19) 発生を WHO へ報告
2020 年　1 月	欧州委員会「欧州グリーンディール投資計画」EU 市民保護制度発動
	英国は 47 年間にわたる EU 加盟が終焉・離脱、英国経済へ打撃
2 月	横浜港のダイヤモンド・プリンセス号の欧州乗船者を救援・帰還させる
3 月	EU 欧州委員会内に、新型コロナ対策本部を設置
	• 欧州委員会「欧州の新産業戦略」(COM(2020) 102 final)
	• 持続可能な循環型経済構築、欧州医薬品産業の「戦略的自律性」提案
4 月	EU 理事会：新型コロナ危機対応で対外行動庁予算「グローバル対応・パッケージ」構造基金の「コロナ対応投資イニシアティブ・プラス」合意
5 月	欧州委員会「欧州の復興計画に力を与える EU 予算」を提案し、EU 予算も「戦略的自律性」を考慮するものとした
	• 「失業リスクを軽減するための緊急支援 (SURE)」策の制度化
	• ラガルト欧州中央銀行 (ECB) 総裁も、「パンデミック緊急購入計画 (PEPP)」ユーロ圏諸国に対する金融支援措置を決定
6 月	フィレンツェの EUI で開催された「EU 通商政策レビューのための公開協議」で フィル・ホーガン欧州委員は、EU の「投資能力の強化と戦略的自律性」の重要性を強調
	• 欧州理事会「EU デジタル戦略」に合意
7 月	欧州理事会のミシェル常任議長は、EU の長期予算・経済復興パッケージに関する新提案「欧州の復興計画に力を与える EU 予算」
	• EU 理事会は、7500 億ユーロの「コロナ復興基金」創設の最終合意、欧州理事会は、EU の緊急対応：EU の経済復興と成長戦略のための 7 カ年に及ぶ長期予算 (2021 ～ 27 年) を制度化、欧州通商政策の抜本的な見直し：貿易と防衛メカニズムの連携把握
9 ～ 10 月	欧州理事会でミシェル常任議長「欧州の戦略的自律性」が、今世紀の EU の新共通プロジェクトであり、「開かれた経済を維持する」と発言
10 月	欧州議会のシンクタンク「Covid-19 以後の世界におけるガバナンスの 4 つのシナリオー天然資源管理からの教訓」報告を発表
12 月	『2020 年欧州の戦略的自律性』EU 地政学研究報告の公表
	日本も「グリーン成長戦略」：グリーン化とデジタル化戦略を発表
2021 年　2 月	EU 新通商政策で「開かれた戦略的自律性」、持続可能性と協調的・競争的・地政学的アプローチへと深化：防衛・軍事・安全保障政策上の用語である「戦略的自律性」を、域内政策・新通商政策へと拡張：「開かれた戦略的自律性」の確保へ

どの EU 市民 34 名が 2 月下旬に欧州各国へ帰還できた[39]。

　2020 年 3 月 2 日、新型コロナ対策本部を設置した欧州委員会は、欧州理事会（EU 首脳オンライン会議）の後、欧州理事会と協力して、加盟国

---

[39] https://www.consilium.europa.eu/en/policies/coronavirus/covid-19-research/（2020 年 7 月 30 日閲覧）；福田耕治「新型コロナ危機と EU 統合──医療・人道支援における欧州の連帯」修親 11 月号（2020 年）6-9 頁。

の行動を調整しつつ、コロナ禍への対応をさらに強化した。すなわち、EU は、加盟国の医療システム、中小・大企業への支援、労働市場での雇用、労働者保護、その他の脆弱な経済分野を支援するため、最大 370 億ユーロを投入する「コロナ対応投資イニシアティブ」を開始した。EU 外交安全保障政策上級代表兼欧州委員会副委員長のジョセップ・ボレル（Josep Borrell）は 3 月下旬、「新型コロナウイルス感染症は、世界を作り変える。危機がいつ終息するかはまだわからない。しかし、終息したころには世界は全く違った様相を呈することは確かである。」[40]との認識を示し、EU が新型コロナ感染症のパンデミックに対処するために、EU の持つ行財政資源を前例のない規模で投入し、国境を越える欧州の連帯と協力によって打ち勝つと、加盟国外相理事会において強い決意を示した。

　2020 年 4 月の欧州議会では、フォン・デア・ライエン欧州委員長（ドイツ前国防相、医学博士）が演説を行い、新型コロナ感染が最初に拡大したイタリアに対し EU として必要な支援ができなかったことを謝罪した。また感染拡大の影響を受ける経済活動の存続を確保するためのイニシアティブ、EU と加盟国の連帯による「緊急時の失業リスクを軽減するための 支 援（A European instrument for temporary Support to mitigate Unemployment Risks in an Emergency：SURE）イニシアティブ」[41]により、コロナ危機の期間は加盟国が雇用を維持し、自営業者を支援するための措置、有利な条件の融資を目的として最大 1000 億ユーロの資金援助を行い、また国家援助規制も柔軟化した。欧州委員会による EU 諸国への医療支援としては、人工呼吸器や防御マスクなどの医療機器の提供・戦略的な備蓄のために総予算額 8000 万ユーロが充当された。さらに欧州委員会は、新型コロナ感染拡大で厳しい移動制限を求め、疫学者、ウイルス学者などで構成される「Covid-19 諮問委員会」を組織し、科学的なリスク管理措置の EU ガイドラインを策定することになった。EU は、ワクチンの

40）Europen External Action Service, EU News 66/2020（www.eeas.europa.eu）.

41）https://ec.europa.eu/info/business-economy-euro/economic-and-fiscal-policy-coordination/financial-assistance-eu/funding-mechanisms-and-facilities/sure_en（2020 年 7 月 30 日閲覧）.

研究・開発、診断と治療に関する研究プロジェクトに必要な資金を提供するために、1 億 4000 万ユーロの公的資金と民間資金を割り当てた[42]。

　欧州中央銀行（ECB）は、通貨同盟に対する深刻なリスクに対応するため、7500 億ユーロ相当の官民証券購入プログラムとして、「パンデミック緊急購入プログラム（Pandemic emergency purchase programme：PEPP）」を発表したが、2020 年 3 月 12 日決定の 1200 億ユーロと合わせた緊急経済刺激策の総額は、ユーロ圏 GDP の 7.3％に相当する規模になった。ラガルト ECB 総裁は 7 月 16 日、「特別な時期には、特別な行動が必要である。ユーロに対する ECB の介入には制限がない。われわれが有する手段の可能性を最大限に活用する決意がある」[43]と述べ、ECB の業務の範囲内で必要なことは何でもする旨の強い決意を表明した[44]。

　EU の新型コロナ対応として注目されるのは、「多年次財政枠組み（Multiannual Financial Framework：MFF）」による 7 カ年に及ぶ EU 多年次予算（2021 ～ 27 年）の制度化である。2020 年 3 月にイタリアのコンテ首相がユーロ共同債を求め、5 月にメルケル独首相とマクロン仏大統領がコロナ復興基金創設に合意した。欧州委員会が 5 月末に提出した提案に基づいて、6 月の欧州理事会では 7500 億ユーロ（約 92 兆円）のコロナ復興基金に関する審議が開始された。

　2020 年 7 月の欧州理事会では、異例の 5 日間に及ぶ審議を経て「欧州の復興計画に力を与える EU 予算」（COM（2020）442 final, 27.5.2020）が承認され、7 月 21 日に 7500 億ユーロ（補助金 3900 億ユーロ、融資額 3600 億ユーロ）の復興基金設置で最終合意に漕ぎ着けた[45]。これは、欧州全域に感染が拡大したコロナ禍で、人やモノの移動制限が実施されたことから EU27 加盟国全体が深刻な経済的打撃を受け、単一市場の存続すら危ぶまれる状況にあったからである。欧州の経済危機下において EU が復

42) https://www.ecb.europa.eu/home/search/html/pandemic_emergency_purchase_programme_pepp.en.html（2020 年 7 月 30 日閲覧）.
43) European External Action Service, EU News 66/2020, *op.cit.*.
44) http://eumag.jp/behind/d0620/（2020 年 7 月 30 日閲覧）.
45) https://www.reuters.com/article/us-health-coronavirus-eu-france-idUSKCN21R3G8（2020 年 7 月 30 日閲覧）.

興基金として共同債を発行し、とくに深刻な危機に瀕した加盟国への財政支援を行う連帯政策が強く要請された。このコロナ復興基金は欧州議会の同意を得た後、財政統合をにらむ 2021 ～ 27 年度中期予算枠組みに組み込まれ、2021 年度から各国に配分されることとなった。1 兆 743 億ユーロを上限とし、デジタル化や環境対策のほか、人の越境移動と国境管理や安全保障と防衛を含む EU が優先する 7 つの政策領域に対して配分され、2021 ～ 27 年の 7 年間にわたり執行されることになるが、この MFF に復興基金が特別臨時予算として上乗せされる[46]。また、EU が共同債券を発行し、EU が資本市場から調達した資金を各加盟国に分配する点に特徴があり、「財源と債務の共有化」に踏み切ることになった意義は大きい。これらの「欧州復興のための野心的で革新的な EU 予算」を通じて、EU の新成長戦略のために不可欠な財政的基盤が与えられた意義は大きいといえよう。

　加盟諸国の Covid-19 政策対応では、感染者数と死亡者数、致死率の格差問題も提起される。PCR の検査数が国ごとに異なるため、実際の感染者数は正確には把握できない。図表 6 からも明らかなように、人口 10 万人当たりの死亡者数、致死率についても死亡原因が特定されず、肺炎その他の病名で処理される場合も少なくない。人口 10 万人当たりの死亡者数、致死率を単純に比較することもできない。しかし各国の医療疲弊・医療崩壊度を示す指標となり、ある程度の推定は可能である。ECDC の調査によれば、2020 年 5 月 27 日現在の人口 10 万人当たりの死亡者数は、ベルギー 81.7 人、スペイン 58.0 人、英国 55.7 人、イタリア 54.5 人、フランス 42.6 人、スウェーデン 40.5 人、ドイツ 10.1 人、エストニア 4.9 人、ラトビア 1.1 人と大きな差がある。ベルギーにおいて最も死亡率が高く、スペイン、英国、イタリアが同程度、フランスとスウェーデンが同程度、バルト三国が極めてわずかである。コロナ禍以前から、厳しい寒冷の自然環境条件に対応するため北欧諸国では、フィンランドやエストニアのように電子政府（e-government）化、IT 化とリモートワークが進んでおり、感染率、致

---

46) https://eumag.jp/behind/d1120/（2020 年 7 月 30 日閲覧）.

図表 6　EU 諸国と英国の人口 10 万人当たりの感染者数と死亡者数の比較
（2020 年 5 月 27 日現在、ECDC）

国　　名	感染者数	死亡者数	人口 10 万人当たりの感染者数	人口 10 万人当たりの死亡者数
英　　国	265,227	3,708	398.9	55.7
スペイン	236,259	27,117	505.7	58.0
イタリア	230,555	32,955	381.5	54.5
ドイツ	179,364	8,349	216.3	10.1
フランス	145,555	28,530	217.3	42.6
ベルギー	57,455	9,334	503.0	81.7
スウェーデン	3,440	4,125	338.2	40.5
エストニア	1,834	65	138.8	4.9
リトアニア	1,639	65	58.8	2.3
ラトビア	1,653	22	54.7	1.1

出典：ECDC, COVID-19 situation update for the EU/EN and the UK (https//www.ecdc.europa.en/en/geographical-distribution-2019-ncov-cases) から筆者作成。

死率とも低い傾向にある。唯一スウェーデンのみ致死率が高かったのは、安楽死など生命倫理観の違いや他の加盟国のような厳しい都市封鎖は行わず、商店の営業や初等・中等学校の通学も通常通り続けられたことが影響していると考えられる。致死率格差の原因については、政治・医療体制の違い、生命倫理観の違い、感染ウイルス型の違い、遺伝的要素の違い、生活習慣の違いなど様々な要因が考えられる。

　EU 諸国の観光業界への配慮から、EU は夏休み前に域内の移動制限を段階的に解除する方向に動いた。夏のヴァカンス・シーズンをにらみ欧州委員会は、2020 年 5 月中旬に新型コロナ感染者数の拡大が収まりつつある状況に鑑みて、感染状況の改善と移動先での予防措置を条件に行動制限を停止した。さらに、EU 加盟国間の段階的移動再開と経済再建に向けた戦略を公表した。EU 域内総生産の約 10％が観光関連産業であり、27 加盟国で数百万人の雇用を創出していること、また EU 域内でもギリシャやクロアチア、イタリアなど観光業への経済依存度が高い加盟国への配慮もあった。しかし EU 域外から域内への渡航制限は継続するとした。欧州委員会は、国境開放は Covid-19 のアウトブレイクを制御しつつ、安全性の確保と無差別の原則に従うとしている。この観点から、鉄道・航空機の旅券は、オンラインで決済と確認を行い、保安検査場でも物理的距離をとり、

機内等での飲食品販売禁止、飛行機・電車・バス・フェリーの乗員数の制限、除菌ジェルの提供、同居者以外の乗客は席を離し、交通機関職員全員が感染防御服・用具を装着することなどを義務づけている。英国およびイタリア、スペイン、フランス、ドイツなど EU 加盟国では、域内の人の自由移動を認めるシェンゲン協定の対象区域を含め、都市封鎖や国境封鎖による入国制限と移動制限により人の越境移動を厳しく規制した。しかしオーストリアとドイツの間では、移動制限を解除することで合意し、2020年 5 月中旬から国境で抜き打ち検査の後、状況を見て自由移動を認めることになった。

　新型コロナの爆発的感染拡大に伴う公衆衛生上の世界的危機に対し、国連、WHO や EU などの国際行政機関に加え、多くの主権国家政府も様々な国内緊急対策を講じた。ドイツ政府は、ルフトハンザ航空や大手旅行会社 TUI へのつなぎ資金の融資を発表した。スペインは、5 月 15 日から入国者に 14 日間の隔離を課した。フランス政府は、大株主でもあるルノーの経営と雇用確保の観点から国家資金援助を決定した。またブルターニュ地方では 5 月 13 日以降、厳格な制限下で海岸を市民に開放した。エストニア、ラトビア、リトアニアは、「バルト・バブル」政策の観点からバルト三国間の自由移動を開始したが、他の諸国家からの入国者に対しては隔離措置を維持していた。英国は 2020 年 1 月末に EU から離脱したが、同年末までは EU 法に従う義務があるため、空路による入国者に 14 日間の自主隔離を要請し、7 月から国内での移動を認めた。フランスとアイルランドの間では二国間協定に従い、両国からの入国者は規制対象とはしなかった。EU 諸国、英国、米国、そして、日本などリベラルデモクラシーを前提とする諸国家でも感染封じ込め対策と経済活動再開のための支援策を同時に進めた。

　人の越境移動に関わる行動制限は、目的と必要な期間を限定して補完性原則と比例性原則に則る実施は必要であるが、EU の基本的価値、基本的人権や民主主義的諸価値を犠牲にするものであってはならない。EU は欧州のリスクガバナンスを担っており、世界規模のパンデミック対策には、国連、WHO、IMF など多国間国際機構によるグローバルな連帯が不可欠

であると繰り返し訴えてきた。

　他方で、フォン・デア・ライエン欧州委員長のもと、EU では新成長戦略に則り、国連 SDGs とも呼応する「欧州グリーンディール」政策や「デジタル・ヨーロッパ」戦略に基づく改革が進められつつある。欧州デジタル EU 規制のグローバル化による循環型経済の推進と欧州産業の競争的優位を確保し、欧州対外行動庁（EEAS）の新型コロナ・パンデミックへの対応、「Covid-19 パンデミック：欧州の規制当局における対応」や、ECHO が公表した『サイバー・セキュリティ、Covid-19 ハッカー対策白書』[47]、ユーロポールの『コロナ危機関連犯罪への対処報告』[48] も注目され、メディアの正確性・客観性を保ち、新型コロナ感染症情報の科学的・客観的事実の迅速な公表と、情報の正確性・透明性の確保などによって、EU の連帯を取り戻すことが喫緊の課題となるであろう。

おわりに

　EU 統治機構の民主的正統性の根拠は、欧州理事会および EU 理事会など主権国家を単位とする政府間主義的方法によるデモクラシーと、欧州議会における欧州市民を単位とする超国家的デモクラシーの両方から調達される仕組みになっている。英国の Brexit 危機と Covid-19 危機において、欧州市民は当初、身近な各国主権国家レベルでの対症療法的措置を強く望んだ。しかし、各国レベルでは根本的解決には至らないことを認識するにつれ、EU への期待や関心を次第に強めることになった。以上を踏まえ、次のような欧州ガバナンスの 3 点の特質を指摘することができる。

　第 1 に、欧州理事会の EU 統合における司令塔としての役割の重要性を指摘できる。欧州理事会が筆頭候補制を適用しないことにより、EU 立法過程の政治化を防ぎ、欧州統合の目標がポピュリズム政党によって誤った

---

47) ECHO, The COVID-19 Hackers Mind-set, ECHO White Paper ♯ 1, 2020 ; Europol, Pandemic profiteering: how criminals exploit the COVID-19 clisis, 2020 ; Gómez et al., *op.cit.*, pp.65-71.
48) *Ibid.*

方向に向けられることを回避した点を評価できる。欧州委員会の委員長選出方法としての筆頭候補制の適用は、EUの正統性強化には必ずしもつながらず、むしろEU諸機関における制度的均衡を崩し、EUの立法過程が「政治化」するリスクも懸念され、欧州統合を一層不安定化させ、頓挫させる危険性を孕んでいるからである。欧州理事会によって間接的に選出された欧州委員会の委員長であれば、将来の欧州統合や諸政策をEU首脳が目指す特定の長期的目標に向かうか、少なくとも間接的に各国政府に軌道修正を迫る任務を果たすことができる。換言すれば、政治的立憲主義の穏健な形態として現在の欧州ガバナンスをとらえることができるであろう。

　第2に、ユーロ危機、Brexit危機やCovid-19危機に対処するため、欧州理事会の危機管理能力の増大を挙げられる。欧州理事会は各加盟国の経済・金融政策を統括する機関として「経済ガバナンス」の新しい任務を付け加えて、欧州リスクをガバナンスする役割が一層大きくなった。[49] また欧州理事会は、「開かれた戦略的自律性」の確保の観点からも新EU財政枠組み、7カ年多年次予算の財政基盤を確保できた意義も挙げられる[50]。なぜなら、欧州委員会による加盟国経済への監視と行政執行の役割は、欧州理事会から関連の政治的方針が指示された後、EU法制化を経て加盟国レベルで実施する場合が一般的だからである。欧州委員会の執行権は、欧州理事会とEU理事会が定める範囲内においてしか行使できない現実がある[51]からである。2020年、「欧州の復興計画に力を与えるEU予算」の制度化やEU多年次予算、欧州復興基金は、ポストコロナ時代の新成長戦略である欧州グリーンディール計画とデジタル改革により、欧州を循環型経済（サーキュラー・エコノミー）による包摂社会を構築するという課題を実現するために不可欠な財源であり、イノベーションのための起爆剤ともなりうる可能性をも秘めている。

　第3に、Brexit危機やCovid-19危機の結果として、EUの超国家機構

49) Shackleton, *op.cit.*, pp.204-205.
50) Goldoni et.al., *op.cit.*, pp.65-71；福田耕治「EUの戦略的自律性と欧州ガバナンス──ブレグジット・新型コロナ危機以後の現状と課題」JFIR World Review、Vol.4、2021、104-113頁。
51) Shackleton, *op.cit.*, pp.204-205.

と加盟国の統治機構の連携強化を指摘できる。欧州ガバナンスにおいて、欧州委員会、欧州中央銀行（ECB）、EU 司法裁判所などの超国家的ガバナンス機関がリーダーシップをとり、加盟国政府諸機関と連携・協力して、欧州全体のリスクガバナンスを担い、EU が多様なステークホルダーの連帯を牽引する需要な制度的役割を果たすようになった。欧州理事会は、各加盟国議会や国内利益団体に対して行政府の優位性を高める役割を担っている。「EU 立法過程の政治化」の問題点を論じた論稿において、ゴルドニが指摘したように、少なくともユーロ圏の経済ガバナンスの柱が、財政と経済の収斂を追求する「政府間主義モード」と、独立した ECB を通じて金融政策を設定する「超国家的モード」により、代議制政治の欠陥を補う仕組みとして現実的に有効に機能する意義は大きい[52]。またドイツの論客シュトレーク（Wolfgung Streeck）も、危機の連続する時代において欧州統合プロジェクトを維持するために、「残された選択肢は、各国政府を非民主主義的な超国家体制、すなわち民主主義なき一種の超国家的制度に組み込み、それを通じて各国を制御するという手段しかない」[53] と喝破しているのは興味深い。

　欧州ガバナンスにおける絶妙な制度的均衡には、欧州議会における政治的紛争の発生を制御する重要な目的があり、立憲主義的な法の支配の原理のもとで自律的な政治権力の正統性を確保し、同時に超国家的主体（欧州委員会、ECB、EU 司法裁判所）の支援のもとで EU 立法過程が形成され、経済ガバナンスを通じて潜在的な欧州の政治的問題の解決が行われる。つまり欧州ガバナンスあるいは欧州統合は、国家と社会の連続的な変革のプロセスを伴い[54]、主要な経済問題をめぐる政治的対立を有効に制御することに重点が置かれている。各国ごとの対症療法的施策では、危機そのものの根本的な解決には至らない。EU をさらに強化して、単一市場や ECB を通じて各国の経済破綻を回避し、新たな欧州連帯の在り方を模索せざる

52）Goldoni, *op.cit.*, p.296

53）ヴォルフガング・シュトレーク『時間かせぎの資本主義』（鈴木直訳、みすず書房、2016 年）173 頁。

54）Goldoni, *op.cit.*, p.290.

を得ない現実が浮かび上がった。EU 統合の将来は、社会的連帯の新しい枠組みによって抜本的に強化される。欧州レベルの連帯を通じてリスクの分散を図り、SDGs の目標「誰 1 人取りこぼすことのない」社会構成員全体に利益をもたらす持続可能で包摂的な社会を実現することが課題となる。深刻な欧州危機に直面し、これに全力で対処する過程は、EU の「存在理由」を再発見する機会ともなり、EU が設立以来直面してきた最も困難な課題である欧州市民の連帯の実現につながるかもしれない[55]。

（2021 年 6 月脱稿）

---

55) Fukuda, Koji "European Governance After the Brexit and the Covid-19 Shocks: New Phase of Solidarity and Integration in the EU from the Japanese Perspective", in M. Holland et. al., *Brexit and After*, Springer, 2020, pp.135-147.

第1節

EUから見た国際秩序
——EU中国関係

東北大学名誉教授
（一財）国際貿易投資研究所客員研究員　**田中素香**

はじめに

　米国と中国の覇権争いはトランプ政権のもとで「新冷戦」へ行き着いた。バイデン政権はトランプ政権の国内重視路線を継承しながら、インド太平洋と並んで、G7・NATO・米EU関係などグローバル関係に目配りしつつ、中国批判を貫く。中国は権威主義路線の強化への批判を「内政干渉」と一蹴し、政治は北朝鮮化に向かっているように見える。

　世界政治経済はポストリーマン危機の2010年代に大変動期に入り、台頭する中国が世界に勢力圏を広げ、民主主義諸国と対峙する21世紀型世界地政学の構造が見えてきた。2020年代はその対立激化の最初のdecadeとなる。

　そのなかで、EUの中国に対する関係はどうなっているのか。EU中国関係はこれまで、貿易・直接投資（企業進出）・「一帯一路」の3つのレベルで発展してきたが、EUの役割が高まっている。EUは共通通商政策の主体であり、リスボン条約（2009年発効）において直接投資の管理権限も獲得した。

　EU中国貿易は20世紀末から大発展している。直接投資（FDI）は中国のWTO加盟（2001年）によりEU企業が中国に進出し、リーマン危機後は中国企業のEU進出が圧倒する形に逆転した。中国の中・東欧進出は2012年にスタートし、翌年「一帯一路」に組み込まれて今日に至る。中

国の攻勢は企業進出と「一帯一路」においてとくに顕著で、EUの方針は
2016年を境に、それまでの「パートナー」から徐々に「体制上のライバル」
へと移行していった。

　さらに2020年のコロナ・パンデミックと中国の戦狼外交、香港国家安
全維持法により、「価値」問題（民主主義 vs 専制主義）がEU中国関係
の第4のレベルに浮上した。2020年代の重要問題になる。2021年に英国
はEUを完全離脱したが、その新英国の活動はこの第4のレベルで顕著で
ある。

　しかし、今日なお、EUも加盟国も、パートナー、競争相手、体制上の
ライバルという3つの次元の関係を使い分けながら、中国に対応している。

　本稿はEU・中国関係の21世紀、主としてリーマン危機から今日までの
発展を概観し、両者の関係が相互依存から対抗へと移行するプロセスを
明らかにする。それによって、米中の敵対関係とは質の違うEU中国関係
の実相を伝えたい。そのうえで、EU中国関係の若干の展望を述べる。政
治経済学からのアプローチである。

　構成は次のようになる。第1に、2010年代の中国とEUに関する情勢
の新展開を説明する。第2に、EU中国間の貿易・直接投資・「一帯一路」
の展開を概観し、問題点を指摘する。第3に、EUにおける中国企業の技
術窃取に対抗するためのEUのFDI審査制度の導入などについて説明す
る。第4に、2020年以降の「価値」をめぐる新展開を、英国を含めて取
り上げる。最後に総括する。

1．リーマン危機後の新国際秩序とEU中国関係の変貌

（1）　20世紀末から21世紀初頭にかけての世界経済と中国要因

　1991年のソ連崩壊を英国の歴史家ホブズボームは「短い20世紀」[1]と
捉え直した。20世紀は「戦争と革命の世紀」だった。1914年の第一次世
界大戦に始まり、91年のソ連崩壊により終わった「短い20世紀」だった

1）ホブズボーム（2018）「新しいミレニアムに向けて」『20世紀の歴史（下）』第19章を参照。

という。それなら、1992年に「長い21世紀」が始まったのだ。ソ連崩壊は欧米では資本主義・民主主義の完全な勝利、「歴史の終わり」とさえいわれた。グローバル化と新自由主義の勝ち誇る時代がきたのだが、ホブズボームは無秩序の世界ととらえている。

　そのなかで中国を見る。米国クリントン政権時代に中国への「関与政策（Engagement Policy）」が始まり、西欧や日本を巻き込んで進められた。中国が豊かになれば民主主義化されてジャズとGパンの若者が街を闊歩するとの予想さえ語られていた。鄧小平の人民公社解体によって出現した農民工はピークで2億8000万人に達し、中国総労働力人口の3分の1を占めた。無数の農民工により中国の超低賃金は長期間維持され、世界の多国籍企業を引き寄せ続けて、先進諸国の脱工業化・低成長化を導いた。「長い21世紀」の最初の30年間の主役はグローバル化をリードした米国と中国であった。

　中国は2001年、WTOに加盟、米欧日韓の多国籍企業と海外華僑の大進出を受けて経済構造を飛躍的に高度化し、「世界の工場」となって、先進諸国へ輸出攻勢をかけたが、輸出額の半分程度は外資企業によるものだった。

　米ソ冷戦時代に国防部門に配置されていた米国の科学者・技術者がソ連崩壊により大量に民間にスピンオフし、軍事技術だったインターネットの利用など、ICT（情報通信）技術が米国で一気に開花し、1990年代の長期好況となった。しかし、2000年にNASDAQ市場でドットコム・バブルが破裂、米国経済救済のための低金利政策、住宅・金融依存の経済成長政策が長期に維持された。ドルの低金利は全世界に不動産バブルを形成し、2007年にサブプライム危機、そして2008年9月にリーマン・ショックを引き起こし、先進国の経済成長モデル「グローバル金融資本主義」が自壊した。「長い21世紀」の第1局面はここに終了し、ポストリーマン危機期（ポストリーマン期と表示）の長期経済停滞局面に移行した。

（2）「中国の10年」

　リーマン危機（2008/09年の世界金融・経済危機）は世界経済の時代区

分の画期となった。米英欧主導のグローバル金融資本主義の時代を終わらせ、中国の超大国化と覇権志向国化の出発点となったからである。

　リーマン危機により自己崩壊するグローバル金融資本主義を眼前に見て、中国の支配層は米欧資本主義への軽蔑感と自国の体制的優位の認識を強めた。それまでは、中国の西欧モデルへの発展という未来図もあったのだが、世界観が転換した[2]。

　「北京は 2008・09 年の金融危機は『アメリカの衰退と中国の優位』を示唆する永続的でシンボリックなイベントとみなし」た。それは世界からの米国撤退のイメージであり、パンデミックや人種差別の社会的混乱にうまく対応できない米国の現状によって強められている（フロノイ（2020））。リーマン危機を境に米国は衰退を続け、中国は強大化の道をまい進、という時代認識が中国で支配的になったという指摘は、米国の多くの論者に共通する。

　リーマン危機に対して中国政府が発動した 4 兆元(約 60 兆円)投資は「効果も劇的だったが、後遺症も劇的だった[3]」。それは中国の経済成長率を引き上げ、輸入を増やして世界不況の軽減に貢献した。輸出では 2009 年にドイツを抜いて世界 1 位、2010 年には GDP 規模で日本を抜いて世界 2 位、また同年製造業生産で米国を抜いて世界一になり、その後、急激に対米格差を広げた。

　後遺症は膨大な過剰生産だった。製造業・不動産・インフラ投資のすべてに過剰在庫の山と過剰生産能力が生まれて、2010 年 10.6％だった経済成長率は 2012 年に 7％台に落ち、2015 年から 2019 年まで 6％台となった。平均成長率は 2005〜09 年の 11.3％から 2010〜15 年の 7.9％へ大きく低下した。

　中国は 1990 年代からインフラ建設を経済成長の柱としてきた。インフラ部門では 2014 年の世界上位 5 社に中国企業（多くは国有企業）が 4 社を占めた。インフラ大企業が成長を続けるには海外市場に打って出るしか

2）欧州では中国の西欧観が「モデル」から軽蔑の対象に転換したとして注目された。拙稿（2016a）31-32 頁を参照。
3）津上（2013）3 頁。

264

道はなく、欧米企業を圧倒する実力もあった（Holslag（2019）Capt.5）。海外での港湾や河川の浚渫・整備（南シナ海の人工島整備も）、海底ケーブルや石油パイプラインの布設、道路・橋梁建設、空港整備、鉄道敷設、工業団地建設、不動産購入などである。

　途上国ではインフラ投資が大きく立ち後れていたので、習政権は過剰生産のはけ口と中国の勢力圏拡張とをうまく結び付けることができた。習近平は 2013 年秋のアジアでの講演において、「一帯一路」構想を打ち出した。巨大な国有銀行が共に動く。世界の港湾を中国の拠点港に取り込み、中国海軍との連携をつければ、シーレーン確保になる。

　4 兆元投資と過剰生産は、国内でも経済・社会・環境に不均衡を強めた。習近平政権は 1 人当たり所得（GDP 平均値）を 2020 年までの 10 年間に 2 倍にして「小康社会」を約束する一方で、共産党支配と国家資本主義の強化、政治・社会の権威主義的管理の強化（批判の抑圧・弾圧、監視社会化など）へと舵を切った（梶谷・谷口（2019））。欧米社会の常識が通用しなくなっていく。

　2017 年 10 月に開催された第 19 回党大会（中国共産党全国代表大会）で、習近平主席は社会主義中国 70 年の歴史を区切り、毛沢東の「建国」、鄧小平の「富国」に対して、自らの「新時代」を「強国」と位置づけ、「中国独自の社会主義強国」イデオロギーが公認された。天児（2018）は、鄧小平時代は大枠で西欧モデルの追求だったが、習近平時代は中国独自の発展モデル、と指摘した。中国は「技術強国」、「貿易強国」、「宇宙強国」など「強国」モデルの時代になった。その時期の覇権国志向に関わる事件をあげておこう。

2012 年　中国政府、東欧 16 カ国と「16 ＋ 1」を組織（2013 年「一帯一路」へ組込み）

2013 年　習近平国家主席、秋に「一帯一路」構想を打ち出す

2014 年　購買力平価（PPP）で測った GDP 規模で中国は米国を抜き、世界 1 位へ

2015 年　「中国製造 2025」発表。巨額の補助金により先端技術分野で主

導権を目指す

2016 年　「中国製造 2025」を受けて中国企業、米国・EU のハイテク企業に大規模な直接投資（FTA）攻勢

2017 年以降は以下で本文に示す

（3）　EU の「失われた 10 年」と外交関係の急変

　EU は 2007 年のサブプライム危機からリーマン危機、ユーロ危機（2010 ～ 12 年）、2015 年のギリシャのユーロ離脱危機に続いて、シリア等から 100 万人を超える難民の流入（2015/16 年）、そして Brexit 国民投票、ポピュリズム政治の高揚、EU 主要都市での国際テロ、と危機が連続した。金融危機、財政危機、通貨危機、経済危機、難民危機、政治危機と続いたこの 10 年（2007 年から 2016 年まで）は EU の「失われた 10 年」といえる。ただし、ドイツだけは中国をはじめ新興諸国に輸出を急伸させて「独り勝ち」となった。

　2010 年からのポストリーマン期に、米英欧ともに長期経済停滞（低成長・低インフレ・超低金利）に陥り、危機前の経済水準への復帰に 5 年以上を要した。そのなかで所得格差拡大と消費低迷が構造化し（EU については田中（2016b）参照）。中央銀行の QE（量的緩和策）によりようやく経済成長を回復したが、金融・ハイテク主導の首都や大都市と衰退工業地帯・田園地帯との所得格差が拡大、とりわけ顕著だった米英両国で 2016 年に右派ポピュリズム政治が勝利した（Brexit 国民投票とトランプ大統領）。

　トランプ政権は中国に対して関税引上げを敢行し、ハイテク部門の輸出規制、さらに中国共産党を「敵」と呼ぶイデオロギー面の対立へと動き、米中「新冷戦」といわれたが、西側同盟国にも鉄鋼・アルミ関税を賦課するなど、「米国ファースト」で動いた。トランプ大統領は EU を「敵（foe）」と呼び、NATO 5 条（集団的防衛）に疑問を呈するなどしたため、欧米関係は冷え切った。米国は独自に中国との対立を深め、欧州はまた独自に中国関係を発展させた。

　リーマン危機を境に世界は「中国の 10 年」、そして「欧米の失われた 10 年」を経過したととらえることができる。

2．中国の対 EU 攻勢 —— 貿易、直接投資、「一帯一路」

（1）　EU と中国の貿易 —— 驚異的な発展と巨大な貿易赤字

　EU と中国との物品貿易の伸びは驚異的だった。2000 年と 2018 年を比較すると、EU の輸出は対米で 2 倍未満だが、対中国は 8 倍超、輸入でも対米 1.3 倍、対中国は 6 倍弱だった。EU の欧州委員会は中国に批判的で、2006 年 2 つの対中国通商政策文書において、人権・民主主義・環境政策、貿易障壁・国家補助金など不公正競争、中国進出の EU 企業への不平等待遇・技術移転要求、人民元為替相場操作など、中国に全般的な改善を要求した（拙稿（2017a）91-93 頁）。しかし、EU 加盟国は中国「大歓迎」だった。リーマン危機により EU の対米輸出は大きく落ち込み回復に 4 年を要したが、対中輸出は伸びを加速した（**図表 1**）。対中輸出はドイツ経済を支え、在中国ドイツ企業（商工会議所加盟企業）は 2015 年に 5200 社を数えた。メルケル首相の北京詣でが続いた。中国は 2016 年にドイツの最大の貿易相手国となり、2020 年まで 5 年続けて首位を維持、EU の対中輸出額に占めるドイツのシェアは 2010 年代には 40％台半ばに達した。

　中国からの輸入は、消費財（低価格の繊維衣類、皮革・靴、家具などとスマートフォン・エレクトロニクス系製品など）と資本財（機械、部品など）であるが、資本財のウエイトが高まった。最近では情報通信などハイテク部門の輸入が急増する。EU の対中輸出は機械など資本設備、自動車、食品など旧型の輸出品だが、伸びている。ただ伸びは輸入のほうが圧倒的に高く、2000 億ユーロに迫る。この膨大な貿易収支赤字は、英国離脱分は減少するが、EU27 でも将来さらに拡大しそうだ。ただ、EU は対中貿易赤字を問題視していない。しかし、EU の輸出品に、EU 製の中間財を押しのけて中国品が組み込まれる割合が増えている（Garcia-Hererro & Tregano（2020））。中間財生産に強いドイツなどに脅威が増大している。

　EU 中国間の貿易摩擦は、2013 年に中国製太陽光発電パネルの輸入急増でドイツのメーカーが破産するなどして欧州委員会が厳しい対応を提案したが、中国政府が「EU の自動車とワインの輸出にダンピング検査」を行

図表1　EUの対中国・米国・日本との輸出入（1997〜2019年）

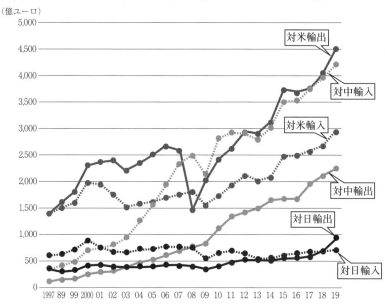

注　：商品貿易。
出所：Eurostat統計より筆者作成。

うと威嚇すると、独仏伊3カ国政府は軟化した。2016年の中国製鉄鋼製品のダンピング問題では、EUがダンピング税率引上げ等の措置を執って短期間に終息した。EU中国貿易は双方の構造的な障害とはなっていない。

　ただし、EUは2016年に中国のMES（市場経済国ステータス）要求を日米と連携して拒否した。MESを認めると反ダンピング措置の発動が難しくなる。中国は同年12月にEUや米国を相手にWTOへの訴訟手続に入り、2017年4月にEUを相手として紛争処理小委員会（パネル）が設置された。しかしトランプ政権との対抗を意識して、訴訟を取り下げた。

（2）　中国の直接投資（FDI）攻勢

　EUの対中国FDIは中国のWTO加盟と高度経済成長に乗って増加し、2012年に約120億ユーロでピーク、その後減少トレンドとなった。減少の理由は、中国政府が進出企業を規制し、技術移転や合弁を強制するので

図表2　EUと中国の相互向けFDIの比較

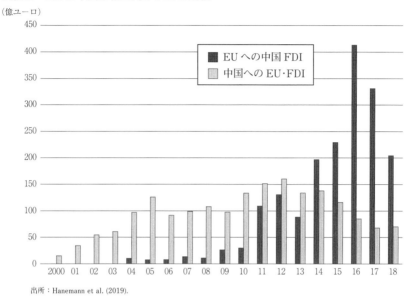

（億ユーロ）

出所：Hanemann et al. (2019).

進出意欲が低下したから、と説明されている。

　中国からEUへのFDIは、対照的に2009年から増加トレンドとなり、2011年から急増、2014年にEUの対中国FDIを越え、急騰して2016年に442億ユーロでピーク、2017年から減少に転じたが、2018年に178億ユーロ、2019年には117億ユーロと踏みとどまった[4]。EUとの格差はかなり大きい（**図表2**）。

　中国の対外FDIの2017年からの減少は、2016年11月の中国政府の資本流出規制（海外サッカーチームや映画館買収のような「非生産的」FDIの規制を含む）によるところも大きい。だが、中国の対米FDIは2016年のピークから急落し、2018年に2016年の10分の1の48億ドルに激減した。CFIUS（対米外国投資委員会）の規制の厳格化、さらに米中間の政治的

---

[4]　中国のFDIの数値はRhodium/MERICSのデータを使用。中国本土からのFDIだけでなく、香港やその他の国に立地する中国企業のFDIを含む。数値は後年修正されることがある。この文中の数値はMERICS（2021）による。**図表2**は2019年版を利用したので、2018年に200億ユーロを越えている。なお、EUには英国を含む。

図表 3　EU 進出中国企業の国有企業シェア

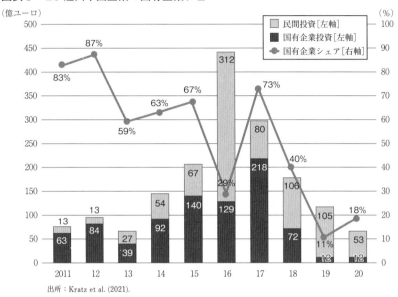

出所：Kratz et al. (2021).

対立による。中国の対 EU・FDI のストックは 2018 年に約 1400 億ユーロで、中国の対米 FDI ストックより 400 億ドルほど大きい。

　直接投資は通常、先進国から新興国へと動く。新興国中国の先進国向け FDI は異例だが、国有企業が補助金付きで進出する（**図表 3**）。また EU の 28 加盟国の大国から小国まですべてに中国の FDI が向かっていて（**図表 4 参照**）、中国の FDI には国家意思が顕著であり、業種も不動産を含めて非常に広範である。

　件数ではグリーンフィールド投資（進出企業が更地に工場を建設、あるいは新規にオフィスや店舗を購入・借入れするなど）のほうが多いが、金額では M&A（合併・買収）が圧倒的だ[5]。グリーンフィールド投資はファーウェイ、ZTE、テンセントなど ICT（情報通信技術）部門と銀行部門で目立つ。

　中国企業の先端技術取得は米国よりも EU で顕著だ。Kirkegaard（2019）によれば、対米 FDI の金額が対 EU・FDI を上回るのは不動産・接客業とエレクトロニクスの 2 部門だけ、他方、輸送およびインフラ、情報通信

図表4　中国のFDIの累積額：加盟国別（2020年末／2018年末）

国　名	金額（億ユーロ）	12カ国	金額（億ユーロ）
英国	519／469	ハンガリー	27／24
ドイツ	248／222	ギリシャ	18／19
イタリア	160／153	ポーランド	22／14
フランス	150／143	チェコ	12／10
オランダ	103／99	ルーマニア	13／9
フィンランド	133／73	ブルガリア	4／4
スウェーデン	79／61	スロベニア	4／3
ポルトガル	62／60	クロアチア	4／3
スペイン	49／45	スロバキア	2／1
アイルランド	78／30	エストニア	1／1
ベルギー	26／22	リトアニア	<1／<1
デンマーク	12／12	ラトビア	<1／<1
オーストリア	11／10		

注　：「12カ国」は「17＋1」に参加。
出所：Kratz et al. (2021), Hanemann et al. (2019) より筆者作成。

技術、自動車、そして産業機械・設備では圧倒的にEUである（詳細は田中（2020）103-105頁）。中国はすでに高速鉄道、ICT、医薬品、産業設備などの技術をドイツから、原発技術をフランスから、タイヤ製造技術などをイタリアから、農薬製造技術をスイスから、というように、欧州でのM&Aにより取得した。

　中国のFDIのストックでは英独仏伊四大国が圧倒的だ（**図表4**）。英国は不動産が最大（米国に類似）、エネルギー（原発など）、農業・食品、そしてグリーンフィールドでICT（ファーウェイの4Gなど）と金融が大きい。ドイツは産業設備、自動車、ICT、フランスはエネルギー、自動車、ICT、イタリアはエネルギー（送配電など）、産業機械、自動車、消費財（繊維衣服など）、ICTである。

5）金額でグリーンフィールド投資はM&Aの10分の1、年によっては20分の1以下である。なお、**図表2**は中国のFDIを専門的に扱うRhodium Group（米）とMERICS（独）によるもので、そこでの中国FDIは中国の国際収支に登録されるFDIだけでなく、世界中に展開する中国企業によるEUへのFDIを記録する（香港や中国企業の在欧本社などからのFDIも記録される）。FDI統計は統計の出所によってかなり大きく数値が異なる。欧州委員会のFDI統計では、EUの対中国FDIストックはすでに2014年末に1400億ユーロに達していて、同年末の中国FDIの在EU残高400億ユーロと大差がついていた。

　図表 4 の右側は「17 + 1」参加国への FDI だが、左側の EU 四大国や
オランダ、フィンランドに比べると、桁違いに小さい。中国 FDI ストッ
クをドイツ、米国のストックと比較すると、ハンガリーではドイツの 7 分
の 1、米国の 3 分の 2、ポーランドではドイツの 20 分の 1、米国の 4 分
の 1、チェコでも大差がつく[6]。

　中国 FDI 流入の順位は毎年変わる。2015 年には巨大タイヤメーカー・
ピレッリが中国のケムチャイナ（中国化工集団公司、本拠地はスイス）に
買収されてイタリアが首位、2016 年にはハイテク企業買収攻勢を受けた
ドイツが 110 億ユーロ、ストック額でも順位を上げた。小国ポルトガルの
順位が高いのは、ユーロ危機のなかで送配電企業（国有）が中国国有企業
と合併したからである（多数株をポルトガル政府が保有）。送配電部門で
はイタリア、ギリシャにも中国企業が進出していて、将来南欧を送電線で
結ぶとの予想もある。東欧の首位は親中のハンガリーだが、ほとんどはオ
ルバン政権（2010 年〜）以前で、新規の FDI は比較的少ない。

　2018 年と 2020 年を比較して 10％以上増えた国は、**図表 4** の左側では 6
カ国、伸びの高い北欧は EV 関連などハイテク中心、右側ではハンガリー、
チェコ、ルーマニアでわずかに増え、ポーランドの伸びはロジスティクス
企業買収 1 件の金額が大きかった。

（3）「一帯一路」戦略による EU の分断

　「一帯一路」の詳細は別稿に譲り[7]、EU との関係を取り上げよう。

　リーマン危機は中国の EU 分断行動の出発点になった。東欧経済はリー
マン危機により落ち込み、EU 先進国へのキャッチアップが停止ないし反
転した。反 EU・反西欧意識が強まり、さらにユーロ危機（2010 〜 13 年）
において財政緊縮を強要された南欧諸国も反 EU・反独仏へと動き、EU
は南北・東西の二重の内部対立を抱え込んだ。中国はその機会を見逃さな
かった。

6）Matura（2021）Fig.3 を参照。
7）「一帯一路」戦略の分析と評価は、拙稿（2020）（2019）（2018a、b、c）を参照していただき
　たい。

　2009 年から 2011 年にかけて温家宝前首相や李克強現首相など政府首脳が 4 回に渡って訪欧し、総額 275 億ドルの取引きを決めた。それとは別に、ポルトガル国債 66 億ドル、スペイン国債 73 億ドルの購入、ギリシャ支援 50 億ドルなどを約束した（Holslag（2015）p.133）。ポーランドのトゥスク首相はリーマン危機で落ち込んだ東欧経済への支援を 2010 年秋、中国に求めたが、それに応える形で温家宝首相は 2012 年春、ポーランド訪問の際に「16 + 1」を提案した。上述したように、国内の過剰生産をインフラ投資で吐き出す危機対策と東欧支援とを結び付けたのである。ポーランド政府が動いて、第 1 回「16 + 1」首脳会議が 2012 年秋にワルシャワで開催された。翌 2013 年秋に習主席が「一帯一路」を公表すると、そこに組み込まれた。

　2019 年まで毎年の首脳会議に李克強首相が東欧諸国に乗り込み、方針などを演説、各国と二国間協議・交渉に入った。中国と欧州双方の企業家なども多数集まり、商議も集中的に行われる。交渉は中国と二国間で行われる [8]。中国は口では多国間主義をいうが、主導権を握るため二国間主義を好む。中国の国有銀行が融資を、中国企業がインフラ投資のほとんどを担う。金融、通商、人の交流（政治家やジャーナリストなどの中国招待）など協議・活動は多岐にわたる。

　「16 + 1」は共産主義時代の「同志」諸国を味方に引き込み、EU を分断する。ブリュッセルでは当初から「EU 分断（divide & rule）」作戦と見ていた。開始からしばらくのあいだ、「中国こそわが国の将来」と期待した東欧諸国もあった。ギリシャ、ポルトガルはリーマン危機・ユーロ危機の際に中国の支援を受け、「一帯一路」覚書に署名した。

　南シナ海に中国が領海を画するために勝手に引いた九段線は根拠がないと、2016 年に国際仲裁裁判所が判決を下した。EU は中国批判の声明を準

8）EU 加盟の 11 カ国とオーストリアの 12 カ国が 2016 年に開始した「三海イニシアティブ（Three Seas Initiative）」は、「16 + 1」の二国間主義により国ごとにバラバラになるインフラ投資をマルチで克服することを目的の一つとして組織され、エネルギー安保、交通インフラ、デジタル通信などでマルチでの投資調整などを図る（三海とは、バルチック海、黒海、アドリア海）。ポーランドが主導し、2017 年にはトランプ大統領が首脳会議に参加し、エネルギー安保関連の関与を表明した。毎年首脳会議を行う。

備したが、ハンガリーとギリシャが反対して声明は出せなかった。国連での人権問題批判でも同様だった。2021 年も、香港国家安全維持法施行後に香港の民主主義を次々に抑圧する中国政府への批判声明を EU は準備したが、ハンガリー 1 国が二度拒否して、声明は出せない。EU の共通外交政策は全会一致制である。ドイツなどは多数決決定を求めるが、多数決はすべての国が賛成した場合に有効という条約の規定がある。

　EU を分断し、さらに西欧と米国とを分断すれば、米国の能力も局限される。「トランプは 1 手先を読むだけだが、われわれは 14 手先を読んでいる」と中国政府高官が豪語したというが、中国包囲網の TPP から離脱し EU を敵視するなど頓珍漢な政策で中国の世界戦略の片棒を担いだトランプ前大統領の馬鹿さかげんを笑ったのであろう。

　1990 年代以降のグローバル化時代に先進国による途上国への経済支援は弱まり、インフラ整備も滞った。中国は途上国が渇仰していたプロジェクトを提供した。ここに「一帯一路」の歴史的な意義がある[9]。他方で、インフラ投資は中国の地政学的利害に左右され、支援が被援助国の権威主義体制を強化し、あるいは「債務の罠」問題を引き起こした。

　EU 諸国の駐中国大使が 2018 年 4 月の欧州委員会に宛てた報告書では、「一帯一路イニシアティブは過剰生産の削減など……国内目的を追求するものである。……中国は自己の利益に合うようにグローバル化を創り出そうとしている」、「中国は WTO ルールのグレーゾーンに付け込むことに巧みで、ルールを破ることに罪悪感がない」と批判した。中国は西側が作った国際秩序は自己利益を引き出す枠組みと見なし、その限りで支持するが、遵守するつもりはない。

9）その見返りの一つは、国際機関における多数の途上国の中国支持である。コロナ騒動での WHO 事務局長の中国寄りの発言は米国の脱退につながったが、国連の他の 4 機関において中国人がトップの座を獲得するなど、中国の影響力が際立っている。国際的な技術標準でも中国のプレゼンスが高まっている。

3．中国の攻勢に対する EU の対抗措置——攻撃的防御措置の導入へ

（1）　中国直接投資に対する防御網——FDI スクリーニング（審査）制度

　直接投資分野の中国の攻勢は「中国製造 2025」発表の翌 2016 年、ハイテク技術窃取の性格を強めた。EU はついに防御網設置へと動いた。

①　中国直接投資（FDI）をめぐる紛争とドイツの方針転換

　中国政府は 2015 年に「中国製造 2025」を発表、技術覇権追求を明確にした。2025 年までに「製造強国」に加わり、2045 年には世界の「第 1 グループ」に入る。米国との競争宣言と受け取れる。IT を基軸に、ロボット工学、NC 工作機械、航空宇宙、医薬品、先端鉄道技術、グリーン（環境）技術など 10 の先端分野を掲げている。国家補助金を注ぎ込む。それは世界に中国への警戒感を高めた。EU は「Going Global 路線」、つまり中国企業を合併させてナショナルチャンピオンを創出し、それを世界チャンピオン企業に発展させる路線だと位置づけた[10]。

　翌 2016 年、中国企業のハイテク企業買収は「中国製造 2025」を受けて、北欧のフィンランド、スウェーデン、そしてドイツで跳ね上がった。中国企業のドイツ企業買収は 2009 年の 2 社から 2015 年は 25 社へ増えた。金額は 2015 年で最大約 2 億ユーロであったが、それが翌 2016 年には、ChemChina が機械メーカーの KraussMaffei を約 10 億ユーロ、Biging Enterprise は EEW Energy を 14 億 4000 万ユーロなど金額・件数とも跳ね上がった。極め付けは美的集団（Midea）によるドイツのロボット製造企業クーカ（Kuka）の買収だった。クーカはドイツの将来技術計画「インダストリー 4.0」の虎の子企業だ。ドイツの政治家が騒ぎ出したときはすでに遅かった。45 億ユーロの TOB（株式公開買付け）により短期間で決着がついていた。

---

10) 2016 年 6 月、EU は "Elements for a new EU Strategy on China" を発表し、「中国製造 2025」に批判的な評価を提示、また 10 年ぶりに中国政策批判を包括的に展開した。中国企業は EU でやりたい放題なのに、中国で EU 企業は規制・強制されるこの状態をもはや許さない、として、中国に平等な待遇を求めたほか、中国の人権・環境問題、通商政策などを批判した。要点は、田中（2017a）第 5 節を参照。

　　ドイツの FDI 規制の法律では、M&A 審査は経済エネルギー省の裁量だが[11]、メルケル政権が中国との関係強化を図る途上であり、同省の介入は難しかったという。中国企業はついで半導体製造装置のアイクストロン（Aixtron）の買収を仕掛けた。その在米子会社はパトリオット・ミサイルに部品を供給する。米政府が警告し、独政府は買収を阻止した[12]。

　　ドイツ世論は硬化し、政府は翌 2017 年 7 月に法規制を強化した。経済エネルギー省への買収の通知が義務化され、審査期間が延長された。非常に広い分野で経済エネルギー省への通知義務が生じる。ドイツの技術防衛の方針が確立した。政府は翌 2018 年 12 月、議決権取得 25% 以上（従来）から 10% 以上へと、審査の対象を拡大した。

②　EU の FDI スクリーニング（審査）体制の構築

　　それでもドイツには不安が残った。EU 企業による EU 域内の FDI は EU 法の定めにより規制できないからである。EU28 カ国のうち審査制度のない国は 16 カ国もあった[13]。これでは、他の EU 加盟国で買収した企業を隠れ蓑に中国企業がドイツ企業の買収に乗り出しても対抗できない。独政府は危機感を抱き、仏伊両国とともに欧州委員会に対応を求めた。

　　ユンケル委員長は 2017 年 9 月、「EU スクリーニング枠組み（EU Screening Framework：EUSF）」を発表し、EU 理事会、欧州議会と協議[14]、これら 3 機関の合意は 2018 年 11 月（ギリシャ、ポルトガルなど 5 カ国が反対したが多数決決定）、2019 年 3 月の提案からわずか 18 カ月で EU 規則（Regulation（EU）2019/452）が公表され、同年 4 月に発効した。加盟国の制度整備や準備に 18 カ月を見込み、2020 年 10 月に制度

---

11) ドイツの FDI 審査体制については、松本（2018）が詳しい。
12) 2016 年の通商紛争については、拙稿（2017a）第 3 節を参照。
13) 審査制度を持つ 12 カ国は独仏伊英西、デンマーク、リトアニア、オーストリア、ポーランド、ポルトガル、ルーマニア、フィンランドである。先進国でもベルギー、スウェーデン、オランダには審査制度がなかった。あとの 2 カ国は自由貿易主義や自国への企業進出促進の観点から、またポルトガル、ギリシャ、スペインは中国投資依存の観点から、当初スクリーニング制度導入に反対した。
14) European Commission（2017a）"Welcoming Foreign Direct Investment while Protecting Essential Interests", COM（2017）494 final が提案文書。欧州委員会はそのほかに、European Commission（2017b）、図表による説明資料（SWD（2017）297 final）、プレスリリース、パンフレットなどを発表した。

が動き出した。制度の概略のみ記しておこう。

　「安全保障（security）と公共の秩序（public order）」をリスクにさらすM&Aに審査を限定する。EU加盟国の制度変更は義務ではない。審査する部門は、重要インフラ、重要技術およびデューアルユース（軍民両用）技術、重要な投入財、センシティブな情報、宇宙航空、医療、ナノテク、メディア、電池、食料供給など。注意すべき外国投資家とは、政府・政府系事業体・軍の保有する企業などに操られている企業、すでに加盟国で活動している企業、非合法活動に従事などである。EU加盟国は買収差止めができる。

　EU各加盟国は欧州委員会に審査について通知する。他の加盟国は情報提供を要求でき、欧州委員会は情報提供を要求し意見を述べる。委員会の意見に従わないなら、理由を説明する。M&Aを受け入れるかどうかの最終的な決定権限はFDIを受けた加盟国が持つ。

　シミュレーションでは2018年の中国企業のM&Aの大多数が審査にかかる、という。しかし、M&A受入れの最終決定権限は当該加盟国にあるなど、このEUの審査枠組みは制度として弱い。しかし、スクリーニング制度スタートの2020年から2021年春までに、イタリア（半導体、自動車）、ドイツ（宇宙、通信、自動車）に対する中国企業の買収要求は政府の介入などで阻止された[15]。しかしながら、中国企業はEU諸国のスタートアップ企業などをねらってM&A活動を継続しており、2021年6月、新規設立の技術系小企業に対する中国の買収に対する防御は機能していないとして、独仏伊3カ国の政府が制度を厳格化するよう欧州委員会に求めた。

（2）「体制上のライバル」に対する新方針——攻撃的防衛へ
①　中国に対する3本立ての規定

　2010年代末までEUは中国の攻勢にナイーブで、FDIも「一帯一路」も中国にフリーパスを与えていた。中国は「パートナー」で、防御方法は反ダンピング措置のみ。いわば専守防衛だった。FDIスクリーニング制

15）詳細はKratz et al.（2021）p.16を参照。

度により初めて中国の国家資本主義体制を問題にした。

　2019 年 3 月にはさらに進んで、欧州委員会と外務安全保障政策上級代表が共同提出した文書において、中国を「協力パートナー」、「交渉パートナー」、そして「技術的リーダーシップを追求する経済的競争相手（economic competitor）」、「統治の別モデルを推進する体制上のライバル（systemic rival）」と、多面的に位置づけた [16]。2015 年頃までの「協力パートナー」認識は消えて、2016 年辺りから「交渉パートナー」および「競争相手」の認識が強まり、今や「体制上のライバル」、つまり全方位において対抗すべき要警戒国（国家資本主義体制への批判）、という認識を付け加えることになった。

②　中国に対する欧州委員会の提案

　2019 年 5 月の欧州議会選挙において既存の中道右派・中道左派の退潮とマクロン派・グリーン政党の躍進があり [17]、それを受けた人事で同年12 月、EU は新体制へ移行した。フォンデアライエン新委員長下の欧州委員会は、2020 年春から夏にかけて、中国への新しい対応策を提案した。その直前 2020 年 1 月、欧州 35 カ国の財界団体ビジネスヨーロッパは、報告書『EU と中国　体制的挑戦への対応』（Business Europe（2020））を発表し、中国の国家主導システムについて詳細に説明し、新委員会をバックアップした。

　新欧州委員会の対中国の提案は、第 1 に国境炭素調整メカニズム（Carbon Border Adjustment Mechanism：CBAM）、第 2 に EU 単一市場での補助金規制である。

　第 1 の CBAM は、国境炭素税（carbon frontier tax, or carbon border tax：CBA）のような国境措置を指す。石炭火力発電など温暖化ガスを多大に排出し安価なエネルギーを使って安価に生産された製品には、EU への輸入に際して関税を賦課する。CO_2 排出で世界の 30％弱を占める中国製品が視野にある。中国は 2020 年前半期の石炭火力発電所の建設計画と着工にそれぞれ世界の 9 割近くを占めた。だが、インドなども石炭の使用

16）European Commission/ High Representative（2019）p.1.
17）2019 年 5 月の欧州議会選挙に関する詳細は、拙稿（2019b）を参照。

を拡大し、米国も中国につぐ CO_2 排出国だ。日本も化石燃料発電のシェアが高い。欧州議会の調査（European Parliament（2020））では、G 20 諸国にも反発があった。無謀な提案との批判（Zachmann & McWilliams（2020））は現地でも出ている。

　だが、EU にとって CBAM の導入は死活問題である。EU は 2050 年のカーボン・ニュートラルを目指し、2030 年を中間目標年として温暖化ガス排出の規制を強化していくので、環境規制のゆるい国へ EU の企業、例えば鉄鋼企業などが移転するおそれがある。これを「カーボン・リーケッジ（leakage：漏損）」と呼ぶ。それを防ぐために国境での調整が不可欠だと欧州委員会は強調している。バイデン政権と EU の協力が導入へ至る不可欠の条件ではないかと思われる。

　第 2 の単一市場での補助金規制の提案が行われたのは 2020 年 6 月。EU 単一市場における外国企業（事実上、中国企業）のアンフェアな競争に対抗する。国家や公共団体から補助金を受ける外国企業が単一市場で EU 企業と競争すれば、公正な競争条件（level-playing field）が損なわれるので、欧州委員会は 3 つのケースに対応する（European Commission（2020））。①補助金で競争力を強めた外国企業に欧州委員会や加盟国当局が罰金や是正措置を求める（EU 補助金ルールが基準）。② EU 企業買収を企図する外国企業は買収を欧州委員会に通知し、欧州委員会がチェックに入る。承認されるまで買収は成立しない。外国政府の補助金の支援があれば、是正を求め、買収禁止もありうる。③ EU での公共調達に参加する外国企業に申請を義務づけ、EU・加盟国の関係当局が補助金の有無をチェックしてアンフェアなら公共調達から当該企業を閉め出す。

　補助金は、本国での税金の猶予、優遇税制の適用、政府（公共団体）からの財サービス供与や買上げなども含めて広く解釈する。欧州委員会は 2023 年までに提案する。中国の FDI を歓迎する加盟国や中国の反発にどう対応するのか、補助金をいかにして補足するのかなど難題が控える。しかし、中国に進出した EU 企業に中国当局が賦課している多くの規制を念頭に置けば、この EU の補助金規制は平等な待遇への接近の一環にすぎない。公共調達においても EU 企業は中国でシャットアウト状態だが、中国

企業は EU 諸国の公共調達に入札で選ばれている。例えば、2020 年 10 月には、中国国有企業が国家補助金を得て EU 企業はかなわない低価格を提供し、EU が資金を供与するクロアチアの Peljesac 橋梁の 20 億ユーロの建設プロジェクトを獲得した。

４．新展開する 2020 年代の EU 中国関係 —— 「価値」重視の対応へ

　2020 年代は 2010 年代から飛躍する 10 年になるのではないか。2020 年はその最初の年にふさわしかった。コロナ危機の発祥地、マスク外交や戦狼外交、そして 6 月末の香港国家安全維持法の施行とその後の露骨な香港民主主義への弾圧、これらが重なって、南シナ海と東シナ海、新疆ウイグル自治区の抑圧などの不当性にも改めて照明が当たった。法の支配から安全保障、人権分野まで、既存の国際秩序と規範を揺るがす中国の行動を EU も見て見ぬふりができなくなった。EU の「体制上のライバル」の規定が重みを増した。貿易・直接投資・「一帯一路」に加えて、「価値」のレベルが加わった。ドイツなど EU 加盟国でも中国に対する見方は 2010 年代後半から変わってきていたが、2020 年が画期的な年となったことは、同年 10 月に Pew Research Center が発表した先進諸国の世論の動向からも見て取れる。欧州で中国批判行動の先頭を切ったのは英国ジョンソン政権だった。

（1）　EU を離脱した英国の中国政策の転換 —— ハード路線を貫徹できるか

　21 世紀の英国の中国政策は大きく振れた。2000 年代の労働党政権は親米路線だったが、2010 年からの保守党キャメロン政権は極端な親中外交に転じた。2015 年 3 月、いち早く中国のアジアインフラ投資銀行（AIIB）への参加を表明したため、EU 諸国が雪崩を打って続き、米国の怒りを招いた。ロンドンを人民元取引のハブにするなどのため、中国の歓心を買おうとしたのである。ファーウェイに通信網建設を委ね、官庁街の通信も同社が担った。ウィークリーポイントの原発建設はフランス電力（EDF）と国有の中国広核集団（CGN）に依頼、安全保障に関わる諸外国の警告

を無視した。見えみえの実利主義であった。

　続くメイ政権は EU との離脱交渉に忙殺されたが、EU との協定は議会の理解を得られず、2019 年 7 月、ジョンソン強硬離脱派政権に交代、保守党は 12 月の総選挙に大勝して、2021 年早々の EU 離脱の方針を固めた[18]。2020 年初めに、政権は 5G 通信設備でファーウェイ製基地局の部分的維持や米 IT 大手 GAFA を念頭にデジタル課税を決定するなど、EU 離脱後の中国重視路線が見て取れた。しかし、情勢は激変する。

　中国政府は 2019 年末に武漢で感染が広がったウイルスへの初期対応を誤り、湖北省中心に感染者・死者数が急増したが、世界への報告を怠り、2020 年 1 月下旬の春節 1 週間だけで中国人 600 万人が海外旅行に出た。EU の国際観光三大国イタリア、フランス、スペインでとくにパンデミックが深刻になった。中国はいち早くコロナ禍を抑え込み、イタリア、スペイン、セルビアなど「友好国」を中心に医療品を支給し、見返りに「中国への感謝」声明を促すなど、いわゆる「マスク外交」を展開した。厚かましい要求に批判が出ると、中国外交筋が居丈高に逆襲する、いわゆる「戦狼外交」により[19]、EU 先進国では国民の多数が反発し中国不信を強めた。

　南シナ海の領有権問題・インド国境での軍事行動、公船による尖閣の日本領海侵犯など中国政府は威圧的な対外行動も強め、極め付けが 2020 年 6 月末日の香港国家安全維持法の施行だった。人権・民主主義、そして英中共同声明に盛られた「50 年間一国二制度」の蹂躙をあからさまに世界に見せつけた。米国や G 7 の警告を無視し、西側との衝突コースに入った。

　ジョンソン英政権が採用したファーウェイ製基地局の部分採用方針にトランプ政権は強烈な批判を返した（アングロサクソン 5 カ国共同のインテリジェンス組織「ファイブ・アイズ」から英国を排除すると威嚇したという）。コロナ禍の拡大（英国の感染者・死者数はともに欧州最多となり、

18）Brexit をめぐる詳細は、世界経済評論 2019 年 7 / 8 月号および同誌 2020 年 7 / 8 月号の「EU 特集」を参照。

19）「戦狼」は Wolf Worriers の中国語。「オオカミ戦士」との訳語もある。中国の軍人たち（戦狼）が米国特殊部隊と果敢に闘って勝利する中国映画のタイトル。中国で記録的な入館者数を記録した。戦狼外交は強硬な中国擁護の言辞を弄する中国外交官の行動を指す。愛国主義の高まりを背景にネット民の圧倒的支持を受ける。

大衆レベルの中国批判が広がった)、香港国安法施行、これらにより英国は親中路線から訣別する。英政府は 2020 年 7 月、ファーウェイ製品の全面排除(2027 年まで。部品キットの購入は 2020 年末以降禁止)、香港在住者の移住受入促進、香港との犯罪人引渡条約停止、国際的な権利侵害事件の加害者(中国も念頭)への経済制裁措置などを次々に打ち出した。

駐英中国大使は「中国を敵に回すと英国のためにならない」などと露骨な「戦狼外交」を展開した。中島(2020)は、「英国が EU を離脱していなければ、EU に敵対することになる香港国安法に中国が踏み出すこともなかったのではないか」という。EU 離脱の英国=小国化に中国が付け込んだと見ている。

英政府は「グローバル・ブリテン」を掲げて、EU 離脱後、旧植民地などからなるコモンウェルス 53 カ国、米国、日本さらに TPP11 などとの FTA を目指す。空母クイーン・エリザベスのインド太平洋派遣にも「グローバル・ブリテン」のデモンストレーション効果を見ている。英国は 2021 年 6 月時点で日英 FTA を含めて総貿易額の 62 %弱に当たる国・地域と FTA を締結している[20]。だが、英米 FTA の英 GDP 引上げ効果はわずか年 0.16 %との英政府のシミュレーションがある。TPP11 との FTA を足しても経済効果は非常に小さい。

2021 年、英国は EU を完全離脱し「主権の奪還」には成功したが、EU と結んだ「貿易・協力協定(TCA)」はモノの貿易や科学技術政策協力の継続など従来の関係のごく一部しかカバーしておらず、EU 離脱の経済的苦痛は大きい。だが、コロナ禍による経済の落込みが大きく離脱の影響は判然としない。ジョンソン首相は強運の人なのかもしれない。しかしながら、経済が落ち込めば政権交代もありえるし、中国の姿が大きくなる可能性もある。

(2)「16(17)＋1」への幻滅の広がり

EU 加盟の中・東欧諸国は「16＋1」に幻滅した。中国が約束したイン

フラ投資はセルビアやモンテネグロ[21] など EU 域外の東欧諸国に集中し、EU 加盟国では進展しなかった。EU 加盟国にはインフラ投資の EU ルールがあり、環境への配慮や公共調達の公開制など縛りがかかっている。中国のインフラ投資はその条件を満たさないものが多く、二国間協定は秘密主義である。また、中・東欧諸国の対中貿易赤字はそろって大きく増えていて、対中国の債務が累積している。他方、ギリシャ（チプラス政権）は中国から正式メンバーと認められて、2019 年春に「17 + 1」になった。習主席の訪問を受けてイタリアまでが 2019 年 3 月、「一帯一路」覚書に署名した。

　「17 + 1」をめぐる事態は 2020 年から急変した。中国と約束した原発建設が進まないとしてルーマニアは 2020 年 6 月に契約を破棄（米政府の介入があった）、8 月末にチェコ上院議長が台湾を訪問した。2020 年の「17 + 1」首脳会議はコロナ・パンデミックにより延期になり、2021 年 2 月にビデオ会議形式で開催された。中国は李克強首相から習近平主席に格上げして臨んだが、バルト三国、ルーマニア、ブルガリアの首脳は欠席（閣僚級が出席）、またリトアニアは「17 + 1」からの離脱を中国に伝えた。バルト三国への中国の FDI はいずれも 1 億ドル以下である（**図表 4**）。エストニアなどロシアの侵略に神経質なバルト三国などのインテリジェンスはロシアを背後で支援する中国への警戒を強めている。2021 年 6 月時点で、EU 加盟の中・東欧諸国で「一帯一路」や中国を強く支持する国はハンガリー以外に見当たらない。

　中国の核心的利益を全面的に擁護する友好国セルビアへの中国の支援は一貫し、支援する部門の範囲も広い。セルビアはファーウェイの 5G 導入、2020 年 8 月には中国の中距離対空ミサイルや防空システムの導入を決めた。ハンガリーの首都ブダペストとセルビアの首都ベオグラードを結ぶ 350 キロの高速鉄道建設は「16 + 1」の基幹プロジェクトとされていたが遅延し、2020 年春ようやく合意に至った[22]。建設費用 23 億ドルの 85％を中国がハンガリーに融資して線路を複線化し、10 年後には中国製の高

---

21) モンテネグロは 10 億ドルの「債務の罠」に落ち、EU に救いを求めたが、「紛争は中国の裁判所のみで処理する」と協定に書かれていて、EU の対応も難しい。

速列車が走る計画だ。しかし、問題含みだ。採算の目途が立たないと野党
は批判するが、高速鉄道計画の中味は 10 年間秘密にされる。高速鉄道建
設を担当するハンガリー企業は、オルバン首相の友人メーサーロシュ・
リューリンツ氏の所有する 1 社だけである。メーサーローシュ氏は一代で
配管工から億万長者に上り詰め、今やハンガリートップの大富豪になった。
オルバン首相の肝いりで公共事業の発注や補助金など政府のあらゆる支援
を受けた同氏はオルバン第三次内閣（2014 ～ 18 年）のあいだに一千億円
を超える個人資産を築き、企業帝国の支配者となった。メーサーロッシュ
家とオルバン家は運命共同体となり、ハンガリーの政治と経済を支配す
る[23]。中国企業の建設する高速鉄道が Corruption まみれのプロジェクト
になるおそれもないとはいえない。

　オルバン政権はブダペストの学生寮建設予定地に上海の復旦大学の誘致
を進めているが、中国主導の大学建設に住民の批判が盛り上がっている。
LGBT 抑圧の法律を制定したオルバン政権への EU や加盟国の批判も強
まっている。

　イタリア政府の「一帯一路」覚書署名は習近平主席の功績であった。ジェ
ノバ港・トリエステ港整備で合意し、伊企業は中国と 20 億ユーロの輸出
契約を交わした[24]。だが、港湾整備は着手されておらず、コロナ危機によっ
て中国人観光客の流入も途絶えた。中国は医療支援、いわゆる「マスク外
交」によってつなぎ留めを図ったが、2021 年 2 月のイタリア政変により、
「国民連帯」内閣が形成され、前 ECB（欧州中央銀行）総裁のマリオ・ド
ラギ氏が首相に就任した。親 EU 親米のドラギ首相は同年 6 月の政令によ
り、中国が「覚書」などで設定したイタリアへの足掛かりを外したと報道

22）Hickman, Karaskova（2019）p.4 では、中国の工事費が高すぎてハンガリー政府が拒否した。
　　だが、2020 年 4 月、10 年計画の鉄道建設（23 億ユーロ）で中国とハンガリーの両政府が合意、
　　ハンガリーが 15％負担し、残りは中国輸入銀行が融資する。既存の路線を複線化し、中国
　　の高速列車を走らせるという。だが、オルバン首相の友人で同国一の富豪がただ 1 人建設責任
　　者に任命されるなど、オルバン政権につきものとされる corruption 問題などを抱える。計画
　　の詳細は 10 年間公開されないことになっている。
23）盛田（2020）第 4 章を参照。
24）ディマイオ外相（連立政権左派「五つ星」運動の前党首）が主導、同盟のサルビーニ党首は
　　反対だった。

されている。

　EUに関する限り「一帯一路」戦略は10年経たずにしぼんだ。新中・親露のハンガリー・オルバン政権が支えだが、2022年のハンガリーの総選挙が見ものだ。

（3）　EU中国投資協定（CAI）への欧州議会の条件付き批准拒否
①　メルケル首相主導の暫定合意

　包括的投資協定CAI（Comprehensive Agreement on Investment）の話は10年近く前にさかのぼる。交渉は2012年2月、EU中国第15回サミットで合意し、2014年1月に交渉開始。それから丸々7年が経った2020年12月30日、EU理事会の議長国となったドイツのメルケル首相がイニシアティブを発揮し、ついに暫定合意に達した。

　リスボン条約（2009年発効）は多くの通商政策権限を加盟国からEUに移した。共通通商政策にFDIが新たに加えられ、サービス貿易、知財、ダンピング・補助金対応措置などにもEUは権限を得た（田中他（2018）第3章）。それまでFDIはEU加盟国の権限であって、中国との投資協定はEU27カ国（アイルランドを除く）がそれぞれに二国間協定を結んだ。CAIによりEU中国投資協定となる。

　EUは進出した中国企業に内国民待遇を与えているが、中国でEU企業は外国投資法や外国企業規制（特定の活動を規制する「ネガティブリスト」など）に縛られ、自由な行動はできない。また、中国政府や国有企業に合弁や技術移転を強要される。CAIにおいてEUは「投資の漸次的自由化、投資家への制限の除去（内国民待遇）、投資家・投資保護の法的枠組み、紛争処理」などを求めてきた。交渉は2019年末までに24回を数える。

　この種の協定の中国との合意は難しい。新興国なら徐々に経済は自由化して合意の余地も生まれるのだが、「中国独自の社会主義」は習近平政権下で強化され、企業は共産党に縛られていく。CAI協定の途中で双方が「合意する」としたケースは複数あったが、中国は適当に付き合い、最終段階でボツにする。EUの交渉力など切り崩せると初めから読み切っているのである。CAIも「2020年内に合意」と何度目かの合意に至ったが、2019

年末に CAI 交渉を終えた EU 代表団は「かたつむりの歩み」なので 2020 年の合意は空振りと戒めていた。同じ時期に在中国ドイツ商工会議所が実施した調査でも、合意に進むと考えた在中ドイツ企業は 28％程度だったという。

　だが、バイデン新大統領が確定し、「米欧協力への復帰」と宣言すると、習近平主席が直接指示して中国政府は急速に動き、EU 側ではメルケル首相が主導して 1 カ月足らずで CAI 合意へ至った。バイデン政権による「米欧統一戦線」提案を習政権は脅威と受け取り、CAI 合意により EU を米国から引き離す計算が働いたのであろう。一部に未定の部分を残した協定文書を欧州委員会は 2021 年 1 月に公表した。2022 年 2 月に署名し、批准へ進む予定であった。

②　欧州議会：CAI の批准拒否へ

　EU の中国へのアプローチは、上述したように、2019 年以降は「交渉パートナー」、「競争相手」、「体制上のライバル」という 3 本立ての規定を動いている。どの規定をとるかは主体により、時期により異なる。

　経済面で中国依存度の高いドイツのメルケル首相は中国をパートナーととらえ、2020 年 12 月末の中国との CAI 合意を主導した。マクロン大統領は、EU の「戦略的主権（strategic autonomy）」の主唱者の 1 人であり、安全保障面を含めて「米国からの EU の自立」を志向する立場からメルケル首相を支持する。トランプ政権へのトラウマから戦略的主権論が出てきた経緯もあり、やや反米的な色彩を帯びる[25]。しかし、EU や欧州議会には中国の人権侵害（新疆ウイグル自治区や香港）を重視し、「体制上のライバル」規定を信奉する加盟国やメンバーも少なくない。

　EU は 2020 年 12 月に「グローバル人権侵害制裁レジーム」を採用し、EU 規則 2020/1998 に新疆ウイグル自治区の役人など 4 名の氏名、罪状などを掲げた。その 4 名に 2021 年 3 月、人権侵害を理由に EU 渡航禁止・資産制約などの制裁を課した。英国、カナダと歩調をそろえての制裁だっ

---

[25]　EU 外務・安全保障上級代表のジョセップ・ボレルは、バイデン政権と協力するためにも EU の「戦略的自立」が必要と位置づけていて、その理解においてマクロン大統領とはニュアンスが異なる。拙稿（2021a）参照。

たが、地域と範囲を狭く限定しており、腰が引けた制裁といえよう。これに対して中国はただちに制裁を返した。5名の欧州議会議員（ドイツ人1名を含む中国関係の議会委員会のメンバーなど）、3名の加盟国国会議員、2つのEU機関、2つの非政府機関、2名の中国問題エキスパート（うち1名はドイツMERICSで中国のEUへのFDIを研究するHuotari研究員）が制裁対象になった。EUの制裁とは非対称的に対象が広い。また中国に批判的と中国政府が判断した組織や研究者を含める等、言論の自由など無視した常識外れの制裁だった。EUに譲歩したCAI合意が破綻に向かうことも計算に入っていたのかもしれない。

　中国の非対称的な対応にEU側の批判が高まり、欧州議会の第2の会派S&D（中道左派）は中国が制裁を撤回しない限り、CAIの批准を拒否すると決めた。CAIの批准には加盟国の議会と並んで欧州議会の承認が不可欠である。5月20日に欧州議会は、賛成599票、反対30票、棄権58の圧倒的多数で、中国が制裁を撤回しない限りCAIの審議に応じない方針を承認した。

　メルケル首相は中国の制裁にドイツ人2名が含まれていたのに、4月の中独政府協議の場で明確な中国批判を控えた。香港国安法による民主主義弾圧が続いても、駐独中国大使が戦狼外交的言辞を弄しても、ドイツ財界を意識した首相のパートナー路線は変わらなかった。だが、欧州議会の「体制上のライバル」路線がそれを制した。2021年9月のドイツ連邦議会選挙でメルケル首相は政界から引退する。ドイツでは人権に敏感なグリーン党が世論調査の支持で第二党に浮上した。連立政権に参加すれば、EUの三本立て路線のバランスを「体制上のライバル」のほうへ動かす可能性が高いと思われる。

（4）　インド太平洋へのEU・英国の関与

　中国の軍備拡張と威圧的な対外行動が法の支配など既存の国際秩序への脅威になっているとの懸念は、2021年6月、英国コーンウォールでのG7会合、バイデン大統領を迎えたNATOのブリュッセル会合で示された。中国に対する懸念はEU先進国では国民レベルで高まっている。

　ドイツは 2020 年 9 月に、インド太平洋への関与を明言した外交文書を初めて公開した。「インド太平洋地域は 21 世紀の国際秩序形成にとって鍵となる。中米日が地域の三大国であり、4 番目にインドが入る。世界の 33 のメガシティの 22 はこの地域に存在する」と経済面の重要性も強調する。「ヘゲモン中国とバイポーラー構造の固定化は危機のもとになる」として、米中対立の構造化に危機感を示し、「ドイツはこの地域の民主主義国と価値パートナーとして肩を組む」、「ASEAN を中心にこの地域の多国間主義の強化に取り組む」としている[26]。

　EU は 2021 年 4 月に「インド太平洋での協力に向けた戦略」についての方針を 9 月までに採択すると決めた。EU 外相に当たるボレル外交・安全保障上級代表と欧州委員会が具体案をまとめる。これまで経済共同体として発展してきた EU が「戦略的自立」を掲げて安保面に取り組むのは新しい発展だ。軍事力を持たない EU に過大な期待は禁物だが、長い目で見ていく必要もある。

　欧州委員会は、EU は香港国安法から打ち続く中国の民主主義抑圧に対する批判声明の発出を EU 外相理事会に諮ったが、ハンガリー政府が二度にわたって阻止した。この種の外交政策は全会一致制のため 1 国でも拒否すると EU として動きがとれない。中国にすり寄り経済的利益を得るオルバン政権の方針は一貫している。

　大国が先に動き出した。英国の新鋭空母クイーン・エリザベスがインド太平洋に向かって出航した。打撃群を構成するために米軍・オランダ軍が支援しており、日本に寄港する。フランスはすでに原子力潜水艦とフリゲート艦を南シナ海に派遣し、陸軍は日米軍との離島奪還の演習に参加した。ドイツも 2021 年秋にフリゲート艦を送る。

　2021 年 6 月開催の G7 は、データ管理、法人税改革、ワクチンの途上国への供与などで西側の政府間の協調路線の必要性を強調した。欧州では EU が乗り出すしか対応の方法がない。英国は EU の施策を見ながら路線を決めることになろう。

26）Bundesregierung（2020）S.8-9.

おわりに

　リーマン危機後、中国は躍進し、危機が続く EU に貿易・直接投資・「一帯一路」の３つのレベルで攻勢をかけた。EU 加盟国は経済的利益優先で動き、技術窃取や加盟国分断への介入を許した。失地挽回のため EU は、FDI スクリーニング制度を構築し、中国を「体制上のライバル」と位置づけ、2020 年には攻撃的防衛の方針を打ち出した。バイデン新政権との協調行動はこれからである。

　2020 年のコロナ・パンデミックの発生地、戦狼外交、南シナ海・東シナ海などでの軍事・威圧行動、ファーウェイ問題、香港国家安全維持法の強行など、中国の威嚇的な攻勢と習近平政権の独裁制強化のトレンドを見ると中国の北朝鮮化の懸念すら感じられる。米国だけでなく EU の中国警戒行動は強まらざるをえないであろう。

　英国ジョンソン政権はコロナ禍・香港国家安全維持法を契機に中国政策を大転換した。実利主義でもある英国の将来は不透明だが、ジョンソン政権は価値観外交を強めるであろう。

　EU の対中国政策は、米国の中国敵視政策とは一線を画すが、中国政府の戦狼外交的対応が続けば、メルケル首相の退陣と相まって、人権・民主主義・法の支配といった「EU の基本的価値」を重視する「体制上のライバル」の柱が力を増すと予想される。

（2021 年 7 月脱稿）

参考文献
・天児彗（2018）「第 19 回党大会は何を物語るか？」国際問題 8 月号。
・梶谷懐、高口康太（2019）『幸福な監視国家・中国』（NHK 出版新書）。
・田中素香（2016a）「EU の対中国通商戦略」世界経済評論 3 ・ 4 月号。
・───（2016b）『ユーロ危機とギリシャ反乱』（岩波新書）。
・───（2017a）「EU の対中国通商政策と中国の対応」中條誠一・唐成編著『世界から見た中国経済の転換（中央大学経済研究所研究叢書 70）』（中央大学出版部）第 5 章。

- ───（2017b）「EU 中国通商摩擦（2016 年）とその背景」ITI（国際貿易投資研究所）フラッシュ（1 月 12 日）。
- ───（2018a）「ヨーロッパは『一帯一路』をこう見ている」運輸と経済 12 月号。
- ───（2018b）「分岐点に立つ『16 ＋ 1』プロジェクト」経済学論叢（中央大学）59 巻 3・4 合併号。
- ───（2018c）「『一帯一路』による中国のヨーロッパ進出」ITI 研究シリーズ、No.67。
- ───（2019a）「グローバル化秩序　EU- 中国関係——『一帯一路』を中心に」『セミナー　欧州議会選挙後の EU 情勢』（21 世紀政策研究所新書 83）講演 3。
- ───（2019b）「2019 年欧州議会選挙をどう見るか——EU 新体制人事を含めて」ITI 調査研究シリーズ、No.91。
- ───（2020）「トランプ＝習近平時代の世界経済と EU の通商政策」吉見太洋編『トランプ時代の世界経済（中央大学経済研究所研究叢書 76）』（中央大学出版部）第 4 章。
- ───（2021a）「中国の台頭と EU の対応について——『米国バランス・欧州ヘッジ』論の視角から」JFIR World Review、Vol 4、特集「欧州政治」のリアル。
- ───（2021b）「EU から見た国際秩序——EU 中国関係」『報告書　EU と新しい国際秩序』（21 世紀政策研究所）。
- 田中素香他（2018）『現代ヨーロッパ経済（第 5 版）』（有斐閣アルマ）。
- 津上俊哉（2013）『中国台頭の終焉』（日経プレミアシリーズ）。
- 中島精也（2020）「香港国安法で親中路線と決別する英国」国際金融 1336 号（9 月）。
- 平石隆司（2021）「Brexit 後の英国の挑戦——TCA、新成長戦略、そしてグローバル・ブリテン」世界経済評論 2021 年 9 / 10 月号、欧州特集。
- フロノイ、ミシェル（2020）「アジアにおける戦争を防ぐには——米抑止力の形骸化と中国の誤算リスク」Foreign Affairs Report、No.7。
- ホブズボーム、エリック（2018）『20 世紀の歴史——両極端の時代（上）（下）』（大井由紀訳、ちくま学芸文庫）。
- 松本惇（2018）「投資規制の強化に動く欧州——中国企業による企業買収を警戒するドイツ・EU」みずほリポート（みずほ総研）。
- 盛田常夫（2020）『体制転換の政治経済学——中・東欧 30 年の社会変動を解明する』（日本評論社）。
- Bundesregierung（2020）"Leitlinien zum Indo-Pazifik".
- Business Europe（2020）"The EU and China - Addressing the Systemic Challenge", January.
- European Commission（2017a）"Welcoming Foreign Direct Investment while Protecting Essential Interests", COM（2017）494 final.
- European Commission（2017b）"Proposal for a Regulation 'establishing a framework for screening of foreign direct investments into the European Union'", COM（2017）487 final.

・European Commission（2017c）"Commission Staff Working Document", SWD（2017）297 final.
・European Commission（2020）"White Paper on foreign subsidies in the single Market", COM（2020）253 final, June 17.
・European Commission/High Representative of the Union for Foreign Affairs and Security Policy（2019）"EU-China-A strategic outlook", JOIN（2019）5 final.
・European Parliament（2020）"Political Assessment of Possible Reactions of EU Main Trading Partners to EU Border Carbon Measures".
・Garcia-Herrero, licia and Davis Martinez Trégano（2020）"Europe is losing competitiveness in global value chains while China surges", Bruegel Blog Post, November.
・Hanemann,Thilo, Mikko Huotari, Agatha Kratz（2019）"Chinese FDI in Europe: 2018 trends and impact of new screening policies" MERICS.
・Hickman, Josh, Karaskova Ivana（2019）"Could there Be a Common China Strategy for the Region of Central and Eastern Europe?", National Endowment for Democracy.
・Holslag, Jonathan（2019）, *The Silk Road Trap: How China's ambitions challenge Europe*, Polity.
・Kirkegaard, Jacob Funk（2019）"Chinese Investments in the US and EU Are Declining – for Similar Reasons", PIIE Policy Brief 19-12, September.
・Kratz,Agatha, Max J. Zenglein, Gregor Sebastian（2021）"Chinese FDI in Europe: 2020 Update", MERICS, June.
・Matura,Tamas（2021）"Chinese Investment in Central and Eastern Europe", MapInfluenCE, April 27.
・MERICS（2021）"Chinese FDI in Europe", June.
・MERICS and Rhodium Group［T. Hanemann and M. Huotari］（2018）"EU-China FDI: Working towards reciprocity in investment relations"（updated in May）.
・Pisani-Ferry,Jean and Guntram Wolf（2019）"The threats to the EU's Economic Sovereignty", Bruegel.
・Zachmann,Georg and Ben McWilliams（2020）"A European carbon border tax: much pain, little gain", Bruegel Policy Contribution issue no.5, March.

第2節
トランプ政権からバイデン政権の米・EU関係

帝京大学法学部教授　**渡邊啓貴**

はじめに──Brexit、統合終焉論の過ち

　欧州統合はしばしば危機に遭遇する。それは統合が「デモクラシーの挑戦」だからである。民主的な政策決定を行おうとすればコストも時間もかかる。例えば国境を越えた「人の移動の自由」や「基本的人権の普及」がそう容易に実現するものではないのは自明だ。統合とは何よりも理想であり、目標である。

　「統合」は「帝国」ではない。強制によって人々を動かすことではない。平等や自由が保障されている社会がその前提だ。統合は多大の労力のかかる仕事でもある。その意味では統合には理想に向かう人々の強い「意志」と「連帯感」が不可欠である。しかしそれだけにどんな困難であれ、統合はその意志ある限り絶えることはない。統合の論点は常にそこにある。

　同時に、統合は危機に遭遇し、それを克服するための各国の協力プロセスだ。統合の歴史とは共通政策のもとに民主的な協力によって難題を克服してきた歴史である。その意味では逆説的だが、欧州統合は単なる理想主義ではない。むしろ「国境を越えたリストラ（再編成）」というべきリアリズムだと、筆者は四半世紀来考えている。

　日本では欧州統合を消極的に論じる向きが一部にある。大抵の場合は米英のメディアを通した見方だ。もちろん統合の実現への道は容易ではない。最近でも、ユーロ圏危機、移民・難民、テロ・治安、ポピュリズムの台頭

など経済・社会・政治基盤を揺るがせる事態が頻発している。コロナ禍がまだ完全には終息する気配を見せていないなかで Brexit（英国の EU 離脱）後の見通しも定かではない。しかし今のところ様々な困難は依然として未解決ではあるが、統合が終焉する気配はない。

　欧州統合は 1950 年代、戦後の復興のために独仏が歴史的対立を克服して協力したところから始まった。1970 年代以後の「ユーロペシミズム」は、1980 年代半ばから開始された非関税障壁撤廃を眼目とする域内市場統合によって克服され、統合は共通通貨の導入にまで至った。ギリシャ財政危機に端を発したユーロ圏危機では、長年の課題であった財政統合への一歩として銀行統合が進んだ。経済統合の傍ら共通外交・安全保障・防衛政策も進められた。そして 2020 年コロナ禍のなかでの復興債発行の決定は、安定財政確保のためのユーロ債実現への一歩だ。

　表面的な事象をとらえて一喜一憂するのは世の常だが、それだけでは統合の本質を見誤ることになる。いかにして統合の意思を継続させていくのか。統合の永遠の課題である。むしろ Brexit やポピュリズムの隆盛に見られる今日の様々な困難な事態は EU がデモクラシーの論理で統合を深化させていけばいくほど必然的に遭遇する越えねばならない壁といったほうがよい。いわば「デモクラシーの代償」である。危機に直面してその方向性が動揺していることは確かだが、欧州統合が「終焉」したり、「崩壊」しているわけではない。おそらくは規律や制度の修正を図りつつ、広義の統合は前進していくだろう。

　本稿では、EU が直面する今日の問題を確認したうえで、21 世紀の国際政治の基礎的枠組みとなる大西洋関係、つまり米欧関係の構造的な在り方と世界の攪乱要因となったトランプ政権からバイデン新政権に至る米欧関係について議論してみよう。

1．米欧関係の歴史的位置づけ

（1）「理念の共和国」米国と西欧の関係史の基本構造[1]
　まずアメリカ外交の原点を確認しておこう。米大陸ニューイングランド

に「新しい聖地エルサレム」を見たピューリタンたちは、そこに全世界の模範となるようなキリスト教社会を築こうとした。それは17世紀のピューリタン指導者ウィンズ・ロップの表現を借りれば、新たな理想社会として人々が仰ぎ見る「丘の上の町」でなければならなかった。それは米国の「存在理由」そのものだ。悪しき旧弊と貴族的な堕落の欧州大陸諸国に対して、米国は常に若々しく理想の未来を目指した希望である、というメッセージがそこには込められていた。

　米欧関係の歴史を詳述する余裕はないが、それは「父と子」の関係に似ていた。米国は新たな理想を目指すが、その出発点での欧州との同質性から容易に逃れることができない。欧州的なるものの排除に始まった理想主義としてのアメリカニズム（＝建国の国家理念）には、新しい独自の理念と価値があったわけではなかった。したがって、米国は常に「米国的なるもの」を模索したが、それは成熟や伝統よりも若さと未経験のなかの新しい可能性に重きを置いた。こうして米国のヨーロッパへの対応は常に歴史文化的な劣等感を背景としていた。しかし他方で19世紀末以後の米国の物理的な躍進はヨーロッパを凌駕し、やがて米国はヨーロッパに対する優越意識を強めていった。しかし根が一つであるがゆえに、つまり同質性の高さゆえに、米国はかえって愛憎相半ばする感情を増幅させていくことになった[2]。

　しかし現実には19世紀末に米国の工業力が欧州を凌駕したときに、その力関係は逆転した。欧州にとって米西戦争は、格下だった身内がいつの間にか自分に矛先を向けるほどに成長していたことを確認する出来事だった。第一次世界大戦は米国が西欧諸国を戦火から救い、その復興と平和をリードするに至った歴史的転換を意味した。それは冷戦時代には米国が「西側の盟主」となったことでさらに明確になり、20世紀はアメリカの世紀となった。米国の欧州に対する優越意識である。西側同盟とは米国の「覇

1）米欧関係の通史としては、拙書『アメリカとヨーロッパ』（中央公論新書、2018年）。

2）古矢旬『アメリカニズム──「普遍国家」のナショナリズム』（東京大学出版、2002年）；佐伯彰一「アメリカ対ヨーロッパ──文化意識の構造」佐伯彰一編『アメリカとヨーロッパ──離脱と回帰（講座アメリカの文化）』（南雲堂、1970年）。

権的（パワーの不均衡な）協力」関係を基礎とする世界を意味した。そして世紀の終盤に冷戦が終結したとき、米国はかつての東側世界を含む自らの主導によるグローバルな国際秩序の誕生を確信した。米国は物理的な面だけではなく、歴史文化的価値観についても世界の盟主となったと自覚したのである。それこそ冷戦終結直後にブッシュ大統領が「新しい国際秩序」と誇らしげに世界に標榜した背景だった。

（2）　冷戦終結後の米国の突出

　フランシス・フクヤマ『歴史の終わり』とサムエル・ハンチントン『文明の衝突』は、そうした米国的な価値観の勝利と世界の唯一のヘゲモン（覇権国）となった米国の矜持と自信を示したものであった。米国勝利に終わった世界は米国流の近代の克服、ポスト近代の平和な世界、また米国流の文化・価値観が普遍的なものとなるという期待がそこには示されていた。当時米国は「帝国なのか」という問いが流行し、にわかに「帝国論議」が高まったのである。

　しかし現実にはそうはならなかった。世界で紛争はなくなったわけではなかったし、世界を平和に導くよい意味での「帝国」に米国がなったわけではなかった。例えば、当初国連を中心とする多国間協力の活動に熱心だったクリントン大統領はソマリア介入の失敗から多国間主義に消極的になり、米国の冷戦終結直後の理想主義は後退した。しかし 1997 年のボスニア空爆、1999 年のコソボ紛争では一時的であれ米国の力による平和が成立したことで、米国は再び自信を回復し、21 世紀の G.W. ブッシュ大統領とそれを支えた「ネオコン（新保守主義）派」が標榜したユニラテリズム（単独行動主義）の発想につながった。

　そうした傾向は理念と理想を掲げる米国の伝統的な外交の必然でもあった。伝統の一つの柱である米国の孤立主義を、モンロー宣言の文脈で考えるならば、それは、自らがまだ非力であるときに列強の不干渉のなかで、米国自身の行動の自由を確保するための方便であった。他方でもう一つの柱である「国際主義」は、自らが優位にあるときにはその価値観を対外的に認めさせるための介入主義に容易に転換する口述となった。その冷戦後

の一つの例が、今世紀初頭のイラク戦争だった。それは冷戦の勝利に自信過剰となった米国が一極支配の世界観から米国流リベラリズムという価値観の普遍化を強引に推し進めようとして失敗した歴史的事例となった。

　現実には米国自身が考えるほど米国の力は大きくなかったのである。9.11以後のアフガニスタン・イラクへの介入は米国の介入が独善的かつ限界のあることを世界に知らしめただけだった。その結果G.W.ブッシュ政権を引き継いだオバマ大統領は国際介入を躊躇し続け、シリア・ウクライナ紛争などの例に見るように、結果的には世界の不安定化を増幅させる事態を招いた。筆者は2000年代にそれを「ポスト帝国」の時代と呼んだ。

（3）　「ポスト帝国」——多極時代の二つの普遍主義の衝突[3]

　「ポスト帝国」時代は冷戦終結直後に、父ブッシュ大統領が標榜した米国を中心にした平和な秩序ではなかった。

　イラク戦争のときには米欧対立が強調されたが、そのときすでに資源大国として冷戦終結の痛手から復興の成果を上げ始めていたロシアは米国への反発を強めていた。同時に経済力をつけてきた中国もすでに米国との距離をとり始めており、今日の米中対立の萌芽が見られた。

　それに先立つ1995年、シラク仏大統領はその就任直後に、冷戦後の世界は「一極では不安定であり、多極世界に向かうべき」ことを示唆した。その意味では、7年後のイラク戦争をめぐる米仏・米欧の対立は戦争の是非と同時に世界観をめぐる対立でもあった。

　それは今日、より明らかとなっている。トランプ大統領の「アメリカン・ファースト」は、G.W.ブッシュ時代の自信とは異なってむしろ米国の影響力の後退感のなかでの発言だ。まず自分のことだけ優先させるという発想はすでに自分の力を自ら相対化した見方だからだ。しかし民主党系の大統領が歴史的に唱えてきた普遍的国際主義・介入主義とは異なっているが、自らの威信を対外的に誇示する外交の基礎には依然として一極的な国際秩序間に支えられた単独行動主義が見え隠れする。

3）拙書『ポスト帝国——二つの普遍主義の衝突』（駿河台出版、2006年）。

しかし国際社会のパワー配分は大きく変化した。一般にいわれる「パワー・トランジション」の現象では、中国のプレゼンスの強大化、ロシアの政治的パワーの復活、これにEUを加えた政治・軍事・経済の多極構造が次第に定着化しつつある。そうしたなかで、米欧関係は異なった世界観のもとに「協力と対立」／「協調と競争」の関係が繰り広げられているのが今日の世界の現実だ。それをどのように調整していくのか。すなわち、「多極vs一極」国際構造認識（世界観）の違いと、「単独行動vs多国間協力」という外交行動様式・手段の複雑な組み合わせの関係をどのように安定させていくのか。

そうした国際秩序観と外交行動様式の交差は、イラク戦争の時期に示した筆者の米欧同盟関係の本質である。そして当時、筆者はそうした「二つの普遍主義の衝突」の関係が少なくとも四半世紀は続くであろうと指摘した。本稿はそうした前提からの考察である。

（4）　米欧関係の構造

上記のような米国の国家理念、その歴史的背景を通して今日の米欧関係の特徴を以下に整理してみよう。

米欧関係の本質の第1は、パワーの不均衡な同盟関係という点にある。パワーシフト（とくに中国の大国化）とはいわれるが、軍事・経済・科学技術全般での米国の相対的優位は依然として明らかだ。5Gなど一部の分野で中国の先進性も指摘できるが、宇宙産業、また新しい化石燃料としてのシェールオイル・ガス開発、原子力開発など未来のエネルギー・基幹産業部門で米国は突出している。改めていうまでもなく核兵器をはじめとする軍事力全般の米国の突出は明らかだ。

そうしたなかで米国が依然として「丘のうえの町」を目指していることに変わりはない。米国が建国の理念をそう簡単に降ろすことはない。米国のプライマシー（優越）、ないし米国流の民主的統治の普遍化の追求は依然として健在だ。その発想は米国一極支配の世界観になりがちだ。冷戦時代初期と冷戦終結直後の米国の自己認識だ。ただ冷戦時代はソ連というもう一つの超大国との競争・対立があった。それゆえ、西側の結束のために

図表1　Primacy（Democratic dominance）

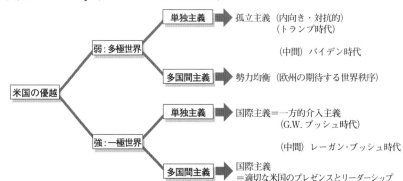

出所：筆者作成。

米国は多国間協力主義を受け入れねばならなかった。それは西欧諸国の望んだことでもあり、NATO設立に象徴的だが、米国は「招かれた帝国」として欧州へのコミットを求められた。冷戦時代の西側世界の構造は、**図表1**でいえば、米国のプライマシーが「強」の条件のもとでの、つまりは一極構造のなかでの多国間主義だった。その例外的失敗の代表例が一方的な介入に至ったベトナム戦争だった。それに対して同図表でいえば、イラク戦争に至るブッシュ政権の外交は一極・単独主義だが、トランプ政権の外交は多極・単独主義の例であると考えられる。米国のプライマシーが後退していることを前提とした「米国第一主義」は米国保守派の伝統である「孤立主義」でもあるからだ。

（5）「協調と摩擦」の共存——米欧関係の枠組み

　このように米欧関係は米国の外交姿勢に大きく左右される。1960年代までの冷戦下の時代には米国の覇権主義的安定が続いていたが、その後次第に米国の覇権安定論が揺らいだ。そうしたなかで米欧関係は西側陣営としての基本的価値観・秩序観を共有しながらも、個別の政策をめぐっては「協調（協力）と摩擦（対立）を常に内包させた関係」であった。

　第1には、西側民主主義陣営として人権・デモクラシー・市場経済など

の価値観をめぐって米欧諸国は世界のリーダーとして共通の立場に立っていた。広義の「安全保障共同体」であった。

　しかし第2には、すでに述べてきたように米欧は国民国家としての成立ちや歴史を異にしていた。したがって歴史的な権益の範囲やその実現手段などが異なっていた。とりわけ戦後は旧植民地をめぐる対応について大きく異なっていた。第二次世界大戦後の旧植民地解放と民族自立は、ファシズムからの解放の英雄であり、戦後リベラル世界のリーダーとしての米国の金看板の一つだった。これに対して西欧旧宗主国にとって問題はそう簡単ではなかった。西欧諸国にとって植民地独立は、歴史的な利害関係が複雑に絡まったなかでの既得権益を守る闘いだったからである。

　このことはNATOでいえば「域外問題」での米欧の角逐が大西洋両岸の域内諸問題よりも熾烈になることで示されていた。中東・アフリカ諸国をめぐる認識の違いはしばしば見られたが、トランプ政権ではイラン核合意・エルサレム承認・対中政策にそれは明らかだった。米欧関係における矛盾の構造がそこに明らかとなっていた[4]。

2．トランプ政権下での米欧関係

　すでに述べたように、冷戦勝利に舞い上がった米国外交は単独行動主義に向かっていく傾向を持っていた。しかし実際にはそれは実現困難な道だった。イラク戦争に見られるようにいくつもの失敗を繰り返すことになる。

　そうした冷戦後の米国の外交的動揺を再び共和党の側から強い姿勢で立て直そうとしたのが、トランプ政権だ。しかしトランプ大統領の外交はその極端な発言とともに、機会主義的で米国への信頼を失わせてしまった。

4）筆者は米欧関係をほかの地域と比べると、高度な「安全保障共同体」を形成しているという見方をとっており、コンストラクティヴィズムの立場からの分析が有効であると考えている。Emnuel Adler and Michael Barnett, *Security Communities*, Cambridge University Press, 1998；拙書『米欧同盟の協調と対立』（有斐閣、2008年）；拙稿「〔第2章〕地域集団防衛から安全保障グローバル・ガバナンスへ——米欧安全保障共同体（NATO・EU）の収斂プロセス」『グローバル・ガバナンス叢書2』（法律文化社、2018年）。

図表 2　トランプ政権誕生後の米 EU 摩擦

①NATO 軍事費負担：欧州加盟国に対する NATO 軍事費増額要求（2016 年、2017 年 5 月 NATO 首脳会議）

②パリ協定合意からの離脱（2017 年 6 月）

③エルサレムの承認と 1995 年の「エルサレム大使館法」に基づく大使館移転を発表（2017 年 12 月、2018 年 5 月移転）

④対 EU 高関税・米欧関税戦争（2018 年 6 〜 7 月中断、2019 年 4 〜 5 月米欧再燃）

⑤イラン核合意（包括的共同行動計画：JCPOA）からの離脱表明（2018 年 5 月、同年 8 月対イラン制裁再開、11 月制裁第二弾）

⑥INF（中距離戦略廃止）条約廃棄（2019 年 2 月）

⑦エアバス補助金をめぐる米国・EU 報復関税戦争（航空機紛争）、自動車輸入制限・追加関税（2019 年 10 月）

⑧「エコノミスト」誌でマクロン大統領「NATO 脳死」発言（2019 年 11 月）シリアからの米軍撤退

⑨NATO 首脳会議、欧州諸国の防衛費増（2019 年 12 月）

⑩ドイツからの一部（1 万 2,000 人/3 万 5,000 人）米軍引揚げ（2020 年 7 〜 8 月）を表明（未実現）

⑪ボーイング補助金をめぐる EU の対米報復関税（2020 年 10 月）

⑫トランプ大統領、イラク・アフガニスタンの駐留米軍削減を発表（2020 年 11 月）

⑬ソマリアからの米軍の大部分が撤収（700 人）（2020 年 12 月）

⑭欧州委員会、バイデン政権に《グローバルチェンジに向けた EU 米国の新アジェンダ（検討課題）》を提案（2020 年 12 月 2 日）、大西洋間の新しい議題をめぐる協力要請を行う（新型コロナ対策、環境問題、貿易・技術、基本的価値）

⑮ストルテンベルグ NATO 事務総長、NATO 戦略概念の見直しや新たな構想「2030 イニシアティブ」を 2021 年後半に採択することを提案

⑯米英首脳会談・G7 サミット（2021 年 6 月 10 日、英国コーンウェル）、NATO 首脳会議・米 EU 首脳会議（6 月 14 〜 15 日、ブリュッセル）、米露首脳会議（6 月 16 日、ジュネーブ）

出所：筆者作成。

　それは**図表 2**のように様々なテーマに及んでいる。ここでは NATO 軍事費負担、米欧関税戦争、イラン核合意からの米国の離脱について論及してみよう。それぞれ集団防衛体制への思惑の違い、西側資本主義諸国間の経済摩擦、地域問題をめぐる利害・世界観の相違が問題となる。

（1）　集団防衛体制——NATO 軍事予算をめぐる角逐

　NATO 欧州加盟国の軍事費を 2％以上増大することを一方的に要請し、

図表3　年表「NATO軍事費負担増の要求」

2016年	・米国大統領選中から主張 ・トランプ当選直前に欧州は反応（とくにメルケル首相）
2017年 5月	NATO首脳会議：トランプ大統領、欧州の防衛額を迫る
9月	マクロン大統領、欧州共通予算などとともに防衛協力強調
12月	EU外相理事会：25カ国「常設軍事協力枠組み（PESCO Permanent Structured Cooperation)」調印（英国、デンマーク、マルタの3カ国を除く）
2018年 7月	NATO首脳会議：トランプ大統領、GDP「2%目標」を確認、4%に倍増するように求めた
2019年11月	マクロン大統領の「NATO脳死」発言

出所：筆者作成。

　さもなければ米軍がNATOから撤退するというトランプ大統領の極端な主張は、欧州NATO加盟国との不協和音を生んだ。このトランプの主張は大統領選挙期間中からのことであったため、選挙終了直後メルケル独首相がすぐに反応して欧州の自立を表明し、その後のNATO首脳会議でも再三話題にされるようになった（**図表3**）。

　実はこの防衛負担をめぐる問題は米欧関係では古いテーマである。1960年代初めケネディ政権時代の「大西洋パートナーシップ」、1973年ニクソン政権時代のキッシンジャーが提唱した「ヨーロッパ年」をめぐる議論のときにも出てきた「役割分担・対等な負担」をめぐる議論だった。米国は第二次世界大戦後、欧州の同盟諸国からの要請で、「招かれた帝国」として集団防衛機構の中心的担い手としてNATO原加盟国になった。しかし大西洋を挟んだ米国と欧州諸国との間には立場の相違が常に存在した。

　米国の見方からすると、米国はいつまでも欧州の保護者ではない。厳密にはその義務もない。1960年代には米国はその負担を苦痛と感じ始めていたし、ベトナム戦争と69年金ドル一時交換停止は米国の経済的凋落を象徴する事件だった。そしてトランプ政権では、「欧州はいつまで米国の軍事的スカートの陰に隠れているつもりなのか」という脅しともとれるところまでその態度を硬化させた。

　これに対して、欧州は米国の撤退姿勢には不満である。米国の防衛負担

過多という評価は正しいのか。欧州側の見方では、第 1 に、欧州の防衛費は米国からの支出に依存してはいない。米国の対 NATO と欧州防衛支出は 300 億ドル、US 防衛予算の 5 ％だが、欧州の NATO への支出は 2400 億ドル（米国はその 4 分の 1 ）だ。米国の軍事総予算は 6000 億ドルだから、それと比べて欧州の防衛負担がそれほど小さいというわけではない。むしろ米国は核兵器の近代化に力を入れており、防衛費拡大傾向の大きな原因はむしろそこにある。

　したがって米軍が欧州から撤退するとすれば、欧州は自衛体制を強化する、つまり欧州常設軍の設立という発想になる。それは PESCO（Permanent Structured Cooperation：常設軍事協力枠組み〔欧州常設軍事機構〕）という形で一応実現したが、その実際の始動にはまだ時間がかかりそうだ。欧州防衛基金（EDF）による資金のやり繰り、軍装備上の最大の問題である開発機種の選定と負担、装備や役割分担などをめぐって各加盟国、また米国を交えた角逐がある。

　その背景には、一言でいって欧州を取り巻く不安な国際環境がある。その最大のものは欧州の軍事的非力だ。マリ介入やウクライナ情勢において EU や欧州諸国は決定的な役割を果たすことができなかった。トランプ米政権の誕生以後米国の一方的な負担に対する不満と欧州同盟国への負担強化要求は欧州の防衛自立強化を必然的に促進させている。

　加えて英国の EU 離脱決定が、欧州大陸の軍事的自立を加速させる。実際に Brexit によるデメリットはそれほど大きくないという試算もある。Brexit の影響 としては 16 ％の予算を英国は負担しているのでその損害は大きい。しかし、NATO 欧州副司令官として、また作戦行動面では EU と英国との実質的な協力は継続可能だ。他方、離脱によって英国の指揮権と作戦立案権はなくなるが、欧州防衛基金で研究・開発協力は可能であり、NATO との協力は維持できる。もともと EU との防衛協力である CSDP（欧州共通防衛政策）には英国はあまり積極的ではなかったこともあった。

（2）　米 EU 関税戦争

　EU の貿易総額は、2020 年に中国との貿易額が第 1 位（5860 億ユーロ）

となるまでは、対米貿易額が最大であった。それまで EU の米国への輸出額のシェアは 20.8％だが、EU の輸出総額全体で 7 ％台だった。2018 年の EU 貿易総額の統計（JETRO 世界貿易投資報告[5]）で、EU 輸出総額（約 5 兆 4760 億ユーロ）のうち EU 域内が約 3 兆 5195 億ユーロ（64.3％、2017 年 3 兆 3524 億ユーロ）であり、域外貿易では対米貿易額が最大で約 4070 億ユーロ（2017 年 3762 億ユーロ）であった。

　他方で、EU 輸入総額（約 5 兆 4276 億ユーロ）のうち EU 域内が約 3 兆 4475 億ユーロ（63.5％、2017 年 3 兆 2841 億ユーロ）であり、域外相手国のなかで最大の相手国の米国が約 2681 億ユーロ（2017 年 2573 億ユーロ）であった。EU の米国への輸入額のシェアでは域外相手国のなかでは最大で 13.5％、EU の出超となっている。もともとの不均衡を是正するというのがトランプ大統領の主張であった。

　2018 年 3 月、トランプ大統領は、カナダ・EU に対して鉄鋼・アルミニウム製品への高関税（25％・10％）を発表、6 月初めから導入すると提案した。さらに 7 月には自動車関税（それまでの 2.5％を 20％に引き上げる）、とくにトラックは 25％に課税率を上げること発表した。EU の自動車関税率は 10％、EU 全体の米国向けのシェアは、ドイツが 57.4％、英国は 17.4％、イタリアは 10.5％を占めている。

　これに対して EU は 6 月 21 日、EU 報復関税（ハーレー・ダビッドソンのオートバイからリーバイ・ストラウスのジーンズ、バーボンウイスキー、インゲン、クランベリーなど農産物に至る米国製品 33 億ドル相当を報復関税の対象）を発表したが、それに先立ち、メルケル独首相とマクロン仏大統領が渡米し、対 EU 高関税を思いとどまるように米国を説得しようとしたが失敗した。マクロン大統領は同関税は「違法」だと批判、EU 諸国もそれに同調して対米批判を行った。

　しかし 7 月下旬になって、トランプ大統領とユンケル欧州委員長との直接会談ではユンケルのトランプ説得が功を奏し、この米欧関税戦争はいったん休止となった。米国側がバイク、バーボン、大豆業者などへの打撃に

5）https://www.jetro.go.jp/ext_images/world/gtir/2019/31.pdf

配慮したことと、一方での米中貿易摩擦に集中するために正面作戦を回避するためだった。

　しかしその後も米 EU 貿易摩擦はくすぶり続け、2019 年 4 月 9 日にはトランプ大統領は欧州航空機大手エアバスに不当な補助金を EU が与えているという理由から、110 億ドル分の EU 製品に課税すると発表した。これに対して 4 月 17 日、EU は幅広い分野の米国の工業品・農産物など約 2 兆 2000 億円（200 億ドル）に報復関税をかける旨、発表した。

　その後米国は、報復関税額を 105 億ドルに減額して WTO（世界貿易機構）に仲裁を求めたが、10 月初めに WTO が米国に最大約 75 億ドル（8000 億円）相当の報復関税を認めた。米国が関税の対象とするのは、航空機（10%）、スコッチウィスキー・スーツ・ワイン・オリーブオイル・チーズ・ヨーグルト・カッター・ナイフなど（25%）であった。この決定に従って米国は EU に対する報復関税を課した。これに対して、EU 側はそれを遺憾として対抗措置を講じ、米国のボーイング社に対する補助金を不当として WTO に報復関税を課す承認を求め、それを待って今度は EU 側も報復関税を行う構えを示した（**図表 2 参照**、WTO は相互の報復関税を認めた）。

　大西洋を挟んだ貿易関係は不安定化した。その意味では 2013 年に開始されたが、停滞したままになっている大西洋横断貿易投資パートナーシップ（TTIP）の活性化なども望まれるところだが、これについては欧州でも反発は大きく、進んでいない。

（3）　域外地域との関係をめぐる摩擦——イラン核合意をめぐる齟齬

　域外地域関連の問題では米欧間の利害対立は大きい。

　中国やロシアへの対決的姿勢が強くなる米国に対して、欧州の立場は相対的に妥協的な傾向を持つ。決定的な対抗関係を回避しようとするためである。ウクライナ紛争をめぐる対露制裁の米欧間の温度差、中国の「一帯一路」構想をはじめとする米中対決姿勢とは異なった国際倫理・国際法・人権尊重を強調して対中宥和的姿勢をとる EU の対応とのあいだには大きな違いがある。

　今やハイテク分野で世界の先端を走ってきた米国を追い抜く勢いの中国

の急成長は、ファーウェイ社の５Ｇ導入をめぐる米欧の摩擦にまで発展した。その参入を拒む米国に対して EU 諸国は中国に門戸を開こうとしていたが、米国はファーウェイの５Ｇの全面排除を EU に要求した。その結果、英国は 2020 年 7 月に５Ｇ網向けの設備でファーウェイ機器の 2027 年末までの排除を発表、11 月には同社の製品排除のためのロードマップを発表、同社機器の導入を 2021 年 9 月末以降禁止する方針である。スウェーデンは 10 月、英国に追随した。米国の圧力に抵抗していたフランスも 7 月にファーウェイ製品を 2028 年までに排除することを決定した。ドイツは特定の企業を排除しない方針を表明し、「一帯一路」構想に調印したイタリアはファーウェイとの連携に積極的である。ポルトガルでは、2018 年 12 月には大手通信会社がファーウェイとの覚書に署名した。その一方で親米的なポーランドは、ファーウェイの現地法人社員をスパイ容疑で逮捕し、同社の欧州市場参入については否定的な姿勢をとっている。2019 年 3 月 21 ～ 22 日の EU 首脳会議では対中国「10 の行動計画」によって対中関係をさらに強化していた。

　その一方で、より逼迫した摩擦はイラン核合意問題である。トランプ政権になってからこの問題は再燃した（**図表 4**）。

　2015 年 7 月にイランは米英仏独露中 6 カ国と経済制裁の一部緩和と引換えに核開発を制限すること（高濃縮ウランや兵器級プルトニウムを 15 年間生産しない、貯蔵濃縮ウラン 10 トンを 300 キロに削減、1 万 9000 基の遠心分離機を 10 年間で 6104 基に制限）に同意した（イラン核合意 JCPOA〔包括的共同行動計画〕）。

　トランプ大統領はすでに大統領選挙中からイラク合意の見直しを掲げていた。その理由としては、①イランの核計画制限は期限付きなので、最終的にイランは核保有可能、②弾道ミサイル開発を停止していない、③査察不十分、④中東でイランはシリアなどにテロ支援で影響力を拡大していることなどをあげた。

　2018 年 5 月に米国はイラン核合意 JCPOA から離脱したが、他方で欧州諸国は、米国が抜けた後も核合意を維持することを確認した。2015 年の制裁緩和と同時に、欧州企業の多くはイランとの貿易投資契約を締結し

図表4　米国のイラン核合意をめぐる米欧関係

2015年	7月		イラン核合意（JCPOA）
2018年	5月		米国、イラン核合意（JCPOA）から離脱
	8月	6日	トランプ大統領、対イラン制裁再開の大統領令に署名
	11月	5日	第2段階 JCPOA で解除していた対イラン経済制裁を全面解除
2019年	1月末		英独仏 INSTEX（Instrument in Support of Trade Exchange）設立発表
	5月	2日	米国、イラン産原油取引で制裁の運用除外を撤廃
	5月	8日	・イラン、イラン核合意（JCPOA）の履行を一部停止、同合意以上の量の濃縮ウラン保有を明言（60日の猶予期間）。核開発の可能性を示唆 ・トランプ大統領、イランとの鉄・アルミニウム・銅などの取引を制裁対象とする大統領令に署名
	5～6月		このころホルムズ海峡周辺でタンカー5～6隻が攻撃を受けた
	6月	7日	米国財務省、イランの石油化学を制裁対象とすることを発表
	6月	20日	米軍艦の領空侵犯を理由に、イランが米無人偵察機を撃墜
	6月	21日	トランプ大統領、イラン攻撃を命令したが、中止
	6月	24日	米国、イラン最高指導者ハメネイ師を制裁対象に
	6月	28日	米国抜きで、英仏独中露がウィーンで会合もまとまらず
	7月	1日	第1弾：イラン、低濃縮ウランの貯蔵量、核合意規定によるが 300kg の制限を超過したと表明
	7月	8日	第2弾：ウランの濃縮レベルを規定の 3.67% から 4.5% まで引上げ
	7月	19日	イラン・イスラーム革命防衛隊、英国船籍（スウェーデンのステナ・バルク社所有）の石油タンカー Stena Impero（2018年建造、4万 9,683 載貨重量トン）を拿捕
	7月	31日	米国財務省外国資産管理局（OFAC）、イランのザリーフ外相を新たに制裁対象に指定
	9月	4日	ロウハーニー大統領、9月6日から第3段階となる JCPOA の履行一部停止を開始すると発表
	9月	6日	第3弾：イラン、高性能の遠心分離機の設置開始
	9月	14日	サウジアラムコ社の石油施設への攻撃
	9月	23日	仏独英三カ国の首脳、9月14日に発生したサウジ石油施設攻撃の責任がイランにあるとする共同声明（サウジアラビア石油施設攻撃にイランが関与した疑い）

出所：筆者作成。

たが、それらの企業の多くは米国との関係も強く、米国とイランの間の板挟みに陥ってしまった。米国がこれらの企業がイランとの貿易投資などの経済活動を行えば「制裁」を行うとしたからだった（90日間と180日間の猶予後）。ドイツ＝メルセデス、ダイムラー、シーメンス、フランス＝トタルなどはイランからの撤退を決定せざるを得なくなった。

　その一方で、欧州諸国の間でもイランへの対応に温度差があった。マクロン仏大統領はシリア・イエメンのテロ対策強化ではトランプに歩み寄りの姿勢を示していたが（2018 年 4 月のイランの弾道ミサイル監視呼び掛け・イランのシリア支援、12 月のトランプのパリ訪問）、その一方でメルケル独首相はトランプ政権に対する強硬姿勢をとっていた。ただ全体としてはイランをめぐる問題では、基本的には英独仏は共同戦線を形成していたといえる（2018 年 5 月 8 日の JCAOP 維持方針、10 月 4 日のイラン代表を含む欧州企業保護提案、トランプ説得努力）。

　そうしたなかで同年 8 月 6 日、トランプ大統領は対イラン制裁再開の大統領令に署名し、翌日からそれは施行された。この第 1 段階の制裁は、①イラン政府の米国紙幣の入手の禁止、②イランの金・貴金属貿易の禁止など[6] に対する措置であったが、その後 11 月 5 日には制裁の第 2 段階として、JCPOA で解除していた対イラン経済制裁を全面的に実施し、イランのエネルギー部門に対する「核関連制裁」を完全実施、イラン産原油の輸入禁止、外国金融機関によるイラン中央銀行との取引禁止などを定めた。

　この経済制裁で金融、原油・エネルギー部門を中心とした 700 以上の企業・団体、個人、航空機、船舶が制裁対象に追加された。具体的には、イラン中央銀行をはじめとする 50 以上の銀行および国内外の関連会社、イランの国営海運会社 IRISL、原油運送業者大手ナショナル・イラニアン・タンカーをはじめとする海運事業およびエネルギー産業に関わる 200 以上の企業・船舶・個人、イラン原子力庁（AEOI）および 23 の関連団体・個人、イラン航空および同社の航空機 67 機などが特別指定国民（SDN）リストに追加された。

　その後 2019 年 1 月末、英独仏は INSTEX（Instrument in Support of Trade Excahnge）設立を発表した。この機関はその本部をパリに置く、バーター取引のための特別目的事業体（SPV Special Purpose Vehicle）である。

6）その他にも③グラファイト（黒鉛）、アルミニウム・鉄鋼などの金属原料または半製品、石炭、産業用プロセス統合用ソフトウエアのイランとの取引、④イラン通貨リアルの売買に関係する取引、イラン国外でのリアル建ての資金または口座の維持、⑤イランの公的債務の購入・発行引受け、⑥イランの自動車産業に関する取引（イランは世界第 12 位の生産国）などの禁止が含まれた。

イランはこの制度に積極的姿勢を示し、欧州諸国もドルではなくユーロを運用することでユーロの地位を高めることができることからこの制度を支持した。ただし米国の制裁の恐怖から引き受ける企業や金融機関の参加には限界があった。当面は人道支援や食料・医薬品の取引にその活動は限定されたが、その後も活発化してはいない。

INSTEXの仕組みは、欧州とイランの企業の間に、欧州のSPVとそれに対応するイラン側のミラー機関が仲介決算機関として入り、イランからの原油や欧州企業からの製品の輸出入代金をそれぞれの側で支払いと受取り業務を行い、SPVとそのミラー機関が共同で資金管理を行うシステムである。

同年5～6月頃には、ホルムズ海峡周辺でタンカーが攻撃を受けたことによって国際的緊張が高まった。5月初め、米国のイラン産原油取引国に対する制裁措置（原油輸入を認める特別措置の打切り）に対抗してイランは核合意の履行を一部停止、規定以上の濃縮ウランの保有と核開発の可能性を示唆、米国は鉄・アルミニウムなどの取引を制裁対象とすることを宣言、両国の制裁合戦が始まった。6月にイランは濃縮ウランの貯蔵量の上限を超える可能性を示唆、さらにイランが米軍無人機を撃墜したことによって緊張に拍車がかかった。6月28日には米国抜きで、英仏独中露による仲裁のためのウィーン会合が開催されたが、不調に終わった。

7月には英国が今度はイランのタンカーを拿捕するに至り、イラン攻撃の危険性も高まった。イランは次々に制裁を課そうとする米国を配慮して、欧州諸国と関連企業が動きがとれないことにいら立ちを募らせていた。ロハウニ大統領へのマクロン大統領による仲裁要請も奏功せず、そうしたなかで英領ジブラルタル自治政府はEUの制裁に対する違反という理由でイラン所有のタンカーを拿捕した。EUが制裁対象国とするシリア向け原油の運搬が、その理由だった。それに対して、イランは英船籍のタンカーを拿捕する報復手段に出たのである。独外務省はイランを激しく非難、仏外務省は英国タンカーの早期解放を求めた。そうしたなかで、トランプ政権は対イラン有志連合を組織して攻撃も辞さない構えを見せた。英国はいったんアメリカ主導の有志連合に加わる決定をしたが、のちに撤回。仏独な

どは慎重な姿勢を示した。

　米国とイランの間で摩擦が拡大するなかで、トランプ政権の核合意否定の立場に対して EU の立場は核合意の維持である。そして米国とイランの間での仲裁的役割である。とくに米国で単独主義的政権が成立すると、その傾向が強くなる。バイデン新政権は米国がイラン核合意に復帰することを示唆し、そのための交渉の用意があることを発表したが、その行方は不透明だ。

3．EU の「戦略的自立」と米欧関係の将来

（1）　Brexit と米欧関係

　Brexit によっても米欧関係の構造そのものが大きく変わることはないだろう。しかしそのなかでの英国の役割に変化が生まれることは大いにあり得る。

　第 1 は経済的次元での将来像だ。その重要な問いは、大陸加盟国との経済関係を相対化させた英国がどれだけ米国との関係を強めていくのか、ということにある。米欧関係は米英関係と米・EU 関係という二重構造の関係になるのか。つまり米英対大陸 EU という大西洋を挟んだ海洋国と陸上国という二つの対立構造となるのだろうか。

　筆者はそうしたことにはならないだろうと考える。英国が今までの大陸 EU 諸国との関係を断つことはできないばかりか、親米一辺倒に完全に傾斜することはできないだろう考えるからだ。ジョンソン首相の将来構想にとって米国は第 1 の経済パートナーだったが、イラン核合意離脱とそれ以後の対イラン政策や 5 G をめぐる対中政策での米欧間の摩擦がなくなることはない。トランプ大統領はイラン核合意やファーウェイの 5 G 採用をめぐって、安全保障と経済の二つの次元を一緒にした戦略をとっている。これまでの米政権のやり方とは異なった外交戦略は、トランプ政権特有のやり方だ。

　しかし、いずれにせよ米英の「特別の関係」は両国の経済関係にまず明らかだ。例えば英国の 2019 年の貿易輸出総額（4692 億ドル）のうち、

50％以上が欧州大陸諸国を相手とするものだが、一国ベースで考えると対米輸出額が最大で、726億ドル（全体の15.5％）だ。2番目はドイツ（466億ドル、9.9％）、その後はフランス（312億ドル、6.7％）、オランダ（303億ドル、6.5％）、そして中国（360億ドル、6.4％）となる。それぞれの国に対する輸出額は米国と中国は前年比でそれぞれ11.1％と8.3％と大幅増である。

その意味では、ジョンソン首相がBrexit後の経済相手として米国と中国を重要な相手国として挙げてきたことも根拠のあることだが、実際には上記のようなファーウェイやイランをめぐる米欧角逐のなかでそれが容易でないことも確かである。英国にとって貿易総額に占める対米貿易のシェアが短期のうちに急速に倍になり、EUとの関係に取って代わるとは考えにくい。

第2は政治安全保障領域での英と米国・EU関係だ。英国は仲介者、橋渡しの役割を強めていくことが想像されるし、英国自身の期待もそこにある。それはまた、米国にとってアングロ・サクソン同盟として欧州への交渉能力を強める助けともなる。他方で、EUにとってもそのグローバルな戦略とともに米国との関係でEUを離脱した英国の外交的存在感が増幅する可能性は大いにあり得る。いずれにせよ、それは英国が離脱によって離脱派の期待するように、経済発展を基礎にした外交的自立性〈「主権」〉をどれだけ発揮できるのかにかかっている。

（2）「戦略的自立」——EUのグローバル戦略

欧州統合の第1の意味は、リアリズムの立場から、危機を共同で乗り越えていくための手段であるという点にある。筆者はそれを「国境を越えたリストラ」と呼んでいるが、統合のための大きな動機である。そしてその結果、地域統合は自立的性格を強めていく。この訳語（autonomy）については「自律」の訳語を当てる研究者もいるが（英和辞典の第1の訳語であるが、語感の問題でもある）、ここでは後に述べるように、「自分を律する」ことを主として意味しているのではなく、米中露勢力拡大の勢いに呑み込まれないように「自立する」という意味である（子どもに「自律しな

さい」とはいわない）。

　欧州統合はその出発点から政治統合、つまり一つの政府・国家を究極の目的とする理想の追跡のプロセスでもある。1950年代に欧州統合が本格化していくなかで、欧州政治共同体（EPC）や欧州防衛共同体（EDC）が欧州経済共同体（EEC）に先立って志向されたのはそのためであった。そして、それは冷戦終結後マーストリヒト条約の共通外交安全保障政策（CFSP）や欧州安全保障防衛政策（ESDP）、そしてリスボン条約の共通安全保障防衛政策（CSDP）へと発展してきたのであった（図表5）。

　しかしEUの安全保障・防衛政策といっても、それは戦争のための軍事戦略を意味するわけではない。冷戦後国連が打ち出してきた一連の紛争予防と平和復興のための文民活動を含む広範な活動を指している。一口でいえば、総合的な危機管理戦略である。例えば自衛隊の活動のなかにも重なる部分がかなりある。

　共通防衛政策の理念ともいうべき「EU戦略」は「9.11テロ」をきっかけに大きく発展した。テロに対する危機感が世界中で増幅されるなかで、2003年末のEU首脳会議で、ソラナ共通外交安全保障政策上級代表は「より善い世界における安全なヨーロッパ──ヨーロッパ安全保障戦略〔ソラナ報告〕」を発表した。EUはある程度の軍装備を推しつつ、その機能としては平和維持や復興支援に重きを置いたスタンスを模索しはじめたのである。

　この報告はEUが発表した初めての独自の安全保障戦略だった。ソラナは、EUが「世界における戦略的なパートナー」の役割を果たすと同時に、多国間協力を重視し、G.W.ブッシュ政権の単独主義を拒否した。そしてグローバルな脅威に備えて、「予防外交_{プリベンティブ}」を強調した。予防措置は情報、警察、法律、軍事、その他の様々な分野にまで及び、そのうえ「早期の迅速な、そして必要な場合には強硬な介入を育成していく『戦略文化』を発達させる」と説き、ヨーロッパの安全保障面での国際貢献を喚起しようとしたのである。

　その後2004年9月に発表されたEUの「人間の安全保障」ドクトリンではさらに新たな方向性が示された。それは保護・武装解除・人権監視な

図表5　年表「常設軍事協力枠組み」：EU常設の軍事・防衛機構の試み

1950年代前半	欧州政治共同体(EPC)と欧州防衛共同体(EDC)設立の動き
1954年	EDC構想挫折
1960年代初め	フーシェ・プラン(EDC・EPC構想)挫折
1970年代	ECCが提案した政治協力(EPC、上記の「欧州政治共同体」とは別の協力)
1988年(冷戦末期)	独仏は合同旅団の設立で合意(1992年に発足)
1991年12月	マーストリヒト条約、政治協力は安全保障分野にまで拡大(共通外交・安全保障政策=CFSP)。しかし軍事防衛分野には至らず。WEU中心の協力=欧州主体的防衛、大西洋の二つの柱
1992年6月	ボン郊外ペータースベルク閣僚理事会の宣言
1993年	「欧州(軍)部隊」(独仏旅団+ベルギー・スペイン・ルクセンブルクなど)
11月	・FAWEU(同年6月、WEUローマ首脳会議、創設決定。Force Answerable to WEU差出し戦力)として欧州軍団。Eurocorps(独仏白西)・英蘭水陸両用軍・中欧多国籍師団(英蘭独白)の三つの舞台設定 ・ノールトヴァイク閣僚理事会、欧州共同防衛政策(CEDP)採択
1994年1月	NATO首脳会議(ブリュッセル)、WEUにNATOの兵力・装備・指揮系統の提供、CJTF(共同統合任務部隊)の設立
1995年5月	リスボン外相・国防相閣僚理事会、政治・軍事グループ(Plitico-Military Group)や状況分析センター(Situation Center)、計画策定室情報部門(Intelligence Section)の設置を定めた。衛星センター常設機関化(米国情報に依存する現状を改めて独自の偵察衛星)、仏・西・伊・独、イスラム原理主義集団のテロ活動と地中海地域の危機に対応するため緊急展開欧州軍(陸上部隊、EUROFOR)と欧州海洋軍(海上部隊、EUROMARFOR)という陸海の2つの合同軍創設協定調印。EUROFORとEUROMARFORは欧州統合軍やMATO緊急展開軍ARRCのもとに活動。EUROFORは4個師団の多国籍軍(1998年6月実戦配備)、EUROMARFORは1997年5月稼動開始
1996年6月	NATOベルリン外相会議、ESDI方式採用(WEU、NATOアセットの利用)、ベルリンプラス
1998年12月	サンマロ英仏首脳会議、欧州共通防衛政策で英仏合意(ブレア・イニシアティブ、英国の協力姿勢への変化)
1999年12月	ヘルシンキでの欧州理事会、EU加盟諸国は協力して、60日以内に展開可能で、少なくとも1年間の軍事行動が継続可能な5〜6万人規模の部隊を2003年までに創設する(ヘッドラインゴール)、欧州共通安全保障防衛政策(CESDP)を発展させるため、加盟国はEU大使級で構成される政治・安全保障委員会、参謀幕僚級の構成員による暫定軍事委員会、軍事専門家委員会という3つの委員会の発足が決定される(いずれも2001年3月発足)、非軍事的危機管理メカニズムの構築などで合意
2000年6月	フェイラ(ポルトガル)欧州理事会、ESDPの文民的危機管理の発展を決定(警察、法の支配、文民管理、市民保護の強化を優先領域)
2003年3月	EUとしての初めての軍事作戦(マケドニアにおいてNATOの平和維持活動任務をEUが引き継いだ「コンコルディア」軍事作戦)
6月	コンゴ北東部での難民収容所と付近の空港の安全確保を目的とした、EUとしては初めての域外平和維持活動「アルテミス」
2004年2月	英仏独は、「欧州戦闘部隊(バトル・グループ)」構想を提案。同年4月のEU国防相会議、承認
6月	欧州理事会、新たな能力強化として「ヘッドラインゴール(HG)2010」採択。テロや大量破壊兵器などの新たな脅威に対抗
12月	ボスニア・ヘルツェゴビナでのデイトン合意の実施と同地の長期的安定のための軍事作戦(「アルテア」)の3つの例がある。
2007年6月	アフガニスタンでのEU警察任務活動(EUPOL)が開始
2009年	新たな条約、リスボン条約ではEU安全保障共通防衛政策(CSDP)と呼称
2017年12月	PESCO(常設協力枠組み)正式発足
現在(2021年)	欧州共通防衛政策での派遣は18件、そのうち軍事ミッションは4件、残りは文民ミッション

出所：筆者作成。

どを目的とする国際的軍民統合組織（警察、法律家、人権監視員、税専門家、医師、看護師などを含む）の提唱だった。非軍事的ドクトリンに基づく「文民危機管理（CCM）」活動だ。純粋な軍事組織ではなく、人道支援、実効的な警察力、文民の危機管理、広範な政治経済支援を特徴とする、平和維持活動と軍事介入の中間的なものである。

　そして「2016　EU 外交安全保障グローバル戦略」は一連の EU の戦略の延長であったが、EU の目標水準に沿って加盟国は平和執行、紛争予防、安定化および能力構築支援、救助、避難、人道的支援などを含む軍事作戦の実施を企図している。

　そこでは「自立」が強く提唱されている。EU の「欧州市民の利益を促進するグローバル戦略」は改めていうまでもなく、人権・基本的自由・法の支配などのデモクラシーを基本とする「平和と安全」と「繁栄」が基本だ。そして EU が「国連を中心に据えたルールに基づく世界秩序」、つまり多国間主義と「多極主義」を提唱していることも従来通りだが、2016年の「グローバル戦略」のなかの「EU の安全保障」では、「必要な場合には自立的行動」をとることを明記した。安全保障のためには「適度の野心と戦略的自主性が重要」であるという認識を強調したのである。この『グローバル戦略』では「EU は自立性を完全尊重しつつ NATO との協力を深めていく」と同時に、EU を「安全保障共同体」として自立した EU の一体性を主張したのである。

　米軍主体の NATO と EU 主体の防衛という大西洋を挟んだ「二つの柱」は冷戦終結後の米欧安全保障協力の基軸である。EU は「よりよい世界を目指した理想主義」を標榜する。そのためにも米国と NATO との協力は不可欠である。そうした枠組みのなかで EU の対外行動は「理念に基づく実利主義」にあると主張する。

（3）　独仏の「戦略的自立」の努力[7]

　2019 年 11 月にはマクロン大統領が英誌エコノミストのインタビューでNATO を「脳死状態」と表現し、大きな波紋を投げかけた。その発言の直接的背景はトランプ大統領のシリアからの米軍撤退の決断だった。それ

は翌年の大統領選挙に向けたトランプの選挙戦術の一環であった。トランプ氏は大統領選挙の公約として「シリアからの撤退」を掲げていたからだ[8]。

　トランプ大統領の決定はいかにも「アメリカ第一主義」で、予想通りその直後にトルコの軍事介入を招き、シリア東北部に居住するクルド族の悲劇が始まるかと思われたが、ロシアが急遽軍を展開し、プーチン大統領の仲介によって大惨事はまぬがれた。アメリカの独断専行はしばしば米欧間の信頼関係を不安定にする。マクロン大統領は NATO 5 条に定められた集団的防衛体制そのものが危機にさらされていると指摘し、NATO は機能していないと断言した。それは NATO 加盟諸国に対する防衛費増額の圧力とそれを条件として米軍の欧州撤退を唆し、INF 条約の破棄、イラン核合意からの撤退などを決定したトランプ外交に対する欧州加盟国の不信感の表明であった。したがって欧州は早急に独自の防衛体制を整える必要があるというのが、マクロン発言の要諦だ。

　マクロン大統領の発言をどう見るべきなのか。実はニュアンスの違いはあるが、トランプ外交に対する不信感は各国いずれも共有している。2016年 11 月にトランプ大統領誕生が決まった直後、最も厳しい反応をしたのはメルケル首相だった。そのとき欧州は自立した防衛政策を確立しなければならないと強い調子で語った。冷戦時代以来、防衛面でのドイツの突出はタブーであったが、ドイツが改めて一歩踏み出したときだった。

　科学政治基金（SWP）のドイツ国際政治・安全保障研究所のレポートは、「（外交的）自立とは何か」と問い掛け、それを以下のように定義している[9]。すなわち戦略的自立とは、「単独ないし共同で外交安全保障政策に優先順

7 ）Lawren Twort, 4 July 2018, "EU's Strategic Autonomy and the Ambition of PESCO", RUSI（https://rusi.org/.../eu-strategic-autonomy-and-ambition-pesco）；Daniel Fiott, "Strategic autonomy：towards 'European sovereignty' in defence?", *BRIEF EUISS*, 12 /2018.

8 ）拙稿「ベルリンの壁崩壊三十年、岐路に立つ欧州——ロシアに接近するマクロン仏大統領の思惑」外交、Vol. 58（2019 年 12 月）。

9 ）Barbara Lippert, Nicolai von Ondarza, Volker Perthes（Hg.）, SWP Research Paper "European Strategic Autonomy Actors, Issues, Conflicts of Interests", February 2019, 44 Seiten（https://www.swp-berlin.org/）.

位をつけたり、決定を行ったり、制度・政治・物質的要求を満たす能力」
のことだ。「ルールを維持、発展あるいは創設すること、ならびに自らを
無意識裡に他国のルール下に置かないようにすること」であり、戦略的自
立の逆の立場とは、「第三国……（米国、中国あるいはロシア）の作るルー
ルや戦略的決定がヨーロッパに直接の影響力を持ち、それに従順なだけの
立場」のことをいう。

　要は主体性の問題である。他国の論法を簡単に受け入れるのではなく、
論理や理念に基づく規範やルール作りに積極的に関わっていくことであ
る。しかしそれは独断専行であってはならない。ドイツにとって、戦略的
自立は他のヨーロッパのパートナーとの協力によって初めて達成可能だと
このレポートは定義する。

　また戦略的自立とは防衛政策の次元だけでなく、外交・安全保障政策の
すべてを含む。「自立」とは、近隣国との力関係に基づいた相対的なもの
でもある。絶対的「自立」は存在しない。その意味では「自立」とは、そ
れ自体が「目的」ではないとこのレポートは説明する。

　この点は案外重要だと思う。つまり米国や中国・ロシアに対する敵対関
係のなかでの競争による勝利や孤立化を目指した外交スタンスではないか
らだ。「自立」とは「自らの価値観や国益を保護、そして増幅するための『手
段』に過ぎない。政治的には、『より高度の自立』とは漸進的な自立度の
向上のことである。米国も含めて、相互依存がグローバルなレベルで高まっ
ている今日、単独行動はあり得ない。EUの主張する『戦略的自立』とは
絶対的な自立を意味するわけではない。今日『自立』とはアウタルキー（自
給自足社会）に戻ることでもなく孤立化を目指すことでもなく、同盟網の
再構築でもない」のだ。

　したがってヨーロッパは、自らの優先順位に従って独自に決定を下すこ
とができるが、他方で別のアクターとのパートナーシップや同盟を求める
ことも可能だ。相互依存の世界においてアウタルキー（自給自足）は不可
能であるからだ。価値観や国益を維持促進するためにはパートナーは不可
欠である。ドイツにとって、最大のパートナーとはEUとそのメンバー諸
国であり、他のヨーロッパのNATO加盟国である。

（4）「欧州防衛協力常設枠組み（PESCO）」設立の意味

　そうした欧州の自立を安全保障・防衛面で実現させようとしたのが、マクロン大統領のリーダーシップのもとで 2017 年 12 月の EU 外相会議で設立が決定した常設協力枠組み（PESCO）だった[10]。

　それは 11 件の優先課題（サイバー戦能力の拡充・宇宙空間をベースとする〔Space-based〕情報と通信活動・情報の優越性〔Information superiority〕・地上戦闘能力〔Ground combat capabilities〕・強化された兵站および医療支援能力〔Enhanced logistic and medical supporting capabilities〕・海上機動性〔Naval manoeuvrability〕・海上でのレジリエンスに寄与するような海中の管制〔Underwater control contributing to resilience at sea〕・航空優勢・航空機動性・変容の著しい航空産業セクターにおける軍事航空能力の統合〔Integration of military air capabilities in a changing aviation sector〕・EU の目標水準〔LoA〕の達成に貢献するような領域横断〔クロスドメイン〕）によって構成されている。

　もちろん先に述べたように、この常設機構の設置は EU の NATO からの完全な自立を意味するわけではない。「大西洋の二つの柱（要）」の一つとしての欧州防衛の強化に過ぎない。採択プロジェクト 17 件 の内訳は、ドイツとイタリアが 4 件ずつ、フランスとポーランドが 2 件ずつで、基本的には欧州大国の主導である。具体的には、ドイツは危機時の後方支援、医療施設・将校訓練所などの設立を主に請け負うほか、近隣諸国の安定化と外交・開発分野での協力を担当、フランスは重装備兵力の迅速な運搬を可能にするための道路・陸橋・鉄道といったインフラ整備、英国は EU 離脱後も防衛協力を継続する姿勢を示した。統合軍の編成とは軍事産業をはじめとする重工業や土木部門などとの連携、産業活性化と緊密に結び付いている。

　しかしこの常設防衛機構の最大の懸念はむしろ予算だ。欧州防衛基金設立による資金調達が意図されているが、実際にどこまで可能なのか。今後の課題も多い。

---

10) "Europa muss sein Schicksal selbst in die Hand nehmen", 拙稿「思惑飛び交う『欧州常設軍構想』最大の『懸念』とは」フォーサイト（2017 年 12 月 28 日）。

（5）　英仏危機管理多国籍部隊の努力

　各国はこうした EU 全体の常設防衛機構をどう見ているのであろうか。英国の RUSI（英国王立戦略研究所）の報告は、EU の戦略的自立に関しては曖昧な点が多いことを指摘する。簡単にいえば全般的な力不足を指摘する。すでに見たようにメルケル独首相はそれを支持する。マクロン仏大統領の 2017 年夏のソルボンヌでの演説に見られたように、防衛機構設立の積極的な推進役であり、EU 安全保障研究所（EUISS）の報告書は[11]、「戦略的自立」をより前向きにとらえ、その実現のためには、①兵力増大（責任）、②米国からの安全保障支援が停止した場合に備えて、自前の危機管理能力を準備しておくこと、③大国への依存をなくし、「グローバル・パワー」としての潜在力を高めること（「解放」）などが必要だと主張している。繰り返しになるが、その背景にはトランプ政権の独断専行による安全保障面での「ヨーロッパからの撤退」への懸念があった。

　PESCO とは別に危機管理に対応するために、各国はそれなりの努力を試みている。英国は JRRF（Joint Rapid Reaction Force、統合緊急対応部隊）を前身とする、英国統合遠征部隊（JEF：The UK Joint Expeditionary Force）を立ち上げた。JRRF は 21 万人の英国陸軍のうち最大 3 万人を同時に 2 カ所の作戦に展開させられるように設定されていたが、JEF も英国中心の即応部隊で、デンマーク、スウェーデン、オランダ、フィンランド、ノルウェー、エストニア、ラドヴィア、リトアニアなど 8 カ国が合意提携している。

　マクロン大統領は 2017 年 9 月、欧州の防衛的自立の提案を行い、翌年 6 月にほかの欧州 8 カ国（ベルギー、デンマーク、エストニア、ドイツ、オランダ、ポルトガル、スペイン、英国）と合意して「欧州介入イニシアティブ」（EII または EI2）を発足させた。その目的は、①欧州戦略文化の創出と促進、②将来の共同介入能力の準備、③欧州安保を担うだけの政治的意思と軍事力の提供にある。つまり、EII の目的は潜在的な危機に対して多様な枠組みの軍事作戦シナリオを通して対応する欧州の実効性のある

---

11) Daniel Fiott, "Strategic autonomy: towards'European sovereignty'in defence?", *BRIEF EUISS*, 12 /2018.

行動力を育成することにある。

　英仏共同統合派遣部隊（CJEF）の試みも、すでに 2010 年 11 月に英仏ランカスターハウス条約で実現している。その内容は、①共同統合派遣部隊（CJEF）の立上げ、非常設二国間軍事協力、NATO・EU などとの有志協定、②海軍任務グループ協力（仏空母シャルル・ドゴールを中心）、③フランスは 2020 年代初めまでに英仏統合空母攻撃グループの展開能力を整備（両国自身の独自の装備）、④共同軍事ドクトリンと訓練計画の発展、⑤装備とテクノロジー二国間協力の拡大、具体的には無人航空機システム、複合兵器、潜水艦技術、衛星通信・研究・テクノロジー、⑥あらゆる場所での後方支援整備体制協力：新型輸送機 A400M への予備装備提供と支援、⑦防衛産業・テクノロジー基地の強化、⑧サイバー・セキュリティのような新しい安全保障防衛のための協働などである[12]。

4．バイデン政権誕生と米欧関係修復の試み[13]

（1）　バイデン政権の最大の課題としての米欧関係改善

　バイデン大統領の最初の外遊先がヨーロッパであったことは、米国外交の第 1 のパートナーが欧州であること、バイデン政権がトランプ政権時代に歪んでしまった米欧関係の修復を外交の第 1 の課題とすることを意味し

12）"UK-France Summit 2010 Declaration on Defence and Security Cooperation"（http://www.number10.gov.uk/news/statements-and-articles/2010/11/uk ％ E2%80%93fra nce-summit-2010-declaration-on-defence-and- security-co-operation-56519），Number 10, GOV. UK, 2 November 2010；"UK-France declaration on security and defence"（https://www.gov.uk/government/news/uk-france-de claration-on-security-and-defence），HM Government, 17 February 2012, Retrieved 11April 2016；"Royal Marines face French counterparts in Exercise Corsican Lion"（https://www.gov.uk/government/ news/royal-marines-face-french- counterparts-in-exercise-corsican-lion），HM Government, 23 October 2012, Retrieved 11April 2016. "France - UK Summit: 31 January 2014"（https://www.gov.uk/government/uploads/system/uploads/ attachment_data/file/277167/France-UK_Summit-Declaration_on_Security_and_Defence.pdf）（PDF），HM Government, 31 January 2014, Retrieved 11April 2016；"UK and France launch rapid deployment exercise"（https://www.gov.uk/government/news/uk-and-fra nce-launch-rapid-deployment- exercise），HM Government, 10 April 2016, Retrieved 11April 2016.

13）拙稿「世界の中の欧州をどう見るか——EU の新たな世界戦略」JFIR World Review（欧州政治のリアル）、No. 4（2021 年 6 月）。

た。

　しかしトランプ時代に失われた米国に対する欧州の信頼感は簡単には回復しそうにない。すでに大統領選出が決まってからバイデン大統領はトランプ時代に離脱した温暖化防止のためのパリ合意・INF条約への復帰やトランプ大統領が決定した在独米軍の配置換えの撤回などを早々に発表し、イラン核合意に関する交渉姿勢も示した。2021年2月初めには、就任後初めてバイデン大統領は外交方針演説を行い、対話による米欧同盟協力の再活性化を提唱し、同月下旬にはミュンヘンの安全保障会議で独裁政治体制に対抗して「民主主義を防衛し、米欧は再び連携し、信頼に足るリーダー」となることを強調した。

　しかしバイデン大統領のこうした意気込みに対する欧州主要国の期待は大きくない。トランプ時代に欧州諸国の受けた衝撃はそれほど大きかった。それにバイデン大統領自身の指導力に欧州は懐疑的だ。とくに大統領選挙をめぐる国内対立の熾烈さと混乱ぶりは米国のデモクラシーに大きな負のイメージをもたらした。英国の著名なシンクタンク欧州外交評議会（ECFR）は、2020年11～12月にEU加盟国で実施した世論調査では、バイデン政権になってEUとの関係が「大きく改善する」と答えた人は全体の17%、「米国の政治システムは壊れている」という悲観的な見方をする人は全体で61%に達した。アメリカのデモクラシーそのものが、昨今のその国内事情に鑑みると、世界を不安にし、問い直されているのである。欧州のアメリカに対する不信感は強い。

（2）　大西洋関係の修復プロセス [14]

　他方で、欧州にとっても米欧関係の修復が喫緊の課題であったことは同様であった。

　欧州委員会は米大統領選挙の結果が明らかとなった直後、バイデン政権が始動する前の2020年12月には「グローバルチェンジに向けたEU米国の新アジェンダ（検討課題）」を発表していた。それは米欧関係の修復に

14）拙稿「米欧摩擦の解消険しく──異なる世界観」Janet（2021年3月17日）；「多極的な世界観を持つ欧州はバイデン政権を見限る」エコノミスト2021年3月23日号。

向けて、欧州のほうから先手を打つ意味があった。このアジェンダは、新型コロナウイルス感染拡大、地球温暖化対策・グリーンディール、デジタル・ハイテク分野での安全・貿易面での協力、デモクラシー的共通の価値観に立った「グローバルな平和と安定のための協力」を呼び掛け、2021年前半にEU米国首脳会議を開催することを提唱していた。

　加えて2021年3月初めには、イェンス・ストルテンベルグNATO事務総長はNATO戦略概念の見直しや新たな構想「2030イニシアティブ」を同年後半に開催される首脳会議を目指して採択することを提案した。その基本は、①欧州と米国の間の一体性の強化、②安全保障に対するアプローチの拡大、③ルールを基盤とする国際秩序のための米欧の協力だ。あらゆるレベルでの脅威に共同で対応できる体制を目指し、サイバー・情報システムや広範なテロ対策協力などを謳っている。バイデン大統領の今回の一連の訪欧会議での主要テーマはこうした提案に即したものである。

　こうしたなかで2021年6月中旬、バイデン米国新大統領は、米英首脳会談・G7サミット（6月10日、英国コーンウェル）、NATO首脳会議・米EU首脳会議（6月14日、15日、ブリュッセル）、米ロ首脳会議（6月16日、ジュネーブ）に出席のため、欧州各国を歴訪した。バイデン大統領にとって初めての外遊は短期間でハードな日程だった。

（3）　「民主主義同盟」の再構築 [15]

　一連の会議はトランプ時代の不安定な関係修復のための「蜜月」を演出した会議となった。しかし対中露認識をはじめとして米欧間の構造的なミゾは依然としてくすぶっている。

　まず米英会議は「新大西洋憲章」で合意した。1941年の連合軍結成と戦後国際秩序を構想した大西洋憲章にならったもので、法の支配・人権などの民主主義体制擁護の他の両国の協力を謳い、紛争の平和的解決、偽情報による他国への干渉・サイバー攻撃の阻止、中国・ロシアへの対抗を称揚した。その後の首脳会議に向けて、米英の特別な関係の演出による景気

15）拙稿「欧州に根強い不信感」金融財政2021年7月19日号。

づけの意味を持っていた。

　G7ではコロナワクチン10億回供給、最低法人税15％などで合意したが、焦点は中国だった。中国の温暖化ガス排出削減、「台湾海峡」の平和解決、新疆ウィグル地区での人権侵害、ミャンマー情勢への懸念などで各首脳は見解を共有した。

　NATO首脳会議でバイデン大統領はまず、トランプ政権がNATOからの離脱を示唆し、米欧摩擦の火種となった姿勢を改め、米国は従来通りの集団防衛義務（NATO５条任務）を確約した。そのうえで中国を「体制上の挑戦」と位置づけ、宇宙空間での攻撃は集団的自衛権の対象となること、2021年後半に新たな戦略概念「2030」の検討、米ボーイング社と欧州エアバス社をめぐる米欧間の報復関税紛争解決のための協議をすることで合意した（本稿２．（２）参照）。民主主義推進やサイバーテロへの共同対処でも合意した。

（4）　米欧間の対中露認識ギャップ

　NATO首脳会議の後、NATO事務局は今回の首脳会議ポイントを４点に集約した。対ロシア関係、中国関係、ベラルーシ、アフガニスタンである。ベラルーシでのロシアの軍事的影響力の拡大に対する懸念、アフガニスタンからの米軍撤退後の協力などについては見解の一致はそれほど困難ではなかった。問題はやはり中国に対するアプローチであり、そしてその関連での対露関係の距離感であった。

　バイデン大統領は歴訪のさなかに「アメリカが戻ってきた」ことを印象づけようとした。欧州から見ると、それはどのような意味なのかという点が問題だ。2021年２月のバイデン大統領の外交方針演説に対してフランスのフィガロ紙は、「米国の欧州復帰」は「世界のリーダー」とはいうが、「権威主義諸国」に対抗するために「西側世界のリーダー」に復帰したいといいたいだけのことであると酷評した。つまりデモクラシーの名を借りて、冷戦的な世界観のなかでの味方作りなのか、という問いである。

　それは米中対立の二極的な世界観に対する欧州の懸念である。インド太平洋戦略をめぐる日米と欧州諸国の対中認識の違いは大きい。英空母「ク

イーンエリザベス」率いる英米蘭艦隊群が2021年夏、東アジアまで遠洋航海することや、それに先立ち仏海軍艦隊群がこの2月から7月にかけてインド太平洋を歴訪し、各地で合同演習を実施、5月には日米仏合同演習が初めて日本国内の九州で実施されたことが話題となった。またドイツ海軍のフリゲート艦が韓国を含む東アジアを歴訪する。これをもって日米対中包囲網への欧州の積極的参加という風潮が一部にあったが、これは誤った認識である。EUは中国を敵視することをむしろ微妙に避けている。EUの戦略文書を読むと、むしろEUインド太平洋戦略に中国はしっかりとビルトインされている。排除されているわけではない。EUは、今後世界貿易の60%を占め、成長著しいインド太平洋地域への関心を強めることを明確にする。そしてこの地域の安全確保に自分たちは傍観者ではなく、また排除され目つもりはないことを示すために一連の示威行動をとっているというのが正しい解釈である。その意味では欧州のアジアへのコミットが深まることを示唆しており、それは日本にとって歓迎すべき側面と、尖閣諸島の所有を含むアジア情勢全般に欧州がコミットを強めることが日本の行動の自由を拘束する可能性も含んでいる。例えば、領土問題については欧州はもともと国連海洋法に基づく解決を望んでいるからだ。

　2021年6月のNATO首脳会議では、中国に「体制上の挑戦」という言葉を使ったが、それは各国首脳の妥協の産物の表現であった。ストルテンベルグ事務総長は、「2010年のNATOの全体戦略構想では、ロシアはパートナーと考えられ、中国には言及もなかった。NATOが中国について最初に触れたのは2019年12月のロンドンサミットだった。現在の戦略概念でも中国には単独ではメンションされていない。中国は敵ではないが、対応しなければならない挑戦」であると慎重の発言を行った。

　これに対して、メルケル独首相は、「中国は多くの問題でライバルだが、同時に多くの問題でパートナー」であるとして、むしろウクライナ問題、最近ではベラルーシでの反民主化支援の強化に見られるロシアの脅威を指摘、解決のための「政治対話」の必要性を説いた。もちろん中国に対しても同様だが、対話だけで解決が難しいことも認めており、伝統的軍事戦術と情報戦を一緒にした「ハイブリッド方式」のアプローチの模索も併せて

提唱した。そしてアメリカを牽制する意味から、「NATO にとって最大の脅威はロシア」であり、「中国について大げさにいうべきではない」と釘を刺した。

　マクロン仏大統領は、「NATO は北大西洋条約機構である。中国は北大西洋とは無関係だ。NATO 加盟国は中国とは非軍事的な関係を維持すべきだ。中国との関係を偏向的なものにさせてはいけないし、軍事以上に広い範囲での関係がある」と対中敵視に反対した。デクロス・ベルギー首相は「（トランプ政権の）この4年間の経験から、ヨーロッパはアメリカの影から脱出」する道を模索していると指摘した。

　NATO 加盟国は中国の宇宙空間での中国の脅威と中露の接近に対する懸念は共有した。両国が大西洋の連帯の仲を裂こうとしている意見も強かった。しかし欧州にとって喫緊の課題はやはりロシアの脅威である。したがって米国が対中政策に没頭してしまうことは、米国の対露政策が弱まることも意味し、米欧間の対中認識の齟齬は対露関係と密接にリンクしているということになる。これも欧州にとって不安材料の一つとなる。

（5）　多極時代の「接続性」の論法
── インド太平洋を含む「グローバル戦略」[16]

　こうした米国中心の見方に対して、欧州の最近の国際認識と政策は先にも述べた 2016 年の EU 文書『グローバル戦略』で標榜された欧州の「戦略的自立」志向である。それは EU の世界戦略の根幹であるといってもよい。欧州のインド太平洋戦略もそうしたなかで位置づけられるし、欧州の対中認識はその延長にある。米中摩擦が強まるなかで、米中対立に巻き込まれることなく、欧州も自立したアジア戦略をもたねばならないという発想はある意味では当然である。

　加えて、その背景には EU が最近強調する「連結性」ないし「接続性」という概念がある。耳馴染まない用語であるかもしれないが、それは欧州

16）拙稿「欧州の戦略的自立と新世界戦略──インド太平洋地域への関心」金融財政 2021 年 4 月 22 日号；「欧州のインド太平洋傾斜──対中強硬姿勢に日本は期待してよいのか」News Week 日本版（web 版、2021 年 5 月 5 日）。

が中国やロシアとともに形成する多極的世界観を前提とする。かつての冷戦のような東西二極対立という閉じた世界観からではない。そのうえで、米中欧露などの各勢力圏がそれぞれ境界区分され、対立するのではなく、インフラ支援協力を通して「接続性」を強化していくべきという相互依関係の深化をEUは摸索する。これはユーラシアでいえば、中国の「一帯一路」構想への欧州からのアプローチといってもよい。

　すでにEUは2018年9月の「欧州・アジア連結性戦略」、2019年4月の日EU定期首脳会議で欧州・アジア連結性に関する協力を確認、同年9月の「欧州連結性フォーラム」に安倍首相が出席し、「持続可能な連結性と質の高いインフラに関する日EUパートナーシップ」文書に調印した。EUのインド太平洋への拡大戦略はまさにそうした連結性の延長の路線だ。

　この「連結性」概念は多面的魅力的な概念だ。対立概念ではないのだから、これに反対することは原理的にはできない。しかも平和的であるという纏をかざしている。しかしそれは軍事力を前面に出したものではないとはいえ、力関係が完全に排除された関係を意味するものでもない。政治的な意味でのイニシアティブの競争にはなるかもしれない。それこそ欧州の望むところなのでもある。

　米中対立による二極構造のなかでどちらにくみするかという議論を越えた議論ということになるかもしれない。軍事的リアリズムによるアジアの国際秩序を無視することはできないが、その解決は軍事的であってはならない。政治的リアリズムによる問題解決の方向の摸索は日本にとっても喫緊のテーマであるはずだ。残念ながらその方向での議論は日本では次第に収縮している。欧州の発想を今一つしっかりと検討してみることには大きな意味があるだろう。

おわりに

　上記見てきた通り、米欧関係は国際秩序の牽引車としての同盟関係を保ちながら、それぞれの世界観や利害関係の違いによって齟齬をきたしてき

た。しかし基本的に米欧関係とは覇権的（力の不均衡な）同盟関係なので米国の軍事経済的プレゼンスは無視できなかった。冷戦が終結し、その後の米国の一極的かつ単独行動主義外交もその延長にあった。しかしその後、独断専行的な米国外交の限界が露呈していく一方で、中国の台頭や EU の活性化・自立志向によって多極化の傾向が強まっていこうとしているのが、今日の米欧関係をめぐる国際摩擦である。

　Brexit はそうしたなかでの事件であった。その英国の目的は、一言でいえば主権の回復である。しかしそれは英国の「光栄ある孤立」を意味するものではない。EU との相互依存の関係を断ち切ることはできない。米欧関係のなかでは経済的には米国との関係をより重視していく方向が模索されるであろうが、それには限界があろう。

　他方で、安全保障上は EU にとって英国の存在は大きく、英国もそれを後退させるつもりはない。PESCO のような統一機構の一方で、英仏それぞれが中心となる合同危機管理部隊を併存し、両者は相互補完的関係にある。米欧関係のなかで Brexit を位置付けるならば、それは英国が大陸欧州との関わりの比重を少し大西洋側にずらし、EU との関係における行動の自由をより確保しようという試みととらえることができよう。そして、それが英国にとってどれだけのリスクを伴うかという問いに対する回答は今後にゆだねられることになる。だとすれば、自立志向を強める EU と米国との安全保障関係において当面は大きな変化がないとしても、やはり英国と EU との関係に隙間が生まれる可能性はこれまでより多くなる可能性がある。

　そして EU とともに英国にとってその将来の活路はインド・太平洋地域にある。この地域での米国との協調と角逐も今後の大きな課題となる。それはとくに中国に対する認識をめぐって展開されることになろう。その意味では日 EU 関係に米中関係が影を落とすことになるが、その保障的措置として ASEAN をはじめとする東南アジア諸国との関係の調整も重要なポイントとなる。EU のグローバル戦略は日本も共有する点は多いはずだ。

（2021 年 7 月脱稿）

一橋大学大学院法学研究科教授 **中西優美子**

第3節
今後の国際秩序にとってのEU-日本関係

はじめに

　日本とEUは、経済連携協定（EPA）および戦略的パートナーシップ協定（SPA）を交渉し、2019年2月1日に前者が発効し、SPAの大部分の規定の暫定的適用が開始された[1]。これらにより日本とEUの関係は、法的基盤を持つことになった。このことの意味は大きい。また、交渉中から現在に至るまで、世界状況は大きく変化した。英国がEUを脱退し、コロナ禍が世界を襲い、米国ではトランプ政権からバイデン政権への移行がなされ、中国ではウイグル自治区の強制労働がクローズアップされ、さらに世界的に気候訴訟の広がりが見られる。それらを受け、日本とEU間のEPAとSPAの意味も変化してきた。

　本稿では、国際秩序形成を考えるうえで、日本EU間のSPAに焦点を

＊　本稿は、21世紀研究所の報告書における同題の論文、Yumiko Nakanishi, "Significance of the Strategic Partnership Agreement between the European Union and Japan in International Order", in Yumiko Nakanishi and Olivia Tambou ed., *The EU-Japan Relations*, Collection Open Access Book, Blogdroiteuropeen, December 2020, pp.20-26 および "L'importance de l'accord de partenariat strategique UE-Japon dans l'ordre international", *Revue de droit des afffaires internationals*, No. 5-6, 2020, pp. 785-794 を基礎として、状況の変化を踏まえ、加筆修正を加えている。

1) EPAとSPAの概略については、Yumiko Nakanishi, "The Economic Partnership Agreement and the Strategic Partnership Agreement between the European Union and Japan from a Legal Perspective", in Abdelkhaleq Berramdane and Michel Trochu dir., *Union européenne et protection des investissements*, Bruylant, 2021, pp. 175-193.

あて、そのなかに今後の国際秩序における EU の戦略がどのように組み込まれているのか、日本と EU との関係はどのように規定されているのかを明らかにしたい。そのうえで暫定適用後の日本 EU 間の SPA の適用および具体的例を示したい。

1．SPA とは

（1）　SPA の意義の変化

　EU が FTA の交渉に言及したのは、2011 年 5 月 28 日に開催された日本 EU 首脳会議である。その後、2013 年 4 月より EPA と SPA の交渉が開始された。2011 年と現在では、SPA の意義が変化しているととらえられる。当初、日本は EPA のみを望み、SPA の締結は望んでいなかったが、2019 年 9 月 27 日の欧州連結性フォーラムでの安倍総理（当時）基調講演のなかでは、EPA と SPA が日本と EU を未来に推し進める車の両輪であると述べられた[2]。また、そこでは、「あらゆる共通の関心事項についての共同行動をする意思を明記した SPA は、どこまでも、未来を志向している」とし、さらに、「日本と EU を、自由貿易の騎手にした EPA、普遍的価値のガーディアンとした SPA の 2 つは両々あいまって、もし世界が大洋を行く船ならば、どんな揺れをも中和するスタビライザーの役割を果た」すとし、EPA と SPA の両方の重要性が強調されている。このような SPA の意義の変化には、国際情勢も背景にあると考えられる。

　2017 年 1 月に米国においてトランプ政権が始まった。トランプ政権は、2017 年に地球温暖化防止のためのパリ協定を離脱することを宣言し、アメリカファーストの保護主義政策を進めた[3]。その後、合衆国選挙が実施

2）https://www.kantei.go.jp/jp/98_abe/statement/2019/0927eforum.html（2021 年 6 月 14 日最終アクセス）。

3）トランプ政権による保護主義に対する条文も SPA に含まれている。SPA13 条「経済及び金融に関する政策」では、「1．両締約者は、持続可能で均衡のとれた成長、雇用創出の促進、マクロ経済上の過度な不均衡への対策及びあらゆる形態の保護主義との戦いという共通の目的を支援するための両締約者間及び多数国間の政策に関する緊密な調整を促進するため、情報及び経験の交換を促進する」（下線は筆者による加筆）と定められている。

され、2021 年 1 月にバイデン政権が発足し、パリ協定への復帰を正式に発表し、欧州と米国は急速にその関係の再構築に尽力している。英国は、コロナ禍で多数の死者を出したが、ワクチン接種政策を積極的に推し進め、対面で G 7 サミットを 2021 年 6 月 11 〜 13 日にコーンウォールで開催した。G 7 サミットでは世界状況の変化がつぶさに見て取れた。英国は、この G 7 サミット前に EU を離脱していた。2016 年 6 月に実施された国民投票の結果を受け、英国が 2017 年 3 月に EU 条約 50 条に従い離脱の意思を通知し、2020 年 1 月 31 日に EU を離脱した。英国の離脱前に、EU と英国は離脱協定を締結した[4]。離脱協定が設定した移行期間は、2020 年 12 月 31 日であったため（離脱協定 126 条）、将来の枠組協定の締結が急がれた。結局、期限ぎりぎりで EU と英国は合意に至り、2020 年 12 月 30 日に貿易協力協定（Trade and Cooperation Agreement）に署名がなされた。2021 年 1 月 1 日より同協定の暫定適用が開始され、完全離脱となった。同協定は、2021 年 5 月 1 日に発効した。さらに、欧米を中心とした西側民主主義陣営が構築してきた国際秩序が揺らいでいる[5]。欧州ではポピュリズムが台頭し、また、ポーランドでは裁判官の独立が危険な状況にあり、法の支配が軽視されている。ハンガリーでは、コロナ禍に乗じて、メディアと言論を萎縮させ得るコロナ対策法が制定された[6]。EU 司法裁判所とポーランド[7] およびハンガリーとの攻防が数年続いている。EU コロナ復興基金をめぐっても、法の支配遵守を条件とする欧州議会等の EU 側とポーランドおよびハンガリーとの攻防が見られた。

　そのようななかで進められてきた日本 EU 間の SPA 文書には、現状においていかに日本と EU が協力し、国際共同体の中で平和を維持し、テロ

4）中西優美子「英国の EU 離脱（Brexit）をめぐる主権の考察」EU 法研究 8 号（2020 年）9-31 頁を含み、同号では EU と英国間の離脱協定を特集し、幅広い角度からこの問題を取り扱っている。

5）細井優子「日・EU 関係における SPA の意義──規範的パートナーとしての可能性」法学志林 116 巻 4 号（2019 年）2 頁。

6）山本直「ハンガリーの権威主義化と EU──COVID-19 対策期の軋轢」グローバル・ガバナンス 7 号（2021 年）95-108 頁。

7）Ex. Case C-824/18, Judgment of 2 March 2021, ECLI:EU:C:2021:153；これについての判例研究として、須網隆夫が EU 法研究 11 号（2022 年）に掲載予定。

リズムと闘い、グローバルな環境問題に取り組み、新技術の発展から生じる問題に対処していくか等が規定されている。また、世界状況の変化のなかで、日本 EU 間の SPA は新たな意義ももってきている。

（2）　SPA の概説

　2009 年 12 月 1 日発効のリスボン条約により EU 条約 2 条において EU の諸価値（人間の尊厳、自由、民主主義、平等および法の支配の尊重、人権の尊重等）が明示的に規定され、さらに、それらと重複する内容の対外関係における政治的諸原則が EU 条約 21 条に規定された。21 条 1 項 2 段では、「連合は、前段に定める諸原則を共有する第三国………との関係を発展させ、連携を構築することを目指す」と定められている。この条文を受け、これまでは政治的な諸原則は、発展途上国等 EU からの援助を必要とする国に対して EU がコンディショナリティとして用いてきたが、発展途上国を含め、EU と FTA を締結する国に対して並行して SPA 等の政治的な内容を含む協定の交渉および締結を要請するようになっている[8]。

　日本 EU 間の SPA は、EU と EU 構成国、他方日本という混合協定の形で署名された。SPA 締結のための法的根拠条文は、EU 条約 37 条および EU 運営条約 212 条 1 項である[9]。EU 条約 37 条は、共通外交および安全保障政策分野における条約締結のための条文であり、他方 EU 運営条約 212 条 1 項は、第三国との経済的、財政的および技術的協力のための法的根拠条文である。また、共通外交および安全保障政策分野では、理事会は全会一致が原則のため、理事会の締結決定は全会一致が要請される。さらに、EU の排他的権限に属する事項であるため EU が単独で締結することができた EPA（EU only 協定）とは異なり、EU のみならず、EU 構成国

8）中西優美子「EU 対外政策における政治原則の発展——EU 諸条約の諸改正をてがかりに」安江則子編『EU とグローバル・ガバナンス——国際秩序形成におけるヨーロッパ的価値』（法律文化社、2013 年）69-100 頁。

9）OJ of the EU 2018 L 216/1, Council Decision 2018/1197 of 26 June 2018 on the signing, on behalf of the European Union, and provisional application of the Strategic Partnership Agreement between the EU and its Member States, of the one part, and Japan, of the other part.

の批准が必要なため、SPA は発効はしておらず、暫定的な適用がなされている。SPA は、前文と 51 カ条から構成されている[10]。

2．志を同じくする世界的なパートナー

　SPA における日本 EU の関係を一言で特徴づけるのであれば、「志を同じくする世界的なパートナー」(like-minded global partners〔英語〕、partenaires mondiaux animés par des préoccupations semblables〔フランス語〕、gleichgesinnte globale Partner〔ドイツ語〕）である。SPA の規定内容に鑑みると、上述した発展途上国に対するようなコンディショナリティを規定しているというよりは、むしろ EU が日本をまさに文字通り「戦略的パートナー」として位置づけ、共に国際秩序を構築していこうという意思が見える。とくに前文にある、「志を同じくする世界的なパートナー」として、「公正なかつ安定した国際秩序を構築する」ことについての「共通の責任及び約束を意識」しという文言に表れている。コロナ禍、中国のウイグル自治区の強制労働問題、気候変動の問題など、志を同じくする世界的パートナーとして協力すべき状況が生じている。

---

10) SPA の条文（日本語および英語版）は、外務省のホームページで見ることができる。https://www.mofa.go.jp/mofaj/files/000381941.pdf（2021 年 6 月 14 日最終アクセス）；51 カ条の条文項目は、以下のようになっている。1 条「目的及び一般原則」、2 条「民主主義、法の支配、人権及び基本的自由」、3 条「平和及び安全の促進」、4 条「危機管理」、5 条「大量破壊兵器」、6 条「小型武器及び軽兵器を含む通常兵器」、7 条「国際的な関心事項である重大な犯罪及び国際刑事裁判所」、8 条「テロリズム対策」、9 条「化学剤、生物剤、放射性物質及び核についてのリスクの軽減」、10 条「国際的及び地域的な協力並びに国際連合の改革」、11 条「開発に関する政策」、12 条「防災及び人道的活動」、13 条「経済及び金融に関する政策」、14 条「科学、技術及びイノベーション」、15 条「運輸」、16 条「宇宙空間」、17 条「産業協力」、18 条「税関」、19 条「租税」、20 条「観光」、21 条「情報社会」、22 条「消費者に関する政策」、23 条「環境」、24 条「気候変動」、25 条「都市に関する政策」、26 条「エネルギー」、27 条「農業」、28 条「漁業」、29 条「海洋問題」、30 条「雇用及び社会問題」、31 条「保険」、32 条「司法協力」、33 条「腐敗行為及び組織犯罪との戦い」、34 条「資金洗浄及びテロリズムに対する資金供与との戦い」、35 条「不正な薬物との戦い」、36 条「サイバーに係る問題に関する協力」、37 条「乗客予約記録」、38 条「移住」、39 条「個人情報の保護」、40 条「教育、青少年及びスポーツ」、41 条「文化」、42 条「合同委員会」、43 条「紛争解決」、44 条「雑則」、45 条「両締約者の定義」、46 条「情報の開示」、47 条「効力発生及び効力発生までの間の適用」、48 条「終了」、49 条「連合への将来の加盟」、50 条「適用領域」、51 条「正文」。

　SPA におけるこの日本 EU 関係の特徴を 3 つの観点から見ていくこと
にする。1 つ目は、諸価値の共有と促進、2 つ目は、国際的な場での協力、
3 つ目は、国際規準設定における協力である。

（1）　諸価値の共有と促進

　SPA には、EU の諸価値を定める EU 条約 2 条および対外行動における
諸原則を定める EU 条約 21 条の内容が具現化されている。これは、EU
と第三国間の SPA などの政治的な枠組協定の特徴である。例えば、リス
ボン条約以降に署名された、EU と韓国間の枠組協定や EU とカナダ間の
SPA においても同じような特徴を見出すことができる。しかし、日本 EU
間の SPA は、EU 韓国間の枠組協定および EU カナダ間の SPA とはいく
つかの異なる特徴を持つ。

　SPA の前文において、「戦略的パートナーシップとしての長期的で深い
協力の基礎となる共通の価値及び原則、特に、民主主義、法の支配、人権
及び基本的自由についての約束を再確認」し、と述べられている。また、
SPA1 条「目的及び一般原則」の 1 項（d）は、「共通の価値及び原則（特に、
民主主義、法の支配、人権及び基本的自由）の促進に共同で貢献すること」
を目的とすると定めている。さらに、「民主主義、法の支配、人権及び基
本的自由」と題される SPA 2 条は、「1．両締約者は、両締約者の内外の
政策を支える民主主義、法の支配、人権及び基本的自由という共通の価値
及び原則を引き続き擁護する。……2．両締約国は、<u>国際的な場において
1 に規定する共通の価値及び原則を促進する（shall promote such shared
values and principles in international for a)</u>。両締約者は、適当の場合には、
これらの共通の価値及び原則の促進及び実現に当たり、第三国と共に又は
第三国において行うことを含め、協力し、及び調整する。」（下線は筆者に
よる追加）と規定する。

　もっとも、EU 条約 2 条および 21 条に定められる EU の諸価値のうち、
日本と共有されていない価値がある。それは、人間の尊厳（human
dignity, dignité humaine, Menschenwürde）である。第二次世界大戦にお
いてナチスによるユダヤ人虐殺を経験したドイツは、その基本法（憲法）

１条において「人間の尊厳は不可侵である」と定める。それがEUの諸価値となった。EU条約２条の最初にくるのは、「人間の尊厳」である。EU基本権憲章１条は、「人間の尊厳」を規定する。「人間の尊厳」は、死刑廃止とも関わるため、挿入されなかったことは理解できる。なお、EUと英国の貿易協力協定でも「人間の尊厳」は共有されていないため、EUの特徴ともとらえられることができる。

　SPA２条は、共通の価値および原則を擁護することを確認するだけではなく、国際的な場において共通の価値および原則を促進することをEUと日本に義務づけている。EU韓国間の枠組協定およびEUカナダ間のSPAは、そのような義務を明示的に規定していない。この相違は、日本EUのSPAがEUと日本の関係を単に対等なパートナー（equal partner）ではなく[11]、「志を同じくする世界的パートナー」として位置づけているためであると考えられる。

　さらに、別の注目すべき点がある。EUのFTAと政治的な枠組協定（SPA、枠組協定、PCA〔Partnership and Cooperation Agreement〕協定等）とのあいだには通常リンクが存在する。通常、後者に規定されている価値や原則が違反される場合、FTAが一時的に停止されたり、終了したりするという規定が置かれている。実際、EUカナダ間のFTAである、包括的経済貿易協定（CETA）とSPAの間にはリンクが存在する。EUカナダ間のSPA28条７項は、人権または不拡散のとくに重大で実質的な違反があれば、CETA終了の理由になり得ると締約国が認識していると定めている。EUと韓国間の枠組協定には、FTAの一時停止または終了に対する特別な条項は置かれていないが、枠組協定の本質的な要素（民主主義の原則、人権、基本的自由および法の支配）の実質的な違反について定める、枠組協定45条および46条に関する共同解釈宣言がある。さらに、EU韓国間のFTA15.14条１項によると、EU韓国間の枠組協定は、FTAへの法的リンク（a legal link）を有する包括的な政治協力協定であると規定されている。

---

11) EU韓国間の枠組協定１条７項およびEUカナダ間のSPA１条３項は、「対等のパートナー」と規定しているが、「志を同じくする世界パートナー」という文言は用いられていない。

他方、日本 EU 間の EPA と SPA のあいだにはリンクが存在しない。SPA のなかに EPA への言及規定がない。結果として、もし価値や原則の違反があったとしても、SPA は、SPA43 条 6 項に従って停止され得るが、EPA は一時停止されたり、終了したりすることはない。もっとも、このことは、交渉時の欧州（英国の離脱）および世界（トランプ政権下）の状況が早期の合意を必要としていたということが背景にあると考えられる。

（2）　国際的な場での協力

　SPA で特徴的なものとして挙げられるのが、国際組織または国際的な場における協力が強調されていることである。SPA の前文では、「政治的、経済的及び文化的なきずなを強化することにより並びに協定により、両締約者間の全般的なパートナーシップを包括的に強化することを決意し」、また、「あらゆるレベルで協議を強化すること、あらゆる共通の関心事項について共同行動をとること等により、協力を促進し、及び協力全体の整合性を維持する」と述べられている。このことは、SPA 1 条 1 項（a）と（b）において、目的として、以下のように規定されている。

「（a）共通の関心事項……に関する政治的な協力及び分野別の協力並びに共同行動を促進することにより、両締約国間の全般的なパートナーシップを強化すること。

（b）両締約者間の協力並びに国際機関及び地域機関並びに国際的な場及び地域的な場における協力を促進するための長期的な法的基礎を提供すること。」（下線は筆者による追加）

　具体的には、国際的な場での立場の調整が挙げられる。例えば、SPA10条「国際的及び地域的な協力並びに国際連合の改革」では、両締約者は、「意見の交換を行い、強力を促進し、及び、適当な場合には立場を調整するように努める（shall endeavour）」と規定されている。EU の対外行動にあっては、EU が一つの声となって発言することで EU の発言力を強化しようとしている。ここでは、それに類似するような行動、つまり日本と EU が一つの声となって発言するように努めるべきという行動が規定されている。また、SPA11 条「開発に関する政策」において、両締約者は「適当

な場合において、国際的な場及び地域的な場において開発問題に関する立場を調整する（shall coordinate their positions）」と規定されている。さらに、SPA12条「防災及び人道的活動」において、両締約者は、「協力並びに適当な場合には両締約者間における並びに国際的な段階における調整を促進する」（1項）と規定されている。加えて、SPA26条「エネルギー」において、「両締約者は、……協力並びに適当な場合には国際機関及び国際的な場における緊密な調整を促進するように努める（shall endeavour to enhance cooperation and, where appropriate, close coordination）」と規定されている。また、SPA36条「サーバーに係る問題に関する協力」において、「両締約者は、……国際的な場及び地域的な場における……意見及び情報の交換を奨励する」としている。

　SPAは、志を同じくする世界的パートナーとしての日本とEUが、国際的な場で立場を調整することでより発言力を高める効果をねらっている。

（3）　基準・規範等の設定

　EUは、軍事力を行使するのではなく、ソフト・パワー[12] として、EUの諸価値や基準・規範を世界に広げることで国際秩序におけるEUのプレゼンスを維持、または高めようとしてきた。SPAの前文では、そのEUのソフト・パワー戦略に日本を「志を同じくする世界的パートナー」として位置づけ、公正でかつ安定した国際秩序を構築することに対して共通の責任を有するものとして規定している。

　EUは、EUの基準や規範を国際的な標準化とすることに力を注いできている。それに関連する条文として、以下のようなものが挙げられる。

　まず、SPA17条「産業協力」においては、「両締約者は、……例えば、イノベーション、気候変動、エネルギー効率性、標準化及び企業の中小企業の競争力の向上及び国際課の支援の分野におけるそれぞれの産業に関す

---

[12] Cf. Ian Manners, "Normative Power Europe: A Contradiction in Terms", *Journal of Common Market Studies*, 40（2）, 2002, pp. 235-258；遠藤乾、鈴木一人編『EUの規制力』（日本経済評論社、2012年）；臼井陽一郎編『EUの規範政治』（ナカニシヤ出版、2015年）。

る政策について意見及び最良の慣行の交換を促進する」（下線部筆者）と
定める。また、SPA13条「経済及び金融に関する政策」の２項では、「両
締約者は、関連する国際組織及び国際的な場において現在行われている活
動を支援するため、会計、監査、銀行業、保険業、金融市場及び金融部門
の他の部分に関する規制制度及び監督制度を改善すること等により金融の
安定性及び財政の持続可能性を確保するための協力を強化することを目的
として、金融に関する政策及び規制についての情報の交換を促進する」と
規定されている。さらに、SPA21条「情報社会」において、両締約者は、
重要な事項に関する協力を促進するため、それぞれの政策および規制につ
いて意見を交換すると規定しているが、その（ｄ）において、「新たな技術
の標準化及び普及」が規定されている。また、SPA36条「サイバーに係
る問題に関する協力」の２項においては、両締約者は、サイバー空間にお
ける人権および情報の自由な流れを可能な最大限度まで促進し、および保
護するために、「適当な場合には、サイバー空間における国際的な規範の
形成及び作成並びに信頼醸成の促進に当たって協力する。」と規定されて
いる（下線は筆者による追加）。

３．SPAにおける重点分野

　日本EU間のSPAは、包括的な内容を含んだ協定である。そのなかでも、
①平和・安全保障（犯罪・テロを含む）、②環境・エネルギー、③新技術
という分野における協力が強調されていると考えられる。

（１）　平和・安全保障
　SPAの前文において、「世界の平和、安定及び繁栄並びに人間の安全保
障を実現することについての共通の責任及び約束を意識」と、述べられ
ており、また、続けて「大量破壊兵器の拡散、テロリズム……等の国際社
会が直面しなければならない主要な地球的規模の課題に対処するために緊
密に協力すること」、さらに、「重大な犯罪が処罰されずに済まされてはな
らないこと」を決意し、と述べられている。

　これらは、3条「平和及び安全の促進」、4条「危機管理」、5条「大量破壊兵器」、6条「小型武器及び軽兵器を含む通常兵器」、7条「国際的な関心事項である重大な犯罪及び国際刑事裁判所」、8条「テロリズム対策」、9条「化学剤、生物剤、放射性物質及び核についてのリスク軽減」、33条「腐敗行為及び組織犯罪との戦い」、34条「資金洗浄及びテロリズムに対する資金供与との戦い」、35条「不正な薬物との戦い」、36条「サイバーに係る問題に関する協力」、37条「乗客予約記録」により具体的に規定されている。

　もっとも、3条、4条および5条2項を除きこれらの条文は、暫定的適用がなされないとなっている（SPA47条2項）。平和・安全保障は、EUの共通外交および安全保障政策（CFSP）に関係し、構成国の権限分野に属するため、これらの条文は構成国による批准を経て発効したのちに適用されることになる。

　EUの諸価値（EU条約2条）の一つである、法の支配（rule of law〔英語〕、l' État de droit〔フランス語〕、Rechtsstaatlichkeit〔ドイツ語〕）は、SPAの前文、1条1項および2条に民主主義、人権および基本的自由とともに規定されている。注目すべきは、「海洋問題」と題されるSPA29条においても「法の支配」が言及されていることである。

　SPA29条は、「両締約者は、……国際法に基づき、海洋問題について、対話を促進し、及び相互の理解を増進するものとし、次の事項を促進するために協力する。（a）この分野における法の支配（国連海洋法条約第87条の規定に反映されている航行及び上空飛行の自由その他の公海の自由等）……」と規定している。この条文は、「中国」[13]には直接言及がないが、「法の支配」の軽視に鑑み、日本の要望を考慮したものあると推測できる。

　また、SPA5条は、大量破壊兵器を対象としている。これには、「北朝鮮」への直接言及はないが、北朝鮮の核問題を考慮して入れられたものだととらえられる。

---

13) Cf. Axel Berkofsky, "Moving Beyond Rhetoric?", Issue Brief, April 09,2020, Institute for Security & Development Policy, https://isdp.eu/content/uploads/2020/04/EU-Japan-SPA-IB-09.04.20.pdf（2021年6月14日最終アクセス）p. 4.

（2）　環境・エネルギー

①　EPA と SPA における環境

　EU は、1987 年発効の単一欧州議定書により EU に環境分野における個別分野の権限が付与され、環境に関する措置や国際条約を締結できるようになった。その結果、EU は、環境分野において、国際的な場でリーダーシップを発揮してきている。日本 EU 間の EPA は、気候変動に関するパリ協定に明示的に言及している。また、新世代（new generation）の FTA である EPA は、環境保護を中心とする章を含んでいる。SPA もまた、いくつかの環境に関する条文を規定している。SPA23 条「環境」の他にも、24 条「気候変動」、25 条「都市に関する政策」、27 条「農業」、28 条「漁業」、29 条「海洋問題」において環境について定められている。環境保護分野での日本と EU の協力は非常に重要であり、SPA の条文においてもそれが確認できる。しかし、EPA と SPA では、同じ環境についても条文や規定の対象にいくつかの相違がある[14]。

　EPA は、その 16 章「貿易と持続可能な開発」において環境保護を規定している。ここでは、環境保護は、貿易と投資の文脈で定められている。他方、SPA では、貿易と投資とは離れ、国際的な場における環境保護分野の国際協力が強調されている。

　例えば、SPA23 条「環境」では、「1．両締約者は、環境に関する政策及び規制について、意見、情報及び最良の慣行の交換を促進するものとし、例えば次の分野における協力を促進する。（a）資源の効率的な利用、（b）生物の多様性、（c）持続可能な消費及び生産、（d）環境の保護を支援するための技術、物品及びサービス、（e）森林の保全及び持続可能な森林経営、（f）関連する政策対話に基づいて決定する他の分野。2．両締約者は、両締約者に適用可能な関連する国際協定及び国際文書による枠組み並びに国際的な場において協力を促進するように努める。」（下線は筆者による追加）

14) Yumiko Nakanishi,"Climate Change and Environmental Issues in the Economic Partnership Agreement and the Strategic Partnership Agreement Between the European Union and Japan", *Hitotsubashi Journal of Law and Politics*, Vol. 48, 2020, p. 9, pp. 11-15 ; Yumiko Nakanishi,"L'environnement et l'energie dans les accords de partenariat UE-Japan", *Revue de droit des affaires internationals*, No.5-6, 2020, pp. 651-663.

と定められている。

②　気候変動

気候変動は、EU 環境政策の目的を規定する EU 運営条約 191 条 1 項において、明示的に規定され、「欧州グリーン・ディール」政策の中心となっている[15]。SPA の前文でも、「気候変動」に言及されており、EU が力を入れている分野であるというのが SPA24 条からも理解できる。SPA24 条は、「気候変動」と題され、とくにパリ協定の実施にあたり、および多数国間の法的枠組みを強化するため、日本 EU が協力することを定めているが、他の条文と比較して、条文内容が細かく具体的である。さらに、SPA17 条「産業協力」においても「両締約者は、例えば、イノベーション、気候変動、エネルギー効率性、標準化及び企業の社会的責任の分野……におけるそれぞれの産業に関する政策について意見及び裁量の慣行の交換を促進する」（下線は筆者による追加）とし、「気候変動」への言及が見られる。

③　エネルギー

EPA では言及がなされていない「エネルギー」が SPA のなかでは規定されている。SPA26 条は、「エネルギー」と題され、「両締約者は、エネルギーの分野（エネルギー安全保障、エネルギーに関する世界的取引及び投資、世界的なエネルギー市場の機能、エネルギー効率、エネルギーに関連する技術等）において、協力並びに適当な場合には国際機関及び国際的な場における緊密な調整を促進するように努める。」と規定している。SPA17 条「産業協力」において、「エネルギー効率性」への言及がある。

（3）　新技術

さらに、SPA のなかで注目される分野は、新技術である。まず、SPA14 条「科学、技術及びイノベーション」が挙げられる。この条文は、2009 年の科学技術における協力に関する日本と EU 間の協定を発展させるものと位置づけられる。また、SPA16 条は、「宇宙空間」を規定している。

15）中西優美子『概説 EU 環境法』（法律文化社、2021 年）136 頁、144-145 頁。

最も注目されるのが、SPA21 条「情報社会」である。SPA21 条は、「両締約者は、情報通信技術の分野において、次の事項を含む重要な事項に関する協力を促進するため、それぞれの政策及び規制について意見を交換する。（ a ）電子的な通信（……）、……（ d ）新たな技術の標準化及び普及」と定める。

　今後、AI などの発達等で EU と日本が協力し、国際的な倫理規定やゆるやかな規制などを協力して設定していくことが考えられる[16]。また、技術発展とともにサイバー空間における問題も発生する。SPA36 条は、１項において、サイバーに係る問題に関するそれぞれの政策および活動について意見および情報の交換を促進し、国際的な場および地域的な場におけるこのような意見および情報の交換を奨励すると定めている。さらに、データの蓄積とともに問題となっているのが個人情報の保護である。SPA39 条「個人情報の保護」では、「両締約者は、高い水準の個人情報の保護を確保するために、協力を促進する」と定めている[17]。

４．日本 EU 間の協力における SPA の適用と具体例

（１）　合同委員会の開催

　SPA は正式には発効していないものの、SPA47 条２項により 2019 年２月１日からその安全保障を除く、大部分の条文が暫定適用されている。SPA42 条は、日本と EU の代表者から構成される合同委員会を設置することを定めている。同条４項では、合同委員会の通常年１回の会合が規定されている。

16）EU では、AI に関する倫理指針が 2018 年 4 月 25 日に欧州委員会により公表されている。European Commission, "Artificial Intelligence for Europe", COM（2018）237；また、2019 年 4 月に、欧州委員会により設置された、独立した AI に関するハイレベル専門家グループが信頼できる AI のための倫理指針を公表した。Hi-Level Expert Group on Artificial Intelligence（AI HIEG）, Ethics Guidelines for Trustworthy AI；日本でも「人間中心の AI 社会原則」が 2019 年 2 月に公表された。https://www8.cao.go.jp/cstp/aigensoku.pdf（2021 年 6 月 14 日最終アクセス）。

17）EU の個人データ保護規則（GDPR）2016/678 が発効し、実施されているが、日本はデータ移転が可能な第三国として認定された。

　2019年3月25日に、東京で第1回の合同委員会会合が開催された[18]。共同議長は、日本側は正木靖外務省欧州局長、EU側はギュンナー・ヴィーガンド欧州対外活動庁（EEAS）アジア太平洋総局長が務めた。第1回会合においては、持続可能な連結性および質の高いインフラならびに地球規模の課題についての協議が行われた。また、プライバシーおよびデータ・セキュリティ等のデジタル経済に関係する課題における協力を強化していくことが決定された。なお決定は、コンセンサス方式により行われる（SPA42条3項）。さらに、SPA42条5項に基づき、合同委員会の手続規則が採択された。

　EUでは、第1回合同委員会の開催に先立ち、手続規則に関する理事会決定案が2019年2月22日に欧州委員会より出され[19]、それに基づく理事会決定2019/524が2019年3月21日になされた[20]。SPAは、外交安全保障政策（CFSP）にも関わるが、手続規則に関する今回の決定は、EU運営条約218条9項に結び付いた、EU運営条約212条1項を法的根拠条文として採択された。手続規則は、12カ条により構成される。1条（任務と構成）、2条（共同議長制）、3条（会合の頻度と場所）、4条（会合の非公開の原則）、5条（合同委員会の事務局）、6条（会合参加者の共同議長への通知）、7条（会合議題の設定）、8条（議事録の作成）、9条（合同委員会による決定及び勧告）、10条（費用）、11条（ワーキング・グループの設立）、12条（手続規則の改正）となっている。

　さらに、2020年1月31日に、ブリュッセルにおいて第2回合同委員会が開催された[21]。会合では、2019年9月にブリュッセルで日本とEUにより署名された「持続可能な連結性及び質の高いインフラに関する日本

18）https://www.mofa.go.jp/mofaj/press/release/press6_000571.html（2021年6月14日最終アクセス）。

19）COM（2019）105.

20）OJ 2019 L86/66. Council Decision 2019/524 on the position to be taken on behalf of the European Union within the Joint Committee established by the Strategic Partnership agreement between the EU and its Member States, of the one part, and Japan, of the other part, as regards the adoption of Rules of Procedure for the Joint Committee.

21）https://www.mofa.go.jp/mofaj/erp/ep/page22_003418.html（2021年6月14日最終アクセス）。

EU パートナーシップ」文書に基づく協力を中心として、SPA の履行状況
と今後の課題について協議が行われた。

　また、2021 年 2 月 26 日には、第 3 回合同委員会がコロナ禍のためオン
ラインで開催された[22]。同会合では、日本 EU は、新型コロナ問題での
協力、持続可能な連結性および質の高いインフラ、気候変動および他の環
境問題等の地球規模課題ならびに安全保障政策について協力することで一
致した。

　このように SPA に基づく合同委員会が定期的に開催され、着実に法的
基盤に基づく関係が構築されてきている。

（2）　持続可能な連結性及び質の高いインフラに関する日 EU パートナー
シップ文書

　前述した、2019 年 9 月 27 日、ブリュッセルで開催された欧州連結性
フォーラムで安倍首相は演説しただけではなく、欧州委員会のジャン＝ク
ロード・ユンカー委員長（当時）とともに、「持続可能な連結性及び質の
高いインフラに関する日 EU パートナーシップ」[23]と題する文書に署名
した。同文書では、次のようなことが述べられている。

　①開放性、透明性、包摂性、連結性に関する投資家及び産業を含む関係
者のために対等な競争条件を促進するために協働する。②ルールに基づく
連結性を世界的に促進するとのコミットメントに鑑み、G 7 、G20、経済
協力開発機構、世界銀行、国際通貨基金、欧州復興開発銀行、アジア開発
銀行といった国際的な場を含む国際及び地域機関と協力する。③民間投資
を活性化させるために手段やツールを動員する重要性を認識し、持続可能
な連結性のための資金供給を促進するために協力する。④開発途上国にお
いて、デジタル及びデータ・インフラ、政策及び規制枠組み等を通じて、
デジタル連結性の強化に協力する。⑤運輸回廊の相互接続及び運輸の安全
性とセキュリティの強化を通じて、持続可能な運輸の連結性を強化する。
⑥水素及び燃料電池、電力市場の規制並びに液化天然ガスの世界市場と

22）https://www.mofa.go.jp/mofaj/erp/ep/page4_005276.html（2021 年 6 月 14 日最終アクセス）。
23）https://www.mofa.go.jp/mofaj/files/000521612.pdf（2021 年 6 月 14 日最終アクセス）。

いった分野において引き続き協力し、エネルギー対話に基づく持続可能な
エネルギーの連結性を進める。⑦高等教育及び研究分野における機関間の
国際的な人的交流を拡大する。

　要は、デジタル、運輸、エネルギーおよび人的交流を含むあらゆる次元
における連結性（connectivity）に、二国間および多国間で共に取り組む
意図が確認された。

（3）　日本 EU 航空安全協定の署名

　2020 年 6 月 22 日、日本と EU 間の航空安全協定（Agreement on civil
aviation safety, Bilateral civil aviation safety agreement：BASA）が署名
された [24]。この協定により、日本 EU 間で航空機等の民間航空製品の輸
出入に際して行われる検査等の重複を取り除くことにより、航空産業の負
担を軽減し、民間航空製品の自由な流通が促進される。この協定には日本
EU 双方の批准が必要であるが、署名のときから暫定的に適用されること
になっている。これに関する欧州委員会の 2020 年 6 月 22 日付のプレス・
リリース [25] では、EPA と SPA に言及され、この協定の署名は、日本と
EU の戦略的パートナーシップを深めるための相互信頼とコミットメント
を示すものであるとされている。さらに、上述した持続可能な連結性及び
質の高いインフラに関する日 EU パートナーシップ文書の署名に触れ、こ
の協定が EU の欧州とアジア連結戦略に沿って運輸の連結性を強化するも
のになると述べられている。

（4）　外国直接投資に対するスクリーニング

　日本と EU 間の EPA には、包括的な投資に関する章は含まれておらず、
別に投資保護協定の締結に向けて交渉がなされている。ネックになってい
るのは、EU が求める投資裁判所の設立である。リスボン条約により外国

---

24) https://www.mofa.go.jp/mofaj/press/release/press4_008515.html（2021 年 6 月 14 日最終ア
　　クセス）。
25) https://ec.europa.eu/commission/presscorner/detail/en/ip_20_1127（2021 年 6 月 14 日最終
　　アクセス）。

直接投資の権限が EU の排他的権限（EU 運営条約 207 条）となり、投資に関して様々な措置が採択されてきている[26]。

　そのなかで、SPA に関わると考えられるのが、2019 年 3 月 19 日に採択された、EU への外国直接投資のスクリーニングのための枠組みを設定する規則 2019/452[27] である。この規則の法的根拠条文は、EU 運営条約 207 条である。この規則は、安全保障または公共の秩序のために EU への外国直接投資に対し EU 構成国によるスクリーニングならびに構成国間および構成国と欧州委員会間の協力メカニズムのための枠組みを設定することを目的とする（同規則 1 条）。これは、外国からの投資は受け入れたい、その一方でそのような投資により EU の安全保障や公共の秩序に悪影響を受けないようにしたい、それゆえ、そのためのスクリーニングの枠組みが必要であるとの認識を前提としている。この規則の前文 29 段において、「構成国と委員会は、安全保障または公共の秩序に悪影響を与える外国直接投資のスクリーニングに関する事項について<u>志を同じくする第三国</u>の管轄機関との協力を奨励すべきである（Member States and the Commission should be encouraged to cooperate with the responsible authorities of <u>likeminded third countries</u> on issues related to screening of foreign direct investments likely to affect security or public order)。」（下線は筆者による追加）と述べられている。同規則の 13 条では、「構成国と委員会は、安全保障及び公共の秩序のために外国直接投資のスクリーニングに関する事項について第三国の管轄機関と協力することができる。」と規定している。日本は、<u>上述</u>したように、EU と「<u>志を同じくするパートナー</u>」である。この規則は、まさにこの分野における日本との協力を前提とし、それを可能にする規定となっている。

　なお、投資関係で日本 EU が折り合うことが難しいのが、投資裁判所の設立をめぐる日本 EU の投資保護協定および欧州エネルギー憲章の改革

---

26) 中西優美子「欧州連合（EU）と投資問題」国際法学会エキスパート・コメント　No.2019-
　　2、https://jsil.jp/archives/expert/2019-2（2021 年 6 月 14 日最終アクセス）。

27) OJ 2019 L791/1, Regulation 2019/452 establishing a framework for the screening of foreign
　　direct investment into the union.

（現代化）である。EU は、常設の投資裁判所の設立を目指しており、他方、日本は ISDS（投資家対国家の紛争解決）で十分であるとするスタンスである。後者のエネルギー憲章の改革は、ISDS と EU 法の両立性の問題および NGO 等からの環境保護配慮不足の指摘もあり、欧州委員会が推進しているものであり、とくに多角的投資裁判所の設立と憲章のグリーン化を目指している[28]。

（5）　水素社会

　上述した、持続可能な連結性及び質の高いインフラに関する日 EU パートナーシップ文書のなかで水素および燃料電池、電力市場の規制ならびに液化天然ガスの世界市場といった分野において引き続き協力し、エネルギー対話に基づく持続可能なエネルギーの連結性を進めることが盛り込まれている。さらに、同文書には、低炭素エネルギーシステムへの転換を促進するため、地域的およびグローバルなエネルギー市場およびエネルギー・イノベーションを強化する観点から、持続可能なエネルギー・インフラへの投資について議論を深めるとされている。

　EU は、Von der Leyen 欧州委員長のもと「欧州グリーン・ディール」を進めている。そのなかで、2020 年 7 月 8 日に気候中立のための水素戦略文書を公表した[29]。日本では、すでに 2017 年 12 月に経済産業省の水素基本戦略が出され、2018 年 7 月に第 5 次エネルギー基本計画が閣議決定され、2019 年 3 月に経済産業省から水素・燃料電池戦略ロードマップが出されている。水素社会は、SPA を用いて、まさに日本と EU が協力できる分野である[30]。

---

28) https://trade.ec.europa.eu/doclib/docs/2020/may/tradoc_158754.pdf（2021 年 6 月 14 日最終アクセス）。

29) "A hydrogen strategy for a climate-neutral Europe", COM（2020）301.

30) Cf. Hiroshi Sekine, "Partners in a Post Covid-19 International Order?", Issue Brief, May 12, 2020, Institute for Security & Development Policy, https://isdp.eu/content/uploads/2020/05/Partners-in-a-Post-Covid-19-International-Order-EU-Japan-SPA-IB-12.05.20.pdf（2021 年 6 月 14 日最終アクセス）p. 5.

（6）　SPA実施支援ファシリティ

SPA実施支援ファシリティとして、新型コロナウイルスに関する日・EUウェビナーシリーズが開催された[31]。SPAは、パンデミックの影響を受ける幅広い分野において日本EUの協力を促進することで、この危機の克服に向けた世界の取組みを後押しすることができる適切な手段であるとされ、コロナウイルスと環境、ビジネス、国際貿易、公衆衛生など様々なテーマで講演が開催された。

結　語

SPAは、法的拘束力のある協定である。ここは、重要なポイントである。条文では、"shall"が用いられ、義務づけられている。もっとも、その条文は、「協力する」、「努める」、「奨励する」、「調整する」等、非常にソフトな義務となっている。また、SPAの位置づけとして、重要と考えられる条文が、SPA1条1項（b）である。それによると、「（b）両締約者間の協力並びに国際機関及び地域機関並びに国際的な場及び地域的な場における協力を促進するための長期的な法的基礎を提供すること。」（下線は筆者による追加）となっている。SPAは、日本EUがコミットする国際秩序の形成において重要な文書になるととらえられる。このSPAという法的文書は、今後の日本EUの強力な協力の法的基盤となり得る。加えて、上述した日本EUの合同委員会は、法的拘束力のある決定を行うことができる。もっとも、義務づける文言がソフトであるため、両者に意思がなければ、単なる政治的文書となる可能性もある。

EUは、国際秩序においてプレゼンスを維持するために、日本とEU間のSPAを一つの手段として見なし、用いていくと考えられる。同SPAは、EUが得意とする、ソフト・パワーの行使の重要な手段となるであろう。SPAには、EUの諸価値ならびに基準および規範設定が盛り込まれている。EUのなかでも「民主主義」、「法の支配」および「人権の尊重」という概

31）https://www.eujapanspa.jp/?lang=ja（2021年6月14日最終アクセス）。

念は統一されているわけではないが、日本と EU がこれらの諸価値を共有できたことの意義は大きいと考える。

　しかし、価値の共有は、SPA 締結にあっての前提条件に過ぎず、その価値を日本と EU の間のみならず、世界において「志を同じくするパートナー」として実現していくことが求められる。現在は、中国のウイグル自治区の強制労働の問題や気候変動の問題など、単に静観しているだけではなく、積極的に行動することが求められている。また、この文脈において、日本 EU 間の SPA は国家と EU の条約ではあるが、日本と EU 構成国における企業が共有した価値を実現していくことが喫緊の課題として浮上してきており、双方の政治的戦略を形にする SPA はその意味が変化してきている。NGO などが SPA に規定されている価値の実現の責任を国家のみならず企業にも負わせるようになってきている。2021 年 6 月 13 日に採択された G 7 首脳声明にも「ビジネスと環境保護・人権」が盛り込まれており、企業が活動を行ううえで、環境保護や人権により一層配慮することが強く求められている。実際、ウイグル自治区の強制労働に関して、NGO がフランスの裁判所にアパレル企業の ZARA や Uniqlo 等を相手取り、訴訟を提起した [32]。また、オランダでは、石油会社 Shell に対して、7 つの NGO と約 1 万 7000 人の個人が気候変動問題に関する訴訟を起こし、その責任が認められた [33]。同事件では、裁判所は、ソフトローである、ビジネスと人権に関する UN 指針原則（the UN Guiding Principles）も考慮に入れた [34]。このように国際秩序の形成に大きな変化が見られる。

　今後、日本は国際秩序の形成にあたって、どうあるべきか。もともと日本では、欧州とは異なり、自然を管理する発想ではなく、自然を崇め、自然と共に生きていく考えが土壌にある。また、企業の社会的責任（CSR）についても、もともと日本には商いにおいて「三方良し」の考え方が存在

32）https://www.lemonde.fr/international/article/2021/04/09/travail-force-des-ouigours-une-plainte-deposee-en-france-contre-quatre-multinationales-de-l-habillement_6076200_3210.html（2021 年 6 月 14 日最終アクセス）。

33）The Hague District Court, Milieudefensie v. Royal Dutch Shell, Judgment of 25 May 2021, ECLI:NL:RBDHA:2021:5339.

34）Ibid., para. 4.4.11.

する。単に欧州の価値を受け入れ、共有するだけではなく、その実現を確保するとともに、国際秩序形成においてどのような世界になるべきかにつき自らの考え方を発信し、範を示していくことが重要になってくると考える。日本 EU の SPA は、日本にそのような発信の機会の場を提供するものともなる。

（2021 年 6 月脱稿）

日本が世界における役割を果たすために

21世紀政策研究所研究主幹
早稲田大学大学院法務研究科教授　**須網隆夫**

　WTOを基軸とした国際経済法秩序が上級委員任命問題に端を発した紛争解決手続の機能不全により動揺し、また米中対立の結果、米国が、中国とのデカップリングを推進し、これまでのグローバル化が曲がり角にきているように感じられる今日、日本は、日本の経験と理念に基づいた、グローバル秩序の在り方を積極的に発信し、そのことを通じて安定した、グローバル秩序の形成に貢献すべきである。しかし、日本がそのような役割を果たすためには、日本の立場・意見の普遍性をどのように高めていくかに努力する必要がある。

　日本の意見は、第一次的には、日本の国益から出発せざるを得ない。しかし、日本政府の立場が、日本の国益だけに支えられているのであれば、その意見は、国際社会にとって大きな影響力を持ち得ない。日本の立場は、同時に普遍的な意義を持たなければならず、日本は、自己の立場がなぜ普遍的であり、国際社会でも採用されなければならないのかを、国際社会に説明できなければならない。この点では、EUは構造的な利点を有している。EUでも、EU理事会で主張される各加盟国政府の立場は自己の国益から出発する。しかし、EUの意思決定・立法手続のなかで、加盟国政府が、他の加盟国政府、さらに欧州委員会・欧州議会等のEU機関と議論を積み重ねるなかで、各国の国益は擦り合わされ、各国の国益のなかにある非普遍的な部分はある程度まで削ぎ落され、最終的に出来上がるEUの立場は、普遍性の高い内容に練り上げられているのが一般的である。もちろん、EUの立場は、「ヨーロッパ的普遍性」にとどまり、「グローバルな普遍性」

では必ずしもない。しかし、日本の国内的議論のみから誕生する立場は、いくら国内で議論が闘わされていても、他国との激しい議論を経ずに形成されるために、通常は普遍性の程度において、ヨーロッパに劣らざるを得ず、むしろ特殊日本的な要素を色濃く含んでいる場合が多い。例えば、国際標準化機構で、日本の推す基準が採用されないことが多いといわれるのは、以上のような理由が影響している可能性がある。日本の常識は、決して、他国において常識ではないのである。そうであれば、日本は、意識的に自己の立場の普遍性を向上させるとともに、それがなぜ普遍的であるのかを言語化する努力を継続する必要があり、そのために日本が参加する既存の国際組織または二国間関係のなかで利用できる機会を活用することに留意すべきであろう。この種の努力は、日EU間でも必要であるが[1]、とりわけ、EUが提示する議論に対抗するためには、アジアを中心にした非欧米諸国との建設的な議論が不可欠である。日本が非欧米諸国との間に締結した経済連携協定（EPA）には、EUのように高度に制度化されているわけではないが、活用できる可能性があると思われる協力の枠組みが埋め込まれている[2]。また、「アジア太平洋経済協力会議（APEC）」の枠組みには、様々なアクターの参加が可能である。ルール形成の場としてのAPECの実効性には疑問が残るが、様々な課題に対する日本の立場の普遍性を検証する場としては有用であり得る[3]。問題となるテーマに応じて、これらの枠組みを、日本の立場を鍛え、その普遍性を高める場として利用

1）とくに、日EU間では、日EU・EPAに一般的な規制協力（18章）が規定されるとともに、日EU・SPAが様々な分野について協力の枠組みを設定している。すなわち、民主主義・法の支配・人権の促進のための協力・調整（2条2項）、テロリズム対策のための対話・意見交換（8条3項）、経済・金融に関する政策・規制に関する情報交換の促進（13条2項）、情報通信分野での「新たな技術の標準化」に関する意見交換（21条）など、多くの協力の可能性がある。

2）例えば、日メキシコ・EPAは、第14章「二国間協力」で、貿易・投資、裾野産業、中小企業、科学技術、技術・職業訓練、知的財産、農業、観光、環境の各分野における二国間協力を規定し（139-149条）、日フィリピン・EPAも、対象分野における情報・技能・技術の交換による緊密な協力を目的とし（1条（c））、第12章で両国間の協力を定めている（139-144条）。これらの規定は、本章のような問題意識のもとに規定されたものではないであろうが、本章の問題意識のもとで利用し得る余地があるというのが、本章の趣旨である。

3）Takao Suami,"Informal International Lawmaking in East Asia – An Examination of APEC", in Ayelet Berman, Sanderijn Duquet, Joost Pauwelyn, Ramses A. Wessel and Jan Wouters eds., *Informal International Lawmaking: Case Studies,* TOAEP, 2012, pp.55-96.

する可能性を追求する必要があるだろう。

　日本の役割として、国際社会における主導性の発揮が主張されて久しい。今日の世界において、国際的な枠組みは、欧米諸国から出されたアイデア・言説に基づくルールで規律されていることがほとんどであろうが、他方、それらのルールは、その起源に関わりなく、国際社会で広く受容され、国際社会の共有財産となっているものが圧倒的に多い。中国を含むアジア諸国が、それらのルールを批判することはまれではない。しかし、それらの批判は、例えば、アジア的人権論のように、当該国際ルールは自己には適用されないという例外扱いを主張するにとどまる場合が少なくない。例外主張は、それらの国際ルールが原則であることを前提にするものであり、それらに対する根本的批判ではないことに注意が必要である。欧米諸国の提案に基づくルールは、それが西洋の理念・経験のみに基づくため、必ずしもグローバルに適用可能でない面があることは事実である。欧米諸国が圧倒的な政治経済的パワーを有していた時代には、西洋中心で形成されたルールの不十分さは表面化しなかった。しかし、中国の政治経済的台頭を含み、世界のパワー・バランスが変化した現在、欧米主導で形成されたルールに普遍性を欠く部分があることが次第に顕在化してもいる。しかし、欧米諸国が、自らの理念・経験に基づいて、グローバル秩序を構想することには致し方のない部分がある。問題は、それに対して、批判・例外扱いの主張だけでなく、彼らの提案に代わるべきアイデア・ルールの提示が、欧米以外の諸国より十分になされないことにある。日本の役割は、ここにあるのであり、日本を含むアジアの理念・経験に基づいて、欧米ルールにも配慮したうえで、欧米ルールより、より普遍性の高いルールを提示していく必要があるのであり、それができれば、国際社会に対する大きな貢献となるだろう。日本は、幕末期に植民地化の危険を意識し、他方、20世紀前半には、欧米列強と同様に、植民地を支配したという稀有な経験を有する国である。これらの経験を真摯に利用することにより、日本だけでなく、世界に貢献することができるはずである。

◆編者・執筆者一覧◆ （掲載順）

21世紀政策研究所 （21せいきせいさくけんきゅうじょ） 編者
http://www.21ppi.org/

須網隆夫 （すあみ・たかお） 編者。序章、第1章、第3章第1節第3項、第5章執筆
21世紀政策研究所研究主幹、早稲田大学大学院法務研究科教授

渡邊頼純 （わたなべ・よりずみ） 第2章第1節執筆
関西国際大学国際コミュニケーション学部教授、慶應義塾大学名誉教授

土谷岳史 （つちや・たけし） 第2章第2節、第3章第1節第2項執筆
高崎経済大学経済学部准教授

太田瑞希子 （おおた・みきこ） 第3章第1節第1項、同第2節第1項執筆
日本大学経済学部准教授

伊藤さゆり （いとう・さゆり） 第3章第2節第2項、同第3項執筆
株式会社ニッセイ基礎研究所研究理事

福田耕治 （ふくだ・こうじ） 第3章第2節第4項執筆
早稲田大学政治経済学術院教授

田中素香 （たなか・そこう） 第4章第1節執筆
東北大学名誉教授、一般財団法人国際貿易投資研究所客員研究員

渡邊啓貴 （わたなべ・ひろたか） 第4章第2節執筆
帝京大学法学部教授

中西優美子 （なかにし・ゆみこ） 第4章第3節執筆
一橋大学大学院法学研究科教授

EUと<ruby>新<rt>あたら</rt></ruby>しい<ruby>国際秩序<rt>こくさいちつじょ</rt></ruby>

2021年11月30日／第1版第1刷発行

編　者——須網隆夫＋21世紀政策研究所
発行所——株式会社日本評論社
　　　　　〒170-8474　東京都豊島区南大塚3-12-4
　　　　　電話　03-3987-8621（販売）、03-3987-8611（編集）
　　　　　振替　00100-3-16
　　　　　https://www.nippyo.co.jp/
印　刷——精文堂印刷株式会社
製　本——株式会社松岳社
装　幀——図工ファイブ
図　版——ギンゾウ工房

英国のEU離脱とEUの未来

須網隆夫＋21世紀政策研究所［編］

英国のEU離脱の要因と
英国、EUの
今後の展開がわかる──

英国は2016年6月の国民投票でEUからの離脱を決めた。法律、経済、政治の各分野のEU専門家がBrexitを引き起こした要因解明と英国とEUのこれからを分析する。（2018年11月刊）

◆定価 2,200円（税込）／A5判

日本評論社
https://www.nippyo.co.jp/